# Integriertes Marketing für professionelle Fußballvereine

# Strategisches Marketingmanagement

Herausgegeben von Roland Mattmüller

Band 11

# PETER LANG

Frankfurt am Main · Berlin · Bern · Bruxelles · New York · Oxford · Wien

Nora Oettgen

# Integriertes Marketing für professionelle Fußballvereine

Eine Analyse der Anspruchsgruppenorientierung
in der deutschen Fußballbundesliga

PETER LANG
Internationaler Verlag der Wissenschaften

**Bibliografische Information der Deutschen Nationalbibliothek**
Die Deutsche Nationalbibliothek verzeichnet diese Publikation
in der Deutschen Nationalbibliografie; detaillierte bibliografische
Daten sind im Internet über <http://www.d-nb.de> abrufbar.

Gedruckt auf alterungsbeständigem,
säurefreiem Papier.

ISSN 1860-062X
ISBN 978-3-631-56998-6

© Peter Lang GmbH
Internationaler Verlag der Wissenschaften
Frankfurt am Main 2008
Alle Rechte vorbehalten.

Printed in Germany 1 2 3 4 5  7

www.peterlang.de

## Vorwort der Herausgeberreihe

Der dem Angelsächsischen entlehnte Begriff des Marketing steht in Theorie und Praxis synonym für die systematische und zielgerichtete Gestaltung von Transaktionsprozessen. Aus diesem Grund ist letzterer als zentraler Untersuchungsgegenstand der Marketingwissenschaft und Ziel ihrer praktischen Ausgestaltung zu bezeichnen.

Die Transaktion bzw. die Transaktionsprozesse können von verschiedenen Blickrichtungen und theoretischen Bezugsrahmen ausgehend analysiert werden. Einen Ansatzpunkt hierfür bietet die Neue Institutionenökonomik, die das Denken der Wirtschaftswissenschaftler in letzter Zeit auf vielen Feldern geprägt und verändert hat. So eignen sich beispielsweise das Verständnis von Verfügungsrechten (Property Rights) als eigentliche Tauschobjekte, die Annahme unvollkommener Information oder opportunistischen Handelns dazu, Anbieter-/Nachfragerbeziehungen auf der Grundlage eines theoretischen Fundaments praxisnah abzubilden. Maßgeblich begründet jedoch die Transaktionskostentheorie mit ihrer Zerlegung einer Transaktion in ihre einzelnen Phasen und mit der Zuordnung entsprechender Kosten und Erträge die konstitutiven Phasen eines Tauschprozesses. Darüber hinaus ergeben sich hier weitere Möglichkeiten zur Einbindung verschiedener theoretischer Ansätze, wie etwa der Verhaltenswissenschaften, Economic Behavior und anderer. Unter Berücksichtigung weiterer Bezugsgruppen einer Einzelwirtschaft (wie etwa der Wettbewerber, Mitarbeiter, Anteilseigner, etc.) ist damit ein wesentliches Fundament des Marketingverständnisses am Lehrstuhl für Strategisches Marketing an der EUROPEAN BUSINESS SCHOOL, International University Schloß Reichartshausen in Oestrich-Winkel gelegt – der Integrativ-Prozessuale Marketingansatz (IPM).

Darüber hinaus forciert der Prozessgedanke die konsequente Ausrichtung der betroffenen unternehmerischen Aktivitäten an einem durchgängigen Marketingprozess, um somit Schnittstellen, wie sie in der Praxis beispielsweise oftmals zwischen Marketing und Vertrieb bestehen, weitgehend zu vermeiden. In der Umsetzung führt dies auch zu einer Entscheidungsorientierung, die sich in einer Zerlegung der Marketingaufgaben in Konzeption, Planung, Ausführung und Kontrolle niederschlägt.

Aufgrund der weitreichenden und langfristigen Implikationen stellt insbesondere die Formulierung von Marketingstrategien eine wichtige und überaus anspruchsvolle Aufgabe für Entscheidungsträger in Unternehmen, also für das Management von Marketingprozessen, dar. Die vorliegende Herausgeberreihe „Strategisches Marketingmanagement" trägt daher praxisorientierte Arbeiten zusammen, die sich dieser Herausforderung stellen und somit einen wissenschaftlichen Beitrag zu einer entscheidungs- und marktorientierten Unternehmensführung leisten wollen. So sind als Zielgruppe dieser Herausgeberreihe gleichermaßen Wissenschaftler als auch Entscheidungsträger verschiedenster Marketingsysteme zu bezeichnen. Letztere erstrecken sich dabei von tradierten Systemen wie dem Hersteller-, dem Handels- oder dem Dienstleistungsmarketing bis hin zu neu aufstrebenden Marketingdisziplinen wie beispielsweise dem Marketing von Politikern und Parteien.

Mein Dank geht an dieser Stelle vor allem auch an den Peter Lang Verlag GmbH, Europäischer Verlag der Wirtschaftswissenschaften, insbesondere an Frau Melanie Sauer für die Betreuung dieser Herausgeberreihe.

Univ.-Prof. Dr. Roland Mattmüller
Oestrich-Winkel, Januar 2008

## Vorwort des Herausgebers

Die Bedeutung des Sports im täglichen Leben vieler Menschen ist unbestritten. Neben der aktiven sportlichen Betätigung steht dabei der Sport als passiv erlebtes Konsumgut in Form von TV-Übertragungen, Stadienbesuchen etc. In Deutschland hat die Mannschaftssportart Fußball in diesem Zusammenhang eine herausragende Bedeutung und ist in der Gesamtheit der einzelnen aktiven und passiven Ausprägungen zu einem bedeutsamen Wirtschaftsfaktor geworden. Damit einher ging und geht die zunehmenden Professionalisierung und Kommerzialisierung speziell im Profifußball, die zu einer Vielzahl von Transaktionsbeziehungen führen, in welche die Vereine zur Produktion und zum Absatz ihres Produkts Fußballspiel eingebunden sind. Trotz der existierenden Bedeutung des Profifußballs und der unbestrittenen Marketingrelevanz seiner Vermarktung sind ökonomische und marketingwissenschaftliche Aufarbeitungen dieser Thematik jedoch eher selten. Vor allem mangelt es an systematischer und theoriegestützter Analyse und Ableitung von fundierten Handlungsableitungen für das Management der Anbieter, hier der professionellen Fußballvereine (PFV).

Vor diesem Hintergrund beschäftigt sich Nora Oettgen in ihrer vorliegenden Dissertation mit den Potenzialen, die sich durch die Gestaltung eines integrativen Marketingansatzes für professionelle Fußballvereine ergeben. Hierzu überträgt sie dieses, auf dem Anspruchsgruppenkonzept beruhende Verständnis, auf die Besonderheiten von Sportvereinen, identifiziert die relevanten Anspruchsgruppen und geht der Frage nach, inwieweit sich die Ausgestaltung des Integrativen Marketing in wirtschaftlichem Erfolg für die Fußballvereine (der Bundesliga) niederschlägt bzw. welche Implikationen für das Management zu ziehen sind.

Zu diesem Zweck geht Oettgen auch auf einführende Grundlagen des Sports bzw. auf die Professionalisierung und den Entwicklungsverlauf im deutschen Fußballsport mit seinen medialen, ökonomischen, rechtlichen und gesellschaftlichen Veränderungen ein.

Ausführlich schildert sie hierbei die Systembesonderheiten des Sports im Vergleich zur Wirtschaft, wie etwa die unterschiedlichen Wettbewerbskonstellationen, die sich z.B. in der schädlichen und für keinen Anbieter erstrebenswerten Position eines Monopolisten (ohne sportlichen Gegner) und in der assoziativen Konkurrenz wiederfinden (Louis-Schmeling-Paradox). Vielmehr werden im Sport Konkurrenten benötig, um überhaupt ein vermarktbares System aufrechtzuerhalten. In Folge zeigt sich die Nachfragestruktur durch die Bereiche Variabilität der Nutzenerwartung, hohe Substitutionskonkurrenz und strukturelle Unsicherheit gekennzeichnet.

Auf dieser Basis überträgt Oettgen die Stakeholder-Orientierung auf PFV. Hierzu erfolgt zunächst eine Aufarbeitung der in der relevanten Literatur existierenden Konzepte zur Stakeholder-Identifikation. Oettgen arbeitet dann Anspruchsgruppen anhand der Differenzierung in Input-Organisationen, Regulative Organisationen, Interne Anspruchsgruppen und Output-Organisationen heraus. Den inhaltlichen Bezugsrahmen hierfür bildet durchgehend der Integrative Marketingansatz mit seiner Grundgliederung in fünf Anspruchsgruppen. Damit legt Oettgen eine fundiert abgeleitete Basis zur Systematisierung der Anspruchsgruppen von PFV und zu deren strategischer Bearbeitung durch das Management der Vereine. Sie untermauert dies mit Ergebnissen ihrer empirischen Untersuchung, die das Ziel hatte, Einschätzungen von Entscheidungsträgern der Vereine der Ersten und Zweiten Bundesliga hinsichtlich der Anwendbarkeit des Stakeholder-Modells auf PFV einerseits und der tatsächlich in der Realität vorliegenden Verankerung der Stakeholder-Orientierung andererseits zu erlangen.

Im Weiteren geht es um die wesentliche Frage, ob sich ein Zusammenhang zwischen Stakeholder-Orientierung und wirtschaftlichem Erfolg (gemessen am Umsatz) von PFV nachweisen lässt. Hierzu spiegelt die Verfasserin letzteren an den Aussagen der Befragten aus ihrer obigen empirischen Untersuchung. Dabei unterzieht sie die 18 Vereine der Ersten Bundesliga einer Umsatz-Clusterung in drei verschiedene Klassen „Unteres Drittel", „Mittelfeld" und „Spitzenreiter".
Es zeigt sich zusammengefasst das Ergebnis, dass in der Gruppe Spitzenreiter eine sehr stringente Ausrichtung auf das sportliche und wirtschaftliche Ziel anzutreffen ist. Außerdem hält diese Gruppe – aber auch die Vereine „Unteres Drittel" – eine hohe Stakeholder-Orientierung für sinnvoll und im Verein für vorherrschend. In der Gruppe Mittelfeld wird hingegen eine Anspruchsgruppenorientierung weder für sinnvoll noch für vorherrschend erachtet.

Oettgen leitet abschließend Handlungsempfehlungen für das Management von PFV ab, die den zugrunde liegenden prozessualen Marketingansatz unterstützend begleiten und die Integrationsorientierung erleichtern sollen (eine Balanced Scorecard sowie auf dieser Basis eine Sponsorship-Scorecard, ein Customer Relationship Management und das Yield Management zur Stadionauslastung).

Nora Oettgen greift mit ihrer vorliegenden Arbeit daher also zum einen eine interessante Branche auf, die sich im Spannungsfeld zwischen herkömmlichen Vereinsstrukturen mit ursprünglich idealistisch geprägten Motivationsstrukturen und dem zunehmenden Anspruch nach professionellem Management und Marketing bewegt. Zum anderen analysiert sie den Umsetzungsgrad eines integrativen Marketingverständnisses mit der systematischen Bearbeitung der verschiedenen Anspruchsgruppen und bezieht sich damit auf ein in der Forschung wie in der praktischen Umsetzung noch keineswegs erschöpfend abgehandeltes Thema. Die Koppelung der Stakeholder- bzw. Integrationsorientierung mit dem wirtschaftlichen Erfolg – gemessen über den Umsatz – bietet interessante Ergebnisse und belegt in der Tendenz die Erfolgswirksamkeit einer durchgängigen Ausrichtung an den Anspruchsgruppen.

Insgesamt bringt die vorgelegte Arbeit damit einen erheblichen Erkenntnisgewinn zur Fundierung des Integrativen Marketingverständnisses und zu dessen Übertragbarkeit bzw. Anpassungsnotwendigkeit auf den professionellen Fußballsport als gewählter Branche.

Univ.-Prof. Dr. Roland Mattmüller
Oestrich-Winkel, Januar 2008

## Vorwort des Autors

*So eine Arbeit wird eigentlich nie fertig,*
*man muss sie für fertig erklären,*
*wenn man nach Zeit und Umständen*
*das Mögliche getan hat.*

(Johann Wolfgang von Goethe)

Dem Zitat entsprechend wurde die vorliegende Arbeit für fertig erklärt, da nach Zeit und Umständen das Mögliche für sie getan wurde. Dieses Mögliche zu tun ist allerdings ohne Unterstützung in verschiedenen (Lebens-)Bereichen überhaupt nicht möglich. Daher soll an dieser Stelle denjenigen Personen gedankt werden, die ihrerseits das Mögliche getan haben, mir hierbei zur Seite zu stehen.

Die vorliegende Arbeit entstand während meiner Zeit als wissenschaftliche Mitarbeiterin am Lehrstuhl für Strategisches Marketing der European Business School (EBS) International University Schloss Reichartshausen. Mein erster Dank gilt daher meinem akademischen Lehrer und Doktorvater, Univ.-Prof. Dr. Roland Mattmüller. In den vergangenen drei Jahren war er stets bereit, das Dissertationsvorhaben einerseits kritisch, andererseits aber auch konstruktiv zu begleiten, und stand mir als Gesprächspartner jederzeit zur Verfügung. Doch nicht nur die Unterstützung im Verlauf der Erstellung der Dissertation, sondern auch das mir durch ihn entgegengebrachte Vertrauen und die damit einhergehenden Freiheiten im Rahmen meiner Lehrstuhltätigkeit haben sowohl die Promotion wie auch meine Zeit als wissenschaftliche Mitarbeiterin geprägt und ausgezeichnet. Sowohl fachlich als auch persönlich hat mich diese Zeit, die nicht missen möchte, sehr bereichert, wofür ich ihm von ganzem Herzen danken möchte.
Mein Dank gilt ebenso Univ.-Prof. Dr. Roswitha Meyer für die kurzfristige und unbürokratische Übernahme des Zweitgutachtens, sowie für ihre hilfreichen Anregungen und aufmunternden Worte in der Endphase der Erstellung der Arbeit. Ebenfalls danke ich Univ.-Prof. Dr. Karl-Werner Schulte, welcher durch seinen Wechsel an die Universität Regensburg das Dissertationsvorhaben als Zweitgutachter nicht weiter begleiten konnte, mir aber innerhalb der ersten zwei Jahre sehr hilfreich zur Seite stand.
Neben der professoralen Unterstützung war selbige durch meine Freunde und Kollegen am Lehrstuhl unverzichtbar; sie haben mich vor einigen Jahren sehr herzlich in ihre Runde aufgenommen und in den Lehrstuhlalltag eingeführt, waren aber später auch stets bereit, mir im Zeitraum des Verfassens der Dissertation den nötigen Freiraum zu

lassen. Dieses, in Kombination mit vielen anregenden Gesprächen, aufmunternden Worten und ablenkenden Abendveranstaltungen hat sicherlich einen nicht zu unterschätzenden Teil zum Gelingen der Arbeit beigetragen. Besonders herausheben möchte ich an dieser Stelle Dr. Jochen Basting, Dr. Tim Bendig und Dr. Tobias Irion, die mir sowohl als Kollegen, wie auch als Freunde in jeder Lebenssituation zur Seite standen. Ebenso danke ich Dr. Thomas Feinen, Dr. Sven Franzen, Dr. Maximilian Seidel, Dr. Benjamin Trespe, Dr. Ralph Tunder, Thomas Müller-Rehkopf, Philipp Götting, Nina Jochheim, Saskia Reitzle, Benedikt Harren, Sebastian Sigle und Sebastian Behre. Ein ganz besonderer Dank gilt darüber hinaus Beate Wenzl, die schlichtweg immer dafür Sorge trägt, dass alles wieder in Ordnung kommt.

Die Erstellung einer solchen Dissertation wird allerdings niemals möglich sein ohne die entsprechende Unterstützung im Privaten, weswegen ich auch hier einige Personen erwähnen möchte, ohne die diese Arbeit nicht möglich gewesen wäre: Linda Becker, Sandra Jeike, Berta Kos, Sevgi Ordukaya, Martina Weber und Clemens Hartmann; Dank ihnen habe ich neben dem akademischen Marathon auch den sportlichen geschafft, wodurch sie mir eine willkommene Abwechselung zum Leben am Schreibtisch geschaffen haben. Benjamin Wegemund, der meine Begeisterung für den Fußballsport geweckt und mir als guter Freund diesbezüglich und darüber hinaus stets wertvolle Ratschläge und Hinweise gegeben hat. Isabel Martin, deren langjährige und intensive Freundschaft mich während der gesamten Schul- und Studienzeit begleitet und unterstützt hat. In erster Linie möchte ich aber meinen engsten Freunden und Wegbegleitern über viele gemeinsame Jahre an der EBS und darüber hinaus danken: Dr. Julia Gentgen, Vera Kubiack, Bettina Langhorst, Christian Preussner und Florian Schulze. Ohne euch wären Studium, Auslandssemester und alles was dazwischen wie auch danach gekommen ist einfach nicht dasselbe gewesen. Ihr habt es mir mit eurer Unterstützung, eurer Gelassenheit und eurer Fähigkeit, mir die Welt außerhalb des Lehrstuhls und der Dissertation zu zeigen, ermöglicht, diese Arbeit zu beginnen, zu bearbeiten und schließlich auch fertig zu stellen.

Der größte Dank gebührt abschließend jedoch meiner Familie – insbesondere meinen Eltern. Ohne ihre Unterstützung und ihr Vertrauen in mich und meine Vorhaben wären selbige niemals möglich gewesen. Ihnen widme ich daher diese Arbeit.

Nora Oettgen
Oestrich-Winkel, Januar 2008

# Inhaltsübersicht

# Inhaltsverzeichnis

# Abbildungsverzeichnis

# Abkürzungsverzeichnis

| | |
|---|---|
| Abb. | Abbildung |
| AG | Aktiengesellschaft |
| AOL | America Online Incorporated Company |
| ARD | Arbeitsgemeinschaft der öffentlich-rechtlichen Rundfunkanstalten der Bundesrepublik Deutschland |
| Aufl. | Auflage |
| | |
| B.S.C. | Berliner Sport Club |
| B2B | Business-to-Business |
| Basel II | Baseler Eigenkapital-Vereinbarungen |
| BFuP | Betriebswirtschaftliche Forschung und Praxis |
| BGB | Bürgerliches Gesetzbuch |
| BSC | Balanced Scorecard |
| BVB | Ballspielverein Borussia |
| bzw. | beziehungsweise |
| | |
| ca. | circa |
| CEJOR | Central European Journal of Operations Research |
| CRM | Customer Relationship Management |
| | |
| DFB | Deutscher Fußball-Bund e.V. |
| DFL | Deutsche Fußball Liga GmbH |
| DSF | Deutsches Sport Fernsehen |
| | |
| e.V. | eingetragener Verein |
| erg. | ergänzt(e) |
| erw. | erweitert(e) |
| et al. | et altera (und andere) |
| etc. | et cetera |
| EU | Europäische Union |
| EuGH | Europäischer Gerichtshof |

| | |
|---|---|
| f. | folgende |
| FAZ | Frankfurter Allgemeine Zeitung |
| FIFA | Fédération Internationale de Football Association |
| FC | Fußballclub |
| | |
| G-14 | Vereinigung europäischer Fußballspitzenclubs |
| GfK | Gesellschaft für Konsum-, Markt- und Absatzforschung |
| Ggf. | gegebenenfalls |
| GmbH | Gesellschaft mit beschränkter Haftung |
| | |
| Hrsg. | Herausgeber |
| HSV | Hamburger Sport-Verein |
| | |
| IPO | Initial Public Offering |
| ISPR | Internationale Sportrechte-Verwertungsgesellschaft |
| | |
| Jg. | Jahrgang |
| JMR | Journal of Marketing Research |
| | |
| MLB | Major League Baseball |
| MLS | Major League Soccer |
| MSV | Meidericher Spielverein |
| | |
| NASSM | North-American-Society for Sport Management |
| NBA | National Basketball Association |
| NFL | National Football League |
| NPO | Nonprofit-Organisation |
| Nr. | Nummer |
| | |
| o.S. | ohne Seite |
| | |
| p.a. | per annum |
| | |
| RTL | Radiotélévision de Luxembourg |

| | |
|---|---|
| S. | Seite |
| SC | Sportclub |
| SSC | Sponsorship Scorecard |
| SV | Sportverein |
| | |
| TSV | Turn- und Sportverein |
| | |
| u.U. | unter Umständen |
| überarb. | überarbeitet(e) |
| UEFA | Union Européenne de Football Association |
| UFA | Universum-Film Aktiengesellschaft |
| | |
| VdV | Vereinigung deutscher Vertragsfußballspieler |
| Vgl. | vergleiche |
| VfB | Verein für Ballspiele |
| VfL | Verein für Leibesübungen |
| vollst. | vollständig |
| vs. | versus |
| | |
| WM | Weltmeisterschaft |
| | |
| z.B. | zum Beispiel |
| ZDF | Zweites Deutsches Fernsehen |
| ZfB | Zeitschrift für Betriebswirtschaft |
| Zfbf | Schmalenbachs Zeitschrift für betriebswirtschaftliche Forschung |

# 1 Einleitung in die Arbeit

## 1.1 Begründung des Problemhintergrunds

*„Die Art und Weise, wie sich der Hang zum Sport im modernen Leben äußert, scheint keine schwerwiegenden wirtschaftlichen Folgen zu haben."*[1]

Die zitierte Textstelle, welche von Thorstein Veblen im Jahr 1899 formuliert wurde, deutet bereits darauf hin, dass man sich lange Zeit nicht vorstellen konnte, welche Bedeutung der Sport im Allgemeinen und somit auch der Fußball im Speziellen einmal gewinnen würde.[2] Mittlerweile hat sich das Bild gewandelt. Sowohl der Amateur- als auch der Spitzensport sind zu einem Teil des alltäglichen Lebens geworden und verzeichnen ein stetiges Wachstum. Das professionelle Fußballgeschäft stellt einen sowohl für Deutschland wie auch für ganz Europa wichtigen Wirtschaftsfaktor dar: Allein in der Bundesrepublik arbeiten mehr als 34.103 Menschen für den Fußball im weitesten Sinne, davon sind 2.850 bei den Bundesligaclubs direkt angestellt. Der Deutsche Fußball-Bund (DFB) ist mit mehr als sechs Millionen Mitgliedern einer der größten Sportverbände der Welt. Sowohl der aktive wie auch der passive Sportkonsum sind in den vergangenen Jahren deutlich gestiegen.[3] Auch der Staat profitiert: So zahlte die deutsche Fußballbundesliga im Jahr 2005 knapp 384 Millionen Euro an Steuern.[4]

Im Bereich der Wissenschaft begann man ebenfalls, sich in verschiedensten Bereichen näher mit dem Phänomen Sport zu beschäftigen. Mittlerweile hat sich die Sportökonomik als „[…] eigenständige Teildisziplin zwischen Sport- und Wirtschaftswissenschaften etabliert."[5] Die Sportökonomik selber wird dabei als eigenständige, wissenschaftliche Teildisziplin betrachtet und nicht etwa einer anderen Wissenschaft zugeordnet, wenngleich ihr als noch sehr junger Disziplin bislang nicht die entsprechende

---

[1]    Veblen, Thorstein (1993): Die Theorie der feinen Leute, S. 260.

[2]    Vgl. Schmidt, Lars / Welling, Michael (2004): Einführender Überblick zur Ökonomie des Fußballs, S. 5.

[3]    So bezeichnen sich beispielsweise nach einer Umfrage der UFA mehr als 34 Millionen Bundesbürger über 14 Jahre als fußballinteressiert. Vgl. Hübl, Lothar / Swieter, Detlef (2002): Fußball-Bundesliga: Märkte und Produktbesonderheiten, S. 13; o.V. (2007): DFL-Bilanz: Bundesliga boomt im WM-Jahr, o.S.

[4]    Vgl. Deutsche Fußball Liga (DFL) (2007): Bundesliga Report 2006, S. 48; Hübl, Lothar / Swieter, Detlef (2002): Fußball-Bundesliga: Märkte und Produktbesonderheiten, S. 13; Korthals, Jan Peter (2005): Bewertung von Fußballunternehmen, S. 1; o.V. (2006): Kernkompetenz Fußball, S. 33; o.V. (2007): DFL-Bilanz: Bundesliga boomt im WM-Jahr, o. S.

[5]    Kurscheidt, Markus (2004): Stand und Perspektiven ökonomischer Forschung zum Fußball, S. 28.

Bedeutung zuteil wurde, wie dies bei anderen wissenschaftlichen Disziplinen zu beobachten ist. Ihre Eigenständigkeit wird jedoch weder in der Literatur noch in der Praxis angezweifelt, was insbesondere mit den nachfolgenden vier Kernargumenten begründet wird[6]:

1. Das vergleichsweise rasante Wachstum der wirtschaftlichen Bedeutung des Sports weltweit auf verschiedensten Betrachtungsebenen (u.a. Kommerzialisierung und Professionalisierung des Sportsektors).

2. Die günstigen Gegebenheiten insbesondere der Ligabranche, welche sie zu einem „Labor für ökonomische Theorien"[7] machen.

3. Die einzigartige Marktkonfiguration, welche im professionellen Ligasport zu beobachten ist – eine Gemeinschaftsproduktion, die eine Mischung aus kooperativen und kompetitiven Verhaltensmodi erfordert – und welche gerade für die Organisations- und Industrieökonomik von besonderem Interesse ist.

4. Die Tatsache, dass Sport als effektives didaktisches Vehikel in der ökonomischen Ausbildung dienen kann.

Die Sportökonomik trägt somit der Tatsache Rechnung, dass es mittlerweile zu Verflechtungen zwischen vielfältigen Formen des sportlichen und ökonomischen Handelns kommt. Insbesondere im Leistungssport, aber auch im Freizeit- und Breitensport treten heutzutage Interdependenzen zwischen Wirtschaft und Sport zu Tage: Unter die wirtschaftlichen Aspekte im Rahmen der Sportökonomik fallen in diesem Zusammenhang sowohl die betriebswirtschaftlichen, volkswirtschaftlichen, wirtschaftshistorischen, wirtschaftsgeografischen als auch die wirtschaftsrechtlichen Aspekte. Im Bereich des Sports werden dessen sämtliche Erscheinungsformen abgedeckt: Individual-, Schul-, Vereins- und Gewerbesport.[8] Die Bearbeitung sportökonomischer Fragen setzt allerdings die Kenntnis wirtschaftswissenschaftlicher Tatbestände und Abläufe sowie ein angemessenes Instrumentarium an Terminologie und Methoden voraus.[9] Trotz der

---

[6]     Für die im Folgenden aufgeführten Argumente vgl. ebenda, S. 30-33. Insbesondere die Punkte 1. bis 3. werden im Verlauf der Arbeit noch detaillierter betrachtet werden.

[7]     Aufgrund der regelmäßigen Ligabegegnungen wird eine Vielfalt an Daten generiert, welche außerdem in den meisten Fällen im Vergleich zu anderen Industrien lange und verlässliche Zeitreihen aufweisen. Darüber hinaus bietet keine andere Branche derart detaillierte Größen über die individuelle Leistung der Akteure. Ebenda, S. 31.

[8]     Vgl. Pöttinger, Peter (1989): Wirtschaftliche und soziale Grundlagen der Professionalisierung im Sport, S. 15.

[9]     Vgl. ebenda, S. 18.

Tatsache, dass der Sport, insbesondere der Profisport, in Deutschland von solch großer Bedeutung ist, lassen sich im Bereich der Forschung, insbesondere der wirtschaftswissenschaftlichen Forschung, auf diesem Gebiet bis dato nicht viele Erklärungs- und Managamentansätze finden, die der soeben beschriebenen Entwicklung entsprechend begegnen.[10]

An dieser, nachgewiesener Maßen existierenden Forschungslücke – dem mangelnden Vorhandensein von Managementansätzen für den Profisport – wird die vorliegende Arbeit ansetzen. Den Ausgangspunkt der Argumentation – die Notwendigkeit der Entwicklung eines integrativen Maketingansatzes für professionelle Fußballvereine – bildet die Tatsache, dass selbige in Deutschland mittlerweile größtenteils die Rechtsform einer Kapitalgesellschaft angenommen haben, wodurch sie mit Wirtschaftsunternehmen gleichzusetzen sind. Dementsprechend müssten Modelle und Methoden der klassischen Wirtschaftswissenschaften auf die Vereine übertragbar sein, ebenso wie sie selbige anwenden müssten, um im (Wirtschafts-)Markt erfolgreicher agieren zu können. Aufgrund der Marktbesonderheiten, die sich im professionellen Sport im Allgemeinen und im Fußball im Speziellen finden lassen, erscheint es jedoch fraglich, ob eine direkte Übertragbarkeit möglich und sinnvoll ist oder ob es einer Anpassung bedarf, welche die soeben erwähnten Marktgegebenheiten berücksichtigt. Sollte Letzteres der Fall sein, ist darüber hinaus die Frage zu beantworten, wie eine solche Anpassung in der Theorie erfolgen und auf die Praxis übertragen werden könnte.

Im Rahmen der Ausführungen dieser Arbeit soll der Bereich des Sport-Management näher betrachtet werden, die Bereiche der Sport-Mikroökonomie und der Sport-Makroökonomie dienen dabei als fundierende Rahmenbedingungen der vorliegenden Arbeit, auf welche sich das Sport-Management stützt.[11] Darüber hinaus wird innerhalb der Untersuchung eine Fokussierung auf den Fußballsport erfolgen. Diese ist auf zwei Gründe zurückzuführen:

Zum einen auf die Besonderheiten des Marktes für Mannschaftssportarten, zu welchen der Fußball zu zählen ist: Innerhalb der Mannschafts- bzw. Teamsportarten treten die Vereine, welche im Fußball bis vor einigen Jahren als Nonprofit-Organisationen

---

[10] „Sports economics remains a surprisingly under-researched field. […] Yet sports are big business (the European Commission has estimated that trade in sports related activities now constitutes 3 % of world trade)." Szymanski, Stefan (2001): Economics of Sport, S. 3.
Von wenigen Ausnahmen abgesehen, ist der größte Teil der wirtschaftswissenschaftlichen Forschung im Bereich des Sports in den USA anzusiedeln. Vgl. hierzu ausführlich Abschnitt 1.2.

[11] Eine nähere Erläuterung dieser Unterteilung findet sich in Abschnitt 2.2.

agierten und ausschließlich sportliche Ziele verfolgten, als eigenständige Organisationen auf. Der Markt für Teamsportarten wiederum befindet sich in einer innerhalb der Ökonomie einzigartigen Situation: Denn während Unternehmen auf freien Märkten ihren Gewinn unter anderem dadurch maximieren, dass sie ihre Konkurrenten vom Markt verdrängen und eine Monopolstellung anstreben, zeichnet sich das zentrale Merkmal des Produktmarktes im professionellen Mannschaftssport dadurch aus, dass kein Team isoliert produzieren kann.[12] Wirtschaftliche und sportliche Konkurrenz stehen entgegengesetzt zueinander („assoziative Konkurrenz").[13] Dies bedeutet: Die Vereine sind auf ihre Konkurrenten angewiesen und müssen sogar ein gewisses Interesse daran haben, dass sich ihre Spielstärke ähnelt. Diese einzigartige Situation wird in der Literatur unter der Bezeichnung „Louis-Schmeling Paradox"[14] geführt.

Neben der Begründung, warum sich die Arbeit auf Mannschaftssportarten beschränkt, gilt es zum anderen eine Begründung dafür zu liefern, warum ausschließlich der Fußballsport im Mittelpunkt der Betrachtung liegen soll: Die grundsätzlichen ökonomischen Gegebenheiten haben sich im Profibereich dieser Sportart in den vergangenen Jahrzehnten – im Gegensatz zu anderen in Deutschland populären Mannschaftssportarten wie Handball, Basketball oder Eishockey – enorm verändert[15], weswegen der Fußball eine Art ,Vorreiterrolle' im professionellen Sport einnimmt, welche für diese Arbeit als besonders interessant und geeignet erachtet wird. Darüber hinaus ist der Managementgedanke innerhalb aller Profisportarten in Deutschland im professionellen Fußball bereits am weitesten integriert. Diese Tatsache, in Kombination mit der geplanten Ent-

---

[12]  Vgl. Büch, Martin-Peter / Frick, Bernd (1999): Sportökonomie: Erkenntnisinteresse, Fragestellungen und praktische Relevanz, S. 113f.; Heinemann, Klaus (2001): Grundprobleme der Sportökonomie, S. 21; Rottenberg, Simon (1956): The baseball players' labor market, S. 254f.

[13]  Vgl. Heinemann, Klaus (2001): Grundprobleme der Sportökonomie, S. 19.

[14]  Der Ausdruck ,Louis-Schmeling Paradox' ist zurückzuführen auf die beiden weltbesten Schwergewichtsboxer der 30er- und 40er- Jahre Joe Louis und Max Schmeling. 1936, bei ihrer ersten Begegnung, knockte Max Schmeling den bis dahin als unbesiegbar geltenden Joe Louis in New York aus. Es war Louis' erste Niederlage in insgesamt 27 Titelkämpfen. „Consider the position of the heavyweight champion of the world. He wants to earn more money, to maximize his profits. What does he need in order to do so? Obviously, a contender, and the stronger the contender, the larger the profits from fighting him. And, since doubt about the competition is what arouses interest, the demonstration effect will increase the incomes of lesser fighters (lower on the rating scale or lighter on the weighing scales). Pure monopoly is disaster: Joe Louis would have had no one to fight and therefore no income." Neale, Walter C. (1964): The Peculiar Economics of Professional Sports, S. 1f.
      Abschnitt 3.3 befasst sich ausführlich mit den Systembesonderheiten des Sports im Allgemeinen sowie des Fußballs im Speziellen, wobei Abschnitt 3.3.1.2 die soeben erwähnten Besonderheiten erneut aufgreift.

[15]  Eine detaillierte Beschreibung dieser Entwicklung findet sich im nächsten Abschnitt sowie im Verlauf der Arbeit wieder.

wicklung eines integrierten Marketingansatzes im Rahmen der Untersuchung, stellt eine weitere Begründung für die Fokussierung auf den Fußballsport dar.

Die grundlegenden Marktbedingungen im Umfeld des Profifußballs[16] in Deutschland haben sich in den vergangenen Jahrzehnten stark geändert.[17] Das Produkt ‚Profifußball' wird immer stärker nachgefragt, die Zuschauerzahlen sowie die Einnahmen der Vereine steigen pro Saison kontinuierlich: Der Verkauf von Stadientickets hat sich in den vergangenen zwanzig Jahren verdreifacht; die Einnahmen aus Fernsehübertragungsrechten stiegen bis zum Jahr 2001 stetig[18], seit der Kirch-Insolvenz im Jahr 2002 halten sie sich konstant bei ca. 295 Millionen Euro pro Saison. Im Vergleich zu den anderen europäischen Ligen gerät die Deutsche Bundesliga mit diesen Zahlen allerdings schon fast ins finanzielle Hintertreffen, da diese deutlich mehr Geld aus der Vermarktung der TV-Verwertungsrechte generieren.[19] Die Bereiche Merchandising[20] und Sponsoring[21] sind ebenfalls positiven Entwicklungen ausgesetzt, welche durch die zunehmende Internationalisierung des deutschen Spitzenfußballs (Teilnahme deutscher Vereine an der Champions League, dem UEFA Pokal etc.) noch steigen wird (die Preise für Trikotsponsoring verzeichneten Zuwachsraten von durchschnittlich 23

---

[16] Unter Profifußball sollen im Folgenden die erste und zweite Deutsche Fußballbundesliga verstanden werden sowie die Vereine, welche in den vergangenen Jahren regelmäßig in mindestens einer der beiden Ligen vertreten waren.

[17] Für die nachfolgenden Ausführungen vgl. exemplarisch Hardenacke, Jens / Hummelsberger, Markus (2004): Paradigmenwechsel im Profifußball, S. 52-64.

[18] „Bei einer Betrachtung aller TV-Einnahmen der 18 Bundesligisten zeigt sich ein durchschnittliches jährliches Wachstum von 35,9 Prozent von der Saison 1981/82 bis zur Saison 2000/01." Hardenacke, Jens / Hummelsberger, Markus (2004): Paradigmenwechsel im Profifußball, S. 54.

[19] So lagen die Einnahmen aus den TV-Vermarktungsrechten in der Englischen Premier League für die Saison 2006/07 bei knapp 700 Millionen Euro, in der Französischen Ligue 1 bei ca. 650 Millionen Euro, und in der Italienischen Serie A ebenfalls bei knapp 560 Millionen Euro. Vgl. Ernst & Young (2005): Bälle, Tore und Finanzen II: Aktuelle Herausforderungen und Perspektiven im Profifußball, Studie, S. 20-25; Parensen, Andreas (2004): Der Fußballmarkt in Deutschland und seine Bearbeitung durch Agenturen, S. 315-319.

[20] Unter Merchandising soll in diesem Zusammenhang der Verkauf von so genannten Fan-Artikeln verstanden werden. Vgl. Bruhn, Manfred / Homburg, Christian (2001): Gabler Marketing Lexikon, S. 468; Dinkel, Michael (2002): Fanartikelgeschäft im Sport, S. 108.

[21] Unter Sponsoring versteht man „[...] die Zuwendung von Finanz- und/oder Sachmitteln und/oder Dienstleistungen von einer Einzelwirtschaft (Sponsor), an eine andere Einzelwirtschaft, wie eine Einzelperson, eine Personengruppe, eine Organisation oder Institution (Gesponserte), gegen die Gewährung von Rechten an der Person des Gesponserten und/oder Rechten an den Aktivitäten des Gesponserten zur kommunikativen Nutzung, auf Basis einer vertraglichen Vereinbarung." Mattmüller, Roland (2006): Integrativ-Prozessuales Marketing, S. 245. 84 Prozent aller Sponsoringaufwendungen weltweit werden für Sportsponsoringmaßnahmen aufgewendet. Beispiele für Sponsoring im Sportbereich sind etwa die Kennzeichnung von Ausrüstungsgegenständen oder Bandenwerbung. Vgl. Parensen, Andreas (2004): Der Fußballmarkt in Deutschland und seine Bearbeitung durch Agenturen, S. 309-313.

Prozent p.a. binnen 15 Jahren). Gleichzeitig änderte sich auch die Kostensituation der Vereine spätestens infolge des Bosman-Urteils vom 15. Dezember 1995.[22] Beide Entwicklungen, sowohl die positive Entwicklung der Einnahmequellen der Vereine sowie die infolge des Bosman-Urteils stark gestiegenen Personalkosten haben eine enorme Auswirkung auf die ökonomische Situation der Vereine. Während sich der Gesamtumsatz der Bundesliga von 1992 bis 2000 fast vervierfacht hat, sind die Personalkosten um das fast Fünffache gestiegen. Lediglich die großen, erfolgreichen Vereine schaffen es derzeit, einen Gewinn zu erwirtschaften oder zumindest den Break-Even zu erreichen; die kleineren Vereine machen in der Regel Verluste. Die finanzielle Kluft unter den Vereinen wird immer größer, die deutsche Fußballbundesliga befindet sich seit Jahren in der größten Finanzkrise seit ihrer Gründung. Die Vereine müssen zwingend neue Einnahmequellen erschließen, um wettbewerbs- und überlebensfähig zu bleiben.[23]

Die zunehmende Professionalisierung und Kommerzialisierung im Profifußball führt des Weiteren zu einer Vielzahl von Transaktionsbeziehungen, in welche die Vereine zur Produktion und insbesondere zum Absatz ihres Produkts (des Fußballspiels) eingebunden sind.[24] Diese Absatz- und Produktionsprozesse wurden bislang aus ökonomischer Perspektive allerdings vernachlässigt, eine Charakterisierung des Fußballspiels aus Marketingperspektive blieb ebenfalls aus. Denn trotz der Tatsache, dass die Vereine mitunter Umsätze gleich denen eines mittelständischen Unternehmens gene-

---

[22]  Mit seinem Urteil zur Klage des belgischen Profifußballers Bosman gegen die bisherigen Transferregelungen in den europäischen Fußballligen hob der EuGH das bis dato bestehende System mit Ablösesummen zwischen den Vereinen auf. Des Weiteren wurde die Beschränkung der Anzahl ausländischer Spieler in den Vereinen für nicht rechtmäßig erklärt. In Folge des Urteils stiegen die Personalkosten der Vereine der ersten Bundesliga im Zeitraum von 1992 bis 2001 um über 350 Prozent, der Anteil der Personalkosten am Umsatz erhöhte sich von 37,8 Prozent auf 50,2 Prozent. Abschnitt 3.2.3 wird sich intensiver mit den rechtlichen Rahmenbedingungen und ihren Folgen auseinandersetzen.

[23]  Zu Beginn der Saison 2004/05 belief sich die Verschuldung der Proficlubs der ersten und zweiten Bundesliga auf insgesamt rund 700 Millionen Euro. Beispielhaft belegt werden kann die Situation durch die Rettungsaktion des FC Kaiserslautern durch die Stadt Kaiserslautern in Zusammenarbeit mit den beteiligten Banken oder die Spendenaufrufe des FC St. Pauli. Auch die Ausgabe von Fananleihen, wie beim FC Köln zu Beginn der Saison 2005/06 geschehen, zeichnet ein Bild der akuten Finanzknappheit. Vgl. Born, Jürgen L. / Mohr, Stefan / Bohl, Markus (2004): Financing the Game, S. 201; Böttcher, Sebastian (2005): Marke Bundesliga, S. 15; Brors, P. / Maisch, M. (2004): Die Bilanz-Akrobaten, S. 8; Busche, Arnd (2004): Ökonomische Implikationen des Bosman-Urteils, S. 96-99; Hübl, Lothar / Swieter, Detlef (2002): Der Spielermarkt in der Fußball-Bundesliga, S. 111-115; Kern, Markus / Haas, Oliver / Dworak, Alexander (2002): Finanzierungsmöglichkeiten für die Fußball-Bundesliga und andere Profisportligen, S. 414-418; Meier, Henk Erik (2004): Von Bosman zur Kollektivvereinbarung? Die Regulierung des Arbeitsmarktes für Profifußballer, S. 9f.

[24]  Vgl. Welling, Michael (2004): Absatzmarktbezogene B-to-B-Geschäftsbeziehungen, S. 27.

rieren, sind betriebswirtschaftliche Strukturen häufig nicht in entsprechendem Maße vorhanden.[25] So formulierte FRANCK bereits vor einigen Jahren die Notwendigkeit einer intensiveren Auseinandersetzung mit der Thematik: „Im deutschen Teamsport gibt es einen erheblichen Bedarf nach ökonomischen Empfehlungen für die Institutionengestaltung."[26]

Als ein mögliches Problem in diesem Zusammenhang werden häufig die Clubverfassungen genannt. Diese haben zur Folge, dass die Führungsverantwortlichen eines Clubs primär daran interessiert sind, nicht den Profit, sondern den sportlichen Erfolg ihres Vereins zu maximieren. Hierdurch überwiegt die Orientierung an kurzfristigen Saisonzielen.[27] Klassische Wirtschaftsunternehmen hingegen sind primär daran interessiert, ihre Umsatzrentabilität zu maximieren. Bei den Fußballbundesligavereinen, obwohl sie über Strukturen ähnlich denen einer Kapitalgesellschaft verfügen, kann dieses Ziel nicht uneingeschränkt unterstellt werden. Im Gegensatz zu traditionellen Industrie- und Wirtschaftsunternehmen, die die Gesamtheit ihrer ökonomischen Ziele (Zielkonzeption) in drei Zielkategorien – Leistungsziele ( z.b. Produktions- und Absatzziele), Finanzziele (z.b. Investitions- und Finanzierungsziele) und Erfolgsziele (z.b. Umsatz- und Gewinnziele) – unterteilen, orientieren sich die wirtschaftlichen Ziele der Bundesligisten (noch) überwiegend am ‚Vereins-Prinzip'[28]. Das Ziel des Bundesligavereins ist somit die Selbstfinanzierungskraft und nicht die Gewinnmaximierung.[29] Es zeichnet sich allerdings ein Trend ab hin zu traditionellen ökonomischen Gewinnmaximierungsabsichten, auch innerhalb des Fußballs. Schon lange wird bezweifelt dass der Zweck der Bundesligisten „nicht auf einen wirtschaftlichen Geschäftsbetrieb gerichtet ist" (wie es §21 BGB umschreibt). Diese Aussage wurde bereits vor einigen Jahren von HOENESS, Manager des FC Bayern München, unterstrichen: „Bei einem Profiverein besteht der Verein nicht mehr. Er ist nur ein Anhängsel."[30] Allerdings lässt sich diese

---

[25] Vgl. Born, Jürgen L. / Mohr, Stefan / Bohl, Markus (2004): Financing the Game, S. 202; Böttcher, Sebastian (2005): Marke Bundesliga, S. 15; Brors, P. / Maisch, M. (2004): Die Bilanz-Akrobaten, S. 8.

[26] Franck, Egon (1995): Die ökonomischen Institutionen der Teamsportindustrie, S. 19.

[27] Vgl. Meier, Henk Erik (2004): Von Bosman zur Kollektivvereinbarung? Die Regulierung des Arbeitsmarkts für Profifußballer, S. 4

[28] Nach dem ‚Vereins-Prinzip' dürfen Vereine, deren Hauptzweck nicht auf einem wirtschaftlichen Geschäftsbetrieb ausgerichtet ist, keine Gewinnmaximierung erzielen, d.h., dass wirtschaftliche Interesse muss beim Idealverein im Hintergrund bleiben. So reduzieren beispielsweise viele Vereine ihren Gewinn, indem sie den positiven Jahresumsatz gezielt investieren. Vgl. Schumann, Frank (2004): Professionalisierungstendenzen im deutschen Fußball, S. 65.

[29] Vgl. Väth, Heinrich (1994): Profifußball - Zur Soziologie der Bundesliga, S. 107.

[30] Brandmaier, Sonja / Schimany, Peter (1998): Die Kommerzialisierung des Sports, S. XI.

Aussage nicht bedingungslos auf den deutschen Fußball übertragen; aus sportökonomischen Untersuchungen geht hervor, dass Bundesligavereine im strengen Sinne
keine gewinnorientierten Firmen darstellen. Zwar werden Eintrittspreise, Sponsoringar-
rangements, Übertragungsrechte etc. nach betriebswirtschaftlichem Kalkül festgesetzt,
doch die Überschüsse der Bundesligisten fließen nicht an Mitglieder, Eigentümer oder
Gesellschafter des Vereins. Auch die Bundesliga insgesamt orientiert sich, anders als
die großen Profiligen der USA, nur mittelbar am Kriterium des Profits. Die Gewinne der
Liga wie der Vereine werden, sofern sie nicht in den Stadionbau oder die Nachwuchsarbeit fließen, an das Personal weitergeleitet. Zu nicht geringen Anteilen dienen sie
schließlich als Investition in Spieler.[31] Vor diesem Hintergrund hat sich nach grundlegenden Studien von SCHMIDT eine teleologisch-typologische Abgrenzungsmethode
(drei Grundtypen von Wirtschaftsvereinen) durchgesetzt. Davon ausgehend zählen die
Vereine der Fußballbundesliga zum Volltypus des unternehmerisch tätigen Vereins,
der durch eine dauerhafte, planmäßige, anbietende, entgeltliche Tätigkeit am äußeren
Markt charakterisiert ist, indem sie u.a. Spieler verpflichten, Fernsehübertragungsrechte vermarkten und Eintrittskarten sowie Merchandising-Produkte veräußern.[32] Zusätzlich zu der angestrebten Umsatzmaximierung, die für den sportlichen Erfolg und demnach für das dauerhafte Bestehen des Vereins maßgeblich ist, ist es ebenfalls das Ziel
eines jeden Bundesligisten, seinen Nutzen zu maximieren sprich die Ordnungsziffer
seines Tabellenplatzes zu minimieren.[33]

Der vorliegende Abschnitt diente dazu, die Hintergrundsproblematik der vorliegenden
Arbeit näher zu beleuchten, aus welcher sich im Anschluss die Problemstellung ablei-
ten wird. Es wurde aufgezeigt, auf welche Bereiche des Sports, nämlich professioneller
Mannschaftssport und hierbei professioneller Fußball, sich die Arbeit bezieht und wie
sich die Situation in diesem Bereich gegenwärtig darstellt. Im Folgenden soll nun anhand eines Literaturüberblicks herausgearbeitet werden, wie weit der Bereich der
Sportökonomie in der Forschung bereits Beachtung gefunden hat und inwiefern diese
Forschungsergebnisse auf den professionellen Fußball übertragbar sind. Im Rahmen
dieser Analyse werden akute Forschungslücken herausgearbeitet, welche als ursäch-
lich für die darauf aufbauend abgeleiteten Problemfelder dienen.

---

[31]   Vgl. Franck, Egon (1995): Die ökonomischen Institutionen der Teamsportindustrie, S. 208f.

[32]   Vgl. Kebekus, Frank (1991): Alternativen zur Rechtsform des Idealvereins im bundesdeutschen Li-
       zenzfußball, S. 17; Schumann, Frank (2004): Professionalisierungstendenzen im deutschen Fußball,
       S. 65f.

## 1.2 Behandlung in der Forschung und Darstellung konzeptioneller Unterschiede

Die Ökonomie des Sports an sich ist eine in der Wissenschaft vergleichsweise junge, noch wenig erforschte Disziplin. Darüber hinaus bestehen auch zwischen einzelnen Ländern bzw. Kontinenten enorme Unterschiede bezüglich des Entwicklungsstands. So kann die nordamerikanische Forschung durchaus als Vorreiter bezeichnet werden, wenn es um die systematische Beschäftigung mit ökonomischen Problemen des Sports geht.[34] Dementsprechend sind sowohl der Bereich der empirischen Forschung zur Ökonomie professioneller Mannschaftssportarten wie auch der Bereich Lehrbücher zum Sportmanagement aus den USA deutlich stärker bearbeitet, als dies in Europa der Fall ist.[35] Zu nennen sind in diesem Zusammenhang aus dem US-amerikanischen Bereich insbesondere die Arbeiten von HAGGERTY / PATON (1984), LEWIS / APPENZELLER (1985), SCEALS (1985), MASON / PAUL (1988), STAUDOHAR / MANGAN (1991), PARKHOUSE (1991), MULLIN / HARDY / SUTTON (1993) und SHANK (1999).[36] Kritisch muss in diesem Zusammenhang allerdings angemerkt werden, dass

---

[33] Vgl. Flory, Marcus (1997): Der Fall Bosman: Revolution im Fußball?, S. 32.

[34] Die Begründung des Forschungsbereich der Ökonomie des Sports geht zurück auf einen von Simon Rottenberg im Jahre 1956 im Journal of Political Economy veröffentlichten Aufsatz zum Thema „The baseball players' labor market". In diesem Aufsatz vertritt Rottenberg im Grunde drei Thesen: (1) Im professionellen Mannschaftssport wird Unsicherheit über den Ausgang eines Wettkampfes produziert. Je länger das Ergebnis ungewiss ist, umso größer ist die Attraktivität für den (zahlenden) Zuschauer. (2) Die angesprochene Unsicherheit über den Ausgang wird am ehesten erreicht, indem alle beteiligten Mannschaften über ähnlich gute Spielqualitäten verfügen. (3) Die angesprochene gleichmäßige Verteilung von Spielerqualitäten würde sich auf einem nicht regulierten Arbeitsmarkt von selbst einstellen, da auch hier das Gesetz der abnehmenden Erträge gilt (ab einem bestimmten Punkt können Vereine nicht noch mehr Spitzenspieler sinnvoll einsetzen, weswegen es unrentabel wäre, noch mehr einzukaufen). Dementsprechend verteilen sich die Spielerqualitäten gleichmäßig auf alle Mannschaften. Vgl. Rottenberg, Simon (1956): The baseball players' labor market, S. 242-258. Chronologisch betrachtet folgte auf den Beitrag von Rottenberg der im Jahr 1964 im Quarterly Journal of Economics erschienene Artikel von Walter C. Neale, welcher die Natur der Gemeinschaftsproduktion im professionellen Sport beschreibt und analysiert. Vgl. Neale, Walter C. (1964): The Peculiar Economics of Professional Sports, S. 1-14. Auf die soeben erwähnten Besonderheiten wird in Kapitel drei der vorliegenden Arbeit noch detaillierter eingegangen. Der erste europäische Artikel, welcher international Beachtung erfuhr, war der im Jahr 1971 im Scottish Journal of Political Economy erschienene Beitrag von Peter J. Sloane zur Ökonomie des professionellen Fußballs. Vgl. Sloane, Peter J. (1971): The Economics of Professional Football, S. 121-146.

[35] Vgl. hierzu unter anderem Erning, Johannes (2000): Professioneller Fußball in Deutschland, S. 19; Heinemann, Klaus (1995): Einführung in die Ökonomie des Sports, S. 19f.; Heinemann, Klaus (1999): Ökonomie des Sports - eine Standortbestimmung, S. 18; Hermanns, Arnold / Riedmüller, Florian (2002): Marketing im Sport, S. 231f.

[36] Vgl. Haggerty, T. / Paton, G. (1984): Financial Management of Sport-related Organizations; Lewis, G. / Appenzeller, H. (1985): Successful Sport Management; Mason, J. / Paul, J. (1988): Modern Sports Administration; Mullin, B / Hardy, S. / Sutton, W.A. (1993): Sport Marketing; Parkhouse, B.L. (1991): The Management of Sport - Its Foundation and Application; Sceals, A. (1985): Sport and Lei-

es sich hierbei vor allem um Managementbücher handelt, welche zum einen auf die
Bedingungen der kommerziellen Sportorganisationen, wie sie in den USA üblich sind,
angepasst sind und somit die Besonderheiten freiwilliger Vereinigungen sowie die Beziehung zwischen Sport und Staat in keiner Weise berücksichtigen. Darüber hinaus
stellen die Bücher in vielen Fällen reine „Rezeptbücher dar, die auch darüber informieren, wie man am besten den Souvenirstand bei einem Baseball-Wettkampf platziert
oder welche Kenntnisse und Qualifikationen man als Verwalter eines Baseball-
Stadions besitzen muss."[37] Neben den Fachbüchern haben sich in den USA bis dato
auch mehrere Fachzeitschriften etabliert, so zum Beispiel das von der North-American-
Society for Sport Management (NASSM) herausgegebene „Journal of Sport Management" sowie auch „Sport Marketing Quarterly" und das seit 1997 virtuell erscheinende
„Cyber Journal of Sport Marketing".

Aufgrund der Tatsache, dass die amerikanische Forschung sich zu rund 90 Prozent
mit den dortigen Marktgegebenheiten befasst, welche infolge konzeptioneller Unterschiede allerdings nicht uneingeschränkt auf die europäischen übertragen werden
können, erscheint es notwendig, eine eigenständige Sichtweise zu entwickeln, welche
mit dem deutschen bzw. dem europäischen Sportmarkt vereinbar ist. Die Gründe hierfür liegen in den grundlegenden Unterschieden zwischen den europäischen und amerikanischen Ligasystemen[38]: So liegt in den USA der Forschungsschwerpunkt auf den
dortigen Hauptmannschaftssportarten American Football, Baseball, Basketball und
Eishockey, wohingegen in Europa der Fußball die beliebteste und rentabelste Sportart
darstellt. Die US-amerikanischen Vereine sind des Weiteren in der Regel inhaberge-
führt, was in Europa ein noch nicht sehr weit verbreitetes Phänomen darstellt. In
Deutschland beispielsweise ist noch kein einziger Bundesligaverein einem einzigen In-
haber zuzuordnen. Vorreiter ist hier insbesondere Italien, aber in den letzten Jahren
auch England, wenngleich sich die Strukturen noch bei Weitem nicht mit den amerika-

---

sure Club Management; Shank, M.D. (1999): Sports Marketing - A Strategic Perspective; Staudohar,
P.D. / Mangan, J.A. (Hrsg.) (1991): The Business of Professional Sports.

[37]   Heinemann, Klaus (1995): Einführung in die Ökonomie des Sports, S. 20.

[38]   Für den folgenden Abschnitt vgl. u.a. Carmichael, Fiona / Forrest, David / Simmons, Robert (1999):
The Labour Market in Association Football, S. 125-130; Drewes, Michael (2004): Management,
competition and efficiency in professional sports leagues, S. 3-6; Fort, Rodney (2000): European and
North American Sports Differences (?), S. 434-451; Franck, Egon (1995): Die ökonomischen Institutionen der Teamsportindustrie, S. 10-19; Hoehn, Thomas / Szymanski, Stefan (1999): The Americanization of European football, S. 213-216; Késenne, Stefan (2006): Competitive Balance in Team
Sports and the Impact of Revenue Sharing, S. 39f.; Noll, Roger G. (2002): The Economics of Promotion and Relegation in Sports Leagues, S. 169; Rosen, Sherwin / Sanderson, Allen (2001): Labour
Markets in Professional Sports, S. F48ff.

nischen vergleichen lassen. Darüber hinaus ist in den amerikanischen Ligen das System des Auf- und Abstiegs, wie es in Europa üblich ist, nicht bekannt. Der Verein wird somit trotz schlechter sportlicher Leistung den Klassenerhalt in jedem Fall schaffen, man spricht von einem so genannten ‚geschlossenen System'. Die Liga selber stellt eine geschlossene, genossenschaftsähnliche Organisation dar, ähnlich einem Joint Venture, die US-amerikanische US Soccer League wird sogar als Syndikat bezeichnet.[39] Die Meisterschaft wird in den so genannten Play-offs am Ende einer Saison ermittelt, anders als in Europa, wo das Meisterschaftsrennen bereits mit Saisonbeginn startet und gegen Ende der Saison oftmals schon entschieden ist. In Europa wird hingegen das System des Auf- und Abstiegs praktiziert, sodass für die Vereine ein Anreiz geschaffen wird, sich verstärkt auf ihren sportlichen Erfolg zu konzentrieren, um den Verbleib in der existierenden Spielklasse oder den Aufstieg in eine höhere anzustreben. Abschnitt 3.3.1.4.1 geht auf diese Besonderheit noch verstärkt ein, indem er die sportlichen Marktbarrieren der deutschen Fußballbundesliga vorstellt. Dementsprechend ist es nicht möglich, sich auf monetäre Weise in die europäischen Ligen einzukaufen, sondern die Teilnahme setzt einen gewissen vorangegangenen sportlichen Erfolg voraus. Des Weiteren existieren im europäischen Ligasystem in der Regel mehrere Wettbewerbe, die größtenteils parallel stattfinden (Bundesliga, UEFA-Pokal, Champions League, DFB Pokal), wohingegen das amerikanische System ein System der Einzel-Ligenwettbewerbe darstellt. In Bezug auf Spielergehälter sind in manchen Ligen der USA (NFL und NBA) so genannte Salary Caps vorhanden, welche die Spielergehälter nach oben hin begrenzen. Darüber hinaus existieren in den USA seit Langem Spielergewerkschaften, welche in kollektiven Verhandlungen mit der Ligaführung den Anteil der Spielergehälter an den Ligaeinnahmen vereinbaren, wobei auch klassische Gewerkschaftsinstrumente wie Streiks und Aussperrungen durchaus zum Einsatz kommen.

---

[39] Die Bezeichnung ist darauf zurückzuführen, dass in der Major League Soccer (MLS), welche 1995 gegründet wurde, alle zwölf teilnehmenden Mannschaften Eigentum der Liga selbst sind. Die Führung der Vereine obliegt zumeist so genannten operator-investors, die Spieler hingegen sind nicht bei den Vereinen, sondern bei der MLS direkt angestellt. Die Major League Soccer ist die einzige US-amerikanische Liga, in welcher solche Strukturen vorherrschen. In den anderen großen Ligen sind die Vereine unabhängige, inhabergeführte Organisationen, wenngleich ihre Gründung meist auf Initiative der Liga zurückzuführen ist. Die Mannschaften werden häufig als Franchisen bezeichnet.

Die Bundesliga sowie ihre Marktstruktur können ebenfalls nicht als Unternehmen im klassischen Sinne bezeichnet werden, allerdings liegt auch kein Syndikat oder ein Joint Venture wie im US-amerikanischen System vor. Vielmehr stellt die Bundesliga eine besondere Form des Kartells dar. Abschnitt 3.3.1.3 wird sich ausführlich mit der Marktstruktur der Bundesliga beschäftigen.

Die Verantwortlichen der US-Ligen sind verstärkt an einem sportlichen Gleichgewicht innerhalb der Liga interessiert, weswegen in den USA das ‚rookie draft system' eingesetzt wurde: Anders als in Europa rekrutieren die US-amerikanischen Vereine ihren Nachwuchs größtenteils aus den College- oder High School-Ligen des Landes. Diese Rekrutierung wird allerdings nicht von jedem Club autonom durchgeführt, sondern der Reihe nach innerhalb der Liga, beginnend mit dem Club, der in der vorangegangenen Saison am schlechtesten abgeschnitten hat. Die schlechtesten Clubs der Vorsaison haben somit die Chance, die besten Nachwuchsspieler einzukaufen. In Europa hingegen, wo das System auf einem aktiven Transfermarkt beruht, wäre diese Vorgehensweise nicht durchsetzbar. Auch diese Tatsache stellt einen bedeutenden Unterschied zum europäischen System dar, wo die Spieler hohe, untereinander deutlich variierende Gehälter beziehen, welche mitunter noch durch individuelle Prämien ergänzt werden. In den USA werden darüber hinaus die Fernsehrechte komplett zentral vermarktet, dies bedeutet im Umkehrschluss, dass die nationalen TV-Gelder ebenso wie die Zuschauereinnahmen – da die Liga auch die Vermarktung sowie sämtliche Marketingausgaben übernimmt – unter den Vereinen gleich verteilt werden. In Deutschland werden die TV-Rechte zwar auch zentral vermarktet, die Vereine erhalten alle den gleichen Grundanteil, aber darüber hinaus auch eine leistungsabhängige Komponente, wohingegen in anderen europäischen Ländern die TV-Vermarktung autonom von den Vereinen durchgeführt wird (vgl. hierzu Kapitel drei). Eine Änderung der Vermarktungsregelungen hin zu einem leistungsgerechteren Verteilungsschlüssel – sowohl bezogen auf Fernseh- wie auch auf Sponsorengelder – wird mittlerweile auch von einigen deutschen Großvereinen gefordert, wenngleich die wirtschaftlich schwächeren Vereine nach wie vor Solidarität von den erfolgreicheren Konkurrenten fordern.

Aufgrund der soeben herausgearbeiteten konzeptionellen Unterschiede zwischen den US-amerikanischen und den europäischen Ligen können die Forschungserkenntnisse aus dem US-amerikanischen System nicht ohne weiteres auf das europäische bzw. das deutsche System übertragen werden. Sie bedürfen zumindest einer Anpassung bzw. es sind im europäischen Raum eigene Untersuchungen anzustreben, welche die vorherrschenden Ligabesonderheiten entsprechend berücksichtigen. Die nachfolgende Abbildung 1 stellt die wichtigsten Unterschiede zwischen dem europäischen und dem US-amerikanischen System, welche zuvor vorgestellt wurden, noch einmal übersichtshalber heraus:

| | US-amerikanische Major Leagues | Europäische Fußball-Ligen |
|---|---|---|
| Forschungsschwerpunkt | American Football, Baseball, Basketball, Eishockey | Fußball |
| Club-Struktur | Inhabergeführt | Überwiegend Vereinsstruktur |
| Ligasystem | Geschlossenes System Kein Auf- bzw. Abstieg Einzel-Ligenwettbewerb | Offenes System Auf- bzw. Abstieg Mehrere Wettbewerbe (z.B. Champions League, DFB-Pokal, UEFA-Cup, Bundesliga) |
| Verteilung der Liga-Einnahmen | Gleichverteilung der nationalen TV-Gelder Aufteilung der Zuschauereinnahmen | Aufteilung der TV-Gelder Geringe (z.B. Pokalwettbewerbe) bis keine Teilung der Zuschauereinnahmen |
| Club-Konkurrenz | Eingeschränkte Nachfragesubstitution | Hohes Substitutionspotenzial |
| Ligen-Konkurrenz | Verschiedene Beispiele des (zumeist kurzzeitigen) Markteintritts konkurrierender Ligen | Alle Ligen sind Teil eines etablierten hierarchischen Systems |
| Spielermarkt | Draft-System Gehaltsobergrenzen (Salary Caps – NFL, NBA) Kollektive Tarifverhandlungen | Aktiver Transfermarkt |

Abbildung 1:    Konzeptionelle Unterschiede der Amerikanischen Major Leagues zu Europäischen Fußball-Ligen
Quelle: Eigene Darstellung, in Anlehnung an: Hoehn / Szymanski (1999), S. 216; Kurscheidt (2004), S. 49.

Ein weiterer Kritikpunkt am Forschungsfeld der Sportökonomik ließ sich lange Zeit an der „ausgeprägte Marketingferne"[40] festmachen. Die Distanz der Vereine und Verbände zur Professionalisierung im Sport wurde zwar mittlerweile aufgegeben, doch konnte die Forschung dieser Entwicklung nicht in derselben Geschwindigkeit folgen, sodass bis dato viele marketingrelevante Themen wie z.B. Kundenorientierung oder Quali-

---

[40]    Hermanns, Arnold / Riedmüller, Florian (2002): Marketing im Sport, S. 232.

tätsmanagement im Sport wenig oder unbearbeitete Felder sind.[41] Die ersten sportökonomischen Studien in Deutschland waren größtenteils sportwissenschaftlichen Einrichtungen und hier vornehmlich Soziologen zuzuschreiben, welche sich mit der zunehmenden Kommerzialisierung und Professionalisierung des Sports und insbesondere mit deren Folgen für die Non-Profit Sportorganisationen beschäftigten. Mit der Ökonomie des Fußballs beschäftigten sich in Deutschland erstmals MELZER / STÄGLIN
(1965) sowie GÄRTNER / POMMEREHNE (1978) und BÜCH / SCHELLHAASS
(1978). Die ersten Bücher zur Betriebswirtschaftslehre bzw. der Ökonomie des Sports
erschienen in den achtziger Jahren von HEINEMANN sowie HERMANNS. Es folgten
HORCH (1994), PÖTTINGER (1989), RITTNER (1988) sowie TROSIEN (1994).[42] Bis
dato sind allerdings die meisten Studien zur Ökonomie des Sports an wirtschafts-, so-
zial- und rechtswissenschaftliche Fakultäten entstanden[43] und nicht, wie zu erwarten
wäre, an sportökonomischen. Dies ist darauf zurückzuführen, dass sich bislang nur
sehr wenig sportökonomische Fakultäten im deutschsprachigen Raum finden lassen,
worauf unter anderem wiederum die in Abschnitt 1.1 bereits vorgestellte geringe Bedeutung der Sportökonomie zurückgeführt werden kann.

Obwohl der deutsche Sport heute einen beachtlichen Wirtschaftsfaktor darstellt, ist
ihm von Seiten der Betriebs- und Volkswirtschaftslehre bislang keine dementspre-
chende Aufmerksamkeit entgegengebracht worden. Dies mutet umso erstaunlicher an,
als andere Wirtschaftsbereiche mit vergleichbarer Größenordnung in der Vergangenheit ungleich häufiger Gegenstand umfangreicher ökonomischer Analysen waren.[44]

---

[41]  Vgl. hierzu beispielhaft Erning, Johannes (2000): Professioneller Fußball in Deutschland, S. 20;
      Welling, Michael (2003): Das Produkt Fußball?, S. 8-10.

[42]  Vgl. Büch, Martin-Peter / Schellhaaß, Horst-Manfred (1978): Ökonomische Aspekte der Transferent-
      schädigung im bezahlten Mannschaftssport, S. 255-274; Gärtner, Manfred / Pommerehne, Werner
      (1978): Der Fußballzuschauer - Ein homo oeconomicus? Eine theoretische und empirische Analyse,
      S. 255-274; Heinemann, Klaus (1995): Einführung in die Ökonomie des Sports; Horch, Heinz Dieter
      (1994): Besonderheiten einer Sport-Ökonomie: Ein neuer bedeutender Zweig der Freizeitökonomie,
      S. 243-257; Melzer, Manfred / Stäglin, Reiner (1965): Zur Ökonomie des Fußballs: Eine empirisch-
      theoretische Analyse der Bundesliga, S. 114-137; Pöttinger, Peter (1989): Wirtschaftliche und sozia-
      le Grundlagen der Professionalisierung im Sport; Rittner, Volker (1988): Sport als ökonomisches In-
      teressenobjekt, S. 158-187; Trosien, Gerhard (1994): Die Sportbranche: Wachstum - Wettbewerb -
      Wirtschaftlichkeit.

[43]  Vgl. Klein, Marie-Luise (2004): Institutionelle Rahmenbedingungen und Gegenstandsbereiche öko-
      nomischer Forschung zum Fußball in Deutschland, S. 14.

[44]  Vgl. Büch, Martin-Peter / Frick, Bernd (1999): Sportökonomie: Erkenntnisinteresse, Fragestellungen
      und praktische Relevanz, S. 109; Szymanski, Stefan (2001): Economics of Sport, S. 3.

## 1.3    Herleitung der Erkenntnisziele und Forschungsfragen

*„Football clubs have to learn about the way businesses behave if they are to build last-
ing success!"[45]*

Im Rahmen einer marktorientierten Unternehmensführung darf die Wertschöpfung
nicht mehr nur primär an monetären Größen bzw. den Interessen der Shareholder
ausgerichtet werden. Auch der Versuch, sich lediglich an den Anspruchsgruppen zu o-
rientieren, deren Beitrag zum Unternehmen sich eindeutig quantifizieren lässt, geht
häufig zu Lasten der Bereiche, deren Wert vornehmlich durch immaterielle Größen
bestimmt wird. Wesentliche Wertschöpfungspotenziale bleiben hierdurch oft unberücksichtigt.[46] Lediglich über eine optimale Gestaltung dieses Beziehungsgeflechts
kann ein Mehrwert für die Unternehmung geschaffen werden.[47] Angesichts der Komplexität der mit dem Unternehmen verbundenen Beziehungen können instrumentelle
Marketingansätze die Ausschöpfung dieser Erfolgspotenziale aufgrund mangelnder
Ausrichtung am Tauschprozess jedoch nicht ausreichend gewährleisten. Zur optimalen
Ausnutzung ist ein prozessorientiertes Marketingverständnis in Verbindung mit einer
gedanklichen Integration der Bedürfnisse der unterschiedlichen Anspruchsgruppen
notwendig. Dies ist nur realisierbar, wenn das Marketing gleichzeitig in Form eines
ganzheitlichen Ansatzes als Führungs- und Unternehmensmaxime in alle Aktivitäten
des Unternehmens integriert wird. Somit wird die von innen nach außen gerichtete
Zielformulierung um eine outside-inside-Betrachtung ergänzt.[48]

Wie noch aufzuzeigen sein wird, stellt die Anspruchsgruppenorientierung eine zentrale
Perspektive der Unternehmensführung dar, deren Bedeutung sowie Notwendigkeit ihrer Verankerung in den obersten Unternehmenszielen mit einer entsprechenden Ausrichtung der Unternehmensführung vielfach propagiert wird. Genau diese Umsetzung

---

[45]    Goyder, Mark (2000): Tomorrow's Football Club: An Inclusive Approach to Governance, S. 107.

[46]    So wurde beispielsweise nachgewiesen dass die Zufriedenheit eines Kunden, das Vertrauen eines
       Lieferanten, die Motivation eines Mitarbeiters oder das Ansehen in der Gesellschaft von erheblicher
       Bedeutung für den Erfolg und damit auch für den monetären Wert eines Unternehmens sind. Vgl.
       Wentges, Paul (2000): Eine Stakeholder-orientierte Analyse der Berücksichtigung des Risikos im
       Rahmen des Shareholder Value-Konzeptes, S. 202-204.

[47]    Mattmüller, Roland / Tunder, Ralph (2004): Strategisches Handelsmarketing, S. 15.

[48]    Mattmüller, Roland (2006): Integrativ-Prozessuales Marketing, S. 42-44; Mattmüller, Roland / Tun-
       der, Ralph (2004): Strategisches Handelsmarketing, S. 15f. Daher wird den Ausführungen das
       Verständnis des Integrativ-Prozessualen Marketingansatzes (IPM) zugrunde gelegt, welcher in
       Kapitel zwei näher erläutert werden soll.

wird aber dadurch erschwert, dass eine Integration aller Anspruchsgruppen im Sinne eines wertorientierten Marketingverständnisses bislang nur ansatzweise erfolgt ist und somit einheitliche Zielgrößen zur Ausrichtung der Führung kaum vorhanden sind.

Sportvereine sind, wie im vorherigen Anschnitt bereits erläutert, seit einigen Jahren als Wirtschaftsunternehmen anzusehen, weswegen der Stakeholder-Ansatz theoretisch auch auf sie anwendbar sein müsste. Dennoch bestehen bei Sportvereinen System-besonderheiten und signifikante Unterschiede zu klassischen Wirtschaftsunterneh-men, welche im freien Markt tätig sind, weswegen sich das Stakeholder-Konzept in der Praxis gegebenenfalls nur modifiziert übertragen lässt. Darüber hinaus stellt sich die Frage, ob bei professionellen Fußballvereinen der Zusammenhang zwischen An-spruchsgruppenorientierung und wirtschaftlichem Erfolg genau so zwingend notwendig ist, wie dies bei klassischen Wirtschaftsunternehmen der Fall ist.

Im Rahmen der Argumentation soll daher gezeigt werden, wo sich über ein integriertes Marketing Möglichkeiten für einen Sportverein bieten, durch die Identifikation der Be-dürfnisse und die darauf aufbauende verbesserte Gestaltung der Interaktion mit den unterschiedlichen Anspruchsgruppen in der Gesellschaft den Wert des Vereins für alle Beteiligten nachhaltig zu steigern. Das Anspruchsgruppen-Konzept muss dafür im Rahmen der Ausführungen auf die speziellen Bedürfnisse von Sportvereinen ange-passt werden, um so nach erfolgreicher Übertragung praktisch-normative Handlungs-empfehlungen ableiten zu können. Ziel der Arbeit ist es, einen integrierten Marketing-ansatz für professionelle Fußballvereine abzuleiten, da diese aufgrund von Kosten-druck und neuer Erfolgsorientierung[49] gezwungen sind, „[…] die ökonomischen Poten-ziale des Sports voll auszuschöpfen."[50] Diese Potenziale liegen nach HEINEMANN zum einen in der optimalen Nutzung ihrer Ressourcen und somit einer Einnahmenstei-gerung, zum anderen in den Möglichkeiten ökonomisch-rationalen Wirtschaftens (Kos-tensenkung sowie Steigerung der Effizienz), also in der systematischen Anwendung von Managementverfahren. An letzterer Stelle wird die vorliegende Arbeit ansetzen. Hierfür müssen die Gemeinsamkeiten und Unterschiede im Vergleich Vereine zu Wirt-schaftsunternehmen herausgearbeitet werden, um so die relevanten Stakeholder zu bestimmen. Darüber hinaus soll gezeigt werden, ob eben jene Vereine, welche bereits

---

[49]   Unter neuer Erfolgsorientierung soll in diesem Zusammenhang verstanden werden, dass die Verei-ne nicht mehr ausschließlich ein sportliches, sondern nun auch zusätzlich ein wirtschaftliches Ziel verfolgen.

[50]   Heinemann, Klaus (1999): Ökonomie des Sports - eine Standortbestimmung, S. 15.

bewusst oder unbewusst einen solchen Anreiz verfolgen, einen größeren wirtschaftlichen Erfolg verzeichnen können.

Eine systematische Steuerung und Führung eines Unternehmens ist dabei nur auf Basis eines eindeutigen Zielsystems möglich. Das *erste Erkenntnisziel* dieser Arbeit ist es daher zu untersuchen, ob das Anspruchsgruppenkonzept in seiner bis dato existierenden Form, entwickelt für die Bedürfnisse klassischer Wirtschaftsunternehmen, auf professionelle Sportvereine übertragen werden kann oder ob aufgrund der Marktbesonderheiten eine Modifikation des Konzepts erfolgen muss. Hierfür erscheint es sinnvoll, einen direkten Vergleich zwischen klassischen Wirtschaftsunternehmen und professionellen Sportvereinen sowie dem Wirtschaftsmarkt und dem Sportmarkt zu ziehen. Einen besonderen Stellenwert nimmt dabei die Frage ein, wo genau die Besonderheiten und Unterschiede des Sportmarkts liegen, welche eine Anpassung des Konzepts notwendig erscheinen lassen. Anspruchsgruppen lassen sich, je nach Perspektive und Zielen, aus unterschiedlichen Konzepten ableiten. Aus dieser Argumentation ergibt sich das *zweite Erkenntnisziel* der Arbeit, die Identifikation der Anspruchsgruppen sowie ihre Operationalisierung. Das Zielsystem eines Unternehmens ebenso wie eines Sportvereins sowie die Bestimmung der relevanten Zielgrößen und ihrer Determinanten bilden die Grundlage einer zielgerichteten Steuerung und Führung. Der praktische Erfolg hängt jedoch davon ab, inwieweit die einzelnen Führungsfunktionen an dieser Zielgröße auch tatsächlich ausgerichtet werden. Das daraus abgeleitete *dritte Erkenntnisziel* ist es daher zu analysieren, ob sich ein Zusammenhang zwischen Anspruchsgruppenorientierung und ökonomischem Erfolg bei den betrachteten Fußballvereinen nachweisen lässt und welche konkreten Handlungsempfehlungen für die Praxis aus den Ergebnissen erwachsen.

Für die vorliegende Untersuchung lassen sich die zuvor identifizierten Erkenntnisziele in folgende Forschungsfragen konkretisieren, deren Beantwortung die Erreichung der Erkenntnisziele sicherstellen soll:

o *Erlauben die Marktgegebenheiten eine direkte Übertragbarkeit des Anspruchsgruppenkonzepts auf die Sportvereine oder muss aufgrund der Marktgegebenheiten sowie der Marktbesonderheiten eine Anpassung erfolgen?*

o   *Welche verschiedenen Anspruchsgruppen können für professionelle*
    *Fußballvereine identifiziert werden und wie erfolgt die Operationalisie-*
    *rung ihrer Integration?*

o   *Kann Anspruchsgruppenorientierung im professionellen Fußball ökono-*
    *mischen Erfolg bedingen und welche Handlungsempfehlungen lassen*
    *sich aus den Ergebnissen ableiten?*

Wie der skizzierte Problemhintergrund darlegt, hat die forschungsleitende Thematik
der Anwendbarkeit ökonomischer Methoden und Vorgehensweisen im Bereich des
professionellen Sports im Allgemeinen sowie der Ausgestaltung unterschiedlicher Mar-
ketingkonzepte im Besonderen eine hohe sowohl theoretische wie auch praktische Relevanz. Die gewählte Zielsetzung, die daraus abgeleiteten Forschungsfragen sowiedie
dargestellten Erkenntnisziele sollen dabei dem Anspruch der Marketingwissenschaft
als angewandte Realwissenschaft gerecht werden und Problemlösungshilfen für die
betriebliche Praxis bereitstellen, ohne dabei die theoretische Perspektive innerhalb der
Argumentation zu vernachlässigen. Im Rahmen der vorliegenden Untersuchung wird
diesem Anspruch insofern Rechnung getragen, als dass neben der Betrachtung der
tatsächlichen Umsetzung in der Praxis und sich daraus ableitenden Handlungsempfehlungen auch das theorieorientierte Wissenschaftsziel eine Berücksichtigung findet.
Den abgeleiteten Forschungsfragen folgend ergibt sich somit der konkrete Aufbau der
Arbeit.

## 1.4   Aufbau der Arbeit

Fußballvereine stehen in ständigen Austauschbeziehungen mit ihren diversen Anspruchsgruppen. Da diese Austauschbeziehungen von den Vereinen selber gestaltet
werden müssen, ist die Arbeit in der Tradition der klassischen Marketingwissenschaft
zu sehen. Somit ist sie dem betriebswirtschaftlichen Kontext eindeutig zuzuordnen.
Nichtsdestotrotz weist sie durchaus Merkmale einer sportökonomischen Arbeit auf,
was noch einmal die Untrennbarkeit der beiden Forschungsfelder betont. In einem
späteren Abschnitt soll auf diese Tatsache noch einmal detaillierter eingegangen werden.

Den identifizierten Erkenntniszielen der Arbeit folgend, ergibt sich der Aufbau der Untersuchung. Die Arbeit gliedert sich hierbei in sieben Kapitel. Im Anschluss an ein ein-
leitendes Kapitel wird im nachfolgenden *zweiten Kapitel* das *konzeptionelle und wis-*

*senschaftstheoretische Konzept* der Arbeit vorgestellt. Hierzu wird in einem ersten Schritt die grundlegende übergeordnete Wissenschaftstheorie dargestellt, welche zur Lösung der dargestellten Forschungsfragen herangezogen wird. Daran anschließend erfolgt über den wissenschaftstheoretischen Kontext der vorliegenden Arbeit hinaus die Auseinandersetzung mit der gewählten Forschungsmethodik, welche die Argumentation und den Prozess der Erkenntnisgewinnung für den Verlauf der Arbeit sowie die wissenschaftliche Aussagekraft der erarbeiteten Ergebnisse determiniert. So wird in Abschnitt 2.1 dargestellt, warum die deduktiv-nomologische Vorgehensweise nach HEMPEL / OPPENHEIM als Forschungsmethodik besonders geeignet ist, einen Beitrag zur Bearbeitung der Forschungsziele zu leisten. Ziel dieses Kapitels und damit Ausgangspunkt der nachfolgenden Untersuchungen ist es weiterhin, aufbauend auf den Explananda der Marketingwissenschaft nach HUNT, den Integrativ-Prozessualen Marketingansatz (IPM), welcher als explorativer Analyserahmen der Arbeit dienen soll, näher zu beleuchten. In diesem Rahmen soll auch das Bezugsgruppenkonzept, welches den IPM konstituiert, einer detaillierteren Betrachtung unterzogen werden. Aufgrund der Tatsache, dass sich die Untersuchung im Bereich der Betriebswirtschaftslehre und hierbei im Bereich des Marketing bewegt, wird in diesem einleitenden Kapitel noch keine direkte Übertragung der betriebswirtschaftlichen Konzepte auf den Sport vorgenommen werden. Vielmehr soll das theoretische Fundament gelegt werden, welches im später folgenden Kapitel vier fortgeführt wird.

Im *dritten Kapitel* sollen *einführende Überlegungen zur Thematik des Sports* vorgestellt werden, welche die anfangs bereits aufgezeigte Problemstellung noch einmal verdeutlichen. Hierfür wird in einem ersten Schritt der fußballbezogene Professionalisierungsbegriff terminologisiert und klar abgegrenzt. Darauf aufbauend wird der Entwicklungsverlauf des deutschen Fußballsports näher betrachtet, um so den aktuellen Status quo in der deutschen Fußballbundesliga anhand medialer, ökonomischer, rechtlicher und gesellschaftlicher Veränderungen herauszuarbeiten sowie den Zusammenhang der einzelnen Bereiche zu verdeutlichen. Darüber hinaus werden die Systembesonderheiten des Sportmarkts im Vergleich zum Wirtschaftsmarkt definiert. Diese Systembesonderheiten bilden die Basis des weiteren Vorgehens, da sich aus ihnen der Bedarf der Modifizierung des Anspruchsgruppenkonzepts ableitet, da der Sportmarkt anderen Gesetzen und Strukturen unterliegt, als es der klassische Wirtschaftsmarkt tut. Kapitel drei liefert somit die Begründung der Notwendigkeit einer Anpassung des Stakeholder-Konzepts, womit die erste der drei zuvor formulierten Forschungsfragen an dieser Stelle bereits beantwortet sowie die Grundlage für das weitere Vorgehen geschaffen wird.

Im *vierten Kapitel* wird nun unter Zuhilfenahme der theoretischen Grundlagen, welche in Kapitel zwei geschaffen wurden und aufbauend auf den Erkenntnissen aus Kapitel drei, das *Anspruchsgruppenkonzept auf Fußballvereine übertragen.* Hierfür werden in einem ersten Schritt mögliche Anspruchsgruppen von Fußballvereinen auf Basis einer Literaturanalyse identifiziert. Darauf aufbauend werden die Stakeholder auf den erweiterten Ansatz nach SAVAGE ET AL., welcher zuvor in Abschnitt 2.5.3 als geeigneter Ansatz herausgearbeitet wurde, übertragen, um so, basierend auf ihrer Positionierung sowie ihren Ansprüchen und Wertbeiträgen, erste strategische Vorgehensweisen abzuleiten, welche bis dato allerdings lediglich die theoretische Basis der Untersuchung bilden. Mithilfe dieser theoretischen Basis erfolgt in einem nächsten Schritt eine Operationalisierung der Anspruchsgruppenidentifikation und Anspruchsgruppenorientierung der Vereine, welche aus einer empirischen Untersuchung innerhalb der Ersten und Zweiten Deutschen Fußballbundesliga resultiert. Die Untersuchung leitet hierbei, Bezug nehmend auf die deduktiv-nomologische Methode, welche in Abschnitt 2.1 als Forschungsmethode für die vorliegenden Arbeit erarbeitet wurde, lediglich probabilitische Tendenzaussagen ab und erhebt keinerlei Anspruch auf Allgemeingültigkeit. Mithilfe der Untersuchung können die theoretisch bereits hergeleiteten Erkenntnisse auf ihre praktische Relevanz hin überprüft werden. Die Ergebnisse der Untersuchung sowie ihre Bewertung bilden den Abschluss des Kapitels, welches sich somit der zweiten, zuvor formulierten Forschungsfrage widmete und diese im Verlauf des Kapitels beantworten konnte. Hierdurch wird die Grundlage für das weitere Vorgehen im Verlauf der Arbeit gelegt.

In dem sich anschließenden *Kapitel fünf* muss nun die *Systematisierung des ökonomischen Erfolges* der Vereine erfolgen, mit deren Hilfe die Sinnhaftigkeit der Anspruchsgruppenorientierung überprüft werden soll. Um diese Systematisierung zu ermöglichen, werden in einem ersten Schritt ökonomische Kennzahlen der klassischen Betriebswirtschaftslehre dahingehend zu analysieren sein, ob sie auch bei professionellen Fußballvereinen von Relevanz sind. Da die Vereine sich derzeit in einem Umbruch von klassischen Nonprofit-Organisationen hin zu Wirtschaftsunternehmen befinden, soll der Vollständigkeit halber in einem anschließenden Schritt der Erfolgsmessung klassischer Wirtschaftsunternehmen die Erfolgsmessung bei non-profit Unternehmen gegenübergestellt werden; auf dieser Basis können ökonomische Unterschiede und Gemeinsamkeiten zwischen Bundesligavereinen und Wirtschaftsunternehmen abgeleitet werden, aus welchen eine Zielgröße herausgearbeitet werden soll, welche durch eine eindeutige Operationalisierung den ökonomischen Erfolg der Vereine messbar macht. Diese Kennzahl[51] wird in einem Kapitel fünf beschließenden Schritt näher betrachtet und analysiert.

In einem anschließenden *Kapitel sechs* erfolgt eine *Zusammenführung der Ergebnisse* beider Untersuchungen der Kapitel vier und fünf, welche hier aneinander gespiegelt werden. Mithilfe dieser letzten Analyse soll nun gezeigt werden, inwiefern sich ein Zusammenhang zwischen ökonomischem Erfolg auf der einen Seite und einer Orientierung an den Bedürfnissen der Anspruchsgruppen auf der anderen Seite bei professionellen Fußballvereinen nachweisen lässt, womit auch die dritte und letzte Forschungsfrage behandelt wird. Hierfür werden die Bundesligavereine, basierend auf ihrem zuvor analysierten wirtschaftlichen Erfolg, gruppiert und die Ergebnisse der Befragung auf die entsprechenden Gruppen übertragen. Aus den Ergebnissen lassen sich dann unter marketingwissenschaftlichen Gesichtspunkten praktisch-normative Handlungsempfehlungen vor dem Hintergrund der erarbeiteten Erkenntnisse ableiten, wobei im Rahmen der vorliegenden Arbeit diese abzuleitenden Handlungsempfehlungen auf lediglich einige der zuvor identifizierten Anspruchsgruppen beschränkt werden sollen. Diese Handlungsempfehlungen sollen es im Kontext des explorativen Analyserahmens der Arbeit, des Integrativ-Prozessualen Marketingansatzes (IPM) nach MATTMÜLLER, ermöglichen, einen Beitrag zur aktiven Identifikation und Integration der unterschiedlichen Anspruchsgruppen des Vereins zu leisten.

Ein die Untersuchung inhaltlich abschließendes *Kapitel sieben* fasst die gewonnenen Ergebnisse der vorliegenden Arbeit vor dem Hintergrund der formulierten Erkenntnisziele noch einmal in einer *Schlussbetrachtung* zusammen; es schließt die Arbeit somit inhaltlich ab. Die nachfolgende Abbildung 2 fasst den Aufbau der Vorgehensweise der Untersuchung nochmals schematisch zusammen. Darüber hinaus stellt sie die Zusammenhänge zwischen den einzelnen Kapiteln erneut heraus.

---

[51] Hierbei handelt es sich um den Umsatz, welcher auch in vielen klassischen Wirtschaftsunternehmen bereits als aussagekräftige Kennzahl herangezogen wird. Im Rahmen des Kapitels wird eine Begründung dafür geliefert, warum an dieser Stelle ausschließlich der Umsatz und nicht etwa, wie häufig üblich, der Gewinn oder andere Bilanzkennzahlen, die zur Bewertung des wirtschaftlichen Erfolgs dienen, verwandt werden.

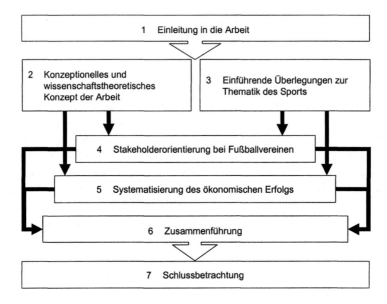

*Abbildung 2:*    *Überblick über die Vorgehensweise*
              *Quelle: Eigene Darstellung.*

# 2 Konzeptionelles und wissenschaftstheoretisches Fundament

Ausgehend von den Erkenntniszielen sowie den Forschungsfragen der Untersuchung wird im folgenden Kapitel mithilfe methodologisch-theoretischer Untersuchungen eine konzeptionelle Grundlage der weiteren Argumentation gelegt. Den Ausgangspunkt bildet Abschnitt 2.1, in welchem eine grundlegende wissenschaftstheoretische Einordnung der Arbeit vorgenommen wird. Darüber hinaus wird die Forschungsmethodik beschrieben. Im anschließenden Abschnitt 2.2 erfolgen eine paradigmatische Einordnung der Arbeit sowie die Abgrenzung zur Sportökonomie. Durch diese explizite Zuordnung der Untersuchung zum Bereich der Wirtschaftswissenschaften wird die Grundlage gelegt für die in Abschnitt 2.3 erfolgende, den Ausgangspunkt der weiteren Untersuchung bildende Darstellung der Explananda der Marketingwissenschaft. Basierend auf diesen wird der Integrativ-Prozessuale Marketingansatz (IPM) als explorativer Analyserahmen der vorliegenden Untersuchung herangezogen. Im Rahmen einer umfassenden Analyse erfolgt eine intensive Auseinandersetzung mit dem Bezugsgruppenkonzept, welches als Basis der späteren Argumentation herausgearbeitet wird.

## 2.1 Wissenschaftstheorie und Methodologie

Ausgangspunkt einer wissenschaftlichen Untersuchung ist eine konstruierte, beobachtete und bzw. oder prognostizierte Realität oder einzelne Phänomene, „[...] von deren Beschreibung oder Erklärung vermutet wird, dass das erzeugte Wissen zur Verbesserung von Entscheidungs- oder Verhaltensprozessen beiträgt."[52] Für die vorliegende Untersuchung waren dies die im Problemhintergrund bereits beschriebene Beobachtung einer zunehmend voranschreitenden Professionalisierung und Ökonomisierung des Fußballsports sowie die in diesem Zusammenhang bis dato vorherrschende mangelnde Verbreitung wirtschaftswissenschaftlicher Methoden und Vorgehensweisen. Um die in der Problemstellung erarbeiteten Forschungsfragen im Folgenden adäquat lösen und das angestrebte Erkenntnisziel erreichen zu können, muss eine wissenschaftliche Methode gewählt werden, die sicherstellt, dass die einzelnen Verfahrensschritte der wissenschaftlichen Untersuchung stets einer bestimmten Systematik folgen, sodass jeder einzelne der gewählten Vorgehensschritte begründet wird, sowie die daraus gewonnenen Ergebnisse intersubjektiv nachvollziehbar und überprüfbar sind.[53]

---

[52] Hildebrandt, L. (2000): Hypothesenbildung und empirische Überprüfung, S. 36.
[53] Vgl. Raffée, Hans (1993): Gegenstand, Methoden und Konzepte der Betriebswirtschaftslehre, S. 11.

Das wissenschaftliche Vorgehen respektive der Weg des wissenschaftlichen Vorgehens werden in den unterschiedlichen wissenschaftlichen Disziplinen weithin als *Methode* bezeichnet, wobei die verschiedenen Wissenschaften durchaus unterschiedliche Methoden aufweisen. Durch Anwendung einer wissenschaftlichen Methode wird ein in allen Phasen des Forschungsprozesses planmäßiges Vorgehen sichergestellt. Im Rahmen der Sozialwissenschaften, zu welchen auch die Betriebswirtschaftslehre zu zählen ist, sind nach heutigem Stand sieben grundlegende Methoden relevant: Klassifizierung, Typisierung, Modellierung, Algorithmik, Hermeneutik, Induktion sowie Deduktion. Ihre Anwendbarkeit ist abhängig von der Fragestellung bzw. den Erkenntniszielen der Untersuchung, wobei jedoch die Hermeneutik, die Induktion, die Deduktion und die Modellierung in der Betriebswirtschaftslehre die wesentlichen wissenschaftlichen Methoden zur Erkenntniserzielung darstellen.[54] *Klassifizierung* bedeutet, dass Dinge oder Begriffe eingeteilt bzw. gruppiert werden, sodass in einer Klasse mehrere Dinge oder Begriffe zusammengefasst werden, die ein gleiches Merkmal besitzen und somit als gleichartiges Element der Klasse aufgefasst werden. Die *Typisierung* umschreibt eine Gliederung von Dingen bzw. Begriffen, zu deren Erstellung ein oder mehrere Merkmale verwandt wurden, die mehrwertig abstufbar sind. Klassifizierung und Typisierung dienen beide der Systematisierung beschreibender Aussagen. Bei der *Modellierung* handelt es sich um die sprachliche Reproduktion eines realen bzw. als real erfahrbaren Sachverhalts/Problems nach präzisen Abbildungsregeln. Die Modellierung wird sowohl im Beschreibungs-, Entdeckungs-, Begründungs- und Gestaltungszusammenhang angewandt. Unter der *Algorithmik*, als einzige der sieben Methoden eine mathematische Teildisziplin, wird eine in einen endlichen Text gefasste Rechenvorschrift verstanden, die eine Folge von Rechenoperationen definiert und somit einen Rechenprozess erklärt. Die *Hermeneutik* bezeichnet die Lehre und sowie die Kunst der Auslegung/Interpretation von Texten. Sie wird somit auch als die methodische Grundlage der Geisteswissenschaften bezeichnet.[55] Die *Induktion* ihrerseits gelangt durch Beobachtungen im Rahmen des Entdeckungszusammenhangs zu einem wissenschaftlichen Erkenntnisfortschritt, indem sie diesen induktiv aus Beobachtungsaussagen oder Experimenten ableitet. Sie zieht mithilfe der Beobachtungen und/oder Experimente Schlüsse vom Besonderen auf das Allgemeine. Kritiker der Induktionsmethode konstatieren, dass induktive Erkenntnisse in keinem Fall a priori durch Denkakte gewonnen

---

[54]  Vgl. Schweitzer, Marcell (2000): Gegenstand und Methoden der Betriebswirtschaftslehre, S. 68ff.; Seiffert, Helmut (1994): Methode, S. 215. Für die folgenden Erläuterungen der Methoden vgl. Schweitzer, Marcell (2000): Gegenstand und Methoden der Betriebswirtschaftslehre, S. 67-73.

[55]  Vgl. Braun, Edmund / Radermacher, Hans (1978): Wissenschaftstheoretisches Lexikon, S. 228.

werden, sondern dass diese einzig und allein aus Erfahrungen stammen. Die Induktion rechtfertigt sich somit selbst, was in der Literatur als Induktionsproblem oder circulus vitiosus[56] bezeichnet wird.[57] Die *Deduktion* ihrerseits bezeichnet die Ableitung des Besonderen aus dem Allgemeinen. Da eine Ableitung aus allgemeinen Beobachtungen a priori jeglichen Sonderfall abdeckt, stellt sie im Vergleich zur Induktion eine sichere wissenschaftliche Methode dar. Innerhalb der Wirtschaftswissenschaften und somit auch im Rahmen der Betriebswirtschaftslehre und der Marketingwissenschaften wird diese Methode allgemein akzeptiert und findet darüber hinaus in zunehmendem Maße Verwendung. Im Rahmen der Deduktion kommt es auf Basis gegebener Aussagen somit zum Übergang auf eine weitere Aussage, ohne dass der Informationsgehalt über den der Prämissen hinausgeht. Ein deduktiver Schluss ist dementsprechend als gültig zu bezeichnen, wenn alle Prämissen wahr und alle Übergangsregeln korrekt sind.[58]

Die Systematik der vorliegenden Arbeit orientiert sich grundsätzlich an der Methode der Deduktion und hierbei am deduktiv-nomologischen Vorgehen (DN-Modell) nach HEMPEL / OPPENHEIM. Es wird als methodologische Regel betrachtet, nach der eine zweckmäßige Erklärung innerhalb der Wissenschaften gestaltet werden soll.[59] Ein deduktiv-nomologisches Vorgehen muss als logische Folgerung aufgefasst werden, im Rahmen dessen mithilfe von Ableitungsregeln aus Hypothese, Prämissen und Rahmenbedingungen die enthaltenen Konklusionen deduziert werden. Generelle Gesetzesaussagen sowie die Antecendenzbedingungen (nomologische Hypothesen) werden unter dem Terminus des Explanans subsumiert. Dieses wiederum ist verknüpft mit dem zu erklärenden Phänomen, dem Explanandum. Explanans und Explanandum zusammen bilden das deduktive Erklärungsmodell.[60] Die nachfolgende Abbildung 3 stellt

---

[56]  Vgl. Eichhorn, W. (1979): Modelle und Theorien der Wirtschaftswissenschaften, S. 77.

[57]  Vgl. Chalmers, Alan F. (2001): Wege der Wissenschaft: Einführung in die Wissenschaftstheorie, S. 19.

[58]  Vgl. Chalmers, Alan F. (2001): Wege der Wissenschaft: Einführung in die Wissenschaftstheorie, S. 12-15; Eichhorn, W. (1979): Modelle und Theorien der Wirtschaftswissenschaften, S. 87; Raffée, Hans (1995): Grundprobleme der Betriebswirtschaftslehre, S. 30-32.

[59]  Vgl. Opp, Karl-Dieter (2002): Methodologie der Sozialwissenschaften - Einführung in Probleme ihrer Theoriebildung und praktische Anwendung, S. 29-36.

[60]  Die Bezeichnung deduktiv ergibt sich aus der Tatsache, dass die Explikation des Explanandums aus dem Explanans abgeleitet (deduziert) wird. Vgl. Raffée, Hans (1993): Gegenstand, Methoden und Konzepte der Betriebswirtschaftslehre, S. 30f. Siehe hierzu auch Basting, Jochen (2007): Vertrauensgestaltung in politischen Transaktionsbeziehungen, S. 34; Hempel, Carl G. / Oppenheim, Paul (1948): Studies in the Logic of Explanation, S. 135-175; Irion, Tobias (2007): Vertrauen in Transaktionsbeziehungen, S. 39f.; Opp, Karl-Dieter (2002): Methodologie der Sozialwissenschaften - Einführung in Probleme ihrer Theoriebildung und praktische Anwendung, S. 29-36; Schanz, Günther (1990): Die Betriebswirtschaftslehre als Gegenstand kritisch-konstruktivistischer Betrachtungen, S. 155.

die formale Struktur der deduktiv-nomologischen Vorgehensweise nach HEMPEL / OPPENHEIM grafisch dar.

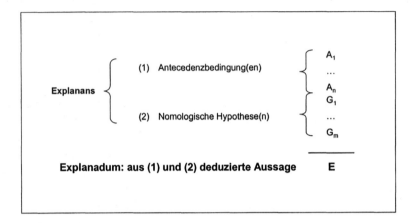

Abbildung 3:    *Formale Struktur der deduktiv-nomologischen Methode nach HEMPEL / OPPENHEIM*
                     *Quelle: Hempel / Oppenheim (1948), S. 142.*

Gleichwohl ist auch der deduktiv-nomologische Forschungsansatz nicht frei von Kritik. Insbesondere wird in diesem Zusammenhang immer wieder hervorgehoben, dass sich aufgrund der Interdependenzen einzelner Erscheinungen sowie der Komplexität der Einflussfaktoren einzelner Konstrukte im Marketing kaum noch nomologische Hypothesen formulieren lassen. Das Erklärungsprinzip des DN-Modells wird somit gemeinhin als schwaches Erklärungsprinzip bezeichnet. Diesen Mängeln wird dahingehend begegnet, dass das Modell um so genannte probabilistische Aussagen, also um ein wahrscheinlichkeitstheoretisches Element, erweitert wird. Somit trägt es dem Umstand Rechnung, dass die meisten sozialwissenschaftlichen Kausalfaktoren unvollständiger Natur sind und entsprechende Wirkungen nicht mit Bestimmtheit, sondern nur noch mit einer gewissen Wahrscheinlichkeit hervorgerufen werden. Diesem Umstand trägt die „Propensitäts-Interpretation der Erklärung" nach POPPER[61] Rechnung, in deren Rahmen auch stochastische und quantifiziert tendenzielle Aussagen bzw. Hypothesen ihre erkenntnisgebende Berechtigung haben, ohne den grundlegenden Charakter der deduktiv-nomologischen Methode zu verletzen. Vor diesem Hintergrund sind die getroffenen Aussagen als auf deduktivem Wege gewonnene Tendenzaussagen ohne deterministischen Anspruch zu verstehen. Einer strengen deduktiv-nomologischen Methode liegen in der Regel innerhalb der Marketingwissenschaft quantitative Forschungsansätze zugrunde, die ein Explanandum über eine möglichst hohe Stichprobe sowie über den Einsatz multivariater Analysemethoden zu deduzieren versuchen.[62] Vor dem Hintergrund der Fragestellung des Marketing ergibt sich daraus ein restriktiver und somit zumeist realitätsferner Hypothesenrahmen, welcher häufig zu Erkenntnisgewinnen führt, die sich durch geringe Anwendungsorientierung und wissenschaftliche Relevanz auszeichnen. Die Anwendung multivariater Analysemethoden im Rahmen quantitativer (empirisch-analytischer) Forschungsansätze kann daher, insbesondere bei Untersuchungen hoher Komplexität, schnell an ihre Grenzen stoßen.[63]

Vor diesem Hintergrund findet die Forderung von SCHANZ nach einem Forschungsansatz jenseits der quantitativen Methoden, der die Merkmale eines spekulativen Denkens, eines deduktiven Argumentierens und eines empirischen Experimentierens aufweist, Beachtung.[64] Insbesondere das empirische Experimentieren konstituiert sich nunmehr nicht ausschließlich aus quantitativer, sondern auch aus qualitativer Empirie.[65]

Auch für die vorliegende Arbeit erscheint eine solche Überlegung zur Methodologie sinnvoll, insbesondere vor dem Hintergrund der dargestellten Erkenntnisziele. Dies ist zurückzuführen auf die Tatsache, dass die Deduktion praktisch-normativer Aussagen als integraler Bestandteil der vorliegenden Arbeit gelten soll. Darüber hinaus spielt die sehr geringe Grundgesamtheit der zu betrachtenden Untersuchungsobjekte Bundesligavereine eine entscheidende Rolle; bei einer Betrachtung der ersten Fußballbundes-

---

[61] Vgl. Popper, Karl R. (2002): Logik der Forschung, S. 250f.

[62] Vgl. Irion, Tobias (2007): Vertrauen in Transaktionsbeziehungen, S. 42f.; Tomczak, Torsten (1992): Forschungsmethoden in der Marketingwissenschaft: Ein Plädoyer für den qualitativen Forschungsansatz, S. 77ff.; Tunder, Ralph (2000): Der Transaktionswert der Hersteller-Handel-Beziehung, S. 23.

[63] Beispielsweise durch die Tatsache, dass die notwendigen Daten nur in einem begrenzten Umfang generiert werden können, da sie für Marketingforscher kaum zugänglich sind und sich auch nur schwer quantitativ abbilden lassen. Darüber hinaus kann beispielsweise ein langes Zeitintervall zwischen Ursache und Wirkung liegen, welches schwer mit quantitativen Methoden zur Datengewinnung abgedeckt werden kann.

[64] Vgl. Schanz, Günther (1990): Die Betriebswirtschaftslehre als Gegenstand kritisch-konstruktivistischer Betrachtungen, S. 155.

[65] Unter qualitativer Empirie werden hierbei Expertengespräche, Analyse von Sekundärliteratur, Fallbeispiele sowie Kombinationen der genannten und Querbezüge verstanden. Vgl. Tomczak, Torsten (1992): Forschungsmethoden in der Marketingwissenschaft: Ein Plädoyer für den qualitativen Forschungsansatz, S. 82.

liga wäre dies eine Grundgesamtheit von gerade mal 18 Vereinen, eine Untersuchung aller deutscher Fußballprofiligen würde als Grundgesamtheit 36 Vereine ergeben, wodurch sich die für eine vollwertige, repräsentative empirische Analyse notwendigen Daten kaum generieren lassen. In diesem Zusammenhang erscheint daher eine quantitativ-empirische Vorgehensweise weniger zielführend als eine qualitative Vorgehensweise. Aus diesem Grund wird sich die Arbeit zum einen auf eine Literaturanalyse, zum anderen auf den Einsatz einer qualitativen Empirie konzentrieren, welche sich über eine Expertenbefragung per Fragebogen konstituiert, die die gewonnenen Ergebnisse überprüfen sollen. Die Ergebnisse wiederum, welche auf diesem Weg gewonnen werden, sind als probabilistische Tendenzaussagen zu verstehen und erheben nicht den Anspruch auf Allgemeingültigkeit.[66] Abbildung 4 fasst die forschungsmethodischen Grundlagen der vorliegenden Untersuchung noch einmal zusammen, wobei zwischen Forschungsmethode und Forschungsansatz unterschieden wird.

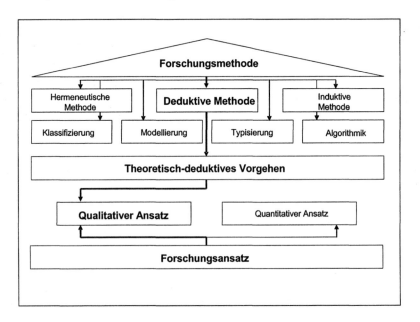

Abbildung 4:    Einordnung des methodologischen Vorgehens
               Quelle: Eigene Darstellung.

---

[66]   Wie im Verlauf des vorliegenden Abschnitts dargestellt, ist eine solche Vorgehensweise im Rahmen einer deduktiv-nomologischen Untersuchung nach POPPER zulässig.

## 2.2 Paradigmatische Einordnung der Arbeit und Abgrenzung zur Sportökonomie

Wie zuvor bereits erwähnt wurde, ist die vorliegende Arbeit im Kontext einer klassischen marketingwissenschaftlichen Arbeit zu sehen und somit eindeutig dem betriebswirtschaftlichen und nicht etwa dem sportökonomischen Kontext zuzuordnen. Dennoch weist die Arbeit eindeutige Schnittstellen zur Sportökonomie[67] auf, weswegen im Folgenden der Forschungsbereich der Sportökonomie näher erläutert und vom Forschungsbereich der Wirtschafts- bzw. Marketingwissenschaften abgegrenzt werden soll, um somit die Zuordnung eindeutig zu belegen.

Bereits im Jahr 1989 ordnete PÖTTINGER die Sportökonomie als Teildisziplin der Sportwissenschaft ein, welche sich „[...] im weitesten Sinn mit den Zusammenhängen zwischen Sport und Wirtschaft befasst."[68] Begründet wurde dies durch das Bedürfnis, die Verflechtungen zwischen sportlichem und ökonomischem Handeln aufzuzeigen. Hierbei unterschied er bezogen auf Sport allerdings nicht zwischen Individual-, Schul-, Vereins- und Gewerbesport bzw. bezogen auf Wirtschaft nicht zwischen betriebswirtschaftlichen, volkswirtschaftlichen, wirtschaftshistorischen, wirtschaftsgeografischen und wirtschaftsrechtlichen Aspekten.[69] KURSCHEIDT definiert die Sportökonomik ebenfalls als eine „[...] eigenständige Teildisziplin zwischen Sport- und Wirtschaftswissenschaften [...]."[70] Die Kernargumente für die Begründung der Sportökonomik als eigenständige, wissenschaftliche Teildisziplin respektive Querschnittsdisziplin über mehrere Wissenschaften hinweg wurden bereits in Kapitel 1 vorgestellt weshalb an dieser Stelle hierauf verwiesen sei.

Allerdings ergeben sich im Bereich der Sportökonomik auch diverse Problembereiche, welche auf den inhärent interdisziplinären Charakter der Sportökonomik selber zurückzuführen sind. So zeichnet sich der Untersuchungsgegenstand Sport aus systemtheoretischer Sicht beispielsweise durch eine außerordentlich starke und komplexe Über-

---

[67]  Die Begriffe ‚Sportökonomie' und ‚Sportökonomik' sollen im Folgenden synonym verwendet werden.

[68]  Pöttinger, Peter (1989): Wirtschaftliche und soziale Grundlagen der Professionalisierung im Sport, S. 15.

Vgl. hierzu auch Haag, Herbert (2002): Zum Selbstverständnis der Sportsoziologie und Sportökonomie als Theoriefelder des Sportwissenschaft, S. 131.

[69]  Begründet wurde dies durch die Tatsache, dass sich Interdependenzen zwischen Sport und Wirtschaft nicht nur im professionellen Sport finden lassen, sondern solche auch im Freizeit- und Breitensport zu beobachten sind.

[70]  Vgl. Kurscheidt, Markus (2004): Stand und Perspektiven ökonomischer Forschung zum Fußball, S. 28.

lappung verschiedener Gesellschaftsbereiche aus, denen unterschiedliche Werte und Mechanismen zugrunde liegen.[71] Dementsprechend erscheinen die ökonomischen Fragestellungen des Sports für eine Vielzahl an Fachdisziplinen ebenfalls von wissenschaftlichem Interesse.[72] In erster Linie muss in diesem Zusammenhang die Sportwissenschaft Erwähnung finden. Die Sportökonomie wurde in diesem Bereich zunächst in der Sportsoziologie wie auch von der Sportpsychologie und Sportpublizistik thematisiert. Darüber hinaus fand sie aber auch in den Wirtschaftswissenschaften mit ihren beiden Teilbereichen Volkswirtschaftslehre und Betriebswirtschaftslehre Beachtung. In den Wirtschaftswissenschaften hat sich die Übertragung der dortigen Erkenntnisse auf den Sport zügig unter dem Namen ‚Sportmanagement' etabliert. Auch die Rechtswissenschaft wurde spätestens mit der Involvierung der Gerichte in sportwissenschaftliche Fragen in den Bereich integriert. Letztlich beschäftigte sich auch die Tourismus- und Freizeitforschung zunehmend mit wirtschaftlichen Auswirkungen des Sports auf ihr Untersuchungsgebiet.

Nach HERMANNS / RIEDMÜLLER untergliedert sich die Sportökonomie selbst in drei Teilbereiche, wobei diese als eigenständige Disziplin innerhalb der Sportwissenschaften, welche sich mit den wirtschaftlichen Fragen des Sports auseinandersetzt, eingeordnet wird.[73]

1. Die Sport-Makroökonomie: Sie analysiert die Wertschöpfungen, die dem Staat durch Sport entstehen.

2. Die Sport- Mikroökonomie: Sie betrachtet die Wechselwirkungen zwischen verschiedenen Institutionen innerhalb des Sportsystems (Beispiel: Interdependenzen bei der Vermarktung von Fernsehrechten).

3. Das Sport-Management: Es befasst sich mit Entscheidungen und wirtschaftlichem Verhalten innerhalb einzelner Organisationen der Sportanbieter.

---

[71] Im Rahmen einer vertiefenden Argumentation vgl. Kurscheidt, Markus / Klein, Marie-Luise / Deitersen-Wieber, Angela (2003): A Socioeconomic Approach to Sports, S. 1-10.

[72] Für die folgende Betrachtung vgl. Kurscheidt, Markus (2004): Stand und Perspektiven ökonomischer Forschung zum Fußball, S. 34f., wie auch Heinemann, Klaus (1995): Einführung in die Ökonomie des Sports; Klein, Marie-Luise (2004): Institutionelle Rahmenbedingungen und Gegenstandsbereiche ökonomischer Forschung zum Fußball in Deutschland, S. 11-24; Kohl, Thorsten (2001): Ökonomie des Profifußballs, S. 8-10.

[73] Vgl. hierzu Hermanns, Arnold / Riedmüller, Florian (2002): Marketing im Sport, S. 232.

In diesem Zusammenhang konstatieren die Autoren selbst, dass das Forschungsinteresse der Sportökonomie lange Zeit durch eine „ausgeprägte Marketingferne"[74] gekennzeichnet war, welche durchaus als eine mögliche Begründung für die zuvor in Abschnitt 1.2 aufgezeigten noch immer vorhandenen Forschungslücken herangezogen werden kann.

Aufgrund der Tatsache, dass die Sportökonomie ein sehr breites Feld abdeckt und als Teilbereich der Sportwissenschaft gilt, kann die vorliegende Arbeit aufgrund ihrer Fokussierung keinesfalls den Anspruch erheben, diesem Bereich zugeordnet zu werden. Darüber hinaus behandeln die meisten Veröffentlichungen aus dem Bereich der Sportökonomie einzelne ökonomische Probleme innerhalb des Sports, wobei in vielen Beiträgen keine einheitliche ökonomische Fachsprache verwendet wird.[75] Die vorliegende Arbeit hingegen beschäftigt sich vielmehr mit einem rein betriebswirtschaftlichen Thema, weswegen sie in erster Linie dem Bereich der Wirtschaftswissenschaften und bis zu einem gewissen Grad sicher auch zu einem Teil dem Sportmanagement zuzurechnen ist, welches sich mit betriebswirtschaftlichen Fragestellungen im Sport beschäftigt.

## 2.3  Die Explananda der Marketingwissenschaft

Wie im vorangegangenen Abschnitt 2.1 bereits dargestellt, kann unter dem Begriff des Explanandums generell ein grundlegendes Untersuchungs- und Fragegebiet einer wissenschaftlichen Disziplin subsumiert werden; die Wissenschaft an sich befasst sich dabei mit Erscheinungen, die mit ihrer Hilfe erklärt werden sollen, um so darauf aufbauend wissenschaftliche Erkenntnisse sowie anwendungsbezogene Handlungsempfehlungen abzuleiten.[76] Ausgehend von dieser Definition ergibt sich, dass auch Erscheinungen, die die Basis dieser Untersuchungen oder Fragen der Wissenschaft bilden, als Explananda angesehen werden können. Jene Explananda bilden den Untersuchungsraum einer wissenschaftlichen Disziplin und erlauben hierdurch im Rahmen der Ausgestaltung dieses Raumes die Definition der Erfahrungs- und Erkenntnisobjekte dieser Disziplin.

---

[74]  Ebenda, S. 232.

[75]  Vgl. Kohl, Thorsten (2001): Ökonomie des Profifußballs, S. 8.

[76]  Vgl. Raffée, Hans (1995): Grundprobleme der Betriebswirtschaftslehre, S. 31.

Die Betriebwirtschaft ihrerseits befasst sich mit allen Prozessen, die in direkter oder indirekter Verbindung zu einzelwirtschaftlichen Organisationen und den in ihr wirtschaftenden Personen[77] stehen.[78] Dementsprechend können die Einzelwirtschaften selbst respektive ihre Tätigkeiten und Prozesse innerhalb des durch die Betriebswirtschaftslehre aufgespannten Aktionsraums als Explananda betrachtet werden. In Anlehnung an die zuvor betrachtete deduktiv-nomologische Methode nach HEMPEL / OPPENHEIM ist an dieser Stelle der Entwurf des nomologischen Hypothesenrahmens der Arbeit notwendig. Die wissenschaftlichen Fundamente desselben bilden die Explananda der Marketingwissenschaft, was bedeutet, dass an dieser Stelle die Erscheinungen definiert und abgegrenzt werden müssen, mit denen sich eine Wissenschaft beschäftigt, um so entsprechende Implikationen und Handlungsempfehlungen deduzieren zu können.

Die Marketingwissenschaft als Teil der Betriebswirtschaft fokussiert ihren Erkenntnisgegenstand auf die systematische Analyse und Gestaltung von Austauschprozessen zwischen Anbietern und Nachfragern, was sich logisch aus der Ausprägung des Marketing selbst, nämlich der Gestaltung des Tauschprozesses, ergibt.[79] Nach ALDERSON / MARTIN's „Law of Exchange" findet dieser immer dann statt, wenn er für die beteiligten Transaktionspartner wechselseitig von Vorteil ist.[80] So betrachtet lässt sich feststellen, dass Menschen schon immer Marketing als Tätigkeit im Rahmen von Austauschprozessen betrieben haben; als neuartig lassen sich in diesem Zusammenhang die Methoden zur Analyse und die Instrumente zur Lösung der Probleme nennen, mit deren Hilfe die Tauschprozesse so effizient wie möglich zu gestalten sind.[81] Auf Basis systematischer wissenschaftlicher Überlegungen und Analysen findet das Marketing allerdings erst seit Beginn des 20. Jahrhunderts Beachtung.[82] So definiert beispiels-

---

[77] Unter einer Einzelwirtschaft können sowohl Individuen wie auch Gruppen von Individuen, Unternehmen oder Vereine verstanden werden, die als Anbieter und/oder Nachfrager von bzw. nach privaten und öffentlichen Versorgungsobjekten tätig werden und die somit am Tauschprozess direkt beteiligt sind. Vgl. Meyer, Paul W. (1973): Die machbare Wirtschaft: Grundlagen des Marketing, S. 43.

[78] Vgl. Raffée, Hans (1995): Grundprobleme der Betriebswirtschaftslehre, S. 22.

[79] Vgl. Bagozzi, Richard P. (1975): Marketing as Exchange, S. 32-39; Mattmüller, Roland (2004): Integrativ-Prozessuales Marketing, S. 30; Seidel, Maximilian (2005): Political Marketing, S. 73.

[80] Vgl. Alderson, Wroe / Martin, Miles W. (1965): Towards a formal theory of transactions and transvections, S. 121ff.

[81] Vgl. Mattmüller, Roland / Tunder, Ralph (2005): Zur theoretischen Basis der Marketingwissenschaft, S. 6; Seidel, Maximilian (2005): Political Marketing, S. 73.

[82] Eine ausführliche Darstellung dieser Entwicklung findet sich beispielsweise bei DILLER (vgl. Diller, Hermann (1995): Entwicklungspfade des Marketing-Management, S. 3-30) oder MEFFERT (vgl. Meffert, Heribert (1999): Marketing - Entwicklungstendenzen und Zukunftsperspektiven, S. 409-423).

weise EBERLEIN die Marketingwissenschaft als die Lehre vom „Verhalten von Menschen und Institutionen auf Märkten"[83] wohingegen MEFFERT sie als das „marktorientierte Entscheidungsverhalten in Unternehmen" bezeichnet.[84] Nach TUNDER sind hierzu alle jene Prozesse zu zählen, welche von der einzelwirtschaftlichen Organisation selbst ausgehen wie auch jene rahmengebenden Prozesse, die den Erfolg oder Misserfolg der Einzelwirtschaft determinieren.[85] Somit, in Anlehnung an SCHNEIDER, ist das Erkenntnisobjekt der Betriebswirtschaftslehre – und dementsprechend auch der Forschungsbereich der Marketingwissenschaft – stets zwischen den Märkten, das heißt den Beschaffungs- und Absatzmärkten, ‚eingeklammert'.[86]

In der weiteren Entwicklung der Marketingwissenschaft, ausgehend von dieser Betrachtung der Bestandteile des Transaktionsprozesses, kristallisierten sich grundlegende Explananda heraus, welche es aus marketingwissenschaftlicher Sicht zu systematisieren und zu gestalten gilt. Insbesondere die Ausführungen von HUNT müssen in diesem Zusammenhang Beachtung finden. So entwickelte HUNT fundamentale Explananda durch die Zusammenführung der konstitutiven Merkmale, welche der Marketingwissenschaft sowie der vorliegenden Arbeit zugrunde liegen (siehe hierzu auch die nachfolgende Abbildung 5):[87]

1.  Das Verhalten der Anbieter im Austausch- und Transaktionsprozess und die Beweggrundlage ihres Verhaltens.
2.  Das Verhalten der Nachfrager im Austausch- und Transaktionsprozess und die Beweggründe ihres Verhaltens.
3.  Die transaktionsbeeinflussenden Eigenschaften des Austauschobjektes[88]
4.  Die institutionellen Rahmenbedingungen, die Tauschprozesse erst ermöglichen bzw. diese verhindern.

---

[83]  Eberlein, Gerald (1974): Zum epitheoretischen Programm der Sozialwissenschaften, S. 115.
[84]  Meffert, Heribert (1990): Marketing, S. 35.
[85]  Vgl. Tunder, Ralph (2000): Der Transaktionswert der Hersteller-Handel-Beziehung, S. 28.
[86]  Vgl. Schneider, Dieter (1983): Marketing als Wissenschaft, S. 200.
[87]  Vgl. Hunt, Shelby D. (1983): General Theories and the Fundamental Explananda of Marketing, S. 9-17.
[88]  Die transaktionsbeeinflussenden Eigenschaften der Austauschobjekte als dritter konstitutiver Bestandteil der Explananda der Marketingwissenschaft stellen eine Erweiterung der ursprünglichen vier konstitutiven Bestandteile nach HUNT durch MATTMÜLLER dar. Vgl. Mattmüller, Roland (2006): Integrativ-Prozessuales Marketing, S. 30.

5.  Die Auswirkungen des Verhaltens der Anbieter und der Nachfrager sowie der diese betreffenden institutionellen Rahmenbedingungen auf die Gesellschaft.

*Abbildung 5:*   *Die Explananda der Marketingwissenschaft*
            *Quelle: Hunt (1983), S. 13ff.*

Aufbauend auf den unterschiedlichen Betrachtungsperspektiven der Marketingwissenschaft setzt sich diese mit der Analyse von Austauschprozessen zwischen den anbietenden und den nachfragenden Einzelwirtschaften auseinander. Diese Analyse ist dabei zu keiner Zeit unabhängig von den beiden konstitutiven Elementen eines Austauschprozesses – den Austauschbeteiligten (Anbieter und Nachfrager)[89] einerseits sowie den betreffenden Austauschobjekten andererseits – durchführbar.[90] Darüber hinaus können diese Transaktionen auch nicht frei von externen Einflüssen und Regelungen realisiert werden, weswegen es im Rahmen der Explananda einer Berücksichtigung der gesellschaftlichen und rechtlichen Aspekte bedarf.

---

[89]   Aufgrund der dualen Sichtweise des Marketing, welche es erlaubt, Austauschobjekte sowohl aus Anbieter- wie auch aus Nachfragersicht zu betrachten, ergeben sich automatisch zwei verschiedene Systematisierungen: Aus Anbietersicht können Austauschobjekte unterteilt werden in Waren, Dienste, ökonomische Chancen und Objektsysteme. Aus Nachfragersicht bietet sich eine Unterteilung an, welche auf die Erkenntnisse der Informationsökonomik zurückgreift und die Austauschobjekte nach ihren spezifischen Such-, Erfahrungs- und Vertrauenseigenschaften systematisiert.

[90]   Vgl. Mattmüller, Roland (2006): Integrativ-Prozessuales Marketing, S. 30; Mattmüller, Roland / Tunder, Ralph (2005): Zur theoretischen Basis der Marketingwissenschaft, S. 7.

Auf Basis dieser übergreifenden Funktionen einer Transaktion lassen sich mehrere konstitutive Merkmale eines ökonomischen Transaktionsprozesses ableiten, welche im Folgenden noch einmal zusammengefasst werden sollen:[91]

1. Jede Transaktion beinhaltet den Austausch von Leistungen, Verfügungsrechten oder Gütern auf Märkten, wobei jeder Leistung eine gleichwertige Gegenleistung folgt.

2. Jede Transaktion geht mit einer sozialen Interaktion einher. Dies ist auf die Tatsache zurückzuführen, dass Transaktionen grundsätzlich in einem sozialen Umfeld abgewickelt werden. Letzten Endes stellen sie somit eine Interaktion zwischen Individuen dar.

3. Die Voraussetzung für eine jede Transaktion ist das Vorhandensein eines verbindlichen rechtlich- und kulturell-normativen Rahmens, der die soziale Interaktion der beteiligten Transaktionspartner einengt, indem er sie zur Einhaltung der kollektiven Normen und Werte zwingt.

4. Jede Transaktion ist trotz ihrer Verankerung in einem rechtlich- und kulturell-normativem Rahmen, geprägt von situationsspezifischer Wahrnehmungs-, Entscheidungs-, und Handlungskomplexität, die sowohl im Austauschobjekt selbst wie auch in der sozialen Wechselbeziehung begründet liegt.

Aufbauend auf den obigen Erläuterungen zu Wissenschaft und Explananda wird nun deutlich, dass sich die Marketingwissenschaft mit den soeben aufgelisteten fünf Explananda auseinandersetzt, um diese zu erklären und um aus den Erklärungen deskriptive, explikative sowie praktisch- bzw. ethisch-normative Handlungsempfehlungen abzuleiten. Das Forschungsgebiet sowie die zu analysierenden Erfahrungs- und Erkenntnisgegenstände der Marketingwissenschaft sind somit definiert.[92] Es erscheint allerdings nicht notwendig, im Rahmen einer Fragestellung stets alle fünf Explananda zu betrachten, vielmehr kann sich die wissenschaftsadäquate Bearbeitung bestimmter Fragestellungen auf wenige Explananda konzentrieren.[93]

---

[91] Für die folgende Auflistung vgl. u.a. Irion, Tobias (2007): Vertrauen in Transaktionsbeziehungen, S. 93f.; Jones, Gareth R. / Hill, Charles W. L. (1988): Transaction Cost Analysis of Strategy-Structure Choice, S. 160; Kotler, Philip (1972): A Generic Concept of Marketing, S. 47; Mattmüller, Roland (2006): Integrativ-Prozessuales Marketing S. 30; Ouchi, William G. (1980): Markets, Bureaucracies and Clans, S. 130.

[92] Vgl. Seidel, Maximilian (2005): Political Marketing, S. 73.

[93] Vgl. Mattmüller, Roland (2001): Marketingstrategien des Handels, S. 29.

Das Ziel der vorliegenden Arbeit ist es in diesem Sinne auch nicht, jedes einzelne Explanandum auf den Sport zu übertragen und deskriptiv darzustellen, da dieses in Arbeiten anderer Autoren bereits größtenteils geschehen ist und diese Vorgehensweise somit zu keinem Erkenntnisfortschritt führen würde. Vielmehr sollen die fünf Explananda, welche den umfassenden Rahmen für die in der Marketingwissenschaft zu bearbeitenden Problemfelder bilden, auch im Rahmen der vorliegenden Arbeit als Bezugsrahmen Gültigkeit besitzen. Um die Vernachlässigung einzelner Explananda sowie ihrer Interdependenzen zu vermeiden, sollen im Verlauf der Argumentation alle fünf Explananda entsprechend eingebunden werden, ohne dass der Fokus der Arbeit auf einzelne Explananda gelegt werden soll. Vor diesem Hintergrund lassen sich nun Ansatzpunkte zum Entwurf eines problemspezifischen nomologischen Hypothesenrahmens ableiten. Im Kontext der vorliegenden Arbeit ist es nun für die weitere Argumentation von Interesse einen explorativen Analyserahmen für die Untersuchung abzubilden. Dieser soll für die ökonomischen Austauschprozesse sowie die konstitutiven Merkmale derjenigen Gültigkeit besitzen und mithilfe verschiedener, noch vorzustellender Ansätze abgeleitet werden, welche die Basis der nachfolgenden Diskussion bilden.

## 2.4   Das Bezugsgruppenkonzept

### 2.4.1  Shareholder-orientierte Unternehmensführung

Der Fokus vieler Unternehmungen war lange Zeit primär auf monetäre Größen bzw. den Interessen der Shareholder ausgerichtet, was auf den von RAPPAPORT in den achtziger Jahren begründeten Shareholder-Value-Ansatz zurückzuführen ist. Im engeren Sinne handelt es sich hierbei um eine finanzmathematische Methode zur Bewertung unterschiedlicher Unternehmensstrategien in Bezug auf ihren Beitrag zum Vermögen der Anteilseigner eines Unternehmens.[94] Aufgrund der unzureichenden Aussagekraft einer rein an Bilanzkennzahlen orientierten Erfolgsmessung entwickelte sich der Ansatz rasch zu einem weltweit angewandten Verfahren zur Bewertung von Unternehmen und einzelnen Unternehmensteilen.[95] Der Shareholder-Ansatz basiert auf der Annahme, dass das Unternehmen in erster Linie den Interessen seiner Aktionäre Folge leisten sollte, deren alleiniges Ziel die Erhöhung des Marktwertes ihres eingesetzten

---

[94]   Vgl. Rappaport, Alfred (1981): Selecting strategies that create shareholder value, S. 139-141.

[95]   Vgl. Hill, Wilhelm (1996): Der Shareholder Value und die Stakeholder, S. 413; Rappaport, Alfred (1986): Creating Shareholder Value: The New Standard for Business Performance, S. 19-46.

Kapitals ist, denn das wiederum führt zu einer Erhöhung ihrer monetärer Ansprüche an das Unternehmen.[96] Der Shareholder-Value-Ansatz stellt somit eine Methode zur systematischen Bewertung der wirtschaftlichen Aktivitäten einer Unternehmung dar. Der Nutzen des Verfahrens gilt allerdings als eingeschränkt. So konstatiert RAPPAPORT selbst: „Die Shareholder-Value-Analyse ist nur so gut, wie das strategische Denken, das dahinter steckt. Schließlich bildet die Wahl einer Strategie mit dem größten Wertsteigerungspotenzial keine Garantie dafür, dass diese Strategie auch effektiv und effizient umgesetzt wird."[97]

Mit zunehmender Bedeutung des Shareholder-Value-Ansatzes wuchs die Zahl der Kritiker. Auch der folgende Versuch, sich lediglich an den Anspruchsgruppen zu orientieren, deren Beitrag zum Unternehmen sich eindeutig quantifizieren lässt, geht häufig zu Lasten der Bereiche, deren Wert vornehmlich durch immaterielle Größen bestimmt wird. Wesentliche Wertschöpfungspotenziale bleiben hierdurch oft unberücksichtigt: So wurde beispielsweise nachgewiesen, dass die Zufriedenheit eines Kunden, das Vertrauen eines Lieferanten, die Motivation eines Mitarbeiters oder das Ansehen des Unternehmens in der Gesellschaft von erheblicher Bedeutung für den Erfolg und damit auch für den monetären Wert der Unternehmung sind.[98] Lediglich über eine optimale Gestaltung dieses Beziehungsgeflechts kann ein Mehrwert für die Unternehmung geschaffen werden.[99]

Angesichts der Komplexität der mit dem Unternehmen verbundenen Beziehungen können instrumentelle Marketingansätze die Ausschöpfung dieser Erfolgspotenziale

---

[96] Der Shareholder-Value berechnet sich dabei aus der Differenz zwischen dem Wert des Unternehmens und dem Fremdkapitaleinsatz. Aus den Modellen zur Berechnung des Shareholder-Values ergibt sich auch die grundsätzliche Kritik an dessen Validität: Die Methoden zur Berechnung bauen auf Modellen auf, deren Grundlage die Annahme eines vollständigen Kapitalmarkts ist. Somit lässt sich der Shareholder-Value in der Realität nicht eindeutig ermitteln, da beispielsweise der zur Bewertung der zukünftig zu erwartenden Einnahmen notwendige Diskontsatz nicht eindeutig zu bestimmen ist. Der Shareholder-Value kann sich somit nur als Schätzung auf Basis der für den Prognosezeitraum geplanten Geschäftsstrategie ergeben. Nichtsdestotrotz wird der Shareholder-Value in der Wissenschaft als bestmögliche Annäherung an die reale Situation der Kapitalmärkte betrachtet. Vgl. Baetge, Jörg (1999): Gesellschafterorientierung als Voraussetzung für Kunden- und Marktorientierung, S. 108ff.; Kürsten, Wolfgang (2000): Shareholder Value - Grundelemente und Schieflagen einer politökonomischen Diskussion aus finanztheoretischer Sicht, S. 362-374; Rappaport, Alfred (1986): Creating Shareholder Value: The New Standard for Business Performance, S. 50-76; Speckbacher, Gerhard (1997): Shareholder Value und Stakeholder Ansatz, S. 631-634.

[97] Rappaport, Alfred (1986): Creating Shareholder Value: The New Standard for Business Performance, S. 69.

[98] Vgl. Wentges, Paul (2000): Eine Stakeholder-orientierte Analyse der Berücksichtigung des Risikos im Rahmen des Shareholder Value-Konzeptes, S. 202-204.

aufgrund mangelnder Ausrichtung am Tauschprozess jedoch nicht ausreichend gewährleisten. Wie in Abschnitt 1.3 bereits ansatzweise vorgestellt, ist zu ihrer optimalen Ausnutzung ein prozessorientiertes Marketingverständnis in Verbindung mit einer gedanklichen Integration der Bedürfnisse der unterschiedlichen Anspruchsgruppen notwendig. Realisierbar ist dieses allerdings nur, wenn Marketing gleichzeitig in Form eines ganzheitlichen Ansatzes als Führungs- und Unternehmensmaxime in alle Aktivitäten des Unternehmens integriert wird. Die von innen nach außen gerichtete Zielformulierung wird auf diese Art und Weise um eine outside-inside-Betrachtung ergänzt.[100] Als eine mögliche Alternative zum Shareholder-Ansatz wird in Wissenschaft und Praxis seit einiger Zeit der Stakeholder-Ansatz diskutiert, welcher im Folgenden vorgestellt werden soll.

## 2.4.2 Stakeholder-orientierte Unternehmensführung

Der Stakeholder-Ansatz ist auf ein Memorandum des Stanford Research Institute (SRI) zurückzuführen, welches Stakeholder definiert als „[...] those groups without whose support the organization would cease to exist."[101] In den achtziger Jahren gewann der Begriff, insbesondere durch die Veröffentlichung von Edward R. Freemans ,Strategic Management: A Stakeholder Approach' wesentlich an Bedeutung. In diesem Zusammenhang definiert er Stakeholder als „[...] any group or individual who can effect or is affected by the achievement of the organization's objectives."[102] FREEMAN begründete damit den Stakeholder-Ansatz, nach dem das Unternehmen explizit nicht allein die Interessen der Aktionäre sondern die Anliegen aller Anspruchsgruppen in die unternehmenspolitische Zielformulierung einbeziehen sollte.[103]

---

[99]   Vgl. Mattmüller, Roland / Tunder, Ralph (2004): Strategisches Handelsmarketing, S. 15.

[100]  Vgl. Mattmüller, Roland (2004): Integrativ-Prozessuales Marketing, S. 42-44; Mattmüller, Roland / Tunder, Ralph (2004): Strategisches Handelsmarketing, S. 15f.

[101]  SRI (1963), zitiert nach Freeman, R. Edward / Reed, David L. (1983): Stockholders and Stakeholders: A New Perspective on Corporate Governance, S. 89. Die erste eindeutige Erwähnung des Ausdrucks Stakeholder ist in der Literatur allerdings nicht eindeutig geklärt.

[102]  Freeman, R. Edward (1984): Strategic Management: A Stakeholder Approach, S. 46.

[103]  Der Ausdruck Stakeholder beruht auf der Annahme, dass nicht nur die Aktionäre ein Risiko tragen, sondern auch die übrigen Interessengruppen etwas auf dem Spiel stehen haben (engl. at stake). Vgl. Wentges, Paul (2000): Eine Stakeholder-orientierte Analyse der Berücksichtigung des Risikos im Rahmen des Shareholder Value-Konzeptes, S. 203.

Wesentliche gedankliche Grundlagen des Stakeholder-Ansatzes basieren dabei auf der Anreiz-Beitrags-Theorie[104], der Koalitionstheorie[105] und der Systemtheorie[106]. Der Grundgedanke des Stakeholder-Ansatzes besteht darin, dass die Existenz der Unternehmung als „pluralistische Wertschöpfungseinheit"[107] nur gewährleistet werden kann über eine „[...] umfassende gesellschaftsorientierte Unternehmenspolitik, welche sämtliche in Frage kommenden sozialen Umsystemfaktoren sowohl als Situations- als auch als Aktionsvariablen berücksichtigt."[108]

---

[104] Die Anreiz-Beitrags-Theorie untersucht Motive von Individuen, einzelnen Personen oder Gruppen von Individuen, zur Beteiligung an einer Unternehmung und befasst sich darüber hinaus mit der Frage, wie eine Unternehmung über optimale, wirtschaftliche Koordination der Anreize die Beiträge der Mitglieder entsprechend der situativ unterschiedlichen Verhandlungsmacht sicherstellen kann. Sie geht ursprünglich auf BARNARD zurück und wurde maßgeblich von MARCH / SIMON ausgebaut. Vgl. hierzu u.a. Tewes, Matthias (2003): Der Kundenwert im Marketing, S. 17, ebenso wie Maisenbacher, Nadja (2007): Die Verantwortung des Marketing für das Bezugsgruppenkonzept - zum Stand der Integrationsorientierung in Unternehmen, S. 44; March, James G. / Simon, Herbert (1958): Organizations, und Barnard, Chester I. (1938): The Functions of the Executive und Skrzipek, Markus (2005): Shareholder Value versus Stakeholder Value, S. 49.

[105] Die Koalitionstheorie, aufbauend auf der Anreiz-Beitrags-Theorie, sieht Unternehmen als eine Koalition von Individuen, die eine Leistung für das Unternehmen erbringen und somit einen Anspruch auf eine Gegenleistung entwickeln. Aufgrund ihrer unterschiedlichen Beiträge und dem daraus erwachsenden Ansprüchen und Zielsetzungen verbinden sich die einzelnen Individuen zu Anspruchsgruppen. Unternehmensziele stellen somit einen von einer Koalition verschiedenster Personen, welche sich als Unternehmen sehen, angestrebten Zustand in der Zukunft dar. Die Koalitionstheorie wurde bereits 1958 von MARCH / SIMON begründet und von CYERT / MARCH weiterentwickelt. Vgl. Tewes, Matthias (2003): Der Kundenwert im Marketing, S. 17, ebenso wie Cyert, Richard M. / March, James G. (1963): A Behavioral Theory of the firm; Maisenbacher, Nadja (2007): Die Verantwortung des Marketing für das Bezugsgruppenkonzept - zum Stand der Integrationsorientierung in Unternehmen, S. 44; March, James G. / Simon, Herbert (1958): Organizations.

[106] In Anlehnung an die Systemtheorie geht auch der Stakeholder-Ansatz davon aus, dass Unternehmen als Systeme im System der Gesellschaft die Komplexität der auch im Rahmen der Anreiz-Beitrags-Theorie und der Koalitionstheorie beschriebene Aufgabenstellungen nur dann bewältigen können, wenn sie durch einen permanenten Informationsaustausch mit der Umwelt ihre flexiblen Anpassungsfähigkeiten an äußere Gegebenheiten sicherstellen. Vgl. hierzu Janisch, Monika (1993): Das strategische Anspruchsgruppenmanagement: Vom Shareholder Value zum Stakeholder Value, S. 114-116.

[107] Ulrich, Peter (1980): Plädoyer für unternehmenspolitische Vernunft - Was hat Unternehmenspolitik mit Politik zu tun?, S. 33.

[108] Fässler, Eduard (1989): Gesellschaftsorientiertes Marketing: marktorientierte Unternehmenspolitik im Wandel, S. 287. In der Wissenschaft werden unterschiedliche Ausprägungsformen einer stakeholder-orientierten Unternehmungsführung diskutiert. Zu den beiden wesentlichen Strömungen zählt dabei die normativ-kritische Theorie, welche die ethisch-moralische Komponente betont, während strategische Ansätze den Ausgleich konkreter Machtverhältnisse in den Mittelpunkt der Betrachtung stellen. Daneben existieren unter anderem auch instrumentelle, feministische, ökologische und psychoanalytische Ansätze, welche hier allerdings keine nähere Betrachtung finden sollen. Vgl. Hummels, Harry (1998): Organizing Ethics: A Stakeholder Debate, S. 1404; Freeman, R. Edward (1994): The Politics of Stakeholder Theory: Some Future Directions, S. 413; Ulrich, Peter (1999): Was ist "gute" Unternehmensführung?, S. 38-40.

Generell wird zwischen internen und externen Stakeholdern, also internen Gruppen, welche direkt an den Prozessen der Steuerung des Unternehmens beteiligt sind und externen Gruppen, die die Gestaltung der Unternehmensprozesse nur indirekt beeinflussen, unterschieden. Die Bedeutung der einzelnen Gruppen wiederum ist abhängig von ihrer Verfügungsgewalt über die für das Unternehmen erfolgskritischen Ressourcen, ihrem allgemeinen gesellschaftlichen Ansehen, verbunden mit wirtschaftlichem Gewicht und letztlich dem Wunsch der Gruppe, die Möglichkeit der Einflussnahme wahrzunehmen.[109] Bei einer stakeholder-orientierten Unternehmensführung handelt es sich somit um einen dynamischen Prozess, „[...] an ongoing organizational debate [which] not only takes place in meetings, discussions or verbal discourses [...]. It is also reflected in action, in new technologies, in organizational change [...]".[110]

## 2.5 Der Integrativ-Prozessuale Marketingansatz als explorativer Analyserahmen der Untersuchung

### 2.5.1 Entwicklung und Bedeutung der Integrationsorientierung

Auf Basis der konstitutiven Merkmale einer ökonomischen Transaktion, welche in Abschnitt 2.3 dargestellt wurden, deren Haupteigenschaften die wechselseitigen Aktivitäten von anbietenden und nachfragenden Einzelwirtschaften darstellen, versteht sich die Marketingwissenschaft als konzeptioneller Bezugsrahmen zur Steuerung und Ausgestaltung für die von den Anbietern und Nachfragern innerhalb dieses Transaktionsprozesses zu erfüllenden spezifischen Aufgaben. Aufgrund der im ständigen Wandel begriffenen ökonomischen Rahmenbedingungen, die auf den Märkten vorzufinden sind[111], wird die Bedeutung des Marketing als marktorientiertes Denken und Handeln immer stärker betont. MEYER / MATTMÜLLER sprechen in diesem Zusammenhang von Marketing als „[...] steuernde Funktion zur Ausrichtung aller einzelwirtschaftlichen

---

[109] Vgl. Freeman, R. Edward / Reed, David L. (1983): Stockholders and Stakeholders: A New Perspective on Corporate Governance, S. 91; Janisch, Monika (1993): Das strategische Anspruchsgruppenmanagement: Vom Shareholder Value zum Stakeholder Value, S. 128-134.

[110] Hummels, Harry (1998): Organizing Ethics: A Stakeholder Debate, S. 1405.

[111] Während das Marketing früher im Rahmen produktions-, distributions- und verkaufsorientierter Ansätze lediglich den Abschluss der unternehmerischen Wertschöpfungskette bildete, wurden mit der Weiterentwicklung hin zu einer produktionsorientierten Sichtweise verstärkt Denkanstöße des Marketing in die Produktgestaltung einbezogen. Nachteil dieser Herangehensweise ist, dass es sich dabei lediglich um eine einseitige, von der Innensicht des Unternehmens ausgehende Betrachtung handelt. Aus diesem Defizit heraus entwickelte sich insbesondere für die Einflussnahme auf Käufermärkten eine zunehmend an Kundenbedürfnissen orientierte Sichtweise. Vgl. Mattmüller, Roland (2006): Integrativ-Prozessuales Marketing, S. 23f.

Aktivitäten am Markt".[112] In diesem Zusammenhang, ausgelöst durch das ausgeprägte Marketingverständnis in der Praxis, welches in der Theorie der Marketingwissenschaft noch nicht zu finden war, sah sich die Marketingwissenschaft zunehmend einer wissenschaftlichen Diskussion ausgesetzt. In diesem Zusammenhang wurde gerade das Fundament der Marketingwissenschaft, der weit verbreitete Marketing-Mix, auch bekannt als Mix-Ansatz oder 4 P-Ansatz[113], heftig kritisiert wie beispielsweise durch DICHTL, der argumentiert der Ansatz sei überholt, da sich Phänomene wie Globalisierung und Vernetzung von Unternehmen damit nicht erklären ließen und „[...] uns gleichzeitig vieles entgeht, weil es nicht in das Schema der ‚4 P's' passt."[114] Beispielhaft sei an dieser Stelle des Weiteren SUTRICH zitiert: „Das Paradigma des klassischen Marketing – ‚der Mix' – hat seinen Glanz verloren. [...] Das Konzept des Marketing-Mix war die Frucht eines linear von innen nach außen gerichteten Denkens und Handelns – und das ist es geblieben."[115] Die mangelnde Ausrichtung an der dynamischen Interaktion zwischen Anbieter und Nachfrager (Tauschprozess) respektive an deren Gestaltung und Koordination und somit in letzter Konsequenz auch die mangelnde Ausrichtung am Kunden stellen bei der heutigen outside-in-Betrachtung bei modernen komplexen Marktgegebenheiten den größten Kritikpunkt am 4 P-Ansatz dar, da er somit das originäre Erkenntnisobjekt des Marketing, die interdependente Beziehung im Rahmen der Gestaltung und Koordination von Transaktionen und Transaktionsprozessen nicht betrachtet. MATTMÜLLER / TUNDER sprechen in diesem Zusammenhang von „Integrations- und Prozessdefiziten".[116]

---

[112]  Meyer, Anton / Mattmüller, Roland (1996): Marketing, S. 840.

[113]  Die vier P stehen hierbei für Product, Price, Place, Promotion, im deutschsprachigen Raum auch bekannt unter Produktpolitik, Preispolitik, Kommunikationspolitik und Distributionspolitik. Der 4 P-Ansatz ist insbesondere zurückzuführen auf MCCARTY. Vgl. McCarthy, E. Jerome (1960): Basic Marketing: A Managerial Approach.

[114]  Dichtl, Erwin (1998): Neue Herausforderungen für Theorie und Praxis des Marketing, S. 47.

[115]  Sutrich, O. (1994): Prozessmarketing anstelle des Mix, S. 118.
       Ergänzend sei angefügt, dass sich der 4 P-Ansatz nie des Eindrucks erwehren konnte, seine Instrumente seien willkürlich und ohne theoretisch fundierendes Gerüst ausgewählt. Darüber hinaus wurde auch die Frage nach der Gewichtung der einzelnen vier Instrumente nie beantwortet. So formulierten DAY / MONTGOMERY bereits 1999: „The four Ps now are regarded as merely a handy framework". Day, George S. / Montgomery, David B. (1999): Charting New Directions for Marketing, S. 3. Ähnliche Kritik wurde von anderen Autoren geübt. Darüber hinaus erfolgten Modifikationsvorschläge und Erweiterungen der ursprünglichen 4P, zum Beispiel um ‚personel' und ‚presentation' auf 6P oder gar um ‚people', ‚process' und ‚physical evidence' auf 7P, ohne jedoch den kritisierten instrumentellen und somit unzulänglichen Charakter des Ansatzes zu ändern. Vgl Waterschoot, Walter van (1995): The Marketing Mix, S. 443; Zeithaml, Valarie A. / Bitner, M. (1996): Services Marketing, S. 23-28; Magrath, A. J. (1986): When Marketing Services 4Ps are not enough, S. 45.

[116]  Mattmüller, Roland / Tunder, Ralph (1999): Das prozessorientierte Marketingverständnis. Eine neoinstitutionenökonomische Begründung, S. 447, sowie Mattmüller, Roland / Tunder, Ralph (2005): Zur theoretischen Basis der Marketingwissenschaft, S. 48. Siehe hierzu auch Mattmüller, Roland

Aus den soeben vorgestellten Kritikpunkten entwickelten sich Forderungen nach einem neuen konzeptionellen Bezugsrahmen für das Marketing, welcher insbesondere
entlang der Integrations- und Prozessdefizite eine Erweiterung der theoretischen Fundierung der Marketingwissenschaft vornehmen soll. Der erste Schritt hierbei ist eine
zunehmende Integrationsorientierung zur Gestaltung von Transaktionsbeziehungen
und Transaktionsprozessen: Hierunter ist allerdings nicht allein die physische Einbrin-
gung und Mitwirkung des Nachfragers in den Transaktionsprozess zu verstehen, sondern vielmehr eine konzeptionell-gedankliche Integration. Aufgrund der zunehmenden
Vernetzung und Komplexität der Gesellschaft reicht es aus Sicht des Marketing heute
nicht mehr aus, allein die Interessen der Nachfrager zu betrachten, sondern die Unternehmen müssen den Interessen ihrer unterschiedlichen internen und externen Anspruchsgruppen gerecht werden, um so langfristig ihren wirtschaftlichen Erfolg zu sichern. Die Marketingwissenschaft wurde somit um eine grundsätzliche Auffassung im
Hinblick auf die Ab- und Eingrenzung des Objektbereichs erweitert: Bislang standen im
Rahmen einer partikularistischen Auffassung auf der einen Seite als Objektbereich die
Betrachtung der Unternehmung im Fokus und hier wiederum diejenigen Unternehmen,
in deren Zielsystem die ökonomische Gewinnerzielung die dominante Handlungsma-
xime ist.[117] Eine Einbeziehung anderer Aspekte des Verantwortungsbereichs der Entscheidungsträger wird durch eine partikularistische Auffassung per se ausgeschlossen.
Diese Schwächen führten zu der soeben dargestellten Weiterentwicklung des Marketingverständnisses im Sinne eines pluralistischen Marketingkonzepts auf der anderen
Seite, in dessen Rahmen die Wirkungsanalyse nicht mehr nur im Hinblick auf univaria-
te Zielsetzungen des Unternehmens, sondern vielmehr im Hinblick auf die Interessen
aller Marktbeteiligten erfolgt. Der Kreis der Zielgruppen[118] des Unternehmens wird so-

---

(2006): Integrativ-Prozessuales Marketing, S. 45; Mattmüller, Roland / Tunder, Ralph (2004): Strategisches Handelsmarketing, S. 8; Waterschoot, Walter van / Bulte, Christophe Van den (1992): The
4P Classification of the Marketing Mix Revisited, S. 83.

[117] Somit umfasste der Ansatz lediglich klassische Wirtschaftsunternehmen, andere Arten von Unternehmen, beispielsweise Nonprofit-Organisationen, wurden kategorisch ausgegrenzt. Diese Ausrichtung ist darüber hinaus dadurch gekennzeichnet, dass die Betrachtungen und Analysen nicht oder
maximal unwesentlich über das eigene Unternehmen hinausgehen und somit einer shareholder-
orientierten Unternehmensführung gleichzusetzen sind. Die Ziele der Marketingwissenschaft liegen
hierbei in der Wissenslieferung, um so einen höheren unternehmerischen Wirkungsgrad zu erreichen. Vgl. Raffée, Hans (1980): Grundfragen der Marketingwissenschaft, S. 318ff.; Raffée, Hans /
Specht, Günter (1976): Basiswerturteile der Marketingwissenschaften, S. 326ff.

[118] Der Begriff ‚Zielgruppe' soll im Folgenden, ausgehend von der Sichtweise des integrierten Marketing,
synonym mit dem Begriff ‚Anspruchsgruppe' respektive ‚Integrationsgruppe' verwandt werden. Die
Begrifflichkeiten sind ihrerseits streng genommen nicht gleichzusetzen mit dem Ausdruck ‚Stakeholder', da dieser in der Literatur anders definiert wird. Dennoch weisen die Definitionen viele Parallelen
auf, weswegen sich in bei vielen Autoren ein synonymer Gebrauch feststellen lässt, der auch in der
vorliegenden Arbeit verwandt werden soll.

mit erheblich erweitert, ebenso wie der Blickwinkel, der sich nun auch auf die Interdependenzwirkungen ökonomischer und nicht-ökonomischer Wirkungen für alle Marktteilnehmer erweitert. Über die Bedürfnisse der nachfragenden Einzelwirtschaft werden nun explizite Gestaltungsvorschläge erarbeitet – erst damit gelangt das Marketing in den Objektbereich der Marketingwissenschaft.[119] Erst ein derartiges Marketingverständnis, wie es auch im Integrativ-Prozessualen Marketingansatz nach MATTMÜLLER, welcher im Folgenden noch vorgestellt wird, vorzufinden ist, vermag im Rahmen der vorliegenden Untersuchung der Gesamtheit der Anspruchsgruppen gerecht zu werden, weshalb an dieser Stelle sowie im Verlauf der Arbeit auf dieses Verständnis zurückgegriffen werden soll. In der Literatur werden in diesem Zusammenhang die unterschiedlichen Anspruchsgruppen in vier grundlegende Integrationsfelder (Nachfrager, Wettbewerber, Lieferanten sowie das eigene Unternehmen) eingeteilt, welche alle zusammen von einem weiteren Bezugsfeld, nämlich der Gesellschaft, umschlossen werden (vgl. Abbildung 6).[120]

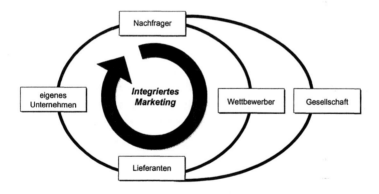

Abbildung 6:     Anspruchsgruppen einer Unternehmung
                 Quelle: Mattmüller (2006), S. 27.

---

[119]  Vgl. Irion, Tobias (2007): Vertrauen in Transaktionsbeziehungen, S. 21f.; Raffée, Hans (1980): Grundfragen der Marketingwissenschaft, S. 318; Raffée, Hans / Specht, Günter (1976): Basiswertteile der Marketingwissenschaften, S. 330ff.; Specht, Günter (1974): Marketing Management und Qualität des Lebens, S. 117ff.

[120]  Vgl. Mattmüller, Roland (2006): Integrativ-Prozessuales Marketing, S. 23-25; Mattmüller, Roland / Tunder, Ralph (2005): Zur theoretischen Basis der Marketingwissenschaft, S. 46; Skrzipek, Markus (2005): Shareholder Value versus Stakeholder Value, S. 56-64; Stößlein, Martin (2006): Anspruchsgruppenkommunikation, S. 16f.

Aus dieser Sichtweise ergibt sich fast automatisch die Schlussfolgerung, dass Marketing nicht rein an kommerziellen Absichten bzw. erwerbswirtschaftlichen Organisationen ausgerichtet sein kann und darf, sondern ebenso andere humanitäre Gesichtspunkte, sei es als eigenständige Organisationen – wie beispielsweise Nonprofit-Organisationen (NPO) – oder als Teilbereich eines Wirtschaftsunternehmen – wie beispielsweise Corporate Social Responsibility (CSR) – einbeziehen muss.[121] Somit ist Marketing nicht mehr nur auf eine einzige Unternehmensabteilung zu beschränken, sondern es ist eine ganzheitliche Betrachtung erforderlich, bei der dem Marketing eine zentrale Querschnittsfunktion im Rahmen einer an allen wesentlichen Zielgruppen orientierten Unternehmensführung zukommt. Integriertes Marketing als *Führungs- und Unternehmensmaxime* überwindet damit die ursprüngliche Begrenzung auf taktisch-operative, produktbezogene Aufgaben und versteht sich als wesentliches Element in der strategischen Unternehmensplanung.[122]

Der zweite Schritt auf dem Weg zu einem ganzheitlichen Ansatz stellt die Prozessorientierung dar. Der 4 P-Ansatz ging zwar bereits implizit von verschiedenen Kontaktphasen zwischen Anbieter und Nachfrager aus, versäumte es allerdings, dieses Instrumentarium explizit in eine eindeutige Prozessstruktur einzubinden. Aufbauend auf dem Integrationsgedanken und der Notwendigkeit, die Aufgaben zu realisieren, lassen sich vier zentrale Tauschfunktionen ableiten, ohne die ein Austauschprozess nicht zu Stande kommen kann. Diese bestehen aus den Bereichen Vorbereitung, Anbahnung, Abschluss und Realisierung.[123] Im Rahmen der Absatzvorbereitung erfolgt zwar noch

---

[121]    Diese Entwicklung – die Übertragung des Marketing und seines Instrumentariums auf nicht-erwerbswirtschaftliche Organisationen bzw. Betätigungsfelder – wird in der Literatur auch als ‚Broadening the Concept of Marketing' beschrieben; so ist zum Beispiel der Bereich des Sozio-Marketing heute ein komplett eigenständiger, ausdifferenzierter Bereich. Daneben ist noch das so genannte ‚Deepening the Concept of Marketing' zu beobachten, hierunter wird eine stufenweise stärkere Ergänzung der kommerziellen Zielsetzung erwerbswirtschaftlicher Unternehmen durch zusätzliche Zielinhalte (beispielhaft seien an dieser Stelle Mitarbeiterinteressen, ökologische Belange, etc. genannt) verstanden, welches sich auch in der soeben vorgestellten Integrationsorientierung und dem zugrunde liegenden Anspruchsgruppenkonzept widerspiegelt. Vgl. Engelhardt, Werner Hans (1998): Das Marketing in der Betriebswirtschaftslehre - Eine paradigmatische Betrachtung, S. 9ff.; Fritz, Wolfgang / Oelsnitz, Dietrich von der (2001): Marketing: Elemente marktorientierter Unternehmensführung, S. 23; Mattmüller, Roland (2006): Integrativ-Prozessuales Marketing, S. 28.

[122]    Vgl. Mattmüller, Roland (2006): Integrativ-Prozessuales Marketing, S. 29; Webster, Frederick E. Jr. (1992): The Changing Role of Marketing in the Corporation, S. 14.

[123]    Die ursprünglichen Hauptfunktionen des Marketing waren Angebot, Absatz, Nachfrage, Beschaffung und Beziehungsgestaltung zur Öffentlichkeit. Siehe hierzu Meyer, Paul W. (1973): Die machbare Wirtschaft: Grundlagen des Marketing. Diese Funktionen wurden allerdings noch einmal modifiziert und zu vier zentralen Phasen zusammengeführt. Hierzu vgl. Meyer, Paul W. (1996): Der integrative Marketingansatz und seine Konsequenzen für das Marketing, S. 23-26, sowie detailliert zu den ein-

keine direkte aktive Integration der Nachfrager, dennoch müssen sie bereits in dieser Phase gedanklich integriert werden, zum Beispiel im Rahmen der Marktforschung und der Marktanalyse oder aber der Marktprogrammerstellung. Die direkte Integration im Sinne eines direkten Kontakts mit dem Nachfrager erfolgt beim Eintritt in die zweite Phase, der Absatzanbahnung, auch Marktkommunikation genannt. Abbildung 7 stellt den Tauschprozess sowie die daraus abgeleiteten Hauptfunktionen noch einmal grafisch dar, wobei der Austauschprozess und seine Hauptfunktionen als dyadisches Verhältnis von Absatz und Beschaffung (und umgekehrt) zu verstehen sind.

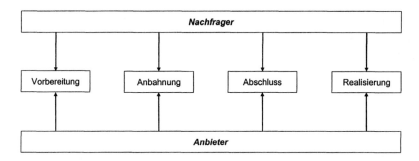

*Abbildung 7:    Integrierte Marketing Funktionen*
*Quelle: Meyer (1996), S. 24.*

Diesen vier Hauptfunktionen werden untergeordnete Teilfunktionen sowie notwendige Instrumente zugeordnet. Im Mittelpunkt steht dabei stets die Anbieter-Nachfrager-Beziehung. Um dem Anspruch und der Bedeutung des Marketing als genereller Managementkonzeption und einem Verständnis von Marketing als marktorientiertem Denken und Handeln gerecht zu werden, ist ein Managementprozess notwendig, der nicht nur den Transaktionsprozess als Ganzes hinsichtlich Konzeption, Planung, Ausführung und Kontrolle bestimmt, sondern auch die Teilfunktionen und den Instrumentarieneinsatz zielgerichtet gestaltet.[124]

In den vorangegangenen Abschnitten wurde auf das heutige Verständnis einer Transaktion sowie die sich daraus ableitenden Funktionen für das Marketing eingegangen. Der Kern der Argumentation lag dabei auf einer verstärkten Anspruchsgruppenorien-

---

zelnen Phasen Mattmüller, Roland (2006): Integrativ-Prozessuales Marketing, S. 52-54 sowie Mattmüller, Roland / Tunder, Ralph (2004): Strategisches Handelsmarketing, S. 5-10.
[124]    Vgl. Meyer, Paul W. (1973): Die machbare Wirtschaft: Grundlagen des Marketing, S. 78.

tierung innerhalb der Unternehmen, deren Handeln sich nicht mehr ausschließlich an den Interessen der Shareholder orientieren darf, sondern alle relevanten Anspruchsgruppen einbeziehen muss. Das im Rahmen dieser Ausführungen zugrunde gelegte Verständnis der marketingbezogenen Ausgestaltung der entsprechenden spezifischen Aufgaben im Rahmen einer Transaktionsbeziehung beruht auf dem Integrativ-Prozessualen Marketingansatz nach MATTMÜLLER. Aufgrund der Tatsache, dass der Integrativ-Prozessuale Marketingansatz die Integration verschiedener Anspruchsgruppen der Unternehmung explizit berücksichtigt, was nach den Erkenntnissen der Marketingwissenschaft als unerlässlicher Bestandteil der Marketingorientierung zu sehen ist, kann dieser Ansatz als für die Untersuchungen innerhalb der vorliegenden Arbeit geeignet betrachtet werden. Darüber hinaus gilt die Erkenntnis, dass innerhalb des Integrativ-Prozessualen Marketingansatz verschiedene Anspruchsgruppen bereits identifiziert wurden, als Denkmuster für die vorliegende Arbeit. Dementsprechend soll der vorliegenden Untersuchung somit der Integrativ-Prozessuale Marketingansatz (IPM) nach MATTMÜLLER als explorativer Analyserahmen zugrunde gelegt werden. Die im Rahmen der Untersuchungen von MATTMÜLLER identifizierten Anspruchsgruppen (Umwelt, Konkurrenz, Lieferanten, Mitarbeiter, Kunden) können somit als axiomatisch vorausgesetzt werden, was bedeutet, dass somit alle relevanten Anspruchsgruppen einer wirtschaftlichen Austauschbeziehung aus einer anbieterbezogenen Perspektive beschrieben wurden.

Somit soll für den Begriff des Marketing im Rahmen der vorliegende Arbeit die Definition nach MEYER / MATTMÜLLER gelten, nach der Marketing als „marktorientiertes Denken und Handeln, [...] [als] steuernde Funktion zur Ausrichtung aller einzelwirtschaftlichen Aktivitäten am Markt"[125] verstanden wird. Aufgrund der Tatsache, dass sich die vorliegende Arbeit mit integriertem Marketing für Fußballvereine beschäftigt und sie sich somit am Bezugsgruppenkonzept orientiert, soll im Folgenden nun verstärkt Wert auf die Integrationsorientierung gelegt werden, weswegen die Prozessorientierung in den Hintergrund treten wird. In der Praxis hingegen sollte das Verhältnis zwischen beiden Bereichen stets ausgeglichen sein, sodass hier Raum für weitergehende Forschung geschaffen wird.

---

[125]    Meyer, Anton / Mattmüller, Roland (1996): Marketing, S. 841.

## 2.5.2 Betrachtungsfelder des integrierten Marketing

Aus den obigen Ausführungen geht somit eindeutig hervor, dass das integrierte Marketing zwei Betrachtungsfelder umfasst: Zum einen die gedankliche Integration aller Anspruchsgruppen und zum anderen die integrierte Umsetzung im Rahmen der Unternehmensprozesse und -strukturen.[126] Das integrierte Marketing gilt dementsprechend als Leitbild für den gesamten Kontakt mit allen internen und externen Anspruchsgruppen, wobei im besten Falle sämtliche Strategien und Kernprozesse im Rahmen der Wertschöpfungskette des Unternehmens an eben diesen unterschiedlichen Anspruchs- bzw. Zielgruppen ausgerichtet werden, um so ihre Bedürfnisse in den Prozess der Leistungserstellung zu integrieren, um mithilfe dieser Integration einen ganzheitlichen Eindruck von Angebot und Leistung des Unternehmens zu vermitteln.[127] Diese Sichtweise ist für den dauerhaft gesicherten Markterfolg der Unternehmung von essenzieller Bedeutung, denn gemäß der zentralen These des integrierten Marketing ist „[...] ein dauerhafter Markterfolg nur gewährleistet bei dauerhaftem und ausgewogenem Abgleich von Interessen und Erfüllung von Bedürfnissen aller relevanten Zielgruppen auf Absatz- und Beschaffungsmärkten, innerhalb der Einzelwirtschaft und in der Gesellschaft."[128]

Im Sinne der zweiten Komponente – der integrierten Umsetzung im Rahmen der Unternehmensprozesse und -strukturen – darf Marketing aber nicht nur den Bereich des Absatzes abdecken, sondern muss als Querschnittsfunktion in alle Unternehmensbereiche einbezogen werden, d.h. eine marktorientierte Denk- und Handlungsweise ist in alle Aktivitäten der Unternehmung zu integrieren. Diese Tätigkeiten sind sowohl innerhalb als auch zwischen den einzelnen Bereichen zu koordinieren.[129]

Das integrierte Marketing wird dann zum zentralen Erfolgsfaktor der Unternehmung, da über den Abgleich der unterschiedlichen Interessen das Unternehmen wie auch die Mitglieder der relevanten Zielgruppen profitieren und somit dazu beitragen, den Markterfolg nachhaltig zu sichern und den Wert des Unternehmens somit zu steigern. Ein

---

[126] Vgl. Meyer, Anton (1994): Abschied vom Marketing-Mix- und Ressortdenken? Teil 2, S. 104; Tewes, Matthias (2003): Der Kundenwert im Marketing, S. 44-46.

[127] Vgl. Mattmüller, Roland (2006): Integrativ-Prozessuales Marketing, S. 23-36; Meyer, Anton (1994): Abschied vom Marketing-Mix- und Ressortdenken? Teil 1, S. 96-98; Meyer, Anton (1994): Abschied vom Marketing-Mix- und Ressortdenken? Teil 2, S. 104.

[128] Meyer, Anton / Mattmüller, Roland (1996): Marketing, S. 840.

[129] Vgl. Mattmüller, Roland (2006): Integrativ-Prozessuales Marketing, S. 23; Meyer, Anton (1994): Abschied vom Marketing-Mix- und Ressortdenken? Teil 1, S. 96.

umfassenderes Marketingverständnis als Richtlinie zur strategischen Umsetzung einer stakeholder-orientierten Unternehmensführung wurde dabei bereits im Jahre 1983 von FREEMAN / REED vorgeschlagen: „Generalize the marketing approach: Understand the needs of each stakeholder, in a similar fashion to understanding customer needs, and design products, services, and programs to fulfill those needs."[130] Der explizite Vorteil des Marketing ist hierbei in der Tatsache zu sehen, dass nicht nur explizite quantitative Größen, sondern auch implizierte Werte wie z.b. Reputation, Loyalität etc. erkannt werden und gezielt beeinflusst werden können.[131]

Um zu verdeutlichen, welche konkreten Möglichkeiten zur Optimierung der Beziehung zu den verschiedenen Anspruchsgruppen bestehen, werden im Folgenden die Austauschprozesse mit einzelnen Gruppen näher betrachtet. Hierbei soll – in Anlehnung an die in gängigen Stakeholder-Modellen angewandte Vorgehensweise[132] – zunächst eine Identifikation und Gewichtung der Anspruchsgruppen vorgenommen werden, um darauf aufbauend die erwachsenden Anforderungen und Implikationen für ein integriertes Marketing formulieren zu können. Diese Vorgehensweise soll als Grundlage zur späteren Identifikation von für die Vereine relevanten Anspruchsgruppen dienen.

### 2.5.3  Identifikation der Zielgruppen

Zur Eingrenzung der Anspruchsgruppen existieren in der Literatur viele Ansätze, welche nicht allein auf kommerzielle, sondern auch auf nicht kommerzielle Organisationen unterschiedlichster Art anwendbar sind, da diese ebenfalls den Ansprüchen ihrer unterschiedlichen Anspruchsgruppen gerecht werden müssen. Infolge dieser Tatsache ergibt sich, dass die Ansätze automatisch auch auf professionelle Sportvereine, welche, wie noch zu zeigen sein wird, meist als eigenständige Kapitalgesellschaft unter

---

[130]  Freeman, R. Edward / Reed, David L. (1983): Stockholders and Stakeholders: A New Perspective on Corporate Governance, S. 92.

[131]  Diese Aufgabenstellung erscheint insbesondere dann sehr komplex, wenn die Übergänge zwischen den beteiligten Konfliktparteien fließend sind: „Stakeholder Management applies not only to the typical ,us' against them' confrontation with labor or environmentalists but to the cases where it is much harder to see ,us' and ,them'." Freeman, R. Edward / Reed, David L. (1983): Stockholders and Stakeholders: A New Perspective on Corporate Governance, S. 92. Vgl. hierzu auch Hummels, Harry (1998): Organizing Ethics: A Stakeholder Debate, S. 1409; Maio, Elsie (2003): Managing Brand in the New Stakeholder Environment, S. 235-240.

[132]  Obgleich die Begrifflichkeiten Anspruchsgruppen und Stakeholder nicht gleichzusetzen sind, erscheint es dennoch durchaus möglich, bereits bekannte Stakeholder-Modelle als Basis der Untersuchung heranzuziehen und anspruchsgruppenbezogen weiterzuentwickeln bzw. gegebenenfalls bestehend zu übertragen.

dem Dach eines eingetragenen Vereins tätig sind (vgl. hierzu Kapitel 3), übertragbar sind. Darüber hinaus existieren in Anlehnung an das Konzept des Shareholder-Value auch im Bereich des Stakeholder-Ansatzes unterschiedliche Modelle, um den Wert, den die Beziehungen zum Unternehmen für die einzelnen Stakeholder haben, in einer Größe, dem Stakeholder-Value zusammenzufassen.[133]

Das integrierte Marketing orientiert sich aufgrund dieser Komplexität an den Integrationsfeldern der Beziehung zu Nachfragern, Lieferanten, Wettbewerbern sowie den internen Anspruchsgruppen im eigenen Unternehmen und der Gesellschaft. Sowohl das Management als auch die Wettbewerber werden im Rahmen vieler Stakeholder-Theorien zu den Stakeholdern gezählt, bei einer Betrachtung unter Marketinggesichtspunkten nehmen beide Gruppen jedoch eine Sonderrolle ein.[134] Die Kunden werden

---

[133] Beispielhaft sollen an dieser Stelle die Beiträge von Charreaux, Gérard / Desbrières, Philippe (2001): Corporate Governance: Stakeholder Value versus Shareholder Value, S. 107-128; Gomez, Peter (1993): Wertmanagement, S. 23-30; Janisch, Monika (1993): Das strategische Anspruchsgruppenmanagement: Vom Shareholder Value zum Stakeholder Value, S. 193; Sirgy, Joseph M. (2002): Measuring Corporate Performance by Building on the Stakeholders Model of Business Ethics, S. 143-162 und Ulrich, Peter (1999): Was ist "gute" Unternehmensführung?, S. 42 genannt werden.
In diesem Zusammenhang ist häufig ein Bezug zu dem von JANISCH entwickelten Konzept des strategischen Anspruchsgruppenmanagement zu finden. Dabei geht die Autorin zur Bestimmung des Stakeholder-Value von dem Hauptziel, der Sicherung der „sinnvollen Überlebensfähigkeit des Unternehmens" (Janisch, Monika (1993): Das strategische Anspruchsgruppenmanagement: Vom Shareholder Value zum Stakeholder Value, S. 118) aus. Die Erreichung dieses Ziels sichert die Unternehmung ab, indem sie die Ansprüche und Forderungen aller Anspruchsgruppen integriert, koordiniert und durch jeweils optimale Nutzengenerierung befriedigt. So identifiziert Janisch zunächst auf Basis empirischer Untersuchungen die entsprechenden anspruchsgruppenspezifischen Oberziele, die auf den jeweiligen subjektiven Nutzenvorstellungen des Anspruchsgruppen basieren und bestimmt dann Teilziele bzw. -nutzen, um die den Oberzielen entsprechenden Nutzenvorstellungen zu operationalisieren. Analog zu Rappaport werden für alle Anspruchsgruppen Wertgeneratoren benannt, dies bedeutet, alle von der Unternehmung direkt steuerbaren Größen, „[...] die direkten Einfluss (positiv oder negativ) auf die Nutzengenerierung und -steigerung der einzelnen Anspruchsgruppe auszuüben vermögen [...]" (Janisch, Monika (1993): Das strategische Anspruchsgruppenmanagement: Vom Shareholder Value zum Stakeholder Value, S. 193) und gleichzeitig als Leistungsanreiz dienen. Vgl. ebenda, S. 194-196.

[134] Das Management wird in diesem Fall als Moderator betrachtet, welches mit dem Ausgleich zwischen den verschiedenen Anspruchsgruppen betraut ist. Da die integrierte Marketing als Führungs- und Unternehmensmaxime von der Unternehmensleitung ausgeht, wird diese Sichtweise dem integrierten Marketingverständnis eher gerecht. Vgl. Hummels, Harry (1998): Organizing Ethics: A Stakeholder Debate, S. 1412-1414; Janisch, Monika (1993): Das strategische Anspruchsgruppenmanagement: Vom Shareholder Value zum Stakeholder Value, S. 338-341; Jansche, Rudolf (1998): Shareholder Value oder Stakeholder Value?, S. 34; Maisenbacher, Nadja (2007): Die Verantwortung des Marketing für das Bezugsgruppenkonzept - zum Stand der Integrationsorientierung in Unternehmen, S. 75; Mattmüller, Roland / Tunder, Ralph (2005): Zur theoretischen Basis der Marketingwissenschaft, S. 24; Sirgy, Joseph M. (2002): Measuring Corporate Performance by Building on the Stakeholders Model of Business Ethics, S. 145.; Strong, Kelly C. / Ringer, Richard C. / Taylor, Steven A. (2001): THE Rules of Stakeholder Satisfaction (Timeliness, Honesty, Empathy), S. 222.
Die Wettbewerber ihrerseits nehmen wiederum Einfluss auf die Beziehung des Unternehmens zu seinen Anspruchsgruppen, während parallel dazu das Unternehmen selbst mit den Wettbewerbern

von nahezu allen Stakeholder-Ansätzen als Anspruchgruppe genannt, allerdings wird hierbei selten eine Unterscheidung zwischen den Bedürfnissen der unterschiedlichen Nachfrager in der Marktkette[135] gemacht.[136]

Bei der Umsetzung einer stakeholder-orientierten Unternehmensführung wird in der Regel von folgenden drei grundlegenden Schritten ausgegangen: Zuerst sollte die *I-dentifikation* der einzelnen Anspruchsgruppen erfolgen. Darauf aufbauend ist eine *Analyse und Gewichtung* der Interessen, Ziele und Einflussmöglichkeiten der einzelnen Gruppen vorzunehmen, um anschließend *Maßnahmen* zur Erfüllung der einzelnen Anliegen zu entwickeln.[137] Eine ähnliche Vorgehensweise findet sich bei FREEMAN, welcher die Stakeholder-Management-Fähigkeit einer Unternehmung an drei aufeinander folgenden Ebenen misst:[138]

1.  Die rationale Ebene: Auf dieser Ebene verschaffen sich die Unternehmen Klarheit darüber, wer ihre Stakeholder überhaupt sind

2.  Die prozessuale Ebene: Im Rahmen dieser Ebene wird die Frage beantwortet, wie die organisationalen Prozesse der Unternehmung auf den ‚Fit' mit der externen Umwelt abgestimmt werden

3.  Die transaktionale Ebene: Diese letzte und höchste Ebene deckt auf, welche Transaktionen wie auch Interaktionen zwischen der Unternehmung und den Stakeholdern ablaufen

---

in der Regel wenig bis keine direkten Tauschprozesse durchführt. Die Wettbewerber gelten als Bewertungsmaßstab zur Entwicklung eines komparativen Konkurrenzvorteils (KKV) und daher von großem Einfluss auf die Gestaltung der Transaktionsprozesse des Unternehmens mit seinen Zielgruppen. Vgl. Hierzu Maisenbacher, Nadja (2007): Die Verantwortung des Marketing für das Bezugsgruppenkonzept - zum Stand der Integrationsorientierung in Unternehmen, S. 75; Mattmüller, Roland (2006): Integrativ-Prozessuales Marketing, S. 27; Sirgy, Joseph M. (2002): Measuring Corporate Performance by Building on the Stakeholders Model of Business Ethics, S. 145-147.

[135]  Die Marktform der Marktkette wird durch Einschalten eines Händlers und den damit verbundenen Eigentumsübergang vom Hersteller an den Händler begründet. Vollzieht sich der Leistungsaustausch hingegen unmittelbar zwischen erstem Anbieter und letztem Nachfrager bzw. durch Einschalten eines Absatzmittlers, der im Gegensatz zum Händler kein Eigentum an den Austauschobjekten erwirbt, so stellt dies die Marktform des geschlossenen Markts (Direktabsatz) dar. Vgl. Mattmüller, Roland (2006): Integrativ-Prozessuales Marketing, S. 34.

[136]  Eine Unterscheidung ist beispielsweise bei JANISCH wie auch bei SIRGY zu finden. FREEMAN unterscheidet dagegen nicht, ebenso wenig wie DYLLICK.

[137]  Vgl. Driver, Ciaran / Thompson, Grahame (2002): Corporate Governance and Democracy: The Stakeholder Debate Revisited, S. 111; Kaler, John (2003): Differentiating Stakeholder Theories, S. 71-73; Wagner, Helmut (1997): Marktorientierte Unternehmensführung versus Orientierung an Mitarbeiterinteressen, Shareholder-Value und Gemeinwohlverpflichtung, S. 98-100.

[138]  Vgl. Schuppisser, Stefan W. (2002): Stakeholder Management, S. 10, in Anlehnung an Freeman, R. Edward (1984): Strategic Management: A Stakeholder Approach, S. 69.

Diese Vorgehensweise spiegelt sich wider in der zuvor vorgestellten Vorgehensweise, welche in die Schritte Identifikation der Anspruchsgruppen (= Ebene eins), Analyse und Gewichtung der Interessen, Ziele und Einflussmöglichkeiten (= Ebene zwei) und Maßnahmen zur Erfüllung der einzelnen Anliegen (= Ebene drei) unterteilt wird und somit auch für die vorliegende Arbeit Gültigkeit besitzen soll.

Innerhalb der konkreten Ausgestaltung[139] bestehen zum einen unterschiedliche Vorstellungen darüber, wie weit der Kreis der Stakeholder eines Unternehmens reicht. Da Unternehmen nur über begrenzte Ressourcen verfügen, muss der Schwerpunkt entweder auf die Anzahl oder aber die Intensität der Beziehungen gelegt werden. Zu anderen werden überdies die einzelnen Anspruchsgruppen der Problemstellung und Unternehmenssituation entsprechend immer wieder unterschiedlich stark ausdifferenziert.[140]

Im Rahmen der Stakeholder- oder Anspruchsgruppen-Identifikation erscheint es daher sinnvoll, in einem ersten Schritt eine Definition dessen zu geben, was identifiziert werden soll. Insbesondere in Bezug auf den Ausdruck ‚Stakeholder' finden sich in der Literatur seit einigen Dekaden umfangreiche Debatten, dementsprechend uneinheitlich sind die Definitionen. Abbildung 8 gibt einen Überblick über einige in der Literatur veröffentlichte Begriffsbestimmungen aus dem deutschsprachigen und angloamerikanischen Raum:

---

[139] Zur konkreten Ausgestaltung der Umsetzung existieren unterschiedliche Vorschläge, vgl. unter anderem Freeman, R. Edward / Reed, David L. (1983): Stockholders and Stakeholders: A New Perspective on Corporate Governance, S. 88-103; Mitchell, Ronald K. / Agle, Bradley R. / Wood, Donna J. (1997): Toward a theory of stakeholder identification and salience, S. 853-855; Sirgy, Joseph M. (2002): Measuring Corporate Performance by Building on the Stakeholders Model of Business Ethics, S. 144-146.

[140] Einige Ansätze betrachten beispielsweise die Gesellschaft im Allgemeinen als Anspruchsgruppe, während andere Ansätze die einzelnen gesellschaftlichen Gruppen sehr stark untergliedern. Generell wird aber zwischen internen und externen Stakeholdern unterschieden (s. hierzu auch Abschnitt 2.4.2).

*Stanford Research Institute* (1963): „Stakeholders are those groups without whose support the organization would cease to exist."

*Freeman* (1984): „A stakeholder in an organization is by definition any group or individual who can affect or is affected by the achievement of the organization's objectives."

*Savage et al.* (1991): „Stakeholders include those individuals, groups, and other organizations who have an interest in the actions of an organization and who have the ability to influence it."

*Hill/Jones* (1992): „The term stakeholders refers to groups of constituents who have a legitimate claim on a firm. This legitimacy is established through the existence of an exchange relationship."

*Calton* (1993): „Stakeholder are those groups or individuals whose stakes in the organization/firm are determined by a nexus of multilateral, independent relationships that are based upon creating exchange value via information sharing and joint problem-solving."

*Janisch* (1993): „Unter strategischen Anspruchsgruppen bzw. Stakeholders werden solche Handlungseinheiten bzw. soziale Gruppen verstanden, die ihre Interessen in Form von konkreten Ansprüchen an die Unternehmung formulieren und entweder selbst, oder durch Interessenvertreter auf die Unternehmensziele, deren Erreichung sowie auf die Tätigkeit und das Verhalten der Unternehmung maßgeblichen Einfluss ausüben können und selbst von den Unternehmenszielen, deren Gewichtung und Erreichung sowie von der Tätigkeit und dem Verhalten der Unternehmung beeinflusst werden."

*Clarkson* (1994): „The stake holder, defined as the person or group that makes, takes, or has a stake in the firm and therefore has something at risk, to gain or lose from the turn of events. The stakes and risks may have been made or taken voluntarily, actively and directly, or they may have been assumed involuntarily, passively and indirectly. The stake holder, whether voluntary or involuntary, is at risk and has a stake, knowingly or unknowingly, in the outcome of the firm's operations and activities."

*Clarkson* (1995): „Stakeholders are persons or groups that have, or claim, ownership, rights or interests in a corporation and its activities, past, present, or future. Such claimed rights or interests are the result of transactions with, or actions taken by, the corporation and may be legal or moral, individual or collective. Stakeholders with similar interests, claims or rights can be classified as belonging to the same group: employees, shareholders, customers, and so on. ... A primary stakeholder group is one without whose continuing participation the corporation cannot survive as a going concern. ... Secondary stakeholder groups are defined as those who influence or affect, or are influenced or affected by, the corporation, but they are not engaged in transactions with the corporation and are not essential for its survival."

*Jones* (1995): „Stakeholders have (a) the power to affect the firm's performance and/or (b) a stake in the firm's performance."

*Ulrich* (1999): „Als Stakeholder werden alle Gruppen bezeichnet, die gegenüber der Unternehmung legitime Ansprüche haben, seien das spezielle Rechte aus vertraglichen Vereinbarungen oder allgemeine moralische Rechte der von unternehmerischen Handlungen oder Unterlassungen Betroffenen."

*Abbildung 8:*   *Begriffsbestimmung Stakeholder*
*Quelle: Eigene Darstellung.*

Bei näherer Betrachtung der Definitionen fällt auf, dass zwischen macht- oder einflussbasierten Stakeholder Definitionen (z.b. die Definitionen von FREEMAN und SAVAGE ET AL.) und legitimationsbasierten Stakeholder-Definitionen (z.b. die Definition JONES) unterschieden werden kann. Im Zusammenhang mit den macht- und einflussbasierten Definitionen können die dort erwähnten Gruppen verschiedenen Systemen zugeordnet werden wie beispielsweise dem Unternehmenssystem, dem Wirtschaftssystem, dem Gesellschaftssystem oder dem Ökologiesystem, wobei der Einfluss wechselseitig oder einseitig ausfallen kann. Die Problematik des Ansatzes wird deutlich, sobald man ein Unternehmen mit vielen solcher Anspruchsgruppen betrachtet. Die finanziellen, zeitlichen und kognitiven Ressourcen sind insofern beschränkt als dass es schwierig wird, die entsprechende Balance zwischen den Gruppen zu finden.[141] Vor dem Hintergrund dieser Kritik wurden Definitionen erarbeitet, welche nur diejenigen Personen, Gruppen oder Organisationen als Stakeholder zulassen, die einen legitimen Anspruch geltend machen können. Die Legitimation erreichen einzelne Stakeholder-Gruppen durch einen Vertrag[142], durch Beteiligung an der Wertschöpfung[143], durch gesetzliches Recht[144] – hier im Speziellen durch Eigentumsrecht[145] –, durch Risiko[146] oder durch moralisches Recht[147].

---

[141] Vgl. Schuppisser, Stefan W. (2002): Stakeholder Management, S. 16-18.

[142] Vgl. hierzu beispielsweise Goodpaster, Kenneth E. (1991): Business ethics and stakeholder analysis, S. 53-73; Jones, Thomas M. (1995): Instrumental stakeholder theory: A synthesis of ethics and economics, S. 404-437.

[143] Vgl. hierzu unter anderem Hill, Charles W. L. / Jones, Raymond E. (1992): Stakeholder-agency theory, S. 131-154. In diesem Zusammenhang werden insbesondere die Interessen der Mitarbeiter, der Kunden, der Lieferanten und der Kapitalgeber betrachtet.

[144] Carroll, Archie B. (1991): The pyramid of Corporate Social Responsibility: Toward the moral management of organizational stakeholders, S. 30-48.

[145] Carroll, Archie B. (1991): The pyramid of Corporate Social Responsibility: Toward the moral management of organizational stakeholders, S. 30-48; Donaldson, Thomas / Preston, Lee E. (1995): The Stakeholder Theory of the Corporation: Concepts, Evidence, and Implications, S. 65-91; Goodpaster, Kenneth E. (1991): Business ethics and stakeholder analysis, S. 53-73. Die Argumentation der Shareholder-Orientierung basiert ebenfalls auf dem Eigentumsrecht.

[146] Clarkson, Michael E. (1995): A Stakeholder Framework for Analyzing and Evaluating Corporate Social Performance, S. 92-117. Hierbei sind nicht nur die aktiv und freiwillig in die Wertschöpfung der Unternehmung involvierten Parteien gemeint, sondern auch die Gruppen, für die indirekt ein Risiko entsteht.

[147] Die Argumentation basiert hierbei auf dem ethisch fundamentalen Recht einer jeden Person, dem Eigentumsrechte von Aktionären nachgeordnet sind und auf dem Prinzip des Respekts vor Personen nach KANT, sowie in der Theorie der Verfügungsrechte. Vertiefend siehe Carroll, Archie B. (1991): The pyramid of Corporate Social Responsibility: Toward the moral management of organizational stakeholders, S. 30-48; Donaldson, Thomas / Preston, Lee E. (1995): The Stakeholder Theory of the Corporation: Concepts, Evidence, and Implications, S. 65-91; Evan, William M. / Freeman, R. Edward (1987): A stakeholder theory of the modern corporation: Kantian capitalism, S. 97-106; Langtry, Bruce (1994): Stakeholders and the Moral Responsibilities of Business, S. 431-443; Phillips, Robert A. (1997): Stakeholder theory and a principle of fairness, S. 51-66.

Die Bedeutung einzelner Gruppen ist in der Regel abhängig von ihrer Verfügungsgewalt über die für das Unternehmen erfolgskritischen Ressourcen, ihrem allgemeinen gesellschaftlichen Ansehen, verbunden mit wirtschaftlichem Gewicht und letztendlich dem Wunsch der Gruppe, die Möglichkeit der Einflussnahme wahrzunehmen. Nach eben diesem Grad der Einflussnahme findet sich auch häufig eine begriffliche Unterteilung in Bezugsgruppen, Interessengruppen und strategische Anspruchsgruppen.[148]

Die Ausführungen verdeutlichen noch einmal, dass es sich bei der Umsetzung einer stakeholder-orientierten Unternehmensführung nicht um die Umsetzung eines festgelegten Schemas, sondern um einen dynamischen Prozess handelt. HUMMELS kommentiert den evolutorischen Charakter der Umsetzung wie folgt: „I will call this process of reconciliation the ‚ongoing organizational debate'. [...] This debate not only takes place in meetings, discussions or verbal discourses [...]. It also is reflected in action, in new technologies, in organizational change [...]."[149]

Da Unternehmen angesichts unterschiedlicher gesellschaftlicher Entwicklungen verstärkt mit ethisch-moralischen Fragestellungen und Konflikten zwischen den unterschiedlichen Anspruchsgruppen konfrontiert werden, hat die stakeholder-orientierte Unternehmensführung als Möglichkeit zur strategischen, proaktiven Konfliktvermeidung und als Reaktion auf die Shareholder-Orientierung zunehmend an Bedeutung gewonnen. Bezogen auf die konkrete Umsetzung dieser Theorie – wie beispielsweise die Identifikation aber auch die Integration dieser Anspruchsgruppen in der Praxis – liegen in der Literatur mehrere Ansätze vor.[150] Als sehr weit verbreitet und dementsprechend etabliert können in diesem Zusammenhang sowohl das Modell nach MIT-

---

[148]   Während die *Bezugsgruppen* einen potenziellen oder tatsächlichen Bezug zum Unternehmen haben, ihr Einfluss und ihre Motivation zur Einflussnahme jedoch gering sind, haben *Interessengruppen* aufgrund ihrer direkten oder indirekten Verbindung zum Unternehmen ein unmittelbares Interesse an den Handlungen des Unternehmens und verbinden dies mit entsprechenden konkreten Ansprüchen. Dies bedeutet: Sie wollen Einfluss auf das Unternehmen ausüben, verfügen aber nicht über die dazu notwendige Macht. *Strategische Anspruchsgruppen* wiederum stehen in einem direkten Abhängigkeitsverhältnis zum Unternehmen; sie sind von dessen Handlungen unmittelbar betroffen (und besitzen somit auch ein konkretes Interesse an einer Einflussnahme), gleichzeitig verfügen sie aber auch über für das Unternehmen erfolgskritische Ressourcen und somit über eine Machtgrundlage, um effektiv auf das Unternehmen und sein Verhalten einzuwirken. Vgl. Dyllick, Thomas (1984): Das Anspruchsgruppen-Konzept, S. 74f.; Janisch, Monika (1993): Das strategische Anspruchsgruppenmanagement: Vom Shareholder Value zum Stakeholder Value, S. 126-129.

[149]   Hummels, Harry (1998): Organizing Ethics: A Stakeholder Debate, S. 1405.

[150]   Eine Übersicht zum Stand der Literatur der Stakeholder-Identifkation findet sich im Anhang der vorliegenden Arbeit, in welchem die anerkannten Modelle und ihre Ziele sowie die an ihnen geübte Kritik aufgezeigt werden. Vgl. Anhang 1, S. XIII.

CHELL / AGLE / WOOD wie auch die Vorgehensweise nach SAVAGE ET AL. betrachtet werden, welche sich beide mit der Stakeholder-Identifikation auseinandersetzen. Beide Ansätze stellen dynamische Modelle dar, d.h. die Einflüsse, denen die Stakeholder ständig unterliegen und durch die sie beeinflusst werden, finden in den Modellen Berücksichtigung, was eine wichtige Voraussetzung für eine erfolgreiche Identifikation und Integration darstellt. Insofern scheinen beide Ansätze auf den ersten Blick geeignet, im Rahmen der vorliegenden Arbeit Anwendung zu finden, weswegen sie im Folgenden auf ihre praktische Einsetzbarkeit hin überprüft werden.

**Stakeholder-Identifikation nach MITCHELL / AGLE / WOOD**

Eine detaillierte Auseinandersetzung mit dem Modell nach MITCHELL / AGLE / WOOD[151] ergab dass dort die einfluss- und legitimationsbasierten Definitionen so verknüpft werden, dass daraus eine neue Art der Stakeholder-Identifikation erwuchs,[152] in welcher insbesondere die Dynamik der Stakeholder-Differenzierung berücksichtigt wird. Dennoch weist diese Vorgehensweise einen deutlichen Nachteil dahingehend auf, dass die Stakeholder trotz der vorhandenen Dynamik eine zu einseitige Zuordnung erfahren, was auf folgende Ursache zurückzuführen ist: Das Konzept selber beruht auf den drei Attributen Power, Legitimacy, Urgency[153], mit denen jeder Stakeholder beschrieben werden und deren Ausprägung sich im Zeitablauf verändern kann. Aus den unterschiedlichen Kombinationen dieser drei Attribute ergeben sich sieben Stakeholder-Typen bzw. acht, wenn man die non-Stakeholder – diejenigen Gruppen,

---

[151]  Mitchell, Ronald K. / Agle, Bradley R. / Wood, Donna J. (1997): Toward a theory of stakeholder identification and salience, S. 862f.

[152]  Eine weitere mögliche Verknüpfung findet sich bei CLARKSON, welcher zwischen primären und sekundären Stakeholdern unterscheidet. Auch CARROLL trifft eine Unterscheidung zwischen primär und sekundär, allerdings auf einer unterschiedlichen Legitimationsbasis, wohingegen bei CLARKSON die primären Stakeholder unmittelbar an der Unternehmung partizipieren. Kritisch anzumerken ist in diesem Zusammenhang, dass die Unterteilung in primär und sekundär sehr starr ausfällt und die vorhandene Dynamik der Stakeholder nicht entsprechend berücksichtigen kann. Vgl. Carroll, Archie B. (1993): Business & society - Ethics and stakeholder management, S. 62; Clarkson, Michael E. (1995): A Stakeholder Framework for Analyzing and Evaluating Corporate Social Performance, S. 106f.

[153]  Power bedeutet in diesem Zusammenhang in der Lage zu sein, einen anderen Akteur zu einer Handlung zu veranlassen, die er von sich aus nicht erbracht hätte. Legitimacy kann nach MITCHELL / AGLE / WOOD aus moralischen, eigentums- oder vertragsrechtlichen Ansprüchen erwachsen. Entscheidend hierbei ist wie das Management die Ansprüche wahrnimmt. Urgency unterteilt die Stakeholder betreffend der Dringlichkeit, mit der sie ihre Ansprüche gegenüber der Unternehmung geltend machen können, in zwei Dimensionen: „1. time sensitivity – the degree to which managerial delay in attending the claim or relationship is unacceptable and 2. critically – the importance of the claim or the relationship to the stakeholder." (Mitchell, Ronald K. / Agle, Bradley R. / Wood, Donna J. (1997): Toward a theory of stakeholder identification and salience, S. 867). Diese drei Eigenschaften werden nicht als sich ausschließend betrachtet, sondern die Attribute werden als möglicherweise gleichzeitig ausgeprägt in Betracht gezogen.

die keinerlei Einfluss auf das Unternehmen ausüben bzw. kein Interesse an dem Unternehmen haben – in die Betrachtung einfließen lässt. MITCHELL / AGLE / WOOD argumentieren, dass die Berücksichtigung der einzelnen Stakeholder-Gruppen durch das Management nun davon abhängt, wie viele Attribute als präsent erachtet werden, wenngleich sie darauf hinweisen, dass eine erfolgreiche Unternehmensführung im Interesse der Stakeholder nur erfolgen kann, wenn das Management sämtliche Stakeholder-Gruppen überblickt.[154] Die Kritik an dem Konzept ergibt sich aus der Tatsache, dass eine doppelte Zuordnung eines Stakeholders hier nicht möglich ist, was aber in der Praxis durchaus notwendig werden kann. Ferner erfolgt keine Ableitung von strategischen Implikationen, weswegen dieses Modell für die weitere Vorgehensweise ungeeignet scheint und daher an dieser Stelle keine weitere Betrachtung erfahren wird.

**Stakeholder-Identifikation nach SAVAGE ET AL.**

SAVAGE ET AL.[155] unterscheiden zwei konkrete Kriterien, die ausschlaggebend für die Erkennung und Einordnung der Stakeholder sind: Das Kooperations- und das Bedrohungspotenzial eines Stakeholders. Eine Bedrohung, die von einem Stakeholder ausgeht, stellt eine Schlüsselvariable dar, durch die worst-case-Szenarien erstellt werden können. Die Variable selbst enthält weitere Indikatoren wie Macht und Abhängigkeit. Daneben existiert unter den Stakeholdern ein gewisses Kooperationspotenzial, welches in diesem Modell ebenso behandelt wird wie das Bedrohungspotenzial. Das Kooperationspotenzial geht über defensive Verhaltensweisen seitens der Unternehmung hinaus und ermöglicht mittels gemeinsamer Aktivitäten Synergieeffekte. Die beiden Variablen stellen zwei Dimensionen dar, in die die Stakeholder eingeordnet werden können, wobei die Ausprägung der Variablen hoch oder niedrig sein kann. Es ergeben sich dementsprechend vier Kategorien, in welchen die Stakeholder abgebildet werden. Diese werden nachfolgend in Abbildung 9 dargestellt.[156]

---

[154]  Sie unterteilen die Stakeholder hierbei in drei Gruppen: Latente Gruppen (Typ 1 bis 3) mit jeweils nur einem Attribut, Erwartungsvolle Typen (Typ 4 bis 6) mit zwei Attributen sowie definitive Stakeholder (Typ 7), die über alle drei Attribute verfügen.

[155]  Savage, Grant T., et al. (1990): Beyond the squeaky wheel: strategies for assessing and managing organizational stakeholders, S. 149-153 sowie Savage, Grant T., et al. (1991): Strategies for Assessing and Managing Organizational Stakeholders, S. 61-71.

[156]  Vgl Maisenbacher, Nadja (2007): Die Verantwortung des Marketing für das Bezugsgruppenkonzept - zum Stand der Integrationsorientierung in Unternehmen, S. 50; Schuppisser, Stefan W. (2002): Stakeholder Management, S. 48f.

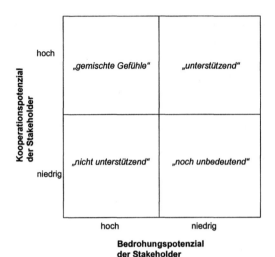

Abbildung 9:    Stakeholder-Typologie nach SAVAGE ET AL.
                Quelle: Eigene Darstellung, in Anlehnung an Savage et al. (1991), S. 65.

Wichtig erscheint in diesem Zusammenhang, dass es sich bei dem Modell um ein dynamisches Modell handelt, was bedeutet, dass die Einflüsse, denen die Stakeholder ständig unterliegen und die sie entsprechend beeinflussen, von dem Modell berücksichtigt werden, sodass eine ‚räumliche Bewegung'[157] der Gruppen jederzeit möglich ist.

Kritik an dem Modell von SAVAGE ET AL. muss insbesondere an der Tatsache geäußert werden, dass es zwar dynamisch konstruiert ist, eine gegenseitige Beeinflussung der Stakeholder untereinander jedoch keine Berücksichtung findet. Diese Kritik wurde von POLONSKY aufgegriffen, welcher das Modell konzeptionell um eine dritte Dimension – das Beeinflussungspotenzial – und somit die indirekten Einflussmöglichkeiten erweiterte.[158] POLONSKY spricht in diesem Zusammenhang von ‚bridging stakeholders' (vermittelnde Stakeholder). Hier ist allerdings kritisch anzumerken, dass nach

---

[157]    Der Ausdruck ‚räumliche Bewegung' beschreibt in diesem Zusammenhang sowohl die Möglichkeit, dass eine Stakeholder-Gruppe sich innerhalb eines Feldes verändern kann wie darüber hinaus auch die Möglichkeit einer Verschiebung zwischen den einzelnen Feldern besteht, beispielsweise durch Machtzuwachs einer bestimmten Gruppe o.Ä.

[158]    Vgl. Polonsky, Michael J. (1997): Broadening the Stakeholder Strategy Matrix, S. 380.

dieser Vorgehensweise auch diese neue Ausprägung in unterschiedlich starken Potenzialen abgebildet werden müsste, was sich in der Realität allerdings kaum beobachten lässt. Vielmehr erscheint es richtig, das Beeinflussungspotenzial wie schon bei MAISENBACHER so darzustellen, das es alle vier Felder miteinbezieht und jedes Feld gleich stark abgedeckt wird, aber in keinster Weise eine unterschiedlich starke Ausprägung erfährt.[159]

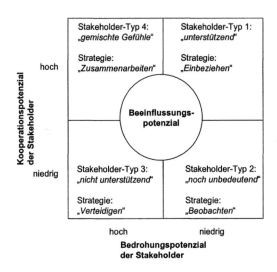

Abbildung 10:   Stakeholder-Typologie in Anlehnung an POLONSKY und MAISENBACHER
Quelle: Maisenbacher (2007), S. 51; Polonsky (1997), S. 380.

Abbildung 10 zeigt die vier Stakeholder-Gruppen nach SAVAGE ET AL. erneut auf, inklusive der ihnen zugedachten Namen und den Strategien, wie die Unternehmung den jeweiligen Gruppen begegnen könnte. Darüber hinaus wurde das Modell dahingehend modifiziert, dass das Beeinflussungspotenzial nun Berücksichtigung findet, wenn auch aus den genannten Gründen nicht als dritte Dimension, sondern vielmehr als Erweiterung der bereits bestehenden.

---

[159]   Vgl. Maisenbacher, Nadja (2007): Die Verantwortung des Marketing für das Bezugsgruppenkonzept - zum Stand der Integrationsorientierung in Unternehmen, S. 51; Polonsky, Michael J. (1995): Incorporating the natural environment in corporate strategy: a stakeholder approach, S. 155-157; Polonsky, Michael J. (1997): Broadening the Stakeholder Strategy Matrix, S. 380.

Der nennenswerteste Beitrag des soeben aufgezeigten Modells liegt in der detaillierten Ausgestaltung der Stakeholder-Identifikation in Bezug auf die Unternehmung, was bedeutet, dass die Stakeholder nicht wie in anderen Modellen als eine Gruppe betrachtet werden, sondern zu jeder einzelnen Gruppe kann eine individuelle Beziehung aufgezeigt und darüber hinaus auch aufgebaut werden. Das Modell wird somit der Veränderung der Stakeholder-Ziele sowie deren Beeinflussung und dadurch ihrer Dynamik gerecht, weswegen es an dieser Stelle als für die vorliegende Arbeit als das beste Modell erscheint und in Kapitel vier erneut aufgegriffen werden soll.

### 2.5.4 Gewichtung der Zielgruppen

Im Rahmen einer gewinnorientierten, wirtschaftlichen Unternehmensführung erscheint es unmöglich, die Anliegen aller Anspruchsgruppen vollständig zu befriedigen. Dies ist zum einen darauf zurückzuführen, dass in der Regel Gegensätze zwischen den unterschiedlichen Interessen der Anspruchsgruppen bestehen, zum anderen darauf, dass die Interessen der Anspruchgruppen gegebenenfalls nicht mit einer komplett wirtschaftlichen Führung der Unternehmung vereinbar sind. Es erscheint daher unabdingbar, eine Gewichtung der einzelnen Gruppen und der damit verbundenen Ansprüche vorzunehmen.[160] In Anbetracht der Interdependenz der beiden unternehmenspolitischen Richtungen (Shareholder- und Stakeholder-Orientierung) erscheint es als Ausgangspunkt für die Systematisierung von Gewichtungskriterien im Rahmen dieser Arbeit angebracht, die Shareholder als eine unter mehreren relevanten Interessengruppen des Unternehmens zu betrachten und die Ansprüche der jeweiligen Unternehmenssituation entsprechend zu beurteilen.

In der gängigen Literatur existieren unterschiedliche Ansätze zur Gewichtung von Stakeholder-Gruppen. SAVAGE ET AL. beispielsweise teilen die einzelnen Gruppen nach Kooperations- und Gefahrenpotenzial für das Unternehmen ein, während JANISCH die Machtbasis einer Gruppe in Verbindung mit dem Willen zur Machtausübung als Kriterium benennt.[161] Im Rahmen der vorliegenden Arbeit erscheint hingegen eine

---

[160] Vgl. Hill, Wilhelm (1996): Der Shareholder Value und die Stakeholder, S. 420; Janisch, Monika (1993): Das strategische Anspruchsgruppenmanagement: Vom Shareholder Value zum Stakeholder Value, S. 122.

[161] Vgl. hierzu beispielsweise Savage, Grant T., et al. (1991): Strategies for Assessing and Managing Organizational Stakeholders, S. 61-71; Janisch, Monika (1993): Das strategische Anspruchsgruppenmanagement: Vom Shareholder Value zum Stakeholder Value.

Gewichtung der Interessen aus marketingorientierter Sicht am sinnvollsten, welche im Folgenden entwickelt wird.

Gemäß der zentralen Thesen des integrierten Marketing lässt sich der dauerhafte Erfolg auf Absatz- und Beschaffungsmärkten nur über einen beständigen Abgleich der Interessen und Bedürfnisse aller relevanten Anspruchsgruppen realisieren. Dementsprechend ist es bei einer dem Grundgedanken des integrierten Marketing entsprechenden Gewichtung von Bedeutung, die Interessen einer Zielgruppe nicht über die Ansprüche hinaus unverhältnismäßig hoch zu erfüllen, bevor die Anliegen anderer Gruppen abgegolten sind. Der Abgleich der Interessen – die so genannte Balance – wird somit zum obersten Ziel. Die Notwendigkeit dieses Abgleichs gilt nicht nur für die Erfüllung von Interessen, sondern auch für Situationen, in denen eine schlechtere wirtschaftliche Lage eine Reduktion der Leistung erzwingt.[162] Dabei ist jedoch einschränkend zu bemerken, dass es sich nur um die Ansprüche der relevanten Zielgruppen handelt, wobei der Grad der Relevanz von der jeweiligen Unternehmens- und Marktsituation sowie der Verteilung der für das Unternehmen erfolgskritischen Ressourcen abhängt, jedoch nicht eindeutig vorgegeben ist. Im Sinne des integrierten Marketing ist es somit wichtig, die Relevanz der einzelnen Gruppen und ihre Anliegen genau zu identifizieren, um festzustellen, welchen Beitrag eine marktorientierte Unternehmensführung dazu leisten kann. Die Gewichtung der Anspruchsgruppen und der unterschiedlichen Interessen muss darüber hinaus gleichwohl einem permanenten Abgleich von Kosten und Nutzen unterliegen, wobei nicht nur quantitative, sondern auch qualitative Werte einbezogen werden sollten. Über eine genauere Analyse der qualitativen Dimension vieler Ansprüche zeigt sich, dass finanziell vordergründig konfligierende Ziele in vielen Fällen langfristig komplementär sind.[163]

---

[162]  Vor dem Hintergrund obiger These erscheint es demnach nicht gerechtfertigt, bei gleich bleibender Relevanz der unterschiedlichen Zielgruppen eine Gruppe verhältnismäßig stärker zu belasten als eine andere (beispielsweise kann es nicht zielführend sein, Mitarbeiter entlassen zu müssen, während gleichzeitig die Ausschüttung an Aktionäre auf dem gleichen Niveau bleibt oder dem Vorstand gar eine Gehaltserhöhung gewährt wird).

An dieser Stelle zeigt sich, dass sich der Grundgedanke des integrierten Marketing nicht mit dem Shareholder-Ansatz nach Rappaport vereinbaren lässt, da dieser eine eindeutige Gewichtung vornimmt: „Steht das Management vor einem Konflikt zwischen Wertschaffung für den Kunden oder Eigentümer, so sollte das Management dies zu Gunsten der Eigentümer und der langfristigen Lebensfähigkeit des Geschäfts lösen." Rappaport, Alfred (1986): Creating Shareholder Value: The New Standard for Business Performance, S. 9.

[163]  Vgl. Janisch, Monika (1993): Das strategische Anspruchsgruppenmanagement: Vom Shareholder Value zum Stakeholder Value, S. 46-48.

Auf Basis dieser grundlegenden Überlegungen zur Gewichtung der Anspruchsgruppen wird – nachdem im folgenden Kapitel drei weitere grundlegende Hintergründe zum Verständnis der Arbeit dargestellt und die Besonderheiten des Sportmarkts im Vergleich zum Wirtschaftsmarkt eruiert werden sollen – im anschließenden Kapitel vier die soeben vorgestellte, erweiterte Stakeholder-Theorie nach SAVAGE ET AL. auf die Vereine übertragen. Zurückgreifend auf die soeben erarbeiteten Ergebnisse zur Identifikation (Abschnitt 2.5.3) und zur Gewichtung (Abschnitt 2.5.4) der Zielgruppen können mögliche Anspruchsgruppen der professionellen Fußballvereine beschrieben werden (wobei diese sich von klassischen Wirtschaftsunternehmen stellenweise unterscheiden, stellenweise aber auch durchaus deckungsgleich erscheinen). Davon ausgehend sind die Anforderungen dieser Anspruchsgruppen an den Verein zu ermitteln, um damit Implikationen für die Gestaltung des Umgangs mit dem Verein zu formulieren und zusätzlich auf positive und negative Nebeneffekte in Verbindung mit anderen Anspruchsgruppen hinzuweisen, um so auch hier die soeben beschriebene Dynamik der Stakeholder-Gruppen untereinander in die Beobachtung einfließen zu lassen.

# 3 Einführende Überlegungen zur Thematik des Sports

Nachdem durch eine vollständige Abbildung des konzeptionellen und wissenschaftstheoretischen Fundaments die theoretische Grundlage der Arbeit geschaffen wurde, stellt sich für den weiteren Verlauf der Arbeit die Frage, durch welche Besonderheiten sich der Sportmarkt – im vorliegenden Falle der Markt für professionellen Fußball – auszeichnet und wie er sich hierdurch von klassischen Wirtschaftsmärkten abgrenzen lässt. Diese Fragestellung erscheint für die Untersuchung von höchster Relevanz, da diese besonderen Merkmale im Rahmen einer systematischen Analyse und Gestaltung der Austauschbeziehungen mit den Stakeholder-Gruppen berücksichtigt werden müssen.

Als Fundament werden im Folgenden zunächst die Rahmenbedingungen beleuchtet. So muss in einem ersten Schritt der fußballbezogene Professionalisierungsbegriff definiert werden, um dann auf dieser Grundlage den Status quo im professionellen Fußball aufzuzeigen. Daraus leiten sich die Systembesonderheiten des Sports im Vergleich zur Wirtschaft ab. In einer realitätsnahen Forschungsarbeit wie der vorliegenden müssen theoretische Konzepte – wie hier der Stakeholder-Ansatz – im real vorliegenden Zusammenhang gesehen und beurteilt werden. Insofern erscheint die Übertragung der theoretischen Konzepte auf die Praxis erst nach dieser hintergrundgebenden Situationsbestimmung sinnvoll, welche im nachfolgenden Kapitel erfolgt.

## 3.1 Terminologie und Abgrenzung des fußballbezogenen Professionalisierungsbegriffs

Der Begriff der Professionalisierung findet seinen etymologischen Ursprung in dem Begriff ‚Profession', der lateinischen Ursprungs ist und seit dem 16. Jahrhundert im deutschen Sprachraum Verwendung findet. Sein Gebrauch lässt für den Begriff ‚Beruf' eine synonyme Verwendung zu, somit sind explizite Abgrenzungskriterien zwischen den Termini Beruf und Profession fließend.[164] Nach DAHEIM ist bezüglich der Unterscheidung der beiden Wortdeutungen davon auszugehen, dass es keinen prinzipiellen Unterschied gibt, seiner Ansicht nach bezeichnet eine Profession eine besondere Art

---

[164] Vgl. Fischer, Harald (1986): Sport und Geschäft - Professionalisierung im Sport, S. 1-6; Pöttinger, Peter (1989): Wirtschaftliche und soziale Grundlagen der Professionalisierung im Sport, S. 20.

von Beruf.[165] Nach HORTLEDER stellt die Professionalisierung im Sport einen Prozess der Verberuflichung dar. Somit lässt sich auch in diesem Beitrag eine synonyme Verwendung der beiden Termini erkennen.[166] In der Berufssoziologie wird der Professionalisierungsbegriff als Ausdruck eines tätigkeitsbezogenen Entwicklungsprozesses verwendet.[167] In der deutschen Umgangssprache werden die Bezeichnungen ‚Professionals', ‚Professionelle' oder auch kurz ‚Profis' synonym für Berufssportler[168] benutzt.[169] Da es sich bei einer Berufsausübung per se um eine bezahlte Tätigkeit bzw. um eine Erwerbstätigkeit handelt[170], lässt sich der Profisport so klar vom Amateursport abgrenzen.[171]

Die Deutsche Fußballbundesliga, welche aus Vereinen der fünf Oberligen Nord, West, Süd, Berlin und Südwest hervorgegangen ist, nahm den Spielbetrieb erstmalig am 24. August 1963 auf.[172] Bis dahin spielten die Meister der Oberligen in einer Endrunde um die Deutsche Meisterschaft, die Teams waren ausschließlich aus Amateuren zusammengesetzt. Professioneller Fußball, wie es ihn beispielsweise schon in England gab, war in Deutschland noch unbekannt. Die Gründung der Fußballbundesliga ging mit der Schaffung des Status ‚Lizenzspieler' einher. Die Vereine, die an der Bundesliga teilnehmen, müssen laut DFB-Statuten ihre Kader mehrheitlich, das heißt mit mindestens zwölf Spielern dieses Typs besetzen.[173] Der Deutsche Fußball-Bund (DFB) als Bundesligaveranstalter erteilt einem solchen Spieler die Zulassung nur dann, wenn dieser

---

[165]   Vgl. Daheim, Hansjürgen (1969): Soziologie der Berufe, S. 365-367.

[166]   Vgl. Hortleder, Gerd (1978): Sport in der nachindustriellen Gesellschaft, S. 34.

[167]   Vgl. Fischer, Harald (1986): Sport und Geschäft - Professionalisierung im Sport, S. 13; Fischer, Harald (1984): Anmerkungen zur Erwerbschance im professionalisierten Sport, S. 199f.

[168]   Um Berufssport handelt es sich, wenn der Sportler ausschließlich von seiner Sportausübung und ihren materiellen Rahmenbedingungen, z.B. Werbung und Sponsoring, leben kann. Vgl. Hortleder, Gerd (1978): Sport in der nachindustriellen Gesellschaft, S. 24.

[169]   Vgl. ebenda, S. 35.

[170]   Vgl. Dichtl, Erwin / Issing, Otmar (1994): Vahlens Großes Wirtschaftslexikon, Band 1, S. 225.

[171]   Vgl. Erning, Johannes (2000): Professioneller Fußball in Deutschland, S. 26; Schumann, Frank (2004): Professionalisierungstendenzen im deutschen Fußball, S. 6.
    Unter einem Amateur soll in diesem Zusammenhang ein Sportler bzw. ein aktives Mitglied eines Sportvereins verstanden werden, der seine Sportart zwar regelmäßig, jedoch aus nichtkommerziellen Gründen und ohne Entgelt betreibt.

[172]   Gründungsmitglieder der Bundesliga waren der 1. FC Saarbrücken, Hertha BSC Berlin, Eintracht Braunschweig, Werder Bremen, Borussia Dortmund, Eintracht Frankfurt, der Hamburger SV, der 1. FC Kaiserslautern, der Karlsruher SC, der 1. FC Köln, der Meidericher SV (heute MSV Duisburg), TSV 1860 München, SC Preußen Münster, der 1. FC Nürnberg, FC Schalke 04 und der VfB Stuttgart. Seit Beginn der Spielsaison 1981/82 führt der DFB zwei Spielklassen als Lizenzligen, die 1. Bundesliga als höchste Spielklasse und die darunter unmittelbar folgende 2. Bundesliga.

[173]   Vgl. § 7 Nr. 1b Lizenzspielerstatut DFB; Fischer, Harald (1984): Anmerkungen zur Erwerbschance im professionalisierten Sport, S. 196.

einen Arbeitsvertrag mit seinem Verein nachweisen kann.[174] Aus diesem Grund sind in der Fußballbundesliga mit wenigen Ausnahmen nur Spieler anzutreffen, die dieser Tätigkeit berufsmäßig nachgehen. Durch die vorgegebenen Regularien entwickelte sich der Fußball in Deutschland vom Freizeitsport hin zu einem spezialisierten Berufssport. Aufgrund der überdurchschnittlichen Gehälter, welche in den vergangenen Jahren durch das starke Branchenwachstum immer stärker gestiegen sind, sind die Spieler auf Nebenverdienste im Sinne einer weiteren beruflichen Tätigkeit nicht mehr angewiesen. Auch auf anderen Ebenen – wie beispielsweise die der leitenden Mitarbeiter (Trainer, Management, Geschäftsführung) oder ausführender Ebene (Masseure, Platzwart, etc.) – finden sich heutzutage fast ausschließlich hauptamtliche Kräfte. Anestellte im Bundesligabetrieb können somit durchaus als ‚Professionelle' im oben beschriebenen Sinne bezeichnet werden.[175]

Im Zusammenhang mit dem Ausdruck der ‚Professionalisierung im Sport' wird unterschieden zwischen der so genannten ‚Primär-' und ‚Sekundärprofessionalisierung'. Dabei stellt das sportbezogene Handlungsfeld – die Sportler und die Sportausübung selbst, also der eigentliche Berufssport – die ‚Teil- bzw. Primärprofessionalisierung'[176] dar. Sobald darüber hinaus nicht vom primären sportbezogenen Handlungsfeld selbst, sondern von wirtschaftlichen Aktivitäten in Zusammenhang mit Sport, beispielsweise Sponsoring, aber auch Vereinsmanagement, Trainern, Betreuern etc. die Rede ist, spricht man von der so genannten ‚Umfeld- bzw. Sekundärprofessionalisierung'.[177]

Erkennbar wird insbesondere die Sekundärprofessionalisierung in unterschiedlichsten Teilbereichen, welche sich mit Sport beschäftigen:[178]

---

[174] Vgl. § 12a Lizenzspielerstatut DFB

[175] Vgl. Erning, Johannes (2000): Professioneller Fußball in Deutschland, S. 27; Fischer, Harald (1984): Anmerkungen zur Erwerbschance im professionalisierten Sport, S. 64f.; Pöttinger, Peter (1989): Wirtschaftliche und soziale Grundlagen der Professionalisierung im Sport, S. 159; Schumann, Frank (2004): Professionalisierungstendenzen im deutschen Fußball, S. 7.

[176] Um in diesem Zusammenhang mögliche Irritationen und Missverständnisse zu vermeiden, welche sich aus dem Ausdruck der ‚Teilprofessionalisierung' ergeben können, sprechen einige Autoren, beispielsweise PÖTTINGER, ausschließlich von einer Primärprofessionalisierung. So wird die irreführende Bedeutung als möglicherweise nur teilweise und nicht vollständig vorgenommene Professionalisierung des Sports, welche durch den Begriff ‚Teilprofessionalisierung' zum Ausdruck kommt, vermieden. Vgl. Pöttinger, Peter (1989): Wirtschaftliche und soziale Grundlagen der Professionalisierung im Sport, S. 26.

[177] Vgl. Pöttinger, Peter (1989): Wirtschaftliche und soziale Grundlagen der Professionalisierung im Sport, S. 26f.; Schumann, Frank (2004): Professionalisierungstendenzen im deutschen Fußball, S. 7.

[178] Für die folgenden Abschnitte vgl. Benner, Gerd (1992): Risk Management im professionellen Sport, S. 17f.; Brandmaier, Sonja / Schimany, Peter (1998): Die Kommerzialisierung des Sports, S. 80;

o   Zum einen zu nennen sind hier die sich in den vergangenen Jahrzehnten immer stärker wandelnden Organisationsstrukturen, insbesondere im Vereinssport. Vermehrt werden hier ehrenamtliche durch hauptamtliche oder hauptberufliche Arbeitskräfte ersetzt.

o   Darüber hinaus nehmen Sponsoringaktivitäten insgesamt immer stärker zu; das Sportsponsoring macht nach wie vor den größten Anteil aus, wobei dieser Bereich noch immer ein Wachstum verzeichnet.

o   Der Sport selber findet sich einer zunehmenden ,Verwissenschaftlichung' ausgesetzt, hier sind beispielsweise die Sportmedizin, die Sportpädagogik, die Sportsoziologie aber auch die Sportpsychologie zu nennen.

o   Bezug nehmend auf die zunehmende Professionalisierung entstehen immer weitere sportbezogene Spezialberufe (beispielsweise Teammanager, Sportdirektoren oder Sportvermarkter), welche ihrerseits die Sekundärprofessionalisierung vorantreiben.

Eine weitere, nicht zu vernachlässigende Komponente der Professionalisierung stellt neben der Medialisierung – auf welche in Abschnitt 3.2.1 noch eingegangen wird – und der Internationalisierung die Kommerzialisierung dar. Dabei ist die Kommerzialisierung als Merkmalsausprägung der Professionalisierung zu sehen, aber nicht gleichzusetzen mit dem Terminus ,Teilprofessionalisierung'.[179] Der Ausdruck ,Kommerzialisierung'[180] beschreibt – bezogen auf den Sport – „[...] auf populäre Weise die ökonomischen Gepflogenheiten des heutigen Profisports."[181] Im ökonomischen Sinne ist die Kommerzialisierung des Sports nicht anderes als „[...] die nach dem erwerbswirtschaftlichen Prinzip erfolgende fortschreitende Vermarktung bzw. Verwertung von Sportwaren (sportbezogenen Leistungen)."[182] Eine Vermarktung setzt allerdings voraus, dass ein marktwirtschaftlich organisiertes Wirtschaftssystem vorhanden ist, in welchem jedes Produkt gegen ein entsprechendes Entgelt erworben werden kann. Der Markt muss sowohl den Austausch innerhalb des Sports als mit anderen Systemen – etwa Sport und Wirtschaft – ermöglichen. Gehandelt werden nicht länger öffentliche Güter oder freiwillige

---

Parlasca, Susanne (1993): Kartelle im Profisport, S. 9; Schumann, Frank (2004): Professionalisierungstendenzen im deutschen Fußball, S. 7f.

[179]   Vgl. Schumann, Frank (2004): Professionalisierungstendenzen im deutschen Fußball, S. 8f.

[180]   Ursprünglich stammt der Begriff vom lateinischen Wort ,commercium' – Handel, Geschäftsverkehr – ab.

[181]   Ebenda S. 8.

[182]   Schumann, Frank (2004): Professionalisierungstendenzen im deutschen Fußball, S. 9. Vgl. hierzu auch Babin, Jens-Uwe (1995): Perspektiven des Sportsponsoring, S. 11.

Leistungen, sondern diese werden umgewandelt in Leistungen und Gegenleistungen, welche dann als marktfähige Waren angeboten werden. Sport wird somit als berufliche Leistung verkauft, die Kommerzialisierung selber ist ein Grund warum dies überhaupt erst möglich wird. Zahlreiche neue Märkte sind wiederum aus der Kommerzialisierung hervorgegangen, sodass sich der Sport zu einem bedeutenden Wirtschaftsfaktor in Deutschland entwickelt hat.[183]

## 3.2 Entwicklungsverlauf des deutschen Fußballsports

Fußball ist ein Phänomen, welches in Deutschland bzw. in Europa herausragende Popularität und übermäßiges öffentliches Interesse genießt. Kaum eine andere gesellschaftliche Institution von politischen Parteien über Gewerkschaften und Kirchen mobilisiert so viele Menschen in einem solchen Maß. Dies ist insbesondere auf die im Fußballsport besonders ausgeprägte Ambivalenz zurückzuführen, verstanden als Spannungszustand zwischen Gewinnen und Verlieren, zwischen Aufstieg und Abstieg. Diese Ambivalenz, welche den Ausgang des Spiels häufig bis zum Schluss offenhält, fasziniert Aktive, Zuschauer und Medienrezipienten gleichermaßen. Der Profifußball steht in Deutschland im Mittelpunkt des Sportinteresses und macht einen der wichtigsten Bereiche der Unterhaltungsindustrie aus, was durch Zuschauerzahlen und Einschaltquoten nachhaltig bestätigt wird.[184]

Im Folgenden soll nun dargestellt werden, wie sich der Entwicklungsverlauf des deutschen Fußballs darstellt, um so seinen heutigen Status nachvollziehen zu können. Hierbei sollen allerdings lediglich die essenziellen, für das weitere Verständnis relevanten Entwicklungsvoraussetzungen berücksichtigt werden.

---

[183] Vgl. Babin, Jens-Uwe (1995): Perspektiven des Sportsponsoring, S. 11; Brandmaier, Sonja / Schimany, Peter (1998): Die Kommerzialisierung des Sports, S. 89; Heinemann, Klaus (1984): Probleme einer Ökonomie des Sports, S. 43.

[184] Vgl. Zieschang, Klaus / Klimmer, Christian (2004): Vorwort, S. V.

### 3.2.1 Medialer Fortschritt

*„Ein sportliches Ereignis, über das nicht berichtet wird, hat für die Öffentlichkeit gar nicht stattgefunden."*[185]

Die Aussage von BINNEWIES unterstreicht die Tatsache, dass Sportereignisse ohne Medienpräsenz immer stärker zum „Nichtereignis"[186] werden. Der allgemein fortschreitenden Medialisierung sowie der Entwicklung weiterer technischer Innovationen im Bereich der Fernsehtechnik wird somit Rechnung getragen. Durch die Möglichkeit, heutzutage jederzeit und weltweit am Spitzensport teilhaben zu können, wird der Sport entprivatisiert und seine gesellschaftliche Bedeutung steigt. Einige Autoren gehen sogar soweit zu behaupten, dass es ohne das Fernsehen, welches in der Lage ist, jegliche räumliche Entfernung zu überbrücken und Sportereignisse weltweit beliebig oft darzustellen, gar keinen Profisport gäbe. Denn erst durch den Einsatz der Massenmedien wird der Sport einer breiten Masse an Menschen zugänglich und somit selbst zur Ware.[187]

Das Mediensystem in Deutschland besteht seit 1984 aus Privatsendern sowie dem öffentlich-rechtlichen Organisationsmodell. Beiden gemein ist, dass die Marktanteile der einzelnen Fernsehsender als Messgröße zur quantitativen Erfolgskontrolle von Fernsehprogrammen angesehen werden. Durch die Tatsache, dass immer mehr Sender und Programme in den Markt drängen, nehmen die Marktanteile für einzelne Fernsehprogramme oder -sender ab.[188] Gleichzeitig wächst der Werbemarkt insgesamt wie auch im Speziellen auf den Werbeträger Fernsehen bezogen.

---

[185]   Binnewies, Harald (1983): Sportberichterstattungen in den Tageszeitungen, S. 121.

[186]   Hoffmann-Riem, Wolfgang (1988): Sport - vom Ritual zum Medienspektakel, S. 12.

[187]   Vgl. Schumann, Frank (2004): Professionalisierungstendenzen im deutschen Fußball, S. 27f.; Stein, Artur vom (1988): Massenmedien und Spitzensport, S. 33-36; Volkamer, Meinhardt (1981): Der Einfluß der Massenmedien auf das Zuschauerverhalten, S. 18.
Eine Darstellung des Entwicklungsverlaufs des Fernsehens in Deutschland findet sich beispielsweise bei Behrens, Tobias (1986): Die Entstehung der Massenmedien in Deutschland, S. 298f.; Bleicher, Joan Kristin, et al. (1993): Deutsches Fernsehen im Wandel, S. 1-40; Digel, Helmut (1983): Überblick: Der Proze̊ß[!] der Massenkommunikation im Sport S. 11-43; Obermann, Holger (1983): Sport im Fernsehen, S. 57-73.

[188]   Vgl. Blödorn, Manfred (1988): Das magische Dreieck, S. 106f.; Digel, Helmut / Burk, Verena (1999): Zur Entwicklung des Fernsehsports in Deutschland, S. 23f.; Hackforth, Josef (1988): Medienstruktur - Sportberichterstattung - Wirkungen, S. 51-53; Meyn, Hermann (1996): Massenmedien in der Bundesrepublik Deutschland, S. 25f.; Schwarzkopf, Dietrich (1988): Die Veränderung der Medienlandschaft und die Sportberichterstattung, S. 24.

Obwohl Sportsendungen bereits seit Beginn der Fernsehübertragung überhaupt zu den attraktivsten Programmbeiträgen zählen,[189] ist seit Beginn der neunziger Jahre eine überproportionale Zunahme von Sportsendungen im deutschen Fernsehen zu beobachten. Denn mit zunehmender Anzahl an Sendern stieg nicht nur die Möglichkeit, mehr Sport im Fernsehen zu zeigen, sondern es wurden auch reine Sport-Spartensender etabliert wie beispielsweise das Deutsche Sportfernsehen (DSF) oder Eurosport. Auf diese Weise entwickelte sich auf drei Ebenen eine völlig neue Angebotsstruktur, wie sie bis dato unbekannt war:[190]

➢   Erstens wurde das Angebot, insbesondere bei den beliebten Sportarten, immer stärker internationalisiert. So wird beispielsweise im Fußball nicht nur über den deutschen Fußball berichtet, sondern es erfolgt eine umfassende Berichterstattung über die Spitzenligen nahezu aller westeuropäischen Staaten.

➢   Zweitens wurden auch solche Sportarten ins Programm aufgenommen, welche sich bis dahin in Deutschland weniger großer Beliebtheit erfreuten bzw. welche in Deutschland noch nahezu unbekannt waren (beispielsweise das britische Snooker).

➢   Drittens legen insbesondere die Spartensender großen Wert auf visuell attraktive Ereignisse, welche sie dann als ‚Sportart' inszenieren und dementsprechend vermarkten (beispielsweise den so genannten ‚Trucker-Grand-Prix').

Auch die Anzahl der Live-Übertragungen hat in den vergangenen Jahren deutlich zugenommen. Aus ökonomischer Sicht sind die Gründe hierfür darin zu sehen, dass bei den populärsten Sportarten natürliche Unterbrechungen im Handlungsablauf (z.B. Halbzeitpause) vorgesehen sind, welche dann für Werbepausen genutzt werden kön-

---

[189]   Die ersten Live-Übertragungen wurden 1936 anlässlich der Olympischen Sommerspiele in Berlin gesendet. Seit Ende des Zweiten Weltkriegs gehört Sport in Deutschland zum festen Fernsehprogramm. Insbesondere Fußball, die Olympischen Spiele aber auch Tennis, Formel 1 und Boxen erzielen dabei mit die höchsten Einschaltquoten. Vgl. Digel, Helmut / Burk, Verena (1999): Zur Entwicklung des Fernsehsports in Deutschland, S. 28f.; Schwarzkopf, Dietrich (1988): Die Veränderung der Medienlandschaft und die Sportberichterstattung, S. 24f.

[190]   Für die folgende Aufzählung sowie den vorangegangenen Abschnitt vgl. Bleicher, Joan Kristin (1997): Programmprofile kommerzieller Anbieter seit 1984, S. 14; Digel, Helmut / Burk, Verena (1999): Zur Entwicklung des Fernsehsports in Deutschland, S. 30; Ernig, Jürgen (1988): Wie reagiert das Sport-Fernsehprogramm auf die Veränderung der Medienstruktur?, S. 96; Hackforth, Josef (1988): Medienstruktur - Sportberichterstattung - Wirkungen, S. 54; Hansen, Hans (1988): Erwartungen des Sports an die Medien. S. 29; Schumann, Frank (2004): Professionalisierungstendenzen im deutschen Fußball, S. 28-30.

nen. Der Trend geht demnach zur Live-Berichterstattung, aber auch Wiederholungen und Zusammenfassungen werden zunehmend häufiger gesendet.[191] Die Einführung des Pay-TV im Jahre 1996 sowie diverse Fernsehwerbeinnovationen (beispielhaft zu nennen seien hier unter anderem virtuelle Werbung oder der so genannte Split Screen) markierten weitere bedeutende Eckpunkte in der medialen Entwicklung des Sports. In manchen Sportarten wird gar darüber nachgedacht, die Regeln dahingehend zu ändern, dass sie ‚werbefreundliche' Pausen zulassen bzw. für den Zuschauer interessanter sind.[192]

Aus der zunehmenden medialen Vermarktung des Sports kristallisierte sich so eine Dreiecksbeziehung, bestehend aus Sport, Medien und Werbung bzw. Wirtschaft heraus (BRUHN sprich in diesem Zusammenhang vom „Magischen Dreieck"[193]), welche sich gegenseitig beeinflussen.[194] Der Leistungssport selber ist zu einem eigenen Industriezweig geworden, welcher in direkter Abhängigkeit zu den Massenmedien steht: „Um sich selbst zu verkaufen, müssen die Medien daran interessiert sein, den Sport als Konsumware zu verkaufen. Andererseits ist der Sport auf ein möglichst großes öffentliches Interesse (vermittelt durch die Medien) angewiesen, denn das wiederum bringt Geld und soziales Ansehen."[195] Hier ergibt sich wiederum ein ausgeprägtes Ab-

---

[191] Vgl. Ernig, Jürgen (1988): Wie reagiert das Sport-Fernsehprogramm auf die Veränderung der Medienstruktur?, S. 98; Hackforth, Josef (1988): Medienstruktur - Sportberichterstattung - Wirkungen, S. 54; Hoffmann-Riem, Wolfgang (1988): Sport - vom Ritual zum Medienspektakel, S. 18.

[192] Als ein prominentes Beispiel kann in diesem Zusammenhang die Einführung des Tie-Breaks beim Tennis gewertet werden. Dieser wurde erst eingeführt, als Tennis im Fernsehen live übertragen wurde, um die Spannung beim Zuschauer zu erhöhen. Der Tie-Break stellt somit eine Erfindung des Fernsehens dar, welche sich durchgesetzt hat, im Gegensatz zur Golden Goal-Regelung im Fußball, welche bei der Fußballeuropameisterschaft 1996 zum ersten und gleichzeitig letzten Mal Anwendung fand. Vgl. Brandmaier, Sonja / Schimany, Peter (1998): Die Kommerzialisierung des Sports, S. 77; Dinkel, Michael (2002): Neues Marketing und Management von Sportvereinen, S. 77f.; Schumann, Frank (2004): Professionalisierungstendenzen im deutschen Fußball, S. 30-32; Rademacher, Lars (1998): Sport und Mediensport, S. 36.

[193] Bruhn, Manfred (1988): Sport-Sponsoring, S. 15f.

[194] Demnach sind Spitzensportveranstaltungen ohne finanzielle Zuwendungen durch potente Sponsoren und Medieninstitutionen nicht mehr realisierbar. Als Gegenleistung für die monetäre Unterstützung des Sports verlangen die Wirtschaftsunternehmen den Transport von kommunikativen Botschaften durch die Medien. Diese Medien, die neben dem Sport und der Wirtschaft das dritte primäre Element des Wertschöpfungsprozesses im Profisport darstellen, besitzen hierbei eine Doppelrolle: Zum einen agieren sie als indirekte Sponsoren des Sports, indem sie die Übertragungsrechte erwerben, zum anderen habe sie ihren journalistischen Pflichten nachzugehen, indem sie über die Sportereignisse berichten und so die integrierten Werbebotschaften der Sponsoringinvestoren automatisch mittransportieren. Darüber hinaus haben die Medien beispielsweise Einfluss auf die Uhrzeit der Übertragung, aber auch auf die Ausstattung (beispielsweise die Farbe der Bälle oder Trikots).

[195] Volkamer, Meinhardt (1981): Der Einfluß der Massenmedien auf das Zuschauerverhalten, S. 18. Vgl. hierzu auch Bleicher, Joan Kristin (1997): Programmprofile kommerzieller Anbieter seit 1984, S.

hängigkeitsverhältnis zur Wirtschaft, in welchem HEINEMANN die Autonomie des Profisports gefährdet sieht, da dieser ohne die monetären Zuwendungen seitens der Medien und der Wirtschaft nicht lebensfähig wäre.[196] Die nachfolgende Abbildung 11 stellt stellt diesen Zusammenhang zwischen Sport, Medien und Werbung bzw. Wirtschaft grafisch dar.

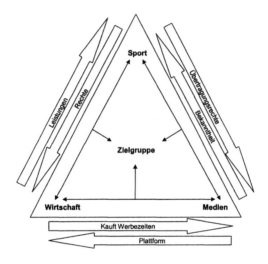

*Abbildung 11:*    *Magisches Dreieck*
                *Quelle: Eigene Darstellung, in Anlehnung an: Bruhn, Manfred (1988): Sport-Sponsoring,*
                *S. 15f.*

Der Fußball stellt seit jeher die jenige Sportart dar, welche medial am konstantesten und erfolgreichsten vermarktet wird. Mit der Kirch-Krise im Jahr 2002 allerdings ließen sich die bis dahin gezahlten Preise für Fernsehübertragungen nicht mehr finanzieren, das mediale Finanzierungssystem brach zusammen. Für die Vereine bedeutete dies, dass ihnen „ [...] bei einem TV-Etat in Höhe von 40 Millionen Euro nunmehr sechs bis acht Millionen Euro fehlen, weil sich die prognostizierte aufsteigende Entwicklung der

---

12; Blödorn, Manfred (1988): Das magische Dreieck, S. 111; Dinkel, Michael (2002): Neues Marketing und Management von Sportvereinen, S. 75; Hoffmann-Riem, Wolfgang (1988): Sport - vom Ritual zum Medienspektakel, S. 15; Schumann, Frank (2004): Professionalisierungstendenzen im deutschen Fußball, S. 38; Zieschang, Klaus / Klimmer, Christian (2004): Vorwort, S. V.

[196] Vgl. Heinemann, Klaus (1984): Zur Einführung: Probleme zwischen Sport und Wirtschaft, S. 43f. Weitere Ausführungen hierzu finden sich auch im folgenden Abschnitt.

Fernsehgelder nicht einstellt."[197] Durch die Tatsache, dass die Einnahmen aus Fernsehgeldern sowie die daran gekoppelten Marketinggelder etwa 50 bis 70 Prozent des Etats der Profivereine ausmachen, wird die immense Abhängigkeit des Profifußballs vom Fernsehen deutlich. Die Folgen ließen sich sehr schnell erkennen: Die Vereine kauften weniger neue Spieler, für die bestehenden Spieler wurden die Erfolgsprämien gekürzt und die Vereine waren insgesamt betrachtet mit geringeren Etats ausgestattet. Trotz der Tatsache, dass die Einnahmen aus der Werbung nach wie vor verhältnismäßig hoch waren, führte dies zu keiner Besserung der Situation. Die Zahlungen aus dem TV-Geschäft hatten sich um 70 Millionen auf 290 Millionen Euro reduziert.[198] Angesichts der jüngsten Entwicklungen in der Saison 2006/07 erscheint diese Situation allerdings wieder passé, da die DFL durch den neuen Medienvertag mit arena jährliche Einnahmen von rund 440 Millionen Euro generiert (s. hierzu auch den folgenden Abschnitt). Abbildung 12 zeigt die bisherige Entwicklung der Einnahmen aus der Vermarktung der Übertragungsrechte an der Bundesliga noch einmal grafisch auf.

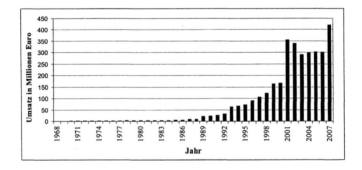

*Abbildung 12:*   *Entwicklung der Erlöse aus der Vermarktung der Übertragungsrechte*
*Quelle: Eigene Darstellung in Anlehnung an DFL (2006), S. 117.*

---

[197]   Mayer-Vorfelder, Gerhard (2004): König Fußball in Deutschland, S. 8.
[198]   Ahlers, Erich (2002): Hier, wo das Herz noch zählt, S. 2; Ehrke, Michael / Witte, Lothar (2002): Flasche leer! Die new economy des europäischen Fußballs, S. 2; Mayer-Vorfelder, Gerhard (2004): König Fußball in Deutschland, S. 8-13; Woratschek, Herbert / Schafmeister, Guido / Ströbel, Tim (2006): A new paradigm for sport management in the German football market, S. 165f.

## 3.2.2 Ökonomischer Zugewinn

Neben den soeben aufgezeigten medialen Entwicklungen, welche in den vergangenen Jahrzehnten in der Fußballbranche zum Tragen kamen, stellt sich darüber hinaus die Frage nach dem Umfang der ökonomischen Ausdehnung im Profifußball, da auch dies einen entscheidenden Parameter für die zunehmende Professionalisierung darstellt. Unter dem Ausdruck ‚Ökonomischer Zugewinn'[199] innerhalb des Fußballsports wird „[...] die zunehmende Nachfrage nach der wirtschaftlichen Verwertbarkeit des Produkts Fußball"[200] verstanden. Die wichtigste Rolle spielen hierbei die Medienanstalten: Zum einen aufgrund der Tatsache, dass mithilfe ihrer Technologie die Sportübertragungen realisiert werden können, zum anderen fungieren die Medienanstalten als Käufer von Übertragungsrechten und können so als indirekte Sponsoren bezeichnet werden.[201] Die Einnahmen aus der Rechtevermarktung bringt der DFL seit der Saison 2006/07, in welcher die Rechte erstmals an den Pay-TV Sender arena verkauft wurden, jährlich 240 Millionen Euro, dazu kommen jährlich rund 200 Millionen Euro für Technik, Personal und Werbung. Für arena, dessen Vertrag mit der DFL bis 2009 läuft, summieren sich die Kosten auf etwa 1,3 Milliarden Euro. Somit lässt sich konstatieren, dass – nicht zuletzt durch ausgelöst durch die positiven Auswirkungen der WM 2006 in Deutschland auf das Image des Fußballs und das Interesse der Sponsoren – sich die wirtschaftliche Lage der Bundesliga erstmals seit 2002 wieder erholt.[202]

Heutzutage stellt der Sport einen absolut selbstverständlichen Teil der Freizeitgestaltung und Alltagskultur dar, welcher auch für jedermann zugänglich ist.[203] Diese Tatsache, kombiniert mit der zunehmenden Werbeüberflutung in den relevanten Zielgruppen[204], führt dazu, dass auch immer mehr sportfremde Wirtschaftsunternehmen die

---

[199]  Der Ausdruck ist in der Literatur gleichzusetzen mit den Ausdrücken ‚Ökonomiezugewinn' bzw. ‚Ökonomieausdehnung'.

[200]  Schumann, Frank (2004): Professionalisierungstendenzen im deutschen Fußball, S. 33.

[201]  Vgl. Brandmaier, Sonja / Schimany, Peter (1998): Die Kommerzialisierung des Sports, S. 40; Schumann, Frank (2004): Professionalisierungstendenzen im deutschen Fußball, S. 33. Siehe hierzu auch den vorangegangenen Abschnitt 3.2.1 Mediale Entwicklung.

[202]  Vgl. Armborst, Matthias (2006): In der Bundesliga wird wieder kräftig Geld ausgegeben, o.S.; Woratschek, Herbert / Schafmeister, Guido / Ströbel, Tim (2006): A new paradigm for sport management in the German football market, S. 170.

[203]  Auf die gesellschaftlichen Veränderungen, welche zu der aktuellen Situation im Profifußball beigetragen haben, wird im Abschnitt 3.2.4 noch detaillierter eingegangen.

[204]  Hierbei werden in der Regel zwischen ökonomischen und psychologischen Sponsoringzielen unterschieden. Grundsätzlich soll mithilfe des Sponsoring die Zielgruppe in ihrem Verhalten und in ihren Handlungen zielgerichtet beeinflusst werden, um die ökonomischen Kernziele zu erreichen respektive die monetären Wirtschaftsgrößen, wie Gewinn, Umsatz und Marktanteil zu steigern. Diese monetären bzw. ökonomischen Ziele sind in der Regel eindeutig messbar. Die psychologischen Ziele hingegen sind auf einen Wandel der Einstellungen, Kenntnisse und Meinungen der Zielgruppe zu

Kommunikationsplattform der Fußballbundesliga nutzen, um so mithilfe individueller Werbemaßnahmen ihren Marketingzielen näher zu kommen.[205] Darüber hinaus gewinnen die die klassische Werbung ergänzenden Marketingmaßnahmen immer mehr an Bedeutung, beispielsweise das Sponsoring.[206] So nutzen laut der Studie ‚Sponsoring Trends 2006' der Pleon GmbH mittlerweile 76,8 Prozent der befragten Unternehmen Sponsoring als Instrument in ihrem Kommunikationsmix.[207] Der Anteil des Sponsoring am gesamten Kommunikationsbudget ist dabei in Deutschland innerhalb der letzten Jahre auf 15 Prozent gestiegen, wobei das Sportsponsoring mit 47,1 Prozent den bedeutendsten Teil ausmacht, gefolgt vom Kunst-/Kultursponsoring (21,7 Prozent) und dem Soziosponsoring (17,1 Prozent). Weltweit werden ca. 84 Prozent aller Sponsoringaufwendungen für Sportsponsoringmaßnahmen aufgewendet. Seitens der Wirtschaft ergibt sich zusätzliches Interesse am Sponsoring durch die Tatsache, dass neben der Möglichkeit der Umgehung von länderspezifischen Werberestriktionen (z.B. Tabakwerbeverbot) die Zielgruppenansprache nicht in einer kommerziellen Atmosphäre erfolgt. Darüber hinaus können Ausweichreaktionen der Empfänger wie beispielsweise das ‚Zapping' vermieden werden.[208] Bekannte Beispiele für Sponsoring im Sportbereich sind etwa die Kennzeichnung von Ausrüstungsgegenständen oder Bandenwerbung.[209]

---

gegen sind auf einen Wandel der Einstellungen, Kenntnisse und Meinungen der Zielgruppe zu dem Produkt bzw. dem Unternehmen ausgerichtet. Die wesentlichen psychologischen Ziele umfassen beispielsweise die Steigerung des Bekanntheitsgrades, eine Veränderung des Images, aber auch Mitarbeitermotivation oder Kontaktpflege. Allerdings dürfen in diesem Zusammenhang die ökonomischen Ziele keinesfalls vernachlässigt werden, sondern sie gehen vielmehr mit den psychologischen Zielen einher. Vgl. Böttcher, Sebastian (2005): Marke Bundesliga, S. 36f.; Bruhn, Manfred (1998): Sportsponsoring: Systematische Planung und integrativer Ansatz, S. 100; Doherty, Alison / Murray, Martha (2007): The Strategic Sponsorship Process in a Non-Profit Sport Organization, S. 50; Drees, Norbert (2003): Bedeutung und Erscheinungsformen des Sportsponsoring, S. 53f.; Hermanns, Arnold (1997): Sponsoring: Grundlagen, Wirkungen, Management, Perspektiven, S. 142-144; Hermanns, Arnold (2003): Planung des Sportsponsoring, S. 74f.; Venter, Karlheinz, et al. (2005): Sportsponsoring und unternehmerische Entscheidungen, S. 11.

[205] So sind hier beispielsweise die enormen Reichweiten, die der Sport erreicht, zu nennen, ebenso die Tatsache, dass die Wirtschaft mithilfe des Sports einen Sektor erschließt, in welchem sich Werbung für problematische Produkte (z.B. Tabakwaren) trotz des Verbots durchsetzen lässt. Vgl. Drees, Norbert (2003): Bedeutung und Erscheinungsformen des Sportsponsoring, S. 53; Stein, Artur vom (1988): Massenmedien und Spitzensport, S. 180f.

[206] Vgl. Madrigal, Robert (2001): Social Identity Effects in a Belief-Attitude-Intentions Hierarchy: Implications for Corporate Sponsorship, S. 145-165; Meenaghan, Tony (2001): Sponsorship and Advertising: A Comparison of Consumer Perceptions, S. 191-215.

[207] Vgl. Pleon GmbH (2006): Sponsoring Trends 2006, S. 11.

[208] Das Interesse an Sponsoring als alternativer Kommunikationsform stieg auch durch die zunehmende Verunsicherung über die Effektivität klassischer Werbung, welche durch eine wachsende Reaktanz auf Seiten der Konsumenten hervorgerufen wurde.

[209] Vgl. ebenda, S. 14; Basting, Jochen / Oettgen, Nora / Pfeil, Nadine (2005): Erfolgsmessung der Werbung im Sport, S. 1; Bruhn, Manfred (2003): Denk- und Planungsansatz der Integrierten Marke-

Anhand der soeben dargestellten Beobachtungen lässt sich das Interesse der Wirtschaft am gesamten Sponsoringmarkt untermauern; Sportsponsoring hat sich auf diese Weise zu einem omnipräsenten Kommunikationsinstrument entwickelt, mit dessen Hilfe sowohl quantitative wie auch qualitative Ziele verfolgt werden können.[210] Den größten Teil macht hierbei wie bereits erwähnt der Sport aus, in Deutschland kommt dabei dem Fußball die meiste Aufmerksamkeit zugute.[211] Das (Sport-)Sponsoring stellt somit eine mittlerweile anerkannte alternative Kommunikationsform dar, mit dem die werbenden Unternehmen sowohl quantitative (gleichzusetzen mit ökonomischen) wie auch qualitative (kommunikative bzw. psychografische) Ziele verfolgen.[212]

Die zunehmende Kommerzialisierung des Fußballs erscheint durchaus notwendig, wenn deutsche Vereine auf europäischer Ebene konkurrenzfähig sein wollen. In diesem Zusammenhang gehen die Vereine des Öfteren auch über die regionalen Grenzen hinaus: Gerade den international spielenden Clubs ist es gelungen, die Nachfrage überregional, national und teilweise sogar international zu wecken: So verdienen beispielsweise Manchester United sowie Real Madrid, seit Kurzem auch der FC Bayern München, mit Freundschaftsspielen in Südostasien jährlich zusätzliche Millionenbeträge. Der Stadioneintritt trägt zum Jahresumsatz der Bundesligavereine bei Weitem nicht so viel bei wie Sponsoring und Übertragungsrechte. Und das trotz der Tatsache, dass nirgendwo in Europa mehr Zuschauer den Spielen live in den Stadien beiwohnen als in Deutschland und die Gesamterlöse aus Eintrittsgeldern der 1. Bundesliga nahezu konstant ansteigen. Bei Bayern München machen die Eintrittsgelder gerade mal

---

ting-Kommunikation, S. 25; Hermanns, Arnold (1989): Sponsoring, S. 4f.; Huber, Frank / Matthes, Isabel (2007): Sponsoringwirkung auf Einstellung und Kaufabsicht, S. 90; Parensen, Andreas (2004): Der Fußballmarkt in Deutschland und seine Bearbeitung durch Agenturen, S. 309-313; Parlasca, Susanne (1993): Kartelle im Profisport, S. 35.

[210] Aufgrund der Wirkungsinterdependenzen ist es natürlich schwierig, einem bestimmten Sponsoringinvestment einen exakt zurechenbaren Erfolg zuzuweisen. Darüber hinaus werden Sponsoringengagements seitens der Unternehmen meist mit psychografischen Zielen (beispielsweise Imagetransfer oder Erhöhung der Bekanntheit, aber auch Kundenpflege und Mitarbeitermotivation durch Hospitality-Maßnahmen) in Verbindung gebracht. Dennoch besitzen die ökonomischen Ziele eines Wirtschaftsunternehmens auch im Rahmen eines Sponsoringvorhabens keine unwesentliche Bedeutung. Vgl. Erdtmann, Stefan (1989): Sponsoring und emotionale Erlebniswerte, S. 38; Hermanns, Arnold / Glogger, Anton (1998): Sportsponsoring: eine Partnerschaft zwischen Wirtschaft und Sport, S. 361; Hermanns, Arnold / Glogger, Anton / Wißmeier, Urban Kilian (1994): Wirkungsforschung im Sportsponsoring, S. 28; o.V. (2000): Im Fußballstadion werden gerne Geschäfte gemacht, S. 48; Reichstein, Bernd / Reckwitz, Lars P. (2000): Hospitality in Fußballstadien, S. 72-75; Specht, Andreas von (1986): Sponsorship als Marketinginstrument, S. 517.

[211] Vgl. Schumann, Frank (2004): Professionalisierungstendenzen im deutschen Fußball, S. 34f.

[212] Vgl. Bruhn, Manfred (1988): Sport-Sponsoring, S. 43; Purtschert, Robert / Hofstetter, Charlotte (2001): Die operative Sponsoring-Planung, S. 51f.

noch 20 Prozent des Gesamtumsatzes aus, bei allen Vereinen der Bundesliga in der Saison 2006/07 durchschnittlich gerade mal 18 Prozent. Dennoch stellen die Stadioneinnahmen einen konstanten und nicht zu vernachlässigenden Anteil am Umsatz dar. Ein Drittel des Umsatzes stammt von Sponsoren, der Rest vom weltweiten Verkauf von Fanartikeln. Auch diese Tatsache überrascht, denn die traditionelle Ligawerbefläche, die Trikots der Spieler, ist nirgendwo in Europa so begehrt wie in Deutschland: In der Saison 2005/06 überschritten die Clubs im Trikot-Sponsoring erstmals die Grenze von 100 Millionen Euro (Abbildung 13 stellt die Zusammensetzung der Gesamterlöse grafisch dar).[213]

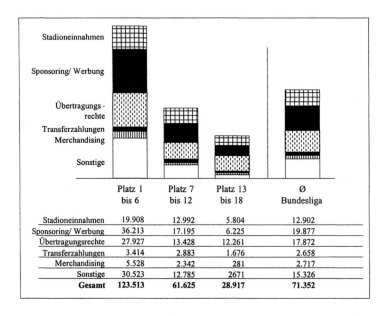

| | Platz 1 bis 6 | Platz 7 bis 12 | Platz 13 bis 18 | Ø Bundesliga |
|---|---|---|---|---|
| Stadioneinnahmen | 19.908 | 12.992 | 5.804 | 12.902 |
| Sponsoring/ Werbung | 36.213 | 17.195 | 6.225 | 19.877 |
| Übertragungsrechte | 27.927 | 13.428 | 12.261 | 17.872 |
| Transferzahlungen | 3.414 | 2.883 | 1.676 | 2.658 |
| Merchandising | 5.528 | 2.342 | 281 | 2.717 |
| Sonstige | 30.523 | 12.785 | 2671 | 15.326 |
| **Gesamt** | **123.513** | **61.625** | **28.917** | **71.352** |

Abbildung 13:    Durchschnittliche Zusammensetzung der Gesamterlöse der Vereine der 1. Bundesliga im Jahr 2005
Quelle: Eigene Darstellung in Anlehnung an DFL (2006), S. 106.

---

[213]    Vgl. Deutsche Fußball Liga (DFL) (2007): Bundesliga Report 2006, S. 106; Finsterbusch, Stephan (2005): Zwei Spiele, vier Tage, zwei Millionen Euro, S. 18; Höft, Maike, et al. (2005): Markteintritt europäischer Fußballvereine in Asien, S. 149; Müller, Michael (2000): Der deutsche Berufsfußball -

Nichtsdestotrotz ist die Bundesliga mit 662,5 Millionen Euro verschuldet, wobei 12 der 18 Bundesligavereine im Jahr 2006 ein positives Ergebnis erwirtschaftet haben. Ein Teil der Verschuldung rührt sicherlich aus im Vergleich zu (Rest-)Europa knappen Fernsehhonoraren. Rund 300 Millionen Euro generierte die Bundesliga in der Saison 2005/06, 420 Millionen Euro in der Saison 2006/07. Im Vergleich dazu: Die englische Premier League, die profitabelste Liga der Welt, generierte aus der In- und Auslandsvermarktung rund 700 Millionen Euro. Anders als in den restlichen europäischen Ländern erfolgt die Vergabe der Fernsehrechte in Deutschland zentral über den Ligaverband, vertreten durch die DFL. Seit der Saison 2000/01 werden die Fernsehgelder allerdings nicht mehr in gleicher Höhe auf alle Clubs verteilt, sondern enthalten eine leistungsbezogene Komponente.[214]

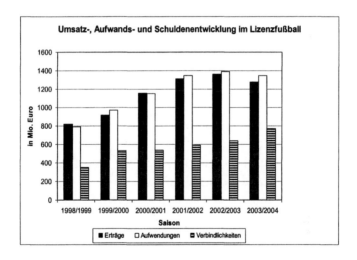

Abbildung 14: *Umsatz-, Aufwands- und Schuldenentwicklung im Lizenzfußball*
*Quelle: Eigene Darstellung in Anlehnung an DFL (2005): Die wirtschaftliche Situation im Lizenzfußball, S. 9-23; DFL (2004): Die wirtschaftliche Situation im Lizenzfußball, S. 9-23.*

---

[214] Einige Vereine sind mittlerweile bereits dazu übergegangen, alternative Finanzierungsformen zu wählen. So gaben beispielsweise der 1. FC Köln sowie Hertha BSC Berlin zu Beginn der Saison 2005/06 Anleihen in Höhe von fünf bzw. sechs Millionen Euro heraus, wobei die Verzinsung von fünf Prozent angesichts des Risikoberichts nicht angemessen erscheint. Die Zielgruppe der Anleihen stellten größtenteils Fans dar. Vgl. o.V. (2007): DFL-Bilanz: Bundesliga boomt im WM-Jahr, o.S.; Schraven, David / Seidlitz, Frank (2007): Geld entscheidet die Meisterschaft, S. 24; Uttich, Steffen (2005): Fußballanleihen zum Liebhaberpreis, S. 17; Zorn, Roland (2005): Bei den Profiklubs hält das Kalkül der Kaufleute Einzug, S. 18. `

Viele Autoren sehen das Problem allerdings auch in einem schlechten Management der Clubs: „What hobbles many teams is the lack of professional management. Managers, often ex-players, lack basic business expertise. Teams fail to fully exploit merchandising or sponsorship opportunities. [...] There are ways to make money in pro soccer, but not many clubs are using them."[215] Diese Aussage unterstreicht noch einmal die Notwendigkeit einer Professionalisierung aller im professionellen Fußball tätigen Bereiche, um so der zunehmenden Kommerzialisierung und Ökonomisierung erfolgreich entgegentreten zu können.

### 3.2.3 Rechtliche Veränderungen

Auch in juristischen Bereichen wurden im Verlauf der letzten Jahre Änderungen vorgenommen, welche die Entwicklung des Profifußballs sowohl in Deutschland wie auch in Europa beeinflussten und so mit für die heutige Situation verantwortlich sind. Zu nennen sind in diesem Zusammenhang insbesondere das Bosman-Urteil und seine Auswirkungen sowie die Möglichkeit der Ausgliederung des wirtschaftlichen Geschäftsbetriebs eines Vereins in eine Kapitalgesellschaft. Auf beide Beschlüsse sowie die daraus resultierenden Auswirkungen soll im Folgenden näher eingegangen werden.

Das Bosman-Urteil vom 15. Dezember 1995 veränderte die Lage im europäischen Profifußball drastisch, insbesondere die Kostensituation. Denn mit seinem Urteil zur Klage des belgischen Profifußballers Jean-Marc Bosman gegen die bisherigen Transferregelungen in den europäischen Fußballligen hob der EuGH das bis dato bestehende System mit Ablösesummen zwischen den Vereinen auf. Des Weiteren wurde die Beschränkung der Anzahl ausländischer Spieler in den Vereinen für nicht rechtmäßig erklärt. In der Folge des Urteils stiegen die Personalkosten der Vereine der ersten Bundesliga im Zeitraum von 1992 bis 2001 um über 350 Prozent, der Anteil der Personalkosten am Umsatz erhöhte sich von 37,8 Prozent auf 50,2 Prozent. Durch das Abschaffen der Ablösesummen am Ende einer Vertragslaufzeit lassen sich die Rechte an diesen Spielern auch nicht mehr als Ablösewert in der Bilanz aufführen, weswegen ein Spieler nun nach Beendigung seines Vertrages in der Bilanz mit null

---

[215]  Ewing, Jack / Cohn, Laura (2004): Can soccer be saved?, S. 47. Siehe hierzu auch Vöpel, Henning (2006): Wirtschaftsfaktor Fußball, S. 11.

aufgeführt werden muss.[216] Aus Sicht der Spieler brachte diese neue Regelung sowohl Vor- als auch Nachteile mit sich: Bei langfristig ausgelegten Verträgen übernimmt der Verein somit einen Großteil des Risikos, welches sich aus Formschwankungen, Verletzungen und daraus resultierenden Einschränkungen etc. zusammensetzt. Im Gegenzug bietet der Verein für diese Risikoübernahme dem Spieler allerdings ein Gehalt, welches in der Regel unter dem erwarteten Wertgrenzprodukt liegt.[217]

Auf das Bosman-Urteil folgten erste Effekte im europäischen Spielermarkt, wie sie im US-amerikanischen Markt schon seit Langem bekannt sind. Da das Bosman-Urteil die Praxis des ‚Herauskaufens' eines Spielers aus einem bestehenden Vertrag zunächst intakt ließ, reagierten die Vereine mit Verlängerung der durchschnittlichen Laufzeiten von Spielerverträgen. So hatten sie die Möglichkeit, weiterhin Transfererlöse zu erzielen und in ihren Bilanzen zu berücksichtigen, mussten aber einen Großteil des Risikos von Formschwankungen der Spieler internalisieren. So wurde die bereits vorhandene Tendenz zur spekulativen Investition in Spieltalent verstärkt und führte in Kombination mit den stark steigenden Fernseheinnahmen zur Überhitzung des Spielermarkts. Ein im Jahr 2001 in Kraft getretenes Reglement der FIFA untersagt allerdings Vertragslaufzeiten von Lizenzspielern, welche fünf Jahre überschreiten. Darüber hinaus ist bei einem Wechsel eines Spielers unter 23 Jahren während der Laufzeit seines Vertrages zusammen mit der Ablösesumme auch eine Ausbildungsentschädigung zu zahlen.[218] Auch die Befürchtung, dass die Abschaffung des Transfersystems langfristig die sportliche Ausgeglichenheit der Liga gefährden könnte, hat sich nicht zwangsläufig bestä-

---

[216] Spieler, die vor Beendigung des Arbeitsvertrags den Arbeitgeber wechseln und somit eine Ablösesumme generieren, werden nach wie vor gemäß der Rechtssprechung als Spielerwerte in der Bilanz aktiviert.
Vgl. Busche, Arnd (2004): Ökonomische Implikationen des Bosman-Urteils, S. 89-92; Dobson, Stephen / Gerrard, Bill / Howe, Simon (2000): The determination of transfer fees in English nonleague football, S. 1147; Hahn, Jörg (2005): Marktgesetze, S. 33; Hardenacke, Jens / Hummelsberger, Markus (2004): Paradigmenwechsel im Profifußball, S. 57; Lenz, Otto (2000): Der Beitrag des EuGH zur Deregulierung des Sports, S. 85; Mayer-Vorfelder, Gerhard (2004): König Fußball in Deutschland, S. 11f.

[217] Vgl. Ehrke, Michael / Witte, Lothar (2002): Flasche leer! Die new economy des europäischen Fußballs, S. 10; Frick, Bernd / Wagner, Gert (1996): Bosman und die Folgen: Das Fußballurteil des Europäischen Gerichtshofs aus ökonomischer Sicht, S. 612f.

[218] Vgl. Castedello, Marc / Elter, Vera-Carina (2006): Der Fußballtransfermarkt: Objektivierbare Ermittlung von Marktwerten des Spielervermögens, o.S.; Fischer, Thomas M. / Rödl, Karin / Schmid, Achim (2006): Marktpreisorientierte Bewertung von Humankapital im Profi-Sport, S. 313; Lehmann, Erik / Weigand, Jürgen (1998): Wieviel Phantasie braucht die Fußballaktie, S. 105; Meier, Henk Erik (2004): Von Bosman zur Kollektivvereinbarung? Die Regulierung des Arbeitsmarktes für Profifußballer, S. 9.

tigt.[219] Dies ist darauf zurückzuführen dass eine solche Vorgehensweise die Entstehung einer sportlichen Zweiklassengesellschaft fördern würde, wodurch das Interesse sowohl der Zuschauer als auch der Medien am professionellen Fußball sehr schnell abnehmen würde.[220]

Die Tatsache, dass sich infolge des Bosman-Urteils der Kapitalbedarf der Profivereine deutlich erhöhte,[221] führte schließlich dazu, dass die Vereine sich um eine Zulassung der Umwandlung ihrer Rechtsform in Kapitalgesellschaften bemühten.[222] Am 28. Oktober 1998 stimmte der DFB-Bundestag der geforderten Rechtsformumwandlung zu. Durch diese Ausgliederung in eine Kapitalgesellschaft[223] steht dem so geschaffenen Unternehmen ein breites Spektrum an Finanzierungsinstrumenten zur Verfügung: Beteiligungsfinanzierungen, Fremdkapitalfinanzierungen und Finanzierungen aus Cash

---

[219] Es wurde befürchtet die finanzstarken Vereine könnten die leistungsstärksten Spieler finanzschwacher Vereine nach deren Vertragsablauf ‚zum Nulltarif' verpflichten.

[220] Vgl. Frick, Bernd / Wagner, Gert (1996): Bosman und die Folgen: Das Fußballurteil des Europäischen Gerichtshofs aus ökonomischer Sicht, S. 614; Peel, David A. / Thomas, Dennis A. (1992): The Demand for Football, Abschnitt 3.3.2.1 greift diese gewünschte Ergebnisunsicherheit noch einmal detaillierter auf.

[221] Der gestiegene Kapitalbedarf kann in diesem Zusammenhang nicht ausschließlich auf das Bosman-Urteil zurückgeführt werden, da auch Faktoren wie gestiegene Investitionen in vereinseigene Stadien, geringere Zuwendungen der öffentlichen Hand usw. den Kapitalbedarf anstiegen ließen. Nichtsdestotrotz erhöhten sich die Durchschnittsgehälter für Spieler nach dem Bosman-Urteil signifikant, wohingegen Ablösezahlungen oftmals entfielen, weswegen das Urteil als Hauptursache für den gestiegenen Kapitalbedarf bezeichnet werden kann.

[222] Bis zum Oktober 1998 ließ der DFB ausschließlich einen eingetragenen und gemeinnützigen Verein nach § 21 BGB als Antragsteller auf eine Bundesligalizenz zu. Unter dem Begriff ‚Verein' ist in diesem Zusammenhang „ein auf eine gewisse Dauer angelegter, körperschaftlich organisierter Zusammenschluss einer Anzahl von Personen, die ein gemeinschaftliches Ziel verfolgen" (Sauter, Eugen (1997): Der eingetragene Verein, S. 1) zu verstehen. Er stellt eine juristische Person mit eigener Rechtspersönlichkeit dar und erfährt eine Eintragung nur dann in das Vereinsregister, wenn er in seiner Satzung einen Vereinszweck formuliert. Nach bis dahin herrschender Gesetzgebung und Rechtssprechung wurden Bundesligavereine als ‚Idealvereine' bzw. ‚nichtwirtschaftliche Vereine' nach § 21 BGB klassifiziert und nicht als ‚wirtschaftlicher Verein' nach § 22 BGB. Vgl. Dehesselles, Thomas (2002): Vereinsführung: Rechtliche und steuerliche Grundlagen, S. 5; Erning, Johannes (2000): Professioneller Fußball in Deutschland, S. 196f.; Lehmann, Erik / Weigand, Jürgen (1998): Wieviel Phantasie braucht die Fußballaktie, S. 105f.; Sauter, Eugen (1997): Der eingetragene Verein, S. 28-35.

[223] In diesem Zusammenhang sind drei Rechtsformen zulässig: GmbH, KGaA respektive GmbH & Co.KGaA oder eine AG. Als erster Verein reagierte Borussia Mönchengladbach auf die Satzungsänderung und gründete im Dezember 1998 die VFL Borussia Mönchengladbach AG. Pionier der Finanzierung am Kapitalmarkt war in diesem Zusammenhang die Borussia Dortmund GmbH & Co. KGaA, welche am 31. Oktober 2000 als erster und bis dato einziger deutscher Fußballverein an der Börse gelistet wurde. Andere Vereine beschritten den Weg der Strategischen Partnerschaft (z.B. der FC Bayern München), der Anleihenfinanzierung, oder der Emission von Genussscheinen. Aktuell besitzen die Lizenzspielerabteilungen der Bundesligaclubs folgende Rechtsformen: AG (2), GmbH&Co.KGaA (5), GmbH (4), e.V. (7). Vgl. Heinz, Carsten (2001): Umwandlung von Lizenzspielerabteilungen in Kapitalgesellschaften, S. 67; Keller, Christian (2005): Corporate Finance im Profifußball, S. 3.; Schilhaneck, Michael (2006): Vom Fußballverein zum Fußballunternehmen, S. 105.

Flows.[224] Bei einem Börsengang steht dem Verein die Möglichkeit zur Verfügung, einen Teil der Spielergehälter in Form von Stock Options zu vergüten, um so ein wertsteigerndes Verhalten der Angestellten (= Spieler)' zu generieren.[225] Die offizielle Umwandlung der Lizenzspielerabteilungen in Kapitalgesellschaften hat allerdings keine vollkommen autonomen Organisations- und Entscheidungsstrukturen innerhalb des Vereins zur Folge. Vielmehr schreibt § 8, Nr. 2 der Satzung des Liga Fußballverbandes e.V. eindeutig vor, dass der Stammverein an der Gesellschaft mehrheitlich beteiligt sein muss (sog. 50plus1-Klausel).[226] Somit hat er auch weiterhin maßgeblichen Einfluss auf sämtliche Entscheidungen. Allerdings kann die Umwandlung in eine Kapitalgesellschaft Änderungen in der Zielfunktion des Vereins bewirken, indem nun beispielsweise eine Gewinnmaximierung angestrebt wird, was bei gemeinnützigen Vereinen so nicht möglich ist.[227]

Bis dato sind Fußballaktien für potenzielle Investoren allerdings unattraktiv. Die Borussia Dortmund AG ist bislang der einzige deutsche Verein, welcher aktiv an der Börse gehandelt wird und dies auch nur mit mäßigem Erfolg. Die Gründe hierfür sind vielfältig. So wurde häufig der Großteil der eingenommenen Mittel aus dem IPO in Spieler

---

[224] Vgl. Born, Jürgen L. / Mohr, Stefan / Bohl, Markus (2004): Financing the Game, S. 205f.; Heermann, Peter / Schießl, Harald Herbert (2003): Der Idealverein als Konzernspitze, S. 3; Heinz, Carsten (2001): Umwandlung von Lizenzspielabteilungen in Kapitalgesellschaften, S. 67; Meier, Henk Erik (2004): Von Bosman zur Kollektivvereinbarung? Die Regulierung des Arbeitsmarktes für Profifußballer, S. 10.; Pauli, Markus (2002): Kooperationsformen der Stadionfinanzierung im deutschen Profifußball, S. 110f.; Schilhaneck, Michael (2006): Vom Fußballverein zum Fußballunternehmen, S. 103f.; Trosien, Gerhard (2004): Die Zweite Privatisierung der Sportbewegung: Formen und Folgen des Wandels von gemeinwohl- zu gewinnorientierten Sportorganisationen, S. 2. Für eine ausführliche Darstellung der Möglichkeiten, sowie der Kriterien für die Inanspruchnahme von Kapitalmarktfinanzierungen siehe Keller, Christian (2005): Corporate Finance im Profifußball, Süßmilch, Ingo (2002): Fußballunternehmen erobern die Börse, S. 58-74. Eine Beurteilung der Kapitalgesellschaftsformen findet sich bei Müller, Michael (2000): Der deutsche Berufsfußball - vom Idealverein zur Kapitalgesellschaft, S. 171-187.

[225] Vgl. Suciu-Sibianu, Paul (2004): Going public - ausgeträumt?, S. 181. In diesem Zusammenhang sei allerdings einschränkend erwähnt, dass laut Eckwertpapier des DFB Fußballspieler lediglich Anteilsscheine vom eigenen Arbeitgeber besitzen dürfen. Schiedsrichtern ist eine solche Beteiligung grundsätzlich verboten.

[226] Eine detaillierte Darstellung dieser Klausel sowie ihrer Funktion und Auswirkungen findet sich bei Heermann, Peter / Schießl, Harald Herbert (2003): Der Idealverein als Konzernspitze, o.S. Aktuell wird allerdings von einigen Vereinen die Abschaffung der 50plus1-Regelung gefordert, was durch die DFL nun geprüft wird. Vgl. Müller, Oliver (2007): Rauball will die Fußball-Liga als Gegengewicht zum DFB und zur Politik stärker etablieren, S. 18.

[227] Vgl. Heermann, Peter / Schießl, Harald Herbert (2003): Der Idealverein als Konzernspitze, S. 23f.; Klein, Marie-Luise (2004): Institutionelle Rahmenbedingungen und Gegenstandsbereiche ökonomischer Forschung zum Fußball in Deutschland, S. 18; Miersch, Stefan (2003): Die Bundesliga-Clubs an der Schnittstelle zwischen Vereins- und Gesellschaftsrecht, S. 13f. Siehe hierzu im Detail auch Abschnitt 5.2.

investiert, um so sportlichen und daraus meist resultierenden wirtschaftlichen Erfolg zu generieren. Die Vereine versäumten es in fast allen Fällen, die nötigen professionellen Strukturen in ihrem Unternehmen zu etablieren. So verfügt fast kein Fußballunternehmen bis dato über eine den Ansprüchen des Kapitalmarkts genügende Investor Relations- und Controllingabteilung. Darüber hinaus sind die Unternehmen nach wie vor gänzlich von den Einnahmen aus dem Fußballbetrieb abhängig. Kritisiert wird in diesem Zusammenhang auch die unzureichende Informationspolitik, durch welche die Transparenzansprüche und der Informationsbedarf der Aktionäre ignoriert werden. Dies wirkt sich wiederum unter Shareholder Value-Gesichtspunkten wertvernichtend aus und resultiert in niedrigen Bewertungsniveaus der Vereine.[228]

### 3.2.4 Gesellschaftliche Veränderungen

Im Folgenden sollen nun auch einige gesellschaftliche Veränderungen angesprochen werden, welche sich direkt auf den Sportkonsum ausgewirkt und somit die Kommerzialisierung des Sports eingeleitet und vorangetrieben haben. Die Tatsache, dass der gesellschaftliche Produktionsprozess, verstanden als das Zusammenwirken der Produktionsfaktoren Arbeit, Kapital und Boden, bereits seit Langem mehr als das für den unmittelbaren Lebensunterhalt notwenige Kapital erwirtschaftet, ermöglichte gleichzeitig die Ausbildung des gesellschaftlichen Subsystem Sport, verstanden als aktiven oder passiven Sport, welcher nur konsumiert werden kann, wenn genügend Kapital zur Verfügung steht. Das Volkseinkommen hat somit einen direkten Einfluss auf die Nachfrage nach Sport. Seit der Saison 1985/86 lässt sich ein Anstieg der Zuschauernachfrage um 59 Prozent ermitteln; dieser Anstieg kann nicht ausschließlich auf das gestiegene Volkseinkommen (dieses stieg um 53 Prozent) zurückgeführt werden, auch andere Faktoren spielen hier eine relevante Rolle. Dennoch stellt diese Beobachtung einen Zusammenhang zwischen Einkommen und Nachfrage nach Sport deutlich heraus.[229] Darüber hinaus haben die subjektive Wertschätzung der Freizeit und das Investitionsvolumen der Bürger in Freizeitaktivitäten ebenfalls einen Anstieg erfahren.[230] Aufgrund

---

[228] Vgl. Keller, Christian (2005): Corporate Finance im Profifußball, S. 20; Kern, Markus / Haas, Oliver / Dworak, Alexander (2002): Finanzierungsmöglichkeiten für die Fußball-Bundesliga und andere Profisportligen, S. 416-418; Suciu-Sibianu, Paul (2004): Going public - ausgeträumt?, S. 190f.

[229] Vgl. Stein, Artur vom (1988): Massenmedien und Spitzensport, S. 31.

[230] Dem Soziologen und Freizeitforscher OPASCHOWSKI zufolge haben industrielle Gesellschaften noch nie so viel Freizeit zur Verfügung gehabt wie heute. Vgl. Opaschowski, Horst (1994): Einführung in die Freizeitwissenschaft, S. 27f. Darüber hinaus ist seit den siebziger Jahren ein Wertewandel dahingehend zu beobachten, dass postmaterialistische Werthaltungen an Einfluss für die Lebensführung gewinnen. Siehe hierzu auch Bird, Peter J. (1982): The demand for league football, S.

seiner gesellschaftlichen Hegemonie profitiert der Fußball von diesem wachsenden Freizeitbudget wie keine andere Sportart, wenngleich das Angebot an Freizeitaktivitäten in den vergangenen Jahrzehnten immens gewachsen ist. Allerdings begann man auch im professionellen Fußball, den veränderten Anforderungen von Seiten der Konsumenten Rechnung zu tragen, beispielsweise durch modernere Stadien mit größtenteils überdachten Sitzplätzen, verbesserten Sicherheitsvorkehrungen, angemessenen Parkmöglichkeiten, neuen Übertragungstechniken etc. Die in den letzten Jahren überproportional angestiegenen Preise für Eintrittskarten haben nach empirischen Untersuchungen durch KUBAT und GÄRTNER / POMMEREHNE dabei nur einen geringen bis gar keinen Einfluss auf die Nachfrage nach Spitzensportleistungen.[231]

Die zunehmende Kommerzialisierung im Profisport führt zu einem ständig wachsenden und an Komplexität zunehmenden Markt, in welchem sich die Vereine behaupten müssen. Diese Komplexität rührt unter anderem von der zunehmenden Internationalisierung des Wettbewerbs sowohl im eigenen Land (Zunahme der nicht deutschen Spieler in der Bundesliga) wie auch aufgrund der Teilnahme an internationalen Wettbewerben her. Gleichermaßen und als logische Konsequenz sind auch die Absatzmärkte internationaler geworden. Die Bundesliga wird nicht mehr ausschließlich in Deutschland übertragen, sondern international. Mehrere Vereine nutzen beispielsweise die Pflichtspielpause, um auf Asientournee zu gehen. In diesem Zusammenhang steht hier sicher nicht der Aufbau der sportlichen Leistung der Mannschaft im Vorder-

---

648; Brandmaier, Sonja / Schimany, Peter (1998): Die Kommerzialisierung des Sports, S. 30-33; Digel, Helmut (1986): Über den Wandel der Werte in Gesellschaft, Freizeit und Sport, S. 14-17; Feldmann, Sandra (2004): Positionierung im Sport, S. 102; Freyer, Walter (2003): Sportmarketing: Handbuch für marktorientiertes Management im Sport, S. 130; Horch, Heinz Dieter (1999): Einleitung, S. 7f.; Rahmann, Bernd, et al. (1998): Sozio-ökonomische Analyse der Fußball-Weltmeisterschaft 2006 in Deutschland - Gesellschaftliche Wirkungen, Kosten-Nutzen-Analyse und Finanzierungsmodelle einer Sportgroßveranstaltung, S. 44; Woratschek, Herbert / Beier, Klaus (2001): Sportmarketing, S. 209f.

[231] Vgl. Bird, Peter J. (1982): The demand for league football, S. 648; Gärtner, Manfred / Pommerehne, Werner (1984): Der Fußballzuschauer - ein homo oeconomicus?, S. 149-169; Hortleder, Gerd (1978): Sport in der nachindustriellen Gesellschaft, S. 18; Klein, Marie-Luise (1996): Der Einfluss von Sportgroßveranstaltungen auf die Entwicklung des Freizeit- und Konsumverhaltens sowie das Wirtschaftsleben einer Kommune oder Region, S. 58; Kubat, Rudolf (1998): Der Markt für Spitzensport, S. 16f.; Parlasca, Susanne (1993): Kartelle im Profisport, S. 59; Schumann, Frank (2004): Professionalisierungstendenzen im deutschen Fußball, S. 45.; Trosien, Gerhard (1999): Sportbranche, Markt und Wettbewerb, S. 302; Weber, Wolfgang, et al. (1995): Die wirtschaftliche Bedeutung des Sports, S. 47

grund, sondern es geht um strategische Marketingüberlegungen wie die Erschließung neuer Märkte und die Steigerung der Markenbekanntheit.[232]

### 3.2.5 Zusammenfassende Darstellung

Wie die vorangegangenen Abschnitte gezeigt haben, befindet sich der deutsche Profifußball seit Jahren in einer Umbruchsphase. Im medialen Bereich sind eine fortschreitende Medialisierung sowie die zunehmende Entwicklung technischer Innovationen, welche dem Sport im Allgemeinen zugutekommen, zu verzeichnen. Damit verbunden ist ein stetig wachsender Werbemarkt, insbesondere im Bereich des Sponsorings. Der Fußball wird von allen Sportarten in Europa dabei am erfolgreichsten und gewinnbringendsten vermarktet. Insbesondere die Preise für die Fernsehübertragung der Spiele stiegen bis zur Kirch-Krise kontinuierlich an und haben nun in der vergangenen Saison erneut wieder ein Wachstum zu verzeichnen.

Im unmittelbaren Zusammenhang mit dieser medialen Entwicklung steht der ökonomische Zugewinn der Vereine, welcher sich insbesondere durch zunehmende Einnahmen im Bereich Sponsoring und TV-Gelder bemerkbar macht. Ferner werden die Vereine nun des Öfteren über die regionalen und nationalen Grenzen hinaus vermarktet, was zusätzliche Einnahmen generiert. Im rechtlichen Bereich haben das Bosman-Urteil in den frühen neunziger Jahren sowie der Beschluss des DFB, Kapitalgesellschaften zur Bundesliga zuzulassen, direkten Einfluss auf die Situation der Vereine ausgeübt. Aus dem Bosman-Urteil ergab sich u.a. der gesteigerte Finanzbedarf der Vereine, dem man durch eine Rechtsformumwandlung begegnen wollte. Nicht zuletzt die gesellschaftlichen Veränderungen haben zu einer Veränderung des professionellen Fußballs geführt. Der Fußball genießt einen hohen Stellenwert, welcher durch die Weltmeisterschaft 2006 in Deutschland noch gefestigt wurde. Steigende Einkommen und ein zunehmendes Freizeitbudget haben die Nachfrage nach passiven Sportveranstaltungen in der Vergangenheit erhöht. Darüber hinaus ist eine zunehmende Internationalisierung des Fußballsports zu beobachten, in erster Linie im innereuropäischen Raum, aber verstärkt auch global.

---

[232]  Vgl. Beißwanger, Rolf / Jobst, Alexander (2004): Sponsoringkonzept Siemens mobile im Bereich Fußball, S. 81; Höft, Maike, et al. (2005): Markteintritt europäischer Fußballvereine in Asien, S. 185; Mohr, Stefan / Merget, Jens (2004): Die Marke als Meistermacher, S. 105.

Diesen Entwicklungen Rechnung tragend, lässt sich konstatieren, dass die Vereine immer stärker zu einer ökonomischen Einheit werden müssen, deren Handeln nicht mehr rein sportlich, sondern auch wirtschaftlich ausgerichtet sein muss. Dem gegenüber steht bis dato das bei vielen Vereinen noch schlechte Management, häufig bestehend aus ehemaligen Spielern, welchen die nötige wirtschaftliche Kompetenz an dieser Stelle abgesprochen werden muss. Im professionellen Fußball herrscht nach wie vor die Notwendigkeit der Professionalisierung aller im Fußball tätigen Bereiche, um so der zunehmenden Kommerzialisierung und Ökonomisierung, wie sie im Fußball in Zukunft weiter voranschreiten wird, erfolgreich zu begegnen und von ihr zu profitieren.[233]

### 3.3 Systembesonderheiten des Sports im Vergleich zur Wirtschaft

Die klassische Wirtschaftstheorie untersucht Kausalitätsbeziehungen zwischen, und beschäftigt sich mit Problemen, die sich in marktwirtschaftlich gesteuerten Wirtschaftssystemen ergeben. Dementsprechend finden hierbei auch ökonomische Transaktionsprozesse Beachtung, wie sie im vorangegangenen Abschnitt 2.3 bereits näher erläutert wurden. Die Übertragung der dort aufgeführten konstitutiven Merkmale ergibt, dass ein professionelles Fußballspiel diese konstitutiven Merkmale ebenfalls erfüllt und somit auch hier von einer ökonomischen Transaktion gesprochen werden kann. In diesem Zusammenhang muss allerdings eine Einschränkung Gültigkeit besitzen: Grundsätzlich ist davon auszugehen, dass lediglich Aktivitäten aus dem Leistungs- bzw. Profisport und somit nicht aus dem Freizeitsport für passive Sportkonsumenten von solch gesteigertem Interesse sind, dass von Transaktionsprozessen im eigentlichen Sinne gesprochen werden kann. Demnach ist der Zuschauermarkt bzw. der ökonomische Transaktionsprozess ‚Fußballspiel' in diesem Zusammenhang ausschließlich mit professionellem Leistungssport bzw. mit professionellem Fußball in Verbindung zu bringen.[234]

---

[233]  Vgl. u.a. Franck, Egon (1995): Die ökonomischen Institutionen der Teamsportindustrie, S. 19; Vöpel, Henning (2006): Wirtschaftsfaktor Fußball, S. 11; darüber hinaus die ausführliche Darstellung der Problematik in Abschnitt 1.1.

[234]  Vgl. Hermanns, Arnold / Riedmüller, Florian (2001): Die duale Struktur des Sportmarktes, S. 38.

Allerdings birgt der Sport bzw. die Wirtschaft des Sports einige Besonderheiten in sich, die eine gesonderte theoretische Beleuchtung notwendig machen.[235] Im Folgenden sollen diese Eigenheiten nun figurativ dargestellt werden, damit sich die Unterschiede des Sports mit seinen wirtschaftsbezogenen Eigenschaften im Vergleich zu anderen klassischen Wirtschaftszweigen deutlich zeigen. In diesem Zusammenhang sollen jedoch auch Gemeinsamkeiten zwischen Sport- und Wirtschaftsmarkt herausgearbeitet werden, denn nur durch eine gemeinsame Basis kann eine (modifizierte) Übertragbarkeit wirtschaftswissenschaftlicher Theorien auf den Sport eindeutig gerechtfertigt werden.

### 3.3.1 Der Sportmarkt als Wirtschaftsmarkt

Eine eindeutige Abgrenzung des Sportmarkts ist häufig nicht ohne Weiteres möglich, da sich in der Literatur sehr weite aber auch sehr enge Fassungen dieses Begriffs finden lassen.[236] Eine eindeutige Besonderheit des Sportmarkts besteht mit Sicherheit darin, dass sich die Nachfrage nach Sport sowohl in einem aktiven als auch in einem passiven Konsum äußern kann.[237] Im Folgenden sollen lediglich die Märkte für passiven Sportkonsum (so genannte Zuschauermärkte) sowie ihre Folge- und Nachbarmärkte im Fokus stehen. Diese nehmen keine aktive Rolle im Produktionsprozess von Sport ein. Die passive Partizipation kann sich in geografischer wie in zeitlicher Hinsicht synchron oder versetzt abspielen.[238] Die nachfolgende Abbildung 15 gibt einen zusammenfassenden Überblick über die verschiedenen Möglichkeiten des passiven Sportkonsums.

---

[235] Vgl. Altmann, Jörn (2006): Volkswirtschaftslehre, S. 2f.; Büch, Martin-Peter / Frick, Bernd (1999): Sportökonomie: Erkenntnisinteresse, Fragestellungen und praktische Relevanz, S. 111; Heinemann, Klaus (1984): Probleme einer Ökonomie des Sports, S. 47; Schumann, Frank (2004): Professionalisierungstendenzen im deutschen Fußball, S. 97.

[236] Auch die einzelnen Termini ‚Sport' respektive ‚Markt' werden stellenweise sehr differenziert umschrieben.

[237] Bei der aktiven Ausübung einer Sportart bezeichnet man die entstehende Nachfrage nach Gütern mit unmittelbarem Zusammenhang zur physischen Aktivität auch als Sportlermarkt bzw. Markt für aktiven Sportkonsum. Dieser soll in den folgenden Ausführungen keine Beachtung mehr finden, da sich das Dissertationsvorhaben ausschließlich auf den passiven Markt bzw. den passiven Sportkonsum beschränkt.

[238] Vgl. Bieling, Marc / Eschweiler, Maurice / Hardenacke, Jens (2004): Business-to-Business-Marketing im Profifußball, S. 5f.; Riedmüller, Florian (2003): Sport als inhaltlicher Bezug für die Marketing-Kommunikation, S. 8; Welling, Michael (2004): Absatzmarktbezogene B-to-B-Geschäftsbeziehungen, S. 28f.

| | | Nachfrager-"Ort" | |
|---|---|---|---|
| | | raumgleich | raumversetzt |
| **Nachfrager-"Zeit"** | zeitgleich | Live-Erlebnis im Stadion | Übertragung in Hörfunk, Internet, etc. |
| | zeitversetzt | Aufzeichnung über Leinwand im Stadion | Aufzeichnung im TV, Videokassette, etc. |

*Abbildung 15:   Möglichkeiten des passiven Sportkonsums*
*Quelle: Bieling, Marc / Eschweiler, Maurice / Hardenacke, Jens (2004): Business-to-Business-Marketing im Profifußball, S. 7.*

Die so genannten Folgemärkte entstehen durch den Handel mit Rechten, welche als Folgeprodukt aus der originären Leistungserstellung abgeleitet werden. Hierzu zählen die Bereiche Vermarktung von TV-Rechten, Werbung im und mit Sport, Sport-Sponsoring sowie Sport-Merchandising (vgl. hierzu auch Abschnitt 3.2). In den Nach-barmärkten erfolgt eine Adaption des Sports insofern, dass die dort angebotenen Leis-tungsbündel in der Regel einen direkten Bezug zu den zugrunde liegenden sportlichen Leistungen aufweisen, die Teilnehmer aber nicht zwingend mit den ursprünglichen Leistungsnachfragern und -anbietern im Zuschauermarkt identisch sind (beispielswei-se Sportreisen oder Sportversicherungen).[239] Die Vereine selber engagieren sich mitt-lerweile auf Zuschauer-, Folge- und Nachbarmärkten. Um ein besseres Verständnis der Märkte, in welchem sich die Fußballvereine bewegen, zu ermöglichen, soll nun im Folgenden auf die am Sportmarkt beteiligten Institutionen sowie die Marktstruktur, den Wettbewerb und die Marktbarrieren eingegangen werden, wobei stets die Gemein-samkeiten aber auch die Unterschiede zu klassischen Wirtschaftsmärkten herausge-arbeitet werden sollen, umso die Systembesonderheiten zu verdeutlichen.

---

[239] Vgl. Bieling, Marc / Eschweiler, Maurice / Hardenacke, Jens (2004): Business-to-Business-Marketing im Profifußball, S. 7-9.

### 3.3.1.1 Institutionen auf nationaler Ebene

Die Attraktivität des Wettkampfes liegt für den Zuschauer nicht ausschließlich im un-
gewissen Ausgang einzelner Spiele, sondern wird zusätzlich gesteigert durch die Tatsache, dass die Profimannschaften in einer Liga organisiert sind und einen Wettbewerb um die (Liga-)Meisterschaft austragen. Das Angebot dieses Gemeinschaftspro-
duktes konkurrierender, aber sowohl in Angebot als auch in der Nachfrage wechselseitig von einander abhängiger Mannschaften setzt wenigstens eine Kooperation der
Vereine zur Organisation und Durchführung (inkl. Regelwerk, Kontrollorgane) eines
solchen Ligawettbewerbs voraus.[240] Der deutsche Fußball wird von drei Instanzen gesteuert und beeinflusst: Auf nationaler Ebene liegt die Organisation beim Deutschen
Fußball-Bund (DFB). Auf europäischer Ebene ist der Dachverband der europäischen
Fußballunion (Union of European Football Association [UEFA]) verantwortlich. Die dritte und somit auch höchste Ebene bildet der Weltfußballverband (Fédération Internationale des Football Association [FIFA]).

### 3.3.1.1.1 Der Verein

Keimzelle des professionellen Fußballs ist der Fußballverein. Dies ist zurückzuführen
auf die Tatsache, dass es sich bei Fußball um einen Mannschaftssport handelt, welchem nicht individuell nachgegangen werden kann, sondern lediglich im Zusammenschluss als Mannschaft. Ein Verein ist in der Lage, dieses Kollektivangebot zu bieten.[241]

Das Lizenzspielerstatut des DFB setzte, wie bereits in Abschnitt 3.2.3 ‚Rechtliche Veränderungen' beschrieben, lange Zeit voraus, dass am Bundesligabetrieb nur als Verein im Sinne eines Nichtwirtschaftlichen Vereins nach § 21 BGB teilgenommen werden
kann. Seit 1998 sind auch als Kapitalgesellschaft organisierte Lizenzspielerabteilungen
unter bestimmten Voraussetzungen zur regulären Teilnahme am Bundesligabetrieb
zugelassen. Aus diesem Beschluss ergab sich für die Vereine nun auch erstmals die
Frage nach dem eigentlichen Ziel ihrer Tätigkeit. In älteren europäischen Arbeiten wie
beispielsweise der von SLOANE wird zumeist die These vertreten, dass die Vereine
primär als Nutzenmaximierer agieren.[242] Ein Club ergibt sich seiner Ansicht nach aus

---

[240]   Vgl. Lehmann, Erik / Weigand, Jürgen (1998): Wieviel Phantasie braucht die Fußballaktie, S. 103.
[241]   Vgl. Erning, Johannes (2000): Professioneller Fußball in Deutschland, S. 28.
[242]   Vgl. Sloane, Peter J. (1984): Die Ziele des Sportvereins, S. 129ff.

einem Zusammenschluss einzelner Individuen, die aus unterschiedlichen Motiven handeln, aber ein gemeinsames Ziel verfolgen, nämlich dass Ziel des sportlichen Erfolgs (= Minimierung des Tabellenplatzes). Die Erzielung eines Residualgewinns steht hierbei somit nicht im Vordergrund. Aufgrund des Lizenzierungsverfahrens durch den DFB (vgl. hierzu Abschnitt 3.3.1.4) waren die Vereine in Deutschland zwar durchaus bestrebt, eine ausgeglichene Bilanz vorzuweisen. Allerdings zielten sie hierbei verstärkt auf eine Umsatzmaximierung im Sinne einer Einhaltung ihres Budgets ab. Eine Gewinnmaximierung stand nicht im Vordergrund und war nicht zuletzt aufgrund ihrer Rechtsform (eingetragener Verein) rechtlich auch nicht zulässig. Mit der Umwandlung zur Kapitalgesellschaft wurde das Gewinnmaximierungskalkül für die Vereine schließlich zulässig, die Frage, welches Ziel fortan verfolgt wird, nämlich Gewinn- oder Nutzenmaximierung, bleibt allerdings weitestgehend unbeantwortet. Diese Problematik wird in späteren Kapiteln erneut aufgegriffen werden müssen. Da die Mitglieder des Vereins in der Regel keinen Anspruch auf den Residualgewinn haben, werden erzielte Jahresüberschüsse in Rücklagen für zukünftige Investitionen transformiert oder zeitnah auf dem Transfermarkt investiert. Von den 18 Vereinen der Ersten Bundesliga sind aktuell in der Saison 2006/07 elf Vereine mit Rechtsformen der Kapitalgesellschaft gemeldet.[243]

### 3.3.1.1.2 Der Deutsche Fußball-Bund (DFB)

Der Deutsche Fußball-Bund (DFB) wurde am 28. Januar 1900 gegründet. Er gilt mit etwa 27.000 Fußballvereinen und 6,5 Millionen Mitgliedern als der größte Verband der FIFA, dem rund 200 Millionen Mitglieder angehören. Ähnlich den anderen verbandsmäßig betriebenen Sportarten in Deutschland ist auch der Fußballsport hierarchisch und monopolistisch organisiert, der Deutsche Fußball-Bund bildet hierbei die höchste nationale Instanz und ist lediglich noch auf europäischer Ebene der UEFA (Union Européenne de Football Association) und international der FIFA (Fédération Internationale de Football Association) untergeordnet.[244]

---

[243] Vgl. hierzu Erning, Johannes (2000): Professioneller Fußball in Deutschland, S. 190-192; Lehmann, Erik / Weigand, Jürgen (1997): Money makes the Ball go round - Fußball als ökonomisches Phänomen, S. 385f.

[244] Vgl. Mayer-Vorfelder, Gerhard (2004): König Fußball in Deutschland, S. 4; Müller, Michael (2000): Der deutsche Berufsfußball - vom Idealverein zur Kapitalgesellschaft, S. 19f.

Der DFB-Bundestag hat am 30. September 2000 eine Strukturreform verabschiedet, welche den Vereinen und Gesellschaften der ersten und zweiten Fußballbundesliga eine gewisse Selbstständigkeit und Unabhängigkeit in Sachen Vermarktung, Einnahmen, Spielbetrieb und Lizenzierungsverfahren verschafft. Die Vereine und Gesellschaften konnten sich nun unter dem Dach des Deutschen Fußball-Bunds zu einem eigenen Liga-Verband und der Deutschen Fußball Liga GmbH (DFL) zusammenschließen. Übergeordnete Aufgabe dieses Ligaverbandes ist die Umsetzung des Spielbetriebs einschließlich der Vermarktung und Lizenzierung in der Ersten und Zweiten Bundesliga. Der Einfluss der Vereine auf die Durchführung der Lizenzligen ist hierdurch mit Gründung der DFL größer geworden.[245]

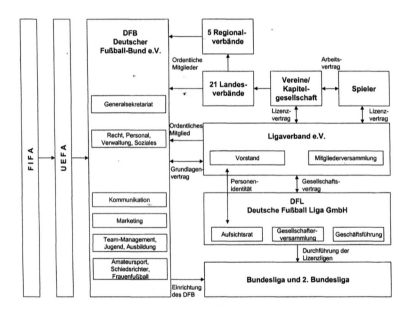

Abbildung 16:   Struktur des DFB
              Quelle: Eigene Darstellung, in Anlehnung an: Klimmer (2004), S 137.

---

[245] Vgl. Böttcher, Sebastian (2005): Marke Bundesliga, S. 43; Schilhaneck, Michael (2006): Vom Fußballverein zum Fußballunternehmen, S. 109; Straub, Wilfried (2004): Die Entwicklung der Deutschen Fußball Liga (DFL), S. 31f.; Zeltinger, Julian (2004): Customer Relationship Management in Fußballunternehmen, S. 7.
Die Lizenzvergabe erfolgt anhand von sportlichen, technischen, organisatorischen und wirtschaftlichen Kriterien, worauf Abschnitt 3.3.1.4 näher eingehen wird. Abbildung 16 gibt einen Überblick über die Struktur des DFB.

Auf Grundlage dieser Regelung wird nach wie vor ein Teil der Einnahmen aus dem professionellen Fußball umgelegt, um somit den Amateurfußball zu finanzieren. Aktuell sind drei Prozent aus den Fernseheinnahmen und vier Prozent aus den Zuschauereinnahmen von Seiten der Profivereine an den Deutschen Fußball-Bund (DFB) abzuführen. Der Dachverband leitet diese finanziellen Mittel dann weiter. Der Amateurfußball ist somit in direkter Abhängigkeit vom Profifußball zu sehen. Aber auch umkehrt besteht ein Abhängigkeitsverhältnis dahingehend, dass der professionelle Fußball von der breiten Basis der Grundlagenausbildung der Sportler im Amateurbereich profitiert.[246]

Der DFB als Dachorgan und Interessensvertreter der Vereine übernimmt die Organisation und Durchführung des Ligawettbewerbs. Aufgrund der Tatsache, dass es (durch die Satzung verankert und sportpolitisch geschützt) nur einen Verband – den Deutschen Fußball-Bund – und auch nur eine Profiliga – die Bundesliga – in Deutschland gibt, liegt ein reines Monopol vor, welches die entsprechenden Monopolrenten beim Verkauf seines Produktes realisieren kann; hierunter fällt demnach auch die nationale TV-Vermarktung.[247]

### 3.3.1.2 Wettbewerb im Fußball

Im folgenden Abschnitt soll aufgezeigt werden, inwieweit die Erkenntnisse der klassischen Wettbewerbstheorie in einer professionellen Liga wie der Deutschen Fußballbundesliga Gültigkeit besitzen und an welchen Stellen es einer Modifizierung bedarf bzw. eine Übertragbarkeit überhaupt nicht möglich erscheint. Die Erkenntnisse werden mit als Grundlage bei einer späteren Identifikation möglicher Stakeholder dienen, da auch hier, ausgehend von den Ergebnissen, gegebenenfalls eine Anpassung bestehender Theorien aus dem Bereich der Wirtschaftswissenschaften auf die Besonderheiten der Sportvereine und ihres Umfelds nötig erscheint.

---

[246] Vgl. Mayer-Vorfelder, Gerhard (2004): König Fußball in Deutschland, S. 5.

[247] Vgl. Lehmann, Erik / Weigand, Jürgen (1998): Wieviel Phantasie braucht die Fußballaktie, S. 103. Aufgrund der Tatsache, dass die DFL bzw. der Ligaverband Teil des DFB sind, soll im Folgenden der Ausdruck DFB bzw. DFB/DFL alle für einen professionellen Verein relevanten Institutionen innerhalb des Deutschen Fußballs abdecken.

## 3.3.1.2.1 Der Begriff des Wettbewerbs

In seinen einzelnen Ausprägungen unterliegt der professionelle Fußball wie jedes andere beliebige Gut auch unbestritten den Determinanten des Angebots und der Nachfrage. Demnach existieren auch für den professionellen Fußball Märkte.[248] Eine Liga lebt somit vom Wettbewerb der teilnehmenden Vereine untereinander. Dabei steht für die Teilnehmer nicht nur das Streben nach einem einzelnen sportlichen Gewinn im Vordergrund, sondern auch das nach einer möglichst guten Tabellenplatzierung, des Titelgewinns, der Teilnahme an internationalen Wettbewerben oder zumindest dem Nichtabstieg. Der Frage nach einem hier möglicherweise vorliegenden Zusammenhang zwischen sportlichem und wirtschaftlichem Erfolg wurde in einigen Untersuchungen bereits nachgegangen und eine Korrelation wurde in den Untersuchungen sowohl im europäischen wie auch im deutschen Bereich eindeutig nachgewiesen.[249] Diese Tatsache bewirkt hierbei im Umkehrschluss, dass jeder der an der Liga teilnehmenden Vereine dauerhaft einen Anreiz verspürt, gegenüber der Konkurrenz sowohl sportliche als auch wirtschaftliche Vorteile zu erlangen. Ein funktionsfähiger Wettbewerb innerhalb einer Liga ist somit deutlich erkennbar, sobald diese Gegebenheiten erfüllt sind.[250] Es kann infolgedessen nicht im Sinne der Ligateilnehmer sein, strategische Allianzen einzugehen, wie dies bei Teilnehmern auf Wirtschaftsmärkten häufig beobachtet werden kann. Auch das Streben nach einer Monopolstellung im Markt würde sich – anders als in klassischen Wirtschaftsmärkten – negativ auswirken, wie im folgenden Abschnitt noch zu zeigen sein wird.

---

[248] Vgl. hierzu die umfangreicheren Darstellungen von Cooke, Andrew (1994): The Economics of Leisure and Sport, S. 188ff. und Heinemann, Klaus (1995): Einführung in die Ökonomie des Sports, S. 87ff, S. 127 und S. 171ff.

[249] Den Zusammenhang zwischen Finanzkraft und Erfolg bestätigten DELL'OSSO / SZYMANSKI bereits im Jahre 1991 anhand einer Untersuchung in der englischen Premier League. Das Ergebnis wurde acht Jahre später von KUYPERS / SZYMANSKI bestätigt und auf den gesamten englischen Profifußball augeweitet. In Deutschland legten LEHMANN / WEIGAND erstmals 1997 eine solche Untersuchung vor und kamen zu dem Ergebnis dass die zehn erfolgreichsten Vereine im Durchschnitt über einen höheren Etat verfügten als die Referenzgruppe. Im Jahr 1999 bestätigten FRICK / LEHMANN / WEIGAND einen signifikant positiven Einfluss des Marktwerts der Bundesligavereine auf den sportlichen Erfolg. Vgl. dell'Osso, Filippo / Szymanski, Stefan (1991): Who are the champions?, S. 113-130; Szymanski, Stefan / Kuypers, Tim (1999): Winners&Losers - The Business Strategy of Football, S. 157f.; Lehmann, Erik / Weigand, Jürgen (1997): Money makes the Ball go round - Fußball als ökonomisches Phänomen, S. 381-409; Frick, Bernd / Lehmann, Erik / Weigand, Jürgen (1999): Kooperationserfordernisse und Wettbewerbsintensität im professionellen Teamsport, S. 495-523; Gömmel, Rainer / Cavar, Jakov (1999): Macht und Ohnmacht der Millionen, S. 12f.; Quitzau, Jörn (2007): Ist Erfolg käuflich?, o.S.

[250] Vgl. Erning, Johannes (2000): Professioneller Fußball in Deutschland, S. 77.

## 3.3.1.2.2 Die Auswirkungen eines sportlichen Monopolisten

In jedem marktwirtschaftlich orientierten System kann das Monopol als die für einen Anbieter ideale Marktform betrachtet werden, denn unter diesen Bedingungen kann der Anbieter seine unterschiedlichst gearteten Zielsetzungen (Gewinn- und Umsatzmaximierung, Streben nach unbeeinflusster Unternehmensführung usw.) am besten erreichen. Mit anderen Worten: Die Position eines Unternehmens wird umso günstiger, je unbedeutender der Wettbewerb mit anderen am Markt beteiligten Unternehmen ist. Somit erscheint es nur logisch, dass in aller Regel die Unternehmen versuchen werden, alleinige Anbieter auf diesem spezifischen Markt zu werden bzw. wenn dieses Ziel erreicht ist, es auch zu bleiben.

Der Markt für Teamsportarten, in welchen auch der professionelle Fußball einzuordnen ist, befindet sich hingegen in einer innerhalb der Ökonomie einzigartigen Situation:[251] Denn während Unternehmen auf freien Märkten ihren Gewinn unter anderem dadurch maximieren, dass sie ihre Konkurrenten vom Markt verdrängen und eine Monopolstellung anstreben, zeichnet sich das zentrale Merkmal des Produktmarktes im professionellen Mannschaftssport dadurch aus, dass kein Team isoliert produzieren kann und somit auch kein Team seine Zielsetzung ohne die Konkurrenz erreichen kann. Dies bedeutet: Obwohl jeder Fußballverein eine so spezifische Leistung anbietet, dass diese klar vom Angebot der anderen Vereine abgegrenzt werden kann, kann er nur zusammen mit anderen Vereinen eine für den Nachfrager (Zuschauer, Medien, Fans, etc.) interessante und somit auch ökonomisch verwertbare Leistung erbringen. Es ist demnach unmöglich, den Beitrag eines einzelnen Bundesligaunternehmens an der Fußballprodukterzeugung detailliert zu bestimmen.[252]

Laut MELZER / STÄGLIN müssen die einzelnen Fußballunternehmen ihre Bestrebungen – folglich anders als reine Wirtschaftsunternehmen – auf ‚Wettbewerbsförderung' und nicht auf ‚Wettbewerbsminderung' ausrichten, um ihre Einnahmen und letztendlich

---

[251]  Die nachfolgend beschriebene besondere Konkurrenzsituation der professionellen Fußballvereine wurde in Kürze bereits in Kapitel 1 vorgestellt. Des besseren Verständnisses und der Vollständigkeit halber muss sie an dieser Stelle allerdings erneut aufgegriffen und im Gesamtzusammenhang dargestellt werden, um so einen Gesamtüberblick über die spezielle Wettbewerbssituation im Fußball zu gewährleisten.

[252]  Vgl. Büch, Martin-Peter / Frick, Bernd (1999): Sportökonomie: Erkenntnisinteresse, Fragestellungen und praktische Relevanz, S. 113f.; Heinemann, Klaus (2001): Grundprobleme der Sportökonomie, S. 21; Melzer, Manfred / Stäglin, Reiner (1965): Zur Ökonomie des Fußballs: Eine empirisch-theoretische Analyse der Bundesliga, S. 115; Rottenberg, Simon (1956): The baseball players' labor market, S. 254f.; Szymanski, Stefan (2001): Economics of Sport, S. 1.

auch ihren Gewinn zu maximieren.[253] Wirtschaftliche und sportliche Konkurrenz stehen im professionellen Mannschaftssport entgegengesetzt zueinander, nur durch einen ausgeprägten Wettbewerb im sportlichen Bereich lassen sich überhaupt wirtschaftliche Erfolge erzielen. Eine sportliche Monopolstellung ist somit nicht wünschenswert und langfristig schädlich für alle Teilnehmer. HEINEMANN prägte in diesem Zusammenhang den Begriff der „assoziativen Konkurrenz"[254], in der englischsprachigen Literatur findet der Ausdruck der ‚Coopetition'[255] Anwendung. Mit anderen Worten: Die Vereine sind auf ihre Konkurrenten angewiesen und müssen sogar ein gewisses Interesse daran haben, dass sich ihre Spielstärke ähnelt. Diese einzigartige Situation wurde in der Literatur erstmals von ROTTENBERG identifiziert, welcher damals schon daraus ableitete, dass Institutionen in der Teamsportindustrie somit keine Monopolstellung anstreben würden. NEALE intensivierte Untersuchungen zu dieser Fragestellung und führte hierzu die Bezeichnung ‚Louis-Schmeling Paradox'[256] ein.

### 3.3.1.3 Die Marktstruktur der Bundesliga

Im Folgenden ist nun der Frage nachzugehen, welche Marktstruktur die Bundesliga aufweist, um so eine Einordnung in den wirtschaftlichen Kontext vornehmen zu können. Hierbei soll zuerst untersucht werden, ob es sich bei der Deutschen Fußballbundesliga um ein Unternehmen im klassischen Sinne handelt, wie einige Autoren argumentieren, oder ob die Liga nicht vielmehr die Strukturen eines klassischen Kartells aufweist, was ebenfalls in der Literatur bereits diskutiert wurde und die Liga dementsprechend dieser Marktstruktur zuzuordnen ist. Auch auf die Effekte potenzieller Konkurrenzligen soll in diesem Zusammenhang eingegangen werden, um so mögliche

---

[253] Vgl. Melzer, Manfred / Stäglin, Reiner (1965): Zur Ökonomie des Fußballs: Eine empirisch-theoretische Analyse der Bundesliga, S. 117.

[254] Heinemann, Klaus (1984): Probleme einer Ökonomie des Sports, S. 35; Heinemann, Klaus (2001): Grundprobleme der Sportökonomie, S. 19.

[255] Der Ausdruck setzt sich zusammen aus den Begriffen ‚Cooperation' und ‚Competition' und beschreibt die horizontale Zusammenarbeit von Konkurrenten, die auf freiwilliger Basis erfolgen kann, unter bestimmten Bedingungen jedoch auch zwingend erforderlich ist. Vgl. u.a. Cairns, J. / Jennet, N. / Sloane, P. J. (1986): The Economics of Professional Team Sports: A Survey of Theory and Evidence, S. 4; Welling, Michael (2004): Absatzmarktbezogene B-to-B-Geschäftsbeziehungen, S. 34.

[256] Fußballunternehmen befinden sich in derselben konträren Lage: Einerseits wollen sie ihre Konkurrenten dominieren, andererseits streben sie eine hohe Ausgeglichenheit unter den Konkurrenten an, um ihre finanziellen Ziele mitteln eines hohen Zuschauerzuspruchs zu erreichen. Vgl. beispielhaft Kurscheidt, Markus (2004): Stand und Perspektiven ökonomischer Forschung zum Fußball, S. 32f.; Zeltinger, Julian (2004): Customer Relationship Management in Fußballunternehmen, S. 11.
Eine ausführliche Darstellung des Louis-Schmeling-Paradoxons findet sich in Fußnote 14 der vorliegenden Arbeit.

Gründe für das bis dato Nicht-Vorhandensein weiterer Fußballligen in Deutschland, welche somit Konkurrenzligen zur Bundesliga darstellen würden, aufzuzeigen, denn auch diese Tatsache stellt einen bedeutenden Unterschied zum klassischen Wirtschaftsmarkt dar, in welchem solche Strukturen selten aufzufinden sind.

### 3.3.1.3.1 Eine Liga als Unternehmen

In älteren angelsächsischen Arbeiten, welche sich mit dem Thema der Sportligen auseinandersetzen, wurden die innerhalb einer Liga zusammengeschlossenen Vereine als eine einzige Unternehmung dargestellt, welche sich aus mehreren Filialen (= Spielorten) zusammensetzt.[257] Allerdings liegt dieser Sichtweise in der Regel die Organisationsform nordamerikanischer Profiligen zugrunde, in welchen die Zusammensetzung durch ein Franchise-System determiniert ist und somit ein System des Auf- und Abstiegs und die damit einhergehende permanente Interaktion der Ligen untereinander, wie es in Europa üblich ist, nicht bekannt ist.[258]

PARLASCA verweist in diese Zusammenhang darüber hinaus auf die Tatsache, dass die Betrachtung einer Liga als Einzelunternehmen schon daher scheitern muss, da weder die Produzenten (= Vereine) noch die Konsumenten (= Zuschauer) ein Interesse an dieser Konstruktion haben könnten. Aus Sicht der Zuschauer würde die Integrität des sportlichen Wettbewerbs durch Vorgabe eines Meisterschaftssiegers durch eine fiktive zentrale Unternehmensleitung leiden, wodurch sich ihre Nachfrage reduzieren würde.[259] Aus Sicht der Vereine würden residuale Handlungs- und Verfügungsrechte preisgegeben werden, was nicht in ihrem Interesse sein kann. Darüber hinaus kann eine Liga schon deswegen kein Unternehmen darstellen, da ein Unternehmen als Wirtschaftseinheit stets ein Gewinn- und Verlustrisiko trägt. Dies ist bei Ligaspielveran-

---

[257] Vgl. hierzu beispielhaft Neale, Walter C. (1964): The Peculiar Economics of Professional Sports, S. 1-14.

[258] Vgl. Szymanski, Stefan (2001): Economics of Sport, S. 1f. Widersprüchlich erscheint in diesem Zusammenhang die Tatsache, dass die Vereine dennoch über eine Anzahl von Handlungs- und Verfügungsrechten verfügen (z.B. Personalpolitik, Vermarktungsstrategien, Finanzwesen, etc.), deren individuelle Ausübung nicht mit der soeben beschriebenen Abhängigkeit einhergeht. Vgl. Cairns, J. / Jennet, N. / Sloane, P. J. (1986): The Economics of Professional Team Sports: A Survey of Theory and Evidence, S. 57; Erning, Johannes (2000): Professioneller Fußball in Deutschland, S. 99. Siehe hierzu auch die Ausführungen in Abschnitt 1.2, in welchem die wesentlichen Unterschiede der amerikanischen Major Leagues zu den europäischen Ligen aufgezeigt werden.

[259] Vgl. hierzu Abschnitt 3.3.2.1 der vorliegenden Arbeit, welcher sich mit der Ergebnisunsicherheit als einem wesentlichen Eigenschaftsprofil des Mannschaftssports im Allgemeinen und des Fußballs im Besonderen befasst.

staltungen, bei welchen die jeweilige Heimmannschaft das unternehmerische Risiko trägt, ebenso wie sie die Kombination der Produktionsfaktoren übernimmt, nicht zu beobachten.[260] Die These, wonach eine Liga ein Unternehmen, eine so genannte ‚single entity' darstellt, erscheint demnach nicht haltbar und wird somit an dieser Stelle nicht weiter verfolgt.[261]

### 3.3.1.3.2 Eine Liga als Kartell auf einem gemeinsamen Markt

Nachdem nun, wie im vorangegangenen Abschnitt aufgezeigt wurde, nicht davon ausgegangen werden kann, dass es sich bei der Bundesliga um ein Unternehmen handelt, sollen nun im Folgenden Überlegungen dahingehend angestellt werden, ob es sich bei einer Liga um ein Kartell[262] handeln könnte.

KIPKER vertritt hierbei die Auffassung, dass die Teamsportwettbewerbe im Rahmen der Ligakooperation horizontale Kartelle bilden, wobei der Teamsportwettbewerb eher ein Kontingierungskartell darstellt, da der Wettbewerb nicht über den Preis, sondern über die Menge[263] eingeschränkt wird.[264] Zustimmung findet diese Annahme beispielsweise durch FORT / QUIRK, welche konstatieren: „Professional team sports leagues are classic, even textbook examples of business cartels." Diese Aussage erfährt allerdings sogleich eine Einschränkung, welche ebenfalls durch FORT / QUIRK vorgenommen wird: „However, sports leagues differ from other cartels in one important and paradoxical respect. Sports leagues are in the business of selling competition on the playing field, leading to what Walter Neale termed The Peculiar Economics of Professional Sports. The special problem for sports leagues is they need to establish a de-

---

[260] Lediglich die Regelungen für den Wettkampfbetrieb müssen die Ligaclubs kollektiv festlegen. Dieses Qualitätsmerkmal stellt allerdings nur einen geringen Teilbereich aus der Gesamtheit der relevanten Wettbewerbsparameter dar.

[261] Vgl. Erning, Johannes (2000): Professioneller Fußball in Deutschland, S. 100; Parlasca, Susanne (1993): Kartelle im Profisport, S. 67f.

[262] Unter dem Begriff Kartell soll in diesem Zusammenhang eine Kooperation rechtlich selbstständiger Unternehmen mit dem Zweck der Wettbewerbsbeschränkungen und der Erhöhung der Marktmacht verstanden werden. Bei horizontalen Verbindungen, wie sie auch in der Bundesliga vorliegen, arbeiten Unternehmen der gleichen Branche sowie der gleichen Wertschöpfungskette zusammen. Vgl.Bea, Franz-Xaver (2000): Entscheidungen des Unternehmens, S. 395; Picot, Arnold / Dietl, H / Franck, Egon (1997): Organisation: Eine ökonomische Perspektive, S. 126-128.

[263] Die Angebotsmenge wird durch den Spielpan automatisch begrenzt.

[264] Vgl. Kipker, Ingo (2002): Die ökonomische Strukturierung von Teamsportwettbewerben, S. 21.

gree of competitive balance on this field that is acceptable to fans."[265] Bei PARLASCA findet sich eine detaillierte Analyse bezüglich der Frage inwiefern es sich bei den beiden Fußballligisten um Kartelle handelt. So untersucht sie die drei wesentlichen Kartellarten Preis-[266], Mengen-[267] und Marktaufteilungskartell[268] mit dem Ergebnis dass Mengen- und Marktaufteilungskartelle in der Fußballbundesliga durchaus anzutreffen sind, Preiskartelle allerdings keine Rolle spielen. Aufgrund der vorherrschenden Markteintrittsbarrieren kann die Fußballbundesliga als ‚saisonal offenes Kartell' bezeichnet werden.[269]

Der Annahme, bei der Fußballbundesliga handele es sich um ein Kartell widerspricht u.a. ERNING. Die Begründung sieht er in den klassischen Zielen eines Kartells, nämlich der Kollusion, also abgesprochenen Verhaltensweisen, welche eine gemeinsame Gewinnmaximierung sicherstellen sollen. Seiner Ansicht nach dient die zahlenmäßige Begrenzung von Ligaspielen lediglich dazu, einen einheitlichen Rahmen für den Ligabetrieb zu gewährleisten wodurch z.B. der Titelträger eindeutig bestimmbar wird. Ansonsten sind die Vereine seiner Meinung nach bemüht, den eigenen wirtschaftlichen und sportlichen Erfolg auf Kosten der Konkurrenten zu maximieren, weshalb die Annahme von Kollusion von ihm verworfen wird. Seiner Ansicht nach muss die Bundesliga eher als ein Markt betrachtet werden, auf welchem Bestrebungen zur Kartellbildung als eher unbedeutend anzusehen sind.[270] Unterstützt wird diese Annahme unter anderem durch CAVE / CRANDALL, welche ihre Argumentation auf der im Rahmen einer Sportliga notwendigen Coopetition basieren. „According to this view of the matter, the combination of competitive and co-operative arrangements distinguished members of

---

[265]  Fort, Rodney / Quirk, James (1995): Cross-subsidization, Incentives, and Outcomes in Professional Team Sports Leagues, S. 1265. Siehe hierzu auch Cairns, J. / Jennet, N. / Sloane, P. J. (1986): The Economics of Professional Team Sports: A Survey of Theory and Evidence, S. 56; Drewes, Michael (2004): Management, competition and efficiency in professional sports leagues, S. 8; Neale, Walter C. (1964): The Peculiar Economics of Professional Sports, S. 1-14. Alternativ die Darstellungen der Abschnitt 3.3.1.2 sowie 3.3.2.

[266]  Im Rahmen eines Preiskartells werden der Preis oder einzelne seiner Bestandteile vertraglich festgelegt. Im Mittelpunkt der ökonomischen Kollusionsdiskussion stehen hierbei meist die explizite und implizite Preiskoordination. Vgl. Bea, Franz-Xaver (2000): Entscheidungen des Unternehmens, S. 395; Parlasca, Susanne (1993): Kartelle im Profisport, S. 72.

[267]  Bei einem Mengenkartell legen die Mitglieder Produktions- und/oder Absatzmengen vertraglich fest.

[268]  Marktaufteilungskartelle können räumlicher (Gebietskartell), sachlicher (Spezialisierungskartell) oder zeitlicher Natur sein.

[269]  Der Ausdruck saisonal offen ist darauf zurückzuführen, dass die Bundesliga nur zu bestimmten Zeiten Veränderungen in ihrer Zusammensetzung erfährt, nämlich zu Beginn jeder Saison, wenn jeweils drei Vereine der Vorsaison aus ihr ab- bzw. in sie aufsteigen. Vgl. Parlasca, Susanne (1993): Kartelle im Profisport, S. 72-75, sowie Abschnitt 3.3.1.4.1 zu sportlichen Marktbarrieren.

[270]  Vgl. Erning, Johannes (2000): Professioneller Fußball in Deutschland, S. 100.

a sports league from the members of an industrial cartel."[271] ERNING und CAVE / CRANDALL kommen somit zu demselben Ergebnis, nämlich der Aussage dass es sich bei Sportligen nicht um ein Kartell handeln kann, wobei die Begründungen unterschiedlich sind: Während ERNING argumentiert, dass die Vereine ihren eigenen wirtschaftlichen und sportlichen Erfolg auf Kosten der anderen Vereine zu maximieren versuchen, gehen CAVE / CRANDALL davon aus, dass eben gerade dieses nicht passieren wird.

Die deutsche respektive die europäische Rechtssprechung gehen allerdings zumindest von kartellähnlichen Strukturen in den Ligen aus, weswegen in der sechsten GWB-Novelle bereits ein Ausnahmebereich ,Sport' aufgenommen wurde: § 31 GWB stellte die Zentralvermarktung durch den Ligaverband vom Kartellverbot nach § 1 GWB frei.[272] In einer vorläufigen Beurteilung kam die Europäische Kommission ebenfalls zu dem Ergebnis, dass die ausschließliche Vergabe der gewerblichen Rechte durch den Ligaverband den Wettbewerb zwischen den Bundesligaclubs einschränken könne (Art. 81 EGV).[273] Aktuell scheint sich jedoch ein Kompromiss anzudeuten. Nachdem die DFL das Vermarktungsmodell überarbeitet hat, beendete die Kommission das Verfahren in Bezug auf den Ligaverband.[274] Von dieser Kompromissentscheidung abgesehen wird allerdings in der rechtswissenschaftlichen Literatur deutlich, dass die Übertragung der TV-Vermarktungsrechte als wettbewerbsschädliches Kartell gesehen wird. Die Clubs müssen auf eine autonome Mengen- und Preispolitik verzichten, um überhaupt zum Spielbetrieb zugelassen zu werden. Das Vermarktungsmonopol, welches die Vermarktung ausschließlich über eine gemeinsame Verkaufsorganisation erfolgen lässt, hat die institutionelle Form eines Syndikats.[275]

---

[271] Cave, Martin / Crandall, Robert W. (2001): Sports Rights and the Broadcast Industry, S. F18.

[272] Die Vorschrift schien allerdings für den DFB so maßgeschneidert, dass sie von Beginn an umstritten war, und im Rahmen der siebten GWB-Novelle weggefallen ist. Vgl. Bundeskartellamt (2003): Ausnahmebereiche des Kartellrechts: Stand und Perspektiven der 7. GWB-Novelle. Diskussionspapier, S. 19-22. Darüber hinaus stand sie nicht im Einklang mit europäischem Wettbewerbsrecht, welches hier Anwendung findet, da die Bundesligaspiele auch in andere europäische Länder übertragen werden.

[273] Vgl. Europäische Kommission (2005): Entscheidung der Kommission vom 19.01.2005: Gemeinsame Vermarktung der Medienrechte an der deutschen Bundesliga, S. 6.

[274] Nach dem neuen Vermarktungsmodell werden mehrere kleine Rechtepakete durch die DFL angeboten. Die Clubs erhalten u.a. das Recht zur Vermarktung der eigenen Heimspiele im Mobilfunk. 24 Stunden nach Spielende können die gastgebenden Vereine die Begegnungen zur einmaligen Free-TV-Ausstrahlung vermarkten. Vgl. ebenda, S. 7-9.

[275] Vgl. Kruse, Jörn / Quitzau, Jörn (2003): Fußball-Fernsehrechte: Aspekte der Zentralvermarktung, S. 2.

### 3.3.1.3.3 Effekte potenzieller Konkurrenzligen

Ebenso wie in anderen europäischen Ländern existiert in Deutschland nur eine Liga für professionellen Fußball, in Deutschland ist dies die Deutsche Fußballbundesliga. Der DFB nahm und nimmt in diesem Zusammenhang eine Monopolstellung ein. In den USA hingegen wurde in den vergangenen Jahrzehnten vielfach (allerdings erfolglos) versucht, Konkurrenzligen zusätzlich zu den bereits etablierten Ligen im Markt zu etablieren. Als logische Konsequenz ergab sich hieraus regelmäßig eine radikale Änderung der Gesamtstruktur des Marktes, indem sich nun zwei exakt bestimmbare Märkte sowie die auf ihnen angebotenen Güter gegenüber und in Konkurrenz zueinander standen. Als Folge ergaben sich gegenseitige Abwerbeversuche der Mitglieder, ein oligopolistischer Vertrieb der Fernsehrechte etc. Als möglicher Grund für den bis dato noch nicht einmal stattgefundenen Versuch, eine zusätzliche Profiliga zu installieren, dürfte in dem offenen europäischen System liegen, welches Auf- und Abstiege zulässt. Die Tatsache, dass der Aufstieg durch sportliche Leistungen möglich ist, löst bei betroffenen Vereinen sicherlich weniger Transaktionskosten hervor, als es die Bemühung eine Konkurrenzliga im Kollektiv zu begründen tun würde. Des Weiteren müsste eine neue Liga sich bei den Nachfragern erst einmal die notwendige Glaubwürdigkeit erarbeiten, was ebenfalls ein zeit- und kostenintensives Unterfangen darstellen würde, insbesondere vor dem Hintergrund, dass der Titel ‚Deutscher Meister' nur dann glaubwürdig erscheint, wenn er in jeder Sportart nur einmal vergeben wird. Darüber hinaus würde einer Konkurrenzliga der Zutritt zu den Wettbewerben auf europäischer Ebene versperrt bleiben, da die UEFA keinen Konkurrenten eines Mitgliedsverbandes aufnimmt, da ihre Statuten das so genannte ‚Ein-Platz-Prinzip'[276] vorschreiben.[277]

Zusammenfassend lässt sich bis dato konstatieren: Die Charakterisierung der Bundesliga hat ergeben, dass es sich bei ihr keinesfalls um ein Unternehmen handeln kann. Eine Charakterisierung als Kartell scheint hingegen bedingt gerechtfertigt, zumindest kartellähnliche Strukturen sind in der Bundesliga deutlich vorhanden, was auch durch die Rechtssprechung betont wird. Sicher erscheint darüber hinaus die Tatsache, dass die Bundesliga als ein Markt mit Wettbewerbsbeschränkungen charakterisiert werden kann, welcher für potenzielle Konkurrenzligen keinerlei Anreiz bietet. Im Folgenden

---

[276] Dem Ein-Platz-Prinzip zufolge kann jedes Land nur durch einen Verband repräsentiert werden.

[277] Vgl. Erning, Johannes (2000): Professioneller Fußball in Deutschland, S. 100.; Hardenacke, Jens / Muhle, Dominik (2004): Kooperationsformen im Profifußball, S. 274-279; Parlasca, Susanne (1993): Kartelle im Profisport, S. 217-219.; Schellhaaß, Horst-Manfred / Enderle, Gregor (1999): Wirtschaftliche Organisation von Sportligen in der Bundesrepublik Deutschland, S. 50-55.

müssen nun die Marktbarrieren für die Ligateilnehmer nähere Betrachtung finden, um auch in diesem Bereich Gemeinsamkeiten bzw. Unterschiede zu klassischen Wirtschaftsmärkten herausarbeiten zu können.

### 3.3.1.4 Marktbarrieren in der Fußballbundesliga

Im Rahmen der klassischen Wettbewerbstheorie lautet eine grundlegende Erkenntnis, dass effizienzfördernde Effekte erwartet werden können, sobald ein möglichst freier Zugang zu Märkten jedweder Art geschaffen wird. In der Realität hingegen ist der Zugang zu einem Markt determiniert durch die anzutreffenden, unterschiedlich stark ausgeprägten Markteintrittsbarrieren – dies gilt auch für die Fußballbundesliga. Zudem muss hierbei generell unterschieden werden in sportliche und wirtschaftliche Barrieren, allerdings wirken diese komplementär.[278] Im Folgenden sollen diese Markteintrittsbarrieren nun vorgestellt werden, beginnend mit den sportlichen. Aussagen über Marktaustrittsbarrieren werden entsprechend im Umkehrschluss gewonnen.

### 3.3.1.4.1 Sportlich begründete Marktbarrieren

Die sportlich begründeten Marktbarrieren des Markts Fußballbundesliga ergeben sich unmittelbar aus den Auf- und Abstiegsregeln.[279] Somit steht die Erste Bundesliga grundsätzlich allen Vereinen offen, die zu Ende der vorangegangenen Saison auf den ersten 15 Tabellenplätzen der Ersten Bundesliga bzw. einem der ersten drei Tabellenplätze der Zweiten Bundesliga platziert waren. Teilnahmerechte an der Bundesliga werden in Deutschland, anders als beispielsweise in den USA, nicht gehandelt. Unerheblich dabei ist beispielsweise die regionale Zugehörigkeit eines Vereins, sollten aus der Region etwa bereits zwei Vereine in der Ersten Liga vertreten sein.

Entsprechend dem Lizenzierungsverfahren ändert sich die Zusammensetzung der Ersten Bundesliga jede Saison um mindestens drei Vereine. Man spricht in diesem Zusammenhang auch von einem „saisonal konstanten Teilnehmerkreis auf dem Markt 1. Bundesliga"[280]. Im Verlauf einer Saison ist es für die Vereine hingegen nicht möglich,

---

[278]  Vgl. Erning, Johannes (2000): Professioneller Fußball in Deutschland, S. 102.

[279]  Vgl. Büch, Martin-Peter / Schellhaaß, Horst-Manfred (1978): Ökonomische Aspekte der Transferentschädigung im bezahlten Mannschaftssport, S. 270; Parlasca, Susanne (1993): Kartelle im Profisport, S. 194ff.

[280]  Erning, Johannes (2000): Professioneller Fußball in Deutschland, S. 102.

zwischen den Ligen zu wechseln, auch wenn ihr spielerisches Vermögen dies unter Umständen als sinnvoll erachten ließe. Die Aufstiegsregeln implizieren zugleich, dass ein Aufstieg nur aus der unmittelbar nachgeschalteten Liga möglich ist. Dementsprechend stellt sich der Eintritt als umso komplexer dar, je niedriger die aktuelle Spielklasse des aufstiegswilligen Vereins ist.[281]

### 3.3.1.4.2 Wirtschaftlich begründete Marktbarrieren

Die wirtschaftlichen Eintrittsbarrieren, welche zusätzlich zu den sportlichen zu bewältigen sind, um die Lizenzierung durch den DFB zu erhalten, sind an vielfältige Auflagen geknüpft. Diese umfassen neben der technischen Qualifikation und einem vorhandenen sportlichen Unterbau einen detaillierten Wirtschaftlichkeitsnachweis.[282] Die Überprüfung dieser Leistungsfähigkeit der Vereine erfolgt durch den Lizenzierungsausschuss des DFB, welcher die Berechtigung besitzt, den Vereinen die Lizenz zu erteilen bzw. zu entziehen.

Bei den wirtschaftlichen Eintrittsbarrieren erscheint es sinnvoll, zwischen offensichtlichen und versteckten Barrieren zu unterscheiden. Die offensichtlichen Barrieren stellen das Lizenzierungsverfahren durch den DFB dar, auf welches im Folgenden noch näher eingegangen werden soll. Die versteckten Barrieren[283] bestehen aus spezifischen Investitionen, welche ein Verein tätigt, um die sportliche Qualifikation zu realisieren und um im neuen Markt qualitativ standhalten zu können. Hier sind insbesondere

---

[281]  Ein Oberligist müsste dementsprechend dreimal in Folge aufsteigen, um den schnellstmöglichen Eintritt in die Erste Bundesliga zu erreichen. Zum Lizenzierungsverfahren vgl. die Darstellungen bei Erning, Johannes (2000): Professioneller Fußball in Deutschland, S. 102f.; Franck, Egon (1995): Die ökonomischen Institutionen der Teamsportindustrie, S. 115.

[282]  Die Lizenz wird aufgrund sportlicher, rechtlicher, personell-administrativer, infrastruktureller und sicherheitstechnischer, medientechnischer sowie finanzieller Kriterien vergeben. Die genannten Voraussetzungen stehen eigentlich gleichgewichtet zueinander, jedoch entscheidet sich die Vergabe einer Lizenz regelmäßig an den finanziellen Kriterien, welche die wirtschaftliche Leistungsfähigkeit eines Vereins sicherstellen sollen. Diese bezieht sich allerdings jeweils immer nur auf die zu lizenzierende Spielzeit (Liquidität per 30.06.t+1), um so zu vermeiden, dass ein Verein während der laufenden Saison seinen Zahlungsverpflichtungen nicht mehr nachkommen und somit den Spielbetrieb nicht mehr aufrechterhalten kann. Der Betrachtungszeitraum hierfür umfasst drei Jahre (die Vorsaison, die laufende Saison sowie die zukünftige Saison).

[283]  Der Ausdruck ‚versteckt' erscheint in diesem Zusammenhang passend, da diese Markteintrittsbarrieren nicht direkt von einer dritten Partei gestellt werden, sondern lediglich mit ihrer Hilfe die eigentliche Barriere der sportlichen Qualifikation überwunden werden kann.

Ausgaben für Spieler, Trainer sowie Management etc. zu nennen.[284] Dieser Bereich der zu tätigenden Investitionen erscheint durchaus vergleichbar mit Wirtschaftsunternehmen, die in einen neuen Markt eintreten und vorab spezifische Investitionen zu realisieren haben. Aufgrund der Ungewissheit des Saisonausgangs ist es nahezu unmöglich, die Höhe der notwendigerweise zu tätigenden Investitionen im Vorfeld zu bestimmen. Darüber hinaus spielen auch Faktoren wie Glück, Zufall und Leistung anderer Vereine hier eine durchaus relevante Rolle.

Werden die sportlichen Qualifikationen für den Eintritt bzw. das Bestehen in der Ersten Liga erreicht, so kommen die offensichtlichen wirtschaftlichen Markteintrittsbarrieren zum Zug. Das Lizenzierungsspielerstatut des DFB fordert von Vereinen, welche an der ersten Bundesliga teilnehmen, unter anderem umfangreiche Sicherheitsvorkehrungen sowie eine Mindestkapazität des benutzten Stadions von 15.000 Zuschauern. Gleichzeitig werden ein Security-Service, ein Fan-Beauftragter sowie mindestens zehn Amateur- und Jugendmannschaften verlangt.[285] Darüber hinaus wird nach § 8 Lizenzspielerstatut des DFB ein umfangreicher Nachweis der wirtschaftlichen Leistungsfähigkeit der Vereine verlangt, anhand derer die DFL eine Liquiditätsberechnung für die zukünftige Saison erstellt. Auf Basis dieser wird über die Lizenzerteilung[286] entschieden.

Zusätzlich zum Erreichen der sportlichen Qualifikation stellen die wirtschaftlichen Marktbarrieren somit die zweite bedeutende Eintrittsbarriere dar.[287] Nicht unerwähnt bleiben sollen in diesem Zusammenhang auch die Marktaustrittsbarrieren aus der Bundesliga. Sie ergeben sich nahezu automatisch aus der spiegelverkehrten Betrach-

---

[284] Vgl. Büch, Martin-Peter / Schellhaaß, Horst-Manfred (1978): Ökonomische Aspekte der Transferentschädigung im bezahlten Mannschaftssport, S. 270; Erning, Johannes (2000): Professioneller Fußball in Deutschland, S. 103; Parlasca, Susanne (1993): Kartelle im Profisport, S. 200f.

[285] Vgl. hierzu § 7 Lizenzspielerstatut des DFB. Darüber hinaus finden sich Darstellungen bei Erning, Johannes (2000): Professioneller Fußball in Deutschland, S. 103f.; Müller, Christian (2004): Wettbewerbsintegrität als Oberziel des Lizenzierungsverfahrens der Deutschen Fußball Liga GmbH, S. 19-44; Schmidt, Markus (2004): Bedeutung des Lizenzierungsverfahrens für Profifußballclubs, S. 50; Straub, Wilfried, et al. (2002): Das Lizenzierungsverfahren des Ligaverbandes, S. 78-83.

[286] Die Lizenzerteilung kann in diesem Zusammenhang an Auflagen und Bedingungen geknüpft sein. Auflagen wären beispielsweise die Abgabe eines monatlichen Soll-Ist-Vergleichs bei der DFL. Bedingungen sind strenger geartet als Auflagen, beispielsweise die Vorgabe, dass ein Verein den Kreditrahmen erweitern muss. Bedingungen sind dabei noch vor Beginn der zu lizenzierenden Saison zu erfüllen, während Auflagen während der laufenden Saison erfüllt werden können. Vgl. Klimmer, Christian (2004): Prüfung der wirtschaftlichen Leistungsfähigkeit im deutschen Lizenzfußball, S. 148f.; Schmidt, Markus (2004): Bedeutung des Lizenzierungsverfahrens für Profifußballclubs, S. 51.

[287] Eine ausführliche Darstellung des Lizenzierungsverfahrens bzw. der Darstellung der wirtschaftlichen Leistungsfähigkeit findet sich bei Klimmer, Christian (2004): Prüfung der wirtschaftlichen Leistungs-

tung der Markteintrittsbarrieren. So erfolgt der Ausschluss aus der Ersten Fußballbundesliga nur dann, wenn ein Verein zum Ende der Saison zu den drei punktschlechtesten Teilnehmern gehört oder wenn die Finanzkraft des Vereins zu gering ist, um eine sportlich wettbewerbsfähige Mannschaft auszubauen. Sind diese Bedingungen nicht erfüllt, ist ein Austritt nahezu nicht möglich. Er ist darüber hinaus ausschließlich zum Saisonende hin möglich, selbst wenn ein erfolgloser Verein in der darunter liegenden Liga evt. wettbewerbsfähiger wäre, muss er bis zum Saisonende in der höheren Liga verbleiben, woraus sich eine eindeutige Marktaustrittsbarriere während der laufenden Saison ergibt. Darüber hinaus besteht die Möglichkeit, einem Verein, der die sportliche Qualifikation für den Erhalt in der Bundesliga geschafft hat, die Lizenz wegen mangelnder wirtschaftlicher Leistungsfähigkeit zu entziehen.[288]

### 3.3.2 Eigenschaftsprofile des Produkts und seiner Fertigung

Im Rahmen der vorliegenden Untersuchung gilt es nun, die typischen Eigenschaften von Sportprodukten und ihrer Herstellung aufzuzeigen, um sie so von klassischen Wirtschaftsgütern abzugrenzen. Die Besonderheiten zeigen sich unter anderem in den vielen möglichen Kombinationen unterschiedlicher Produktarten und ihrer spezifischen Eigenschaften. Neben dieser charakteristischen Zusammensetzung weisen die Sportprodukte, im vorliegenden Fall der nachfragewirksame sportliche Wettkampf, weitere erwähnenswerte Eigenschaften auf, welche im Rahmen des weiteren Vorgehens betrachtet werden müssen.

**Ergebnisunsicherheit**

Das Gut Spitzensport fällt im Bereich der Mannschaftssportarten durch die Besonderheit auf, dass es mindestens zwei Unternehmungen (Mannschaften bzw. Clubs) zu seiner Bereitstellung braucht.[289] Spannungs- und Unterhaltungsfaktoren machen dabei substanzielle Erlebnisdimensionen für den Zuschauer beim Besuch von Sportwettkämpfen aus. Dabei generieren verschiedene Faktoren, wie etwa der sportliche Wett-

---

fähigkeit im deutschen Lizenzfußball, S. 133-161 sowie bei Thyll, Alfred (2004): Jahresabschluss und Prüfung nach der Lizenzierungsordnung, S. 163-191.

[288] In diesem Fall würde die beste der sportlich bereits disqualifizierten Mannschaften nicht absteigen, um so die Sollstärke der Liga zu erhalten (vgl. § 39 Nr. 4 Spielordnung DFB). Diese Regelung lässt die Vermutung zu, dass die wirtschaftlichen Eintrittsbarrieren den sportlichen übergeordnet sind, und sie nicht etwa als gleichwertig zu betrachten sind.

[289] Vgl. Büch, Martin-Peter (1977): Die Fußball-Bundesliga in ökonomischer Sicht, S. 4; Kohl, Thorsten (2001): Ökonomie des Profifußballs, S. 34; Kubat, Rudolf (1998): Der Markt für Spitzensport, S. 17.

kampf als Ganzer oder einzelne Regeländerungen eine Ergebnisunsicherheit[290], die sich sowohl auf einzelne Partien wie auch auf den gesamten Ligawettbewerb auswirken kann.[291] Die Spannung eines Spiels oder eines ganzen Saisonverlaufs stellt für den Zuschauer somit einen möglichen Qualitätsfaktor dar: Je unsicherer das Ergebnis eines Wettkampfes, umso größer die Spannung. Dieser Tatsache wurde bereits in den frühesten Untersuchungen zum Sport durch ROTTENBERG und NEALE eine zentrale Bedeutung beigemessen.[292]

Mit der Frage, wie sich dieser Aspekt auf die Zuschauerzahlen auswirkt, hat sich bereits eine Vielzahl von Autoren beschäftigt, sowohl bezogen auf einzelne Spiele als auch auf die gesamte Meisterschaft. Die Ergebnisse variieren hierbei allerdings. So vertreten HEINEMANN wie auch KUBAT und FORREST / SIMMONS die Meinung, dass die Zuschauernachfrage umso stärker abnimmt, je vorsehbarer der Wett-

---

[290] Um die Bedeutung der Ergebnisunsicherheit im Folgenden besser darstellen zu können, muss in einem ersten Schritt der Qualitätsfaktor ‚Unsicherheit des Endergebnisses' charakterisiert werden. Außer Frage steht dabei die Tatsache, dass der Faktor ‚Ergebnisunsicherheit' im Rahmen eines sportlichen Wettkampfes Spannung erzeugt, und dementsprechend die Zuschauernachfrage beeinflusst. Wegen dieser Spannungshypothese wird erwartet, dass das Aufeinandertreffen zweier in etwa gleich starker Mannschaften (auszumachen beispielsweise durch eine enge Differenz des Tabellenplatzes) aufgrund der hohen Unsicherheit des Endergebnisses mehr Zuschauer in die Stadien lockt, als dies bei einer ungleichen Verteilung der Mannschaftsstärke der Fall wäre. Vgl. Brandmaier, Sonja / Schimany, Peter (1998): Die Kommerzialisierung des Sports, S. 67; Schumann, Frank (2004): Professionalisierungstendenzen im deutschen Fußball, S. 48.

[291] Vgl. Cairns, J. / Jennet, N. / Sloane, P. J. (1986): The Economics of Professional Team Sports: A Survey of Theory and Evidence, S. 6; Flynn, Michael A. / Gilbert, Richard J. (2001): The Analysis of Professional Sports Leagues as joint ventures, S. F27; Hafkemeyer, Lutz (2003): Die mediale Vermarktung des Sports: Strategien und Institutionen, S. 33; Kurscheidt, Markus (2004): Stand und Perspektiven ökonomischer Forschung zum Fußball, S. 48; Parlasca, Susanne (1993): Kartelle im Profisport, S. 60f.; Szymanski, Stefan (2003): The Economic Design of Sporting Contests, S. 1156. SZYMANSKI / ROSS stellen in diesem Zusammenhang noch einmal den Unterschied zwischen den geschlossenen US-amerikanischen Ligen und den offenen europäischen, in welchen durch das System des Auf- und Abstieg die Zusammensetzung der Liga jede Saison erneut festgelegt wird, heraus. Dabei argumentieren sie, dass mithilfe des europäischen Systems die Konkurrenz unter den Teams verstärkt und der Anreiz zu siegen erhöht wird. Im Umkehrschluss führt dies automatisch zu einer härter umkämpften, qualitativ hochwertigeren und somit für den Zuschauer spannenderen Liga. Vgl. Szymanski, Stefan / Ross, Stephen F. (2000): Open Competition in League Sports, S. 4.

[292] Vgl. Neale, Walter C. (1964): The Peculiar Economics of Professional Sports, S. 1-14; Rottenberg, Simon (1956): The baseball players' labor market, S. 242-258.
Siehe hierzu auch Büch, Martin-Peter (1977): Die Fußball-Bundesliga in ökonomischer Sicht, S. 26; Cave, Martin / Crandall, Robert W. (2001): Sports Rights and the Broadcast Industry, S. F18; Késenne, Stefan (2006): Competitive Balance in Team Sports and the Impact of Revenue Sharing, S. 39-51; Kubat, Rudolf (1998): Der Markt für Spitzensport, S. 17f.; Szymanski, Stefan (2001): Income inequality, competitive balance and the attractiveness of team sports, S. 69; Trail, Galen T. / Anderson, Dean F. / Fink, Janet S. (2003): Sport Spectator Consumption Behavior, S. 10; Zeltinger, Julian (2004): Customer Relationship Management in Fußballunternehmen, S. 30.

kampfsieger ist.[293] CZARNITZKI hingegen konstatiert, dass die Zuschauernachfrage nicht durch das Spannungselement der Ergebnisunsicherheit signifikant beeinflusst wird, sondern vielmehr durch die (vermeintliche) Dominanz bzw. Unterlegenheit einer der beiden beteiligten Mannschaften. Begründet wird diese Annahme dadurch, dass die Anhänger der vermeintlich dominierenden bzw. schwächeren Mannschaft beim Sieg über den jeweiligen Gegner live dabei sein möchten.[294] Diese Aussage wird durch GÄRTNER / POMMEREHNE unterstrichen, welche festhalten, dass eine abstiegsbedrohte Mannschaft für zusätzliche Zuschauerakzeptanz sorgt. Als Qualitätsaspekt werden hier die zu erwartende außergewöhnliche Anstrengung und die daraus resultierende überdurchschnittliche Ausschöpfung des Leistungspotenzials der abstiegsbedrohten Mannschaft genannt, was im Umkehrschluss dann auch für die Meistermannschaft gilt.[295]

Zusammenfassend lässt sich sagen, dass im Rahmen diverser empirischer Untersuchungen durch verschiedene Autoren kein signifikanter Einfluss der Ergebnisunsicherheit auf einzelne Spiele bezüglich der Zuschauernachfrage ermittelt werden konnte. Bezogen auf eine ganze Meisterschaft hingegen konnte durchaus ein signifikant positiver Einfluss der Ergebnisunsicherheit auf die Zuschauerzahlen der einzelnen Spiele konstatiert werden.[296] Die Bedeutung der Unsicherheit des Titelgewinns einer Meisterschaft für die Nachfrage hat dementsprechend Implikationen für die Regelsetzung der Liga. Die Veranstalter respektive die Sportligen, in diesem Falle der Deutsche Fußball-Bund (DFB), müssen darauf achten, dass die Unsicherheit über den Ausgang einer Meisterschaft möglichst lange bestehen bleibt, um so die Zuschauer so lange wie möglich für den Meisterschaftsverlauf zu interessieren. Diese Tatsache stellt einen bedeutenden Unterschied des Fußballs im Vergleich zur klassischen Wirtschaft dar: Kein Käufer von Gütern in der freien Wirtschaft würde es akzeptieren, wenn die Produkti-

---

[293] Vgl. Forrest, David / Simmons, Robert (2002): Outcome uncertainty, S. 239; Heinemann, Klaus (1988): Kommerzialisierung, neue Medienstrukturen und Veränderung des Sports, S. 42; Kubat, Rudolf (1998): Der Markt für Spitzensport, S. 17f.

[294] Vgl. Czarnitzki, Dirk / Stadtmann, Georg (2002): Uncertainty of outcome versus reputation, S. 101-112.

[295] Vgl. Gärtner, Manfred / Pommerehne, Werner (1984): Der Fußballzuschauer - ein homo oeconomicus?, S. 156f. Eine ausführliche Übersicht der Autoren, welche die Unsicherheitshypothese empirisch überprüft haben findet sich u.a. bei Szymanski, Stefan (2003): The Economic Design of Sporting Contests, S. 1157-1158.

[296] Vgl. Kubat, Rudolf (1998): Der Markt für Spitzensport, S. 18; Schumann, Frank (2004): Professionalisierungstendenzen im deutschen Fußball, S. 49; Szymanski, Stefan (2003): The Economic Design of Sporting Contests, S. 1156.

onsqualitäten und -werte derart unsicher und wenig antizipierbar wären wie dies beispielsweise im Fußball der Fall ist und hier sogar gewünscht wird.[297]

**Vergänglichkeit**

Aus der Immaterialität des Fußballproduktes lässt sich die Eigenschaft der mangelnden Lagerfähigkeit ableiten, was durch die räumliche und zeitliche Simultanität von
Produktion und Absatz – das heißt ohne Umweg über losgelöste oder loslösbare eigenständige Objekte – erneut zum Ausdruck kommt. Leistungserstellung und Leis-
tungsabgabe sind damit identisch und erfolgen nach dem „uno-actu-Prinzip".[298] Dies
bedeutet, dass die marktliche Verwertbarkeit bzw. der Verkauf des Fußballprodukts
(der sportliche Wettkampf) mit wenigen Ausnahmen[299] nicht über die Produktionsdau-
er hinaus anhalten kann, ein Transferobjekt im klassischen Sinne eines Produkts existiert zwischen Anbieter und Nachfrager der Sportleistung zu keiner Zeit. Eine ökonomisch ausgerichtete Vorratsproduktion wie in der produzierenden Sachgüterindustrie
ist demnach unter Nichtbeachtung der technischen Speicherfähigkeit von Trägerme-
dien nicht möglich.[300]

**Irrelevanz der Qualität**

Das sportliche Ziel eines jeden wettkampforientierten Fußballunternehmens ist der
Sieg im Rahmen des sportlichen Wettkampfs, wobei die Qualität der sportlichen Leistungserstellung bzw. die Art und Weise diesen Sieg zu erringen, meist eine eher ne-
bensächliche Bedeutung erfährt. Dies ist auf die Tatsache zurückzuführen, dass in der
Regel im Fußballsport – wie in den meisten anderen Sportarten auch – lediglich das
Ergebnis zählt, weniger die Art und Weise, wie es erreicht wurde. Hieraus ergibt sich
ein wesentlicher Unterschied des professionellen Sports im Vergleich zu einer Unter-
haltungsshow. Zwar ist dem Prozess der Leistungserstellung in den vergangenen Jahren stärkeres Interesse zugekommen, beispielsweise durch zahlreiche abnehmer-
freundliche Show- und Inszenierungsinstrumente. Vor dem Hintergrund des sportlichen Erfolgszwangs, des Strebens nach dem Sieg spielen sie aber nach wie vor eine
eher untergeordnete bzw. ergänzende Rolle. Der äußere Eindruck, der im Rahmen der

---

[297]   Vgl. Schumann, Frank (2004): Professionalisierungstendenzen im deutschen Fußball, S. 102.

[298]   Meyer, Anton / Mattmüller, Roland (1987): Qualität von Dienstleistungen, S. 188.

[299]   Beispielsweise durch Filmaufnahmen.

[300]   Vgl. Heinemann, Klaus (1995): Einführung in die Ökonomie des Sports, S. 179; Heinemann, Klaus
        (1999): Ökonomie des Sports - eine Standortbestimmung, S. 31; Schumann, Frank (2004): Profes-
        sionalisierungstendenzen im deutschen Fußball, S. 103; Zeltinger, Julian (2004): Customer
        Relationship Management in Fußballunternehmen, S. 31.

Leistungserstellung auftretenden Faktoren (beispielsweise Entertainmentprogramm, Verpflegung, Sauberkeit des Stadions etc.) bzw. die Qualität und die Attraktivität der erbrachten Leistung selber werden, im Gegensatz zu klassischen Wirtschaftsunternehmen, oftmals ignoriert und als nebensächlich, wenn nicht sogar vollkommen irrelevant betrachtet.[301]

**Angebotsmonopol**
Traditionelle Wirtschaftsunternehmen unterliegen in Deutschland den Bestimmungen des Antikartellgesetzes, welches Monopolbildungen unterbinden soll. Die marktdiktierenden Sportdienstleistungsunternehmen hingegen, im Besonderen die sportbezogenen Dachorganisationen (Verbände) mit ihrem Produkt (Ligawettbewerb), bleiben von diesen Wettbewerbsregeln vornehmlich unberührt, obwohl beispielsweise die Satzung und die Ordnungen des Deutsche Fußball-Bundes (DFB) mit den dazu erlassenen Durchführungsbestimmungen einen Kartellvertrag darstellen. Rein ökonomisch betrachtet handelt es sich beim DFB somit nicht um eine freistehende Organisation im deutschen Fußball, sondern vielmehr um einen marktbeherrschenden Unternehmenszusammenschluss.[302] Die Wettbewerbsbeschränkungen dieses (legitimierten) Kartells kommen u.a. durch den Verzicht seiner Kartellmitglieder (der Bundesligavereine) auf die Verwertung der nationalen Fernsehübertragungsrechte, deren gemeinsame Handhabung durch den Kartellvertrag festgelegt ist, zum Ausdruck.[303]

Bezogen auf die Vereine erscheint ein Zusammenschluss einzelner Vereine zu einer Liga sinnvoll, da der einzelne Verein, trotz rechtlicher und wirtschaftlicher Selbstständigkeit, seine Ziele niemals allein, sondern nur im Zusammenwirken mit anderen Vereinen ökonomisch sinnvoll erzielen kann. Innerhalb der Liga strebt der einzelne Verein keine Vertreibung der anderen Vereine an, sondern es erfolgt ein Positionswett-

---

[301] Vgl. Babin, Jens-Uwe (1995): Perspektiven des Sportsponsoring, S. 42f.; Benner, Gerd (1992): Risk Management im professionellen Sport, S. 52f.; Schumann, Frank (2004): Professionalisierungstendenzen im deutschen Fußball, S. 104.

[302] Um die Aussage ein wenig abzuschwächen sei in diesem Zusammenhang angefügt, dass nicht nur der Deutsche Fußball-Bund über eine solche marktbeherrschende Stellung verfügt, sondern dass mit wenigen Ausnahmen pro Sportart immer nur ein internationaler Sportverband und geografisch voneinander abgegrenzte, nationale und regionale Verbände existieren. Ausnahmen bilden lediglich Boxen, Schach, Snowboard, Tennis sowie einige Mannschaftssportarten mit untereinander konkurrierenden Ligen in den USA. Vgl. Kubat, Rudolf (1998): Der Markt für Spitzensport, S. 37.

[303] Vgl. Parlasca, Susanne (1993): Kartelle im Profisport, S. 98; Schumann, Frank (2004): Professionalisierungstendenzen im deutschen Fußball, S. 103f.

streit.[304] Bezogen auf die Spieler, erscheint das Monopol der Sportverbände bedeutender, da die Fähigkeiten der Spitzensportler in der Regel spezifisch auf eine Sportart
ausgerichtet sind. Durch die Existenz lediglich eines Sportverbands pro Sportart sehen
sie sich einem Nachfragemonopol gegenüber.

Im Rahmen seiner Arbeit erarbeitete KUBAT vielfältige Determinanten dieser vorherrschenden Marktstruktur. So nennt er hohe Fixkosten in Form versunkener Kosten e-
benso wie fehlende Rivalität im Konsum, die Informationskosten der Nachfrager, Anreize zur Kartellbildung oder Fusion ebenso als mögliche Ursachen wie auch die staatliche Anerkennung der Monopolstellung, durch welche potenziellen Konkurrenzligen
der Eintritt drastisch erschwert wird. Als Konsequenzen ergeben sich für KUBAT eine
Regulierung der Fernsehübertragungen, die in der Satzung festgelegte Amateurklau-
sel, Lohnregulierungen, Werbeeinschränkungen sowie die Ablehnung von Beratern
und eine Einschränkung der Mobilität der Sportler.[305]

**Die Unvollständigkeit des Produkts**
Die Produktion der Marktleistung durch die Bundesligavereine steht stets in funktiona-
ler Abhängigkeit vom Einsatz der externen Produktionsfaktoren. Das Integrationserfor-
dernis des externen Faktors im Sinne des Kunden bzw. Abnehmers hat somit zur Folge, dass, wie bei allen Dienstleistungen, der Erstellungsprozess immer durch eine gewisse Fremdbestimmtheit charakterisiert ist. Bei der Fußballproduktion lässt sich eine
weitere Besonderheit herausarbeiten: Das produzierte Wettkampfspiel kann technisch
durchaus jederzeit ohne Anwesenheit des externen Faktors (Zuschauer, Sponsoren,
Medien) erstellt werden. Kurzfristig betrachtet hätte diese Tatsache allerdings keinerlei
ökonomischen Nutzen. Mittel- bis langfristig betrachtet würde sie ruinöse Konsequenzen nach sich ziehen, beispielsweise durch nicht kompensierbare Verdienstausfälle
(beispielsweise Stadioneinnahmen oder Einnahmen aus Übertragungsrechten) oder
Imageschäden. Die Vollständigkeit des Produkts Fußball und demnach auch seine
marktliche Verwertbarkeit hängen also – anders als bei Sachgütern, dafür ähnlich der
Dienstleistung – vom Aktivitäts- und Integrationsgrad der beteiligten externen Faktoren
ab.[306]

---

[304] Vgl. Melzer, Manfred / Stäglin, Reiner (1965): Zur Ökonomie des Fußballs: Eine empirisch-
theoretische Analyse der Bundesliga, S. 120.

[305] Vgl. Kubat, Rudolf (1998): Der Markt für Spitzensport, S. 43-61.

[306] Vgl. Schumann, Frank (2004): Professionalisierungstendenzen im deutschen Fußball, S. 104;
Stuhlmann, Stephan (1999): Die Bedeutung des externen Faktors in der Dienstleistungsproduktion,
S. 26.

**Bedarfsunsicherheit**

Ein weiteres Wesensmerkmal des Fußballs stellt die Bedarfsunsicherheit dar, welche erstmalig von HEINEMANN charakterisiert wurde. Dabei verstand er unter fußballspezifischen Produktionsvorgängen eine personenbezogene Dienstleistung.[307] Bei dieser ist es allgemein stets fraglich, wie viele Leistungen vom Produzenten jeweils zur Verfügung gestellt werden sollen (Vorkombination), wie viel Personal mit welcher fachlichen Qualifikation wann nötig ist (Leistungspotenzial) und wie seine Aufgaben zu definieren sind (Zusammensetzung der internen Produktionsfaktoren).[308] Die Unsicherheit des Produzenten zeigt sich somit in der Ungewissheit seiner Bedarfsfälle. Diese für personenbezogene Dienstleistungen im Allgemeinen gültige Aussage lässt sich dahingehend auch auf den Fußballsport übertragen, dass z.B. im Vorfeld eines Fußballspiels häufig nicht bekannt ist, wie viele und welche Art von Zuschauern kommen werden, wie viele Sicherheitskräfte dementsprechend benötigt werden, wie umfangreich das Catering ausfallen sollte etc. PÖTTINGER unterstreicht das, indem er von der charakteristischen Einzelfertigung eines Sportleistungsprogramms spricht, „[...] da jeder Wettkampf einmalig stattfindet."[309] Das Management eines Bundesligavereins wird somit niemals in der Lage sein, das Nachfragevolumen nach fußballbezogenen Leistungen eindeutig zu prognostizieren, da die Produktion, obgleich die Arbeitsabläufe teilweise standardisiert[310] sind, nach wie vor stets einen Einzelfall darstellt, auf die situations- und personenspezifisch eingegangen werden muss.[311] Wenngleich häufig auf Erfahrungswerte zurückgegriffen werden kann, ist ein hohes Maß an Flexibilität und situationsbedingten Produktionsprozessen im professionellen Fußball unabdingbar, was einen nennenswerten Unterschied zur Produktion von standardisierten Sachgütern darstellt.[312]

---

[307] Wie schon im Rahmen des Eigenschaftsprofils ‚Vergänglichkeit' aufgezeigt, bedeutet dies, dass Produktion und Konsumtion zeitlich und räumlich nicht trennbar sind. Dadurch ist die gleichzeitige Anwesenheit von Konsumenten und Produzenten erforderlich, Produktion und Konsumtion sind nur zum Zeitpunkt ihrer tatsächlichen Inanspruchnahme ökonomisch verwertbar und stellen daher hohe Anforderungen an die zeitliche Koordination von Angebot und Nachfrage.

[308] Vgl. Heinemann, Klaus (1998): Was ist und wozu benötigen wir eine Sportökonomik?, S. 276.

[309] Vgl. Pöttinger, Peter (1989): Wirtschaftliche und soziale Grundlagen der Professionalisierung im Sport, S. 257.

[310] Die Standardisierung der Arbeitsabläufe zeigt sich z.B. in der Tatsache, dass alle Spiele 90 Minuten dauern, zu vorher fest gelegten Uhrzeiten anfangen, die Regeln stets die gleichen sind etc.

[311] Situative Besonderheiten sind beispielsweise das Wetter, welches die Nachfrage nach Sportveranstaltungen beeinflussen kann, aber auch die aktuelle Situation des Vereins in der Liga, die Relevanz des Spiels etc. Personenspezifische Besonderheiten stellen etwa der Gegner dar, die mitangereisten gegnerischen Fans, die eigenen Fans, aber auch die eigene Mannschaft.

[312] Vgl. Schumann, Frank (2004): Professionalisierungstendenzen im deutschen Fußball, S. 106.

### 3.3.3 Nachfragestruktur

Neben den institutionell bedingten Besonderheiten des Produkts und seiner Fertigung weist auch die Nachfrage nach diesen Sportgütern bestimmte Eigenschaften auf, welche im Kontext der Marktbearbeitung berücksichtigt werden müssen: Der die Sportleistung nachfragende Konsument verfolgt – wie in klassischen Wirtschaftsmärkten auch – bestimmte Ziele und Interessen, das bedeutet er möchte bestimmte Nutzenerwartungen als erfüllt ansehen.[313] Die sich daraus ableitenden Nachfrage zeigt allerdings, dass Sport kein herkömmliches Konsumgut darstellt, sondern dass sich die Präferenzbildung und die Nachfrage nach Sport im Vergleich zu Konsumgütern unterschiedlich begründen, was auf die im Folgenden einzeln dargestellten Bereiche zurückzuführen ist.

**Variabilität der Nutzenerwartung**

Wie allgemein bekannt ist, wird der Nutzen von Gütern und Dienstleistungen von den Nachfragern sehr variabel und demnach äußerst subjektiv bewertet, da jeder Mensch über unterschiedliche Präferenzen verfügt. Diese Aussage schließt das Produkt Fußball selbstverständlich mit ein, hier allerdings in noch ausgeprägterer Form. Dies ist zurückzuführen auf die Tatsache, dass jeder Nachfrager eine Nutzenerwartung an das Spiel besitzt, welche bereits im Vorfeld durch eine umfangreiche subjektive Präferenzbildung zu Stande gekommen ist. Insbesondere bei Ligaspielen zeigt sich ein umfangreiches Präferenzportefeuille.[314] Somit bleibt „jede mit dem erlebten Sportprodukt in Verbindung stehende Erinnerung (ob positiv oder negativ) subjektiv, beeinflusst die Nachfrage aber grundlegend."[315]

**Hohe Substitutionenkonkurrenz**

Die Nachfrage nach Sport – sowohl nach aktivem wie auch nach passivem Sportkonsum – ist von einer vielfältigen Substitutionskonkurrenz geprägt. Dies geht u.a. darauf zurück, dass die Motivkomplexe der Nachfrage nach Sport sich immer deutlicher un-

---

[313] Vgl. Heinemann, Klaus (1999): Ökonomie des Sports - eine Standortbestimmung, S. 29.

[314] Die Aussage wird beispielsweise unterstrichen durch die Tatsache, dass bei einem Ligaspiel in der Regel Anhänger beider Mannschaften dem Spiel beiwohnen. Die Wahrscheinlichkeit, dass alle mit dem Spielausgang zufrieden sind, ist unwahrscheinlich. Und selbst innerhalb einer Anhängergruppe gibt es häufig divergierende Meinungen zu einem Spiel und zu seinem Ausgang.

[315] Schubert, Manfred (2005): Sport-Marketing, S. 249f.; Heinemann, Klaus (2001): Grundprobleme der Sportökonomie, S. 23; Schumann, Frank (2004): Professionalisierungstendenzen im deutschen Fußball, S. 108.

terscheiden.[316] Durch diese Tatsache werden diverse mögliche Substitutionsgüter (Konkurrenzangebote) außerhalb des Sports deutlich, die ebenso eine zielgerichtete Bedürfnisbefriedigung in Aussicht stellen. Der Sport sieht sich verstärkt in zunehmender Konkurrenz mit anderen Freizeitangeboten wie beispielsweise Urlaub, Theater etc., welche ebenfalls auf das zunehmende Freizeitkontingent und das steigende Einkommen reagieren. Aber auch innerhalb des Sports treten zunehmend Kannibalisierungstendenzen auf, was auf das breite Angebot an diversen Sportarten zurückgeführt werden kann, welches heute existiert.

Allerdings stellen die Einmaligkeit und die Einzigartigkeit eines jeden einzelnen Sportereignisses einen unikalen Vorteil des Sports dar, durch welchen die Nachfrage nach Sport beim Nachfrager immer wieder erneut stimuliert werden kann. Die sportbezogenen Motivkomplexe können demnach keiner natürlichen Sättigungsgrenze unterliegen.[317]

**Strukturelle Unsicherheit**
Die strukturelle Unsicherheit findet sich hauptsächlich im Bereich des aktiven Sportkonsums wieder, kann aber durchaus auch auf den passiven Sportkonsum übertragen werden. Prinzipiell erscheint es unsicher, ob durch die Sportausübung auch die erwünschte Wirkung erzielt wird, d.h. ob sich die eigene Nutzenerwartung durch die Nachfrage nach bestimmten Sportleistungen erfüllen lässt. Im Rahmen des aktiven Sports setzen sich die typischen Unwägbarkeiten der Nachfrage u.a. aus dem gesundheitlichen und spielerischen Fortschritt, nicht kalkulierbaren Faktoren wie beispielsweise der Witterung und der Kompetenz der Handlungspartner zusammen. Im passiven Sportkonsum spielen ebenfalls die nicht kalkulierbaren Faktoren eine Rolle, ebenso die Kompetenz der beteiligten Akteure etc. [318]

---

[316] Beispielhaft zu nennen wären hier Gesundheit (im Bereich des aktiven Sports), Spaß, Wohlbefinden, Unterhaltung, usw.

[317] Vgl. Heinemann, Klaus (2002): Ökonomie des Sports - eine Problemskizze, S. 77; Heinemann, Klaus (2001): Grundprobleme der Sportökonomie, S. 24; Korthals, Jan Peter (2005): Bewertung von Fußballunternehmen, S. 90; Schmandt, Christoph / Oettgen, Nora (2005): Sportvereine als Marke, S. 10; Schumann, Frank (2004): Professionalisierungstendenzen im deutschen Fußball, S. 108f.; Trapp, Alan (2004): The loyalty of football fans, S. 208.

[318] Vgl. Heinemann, Klaus (1995): Einführung in die Ökonomie des Sports, S. 103-106; Heinemann, Klaus (1998): Was ist und wozu benötigen wir eine Sportökonomik?, S. 277f.; Heinemann, Klaus (2002): Ökonomie des Sports - eine Problemskizze, S. 78; Woratschek, Herbert (1998): Sportdienstleistungen aus ökonomischer Sicht, S. 350.

## 3.4    Zwischenfazit

Im Rahmen des vorangegangenen dritten Kapitels wurden die Grundlagen zum Verständnis der vorliegenden Arbeit geschaffen. So wurde in einem ersten Schritt der Professionalisierungsbegriff definiert und abgegrenzt, sodass der Bereich des professionellen Fußballs in diesem Zusammenhang nun eindeutig und ausschließlich die Vereine der Ersten und Zweiten Deutschen Bundesliga umfasst.

Über eine Darstellung des Entwicklungsverlaufs des deutschen Fußballsports, in welchem die Bereiche der zunehmenden Medialisierung, der Ökonomisierung, der rechtlichen sowie der gesellschaftlichen Veränderungen im Einzelnen herausgegriffen wurden, konnte dargestellt werden, wie sich die aktuelle Situation im deutschen Berufsfußball darstellt und wie es zum heutigen Status quo kam. Bereits an dieser Stelle wurde festgestellt, dass das Handeln der Vereine nicht mehr rein an sportlichen Erfolgen, sondern durchaus zunehmend auch an wirtschaftlichen Erfolgen gemessen werden kann und auch gemessen wird, wenngleich der sportliche Erfolg dem wirtschaftlichen noch vorgezogen wird. Die Vereine entwickeln sich verstärkt zu einer ökonomischen Einheit, welche aktuell allerdings häufig noch unter einem mangelhaften Management leidet. Die Professionalisierung im Fußball ist somit noch bei Weitem nicht abgeschlossen.

In einem nächsten Schritt (Abschnitt 3.3) wurden die Systembesonderheiten des Sportmarkts im Vergleich zum Wirtschaftsmarkt aufgezeigt. Die Übertragung dient dem Verständnis der Arbeit insofern, als dass hierdurch gezeigt wurde, dass es aufgrund der Unterschiede zwischen den beiden Märkten nicht möglich sein kann, bestehende wirtschaftswissenschaftliche Theorien auf den Sportmarkt zu übertragen. Vielmehr bedarf es einer Anpassung, die sich an den unterschiedlichen Gegebenheiten orientiert. Hervorzuheben sind hierbei besonders die auf nationaler Ebene tätigen Institutionen (Vereine und Deutscher Fußball-Bund), die aufgrund der Strukturen des Marktes (der Bundesliga als Kartell, welche sowohl über wirtschaftliche wie auch sportliche Markteintrittsbarrieren verfügt) einen nahezu geschlossenen Markt bilden. Diese Tatsache bildet einen grundlegenden Unterschied zu freien Wirtschaftsmärkten im klassischen Sinne, in welchen vergleichbare Markteintrittsbarrieren nicht gegeben sind und auch nicht gegeben sein dürfen. Darüber hinaus besteht ein weiterer fundamentaler Unterschied zwischen Vereinen als Unternehmen und Wirtschaftsunternehmen im angebotenen Produkt: Ein Wirtschaftsunternehmen bedarf in aller Regel keiner Konkurrenz, um sein Produkt zu kreieren, zu produzieren und zu vermarkten. Der professionelle Fußballverein ist auf die Existenz von Konkurrenten ebenso angewiesen wie auf die Kooperation mit ihnen. Ein sportlicher Monopolist würde somit auch aufgrund der Eigenschaftsprofile des Produkts wie Ergebnisunsicherheit, Irrelevanz der Qualität und Unvollständigkeit sowie der Nachfragestruktur im schlimmsten Fall zu einem Kollaps des Systems Bundesliga führen. Anders als in der freien Wirtschaft wird ein Verdrängungswettbewerb im professionellen Fußball keinem der beteiligten Akteure einen Vorteil verschaffen, ebenso wenig würde sich eine Konkurrenzliga etablieren können. Aufgrund der soeben detailliert vorgestellten Unterschiede zwischen Sportvereinen als Wirtschaftsunternehmen und klassischen Wirtschaftsunternehmen sowie der Unterschiede zwischen dem Sportmarkt und einem klassischen Wirtschaftsmarkt wurde deutlich, dass es aufgrund dieser Unterschiede einer Modifizierung bestehender Methoden und Instrumente der klassischen Wirtschaftswissenschaften bedarf, um diese im Sportmarkt sinnvoll anwenden zu können, da die Gegebenheiten eine schlichte Übertragung nicht zulassen. Die in Abschnitt 1.3 formulierte erste Forschungsfrage der vorliegenden Arbeit (*Erlauben die Marktgegebenheiten eine direkte Übertragbarkeit des Anspruchsgruppenkonzepts auf die betrachteten Sportvereine oder muss aufgrund der Marktgegebenheiten sowie der Marktbesonderheiten eine Anpassung erfolgen?*) ist somit beantwortet. Die notwendigen Anpassungen sollen nun in den folgenden Kapiteln erfolgen, wodurch auch die beiden weiteren, zuvor formulierten Forschungsfragen bearbeitet werden.

## 4 Stakeholder-Orientierung bei Fußballvereinen

Das vorangegangene Kapitel drei schloss mit der Erkenntnis, dass es sich bei Fußballvereinen um Wirtschaftsunternehmen handelt, welche verstärkt wirtschaftliches Agieren an den Tag legen müssen, um im Markt erfolgreich bestehen zu können. Hilfreich erscheint in diesem Zusammenhang eine verstärkte Orientierung der Vereine an Marketingkonzepten, welche sich in anderen Bereichen wie dem Wirtschaftsmarkt bereits bewiesen haben. Kapitel zwei stellte zu diesem Zwecke das Bezugsgruppenkonzept vor, welches in einem integrierten Marketingverständnis praktische Anwendung erfährt. Aufgrund der Tatsache, dass dieses Konzept, wie in Abschnitt 2.5.3 vorgestellt, sowohl auf kommerzielle wie auch auf nicht kommerzielle Organisationen übertragbar ist, erscheint es auch für das vorliegende Untersuchungsobjekt ‚professioneller Fußballvereine' geeignet. Auf Basis der bereits in Kapitel zwei vorgenommenen Argumentation und aufbauend auf den Erkenntnissen aus Kapitel drei, wird dieses Stakeholder-Konzept im Folgenden den Besonderheiten und Bedürfnissen der Vereine angepasst und dann auf diese übertragen, da wie im vorangegangenen Kapitel gezeigt wurde, der Markt, in dem die Vereine agieren, sich wesentlich von klassischen Wirtschaftsmärkten unterscheidet und somit eine Anpassung der Konzepte als unerlässlich anzusehen ist. Das Ziel des Abschnitts vier liegt somit in der Beantwortung der zweiten Forschungsfrage der vorliegenden Arbeit: ‚*Welche verschiedenen Anspruchsgruppen können für professionelle Fußballvereine identifiziert werden und wie erfolgt die Operationalisierung ihrer Integration?*'.

### 4.1 Anwendbarkeit der Stakeholder-Theorie auf Fußballvereine

Die Begründung, dass sich auch professionelle Fußballvereine an der gesamten Gruppe ihrer Stakeholder und nicht lediglich an den Bedürfnissen der Shareholder ausrichten müssen, lieferten bereits EHRKE / WITTE, indem sie konstatierten, dass „eine hauptsächlich shareholder-orientierte Strategie des Vereins unweigerlich in einen Zielkonflikt führt."[319] Das Maximierungsziel eines jeden Vereins – eine möglichst gute Leistung im sportlichen Wettbewerb – kann dem Ziel der monetären Gewinnmaximierung eines klassischen Unternehmens gleichgesetzt werden. Der Zielkonflikt der Vereine besteht in der Tatsache, dass sportlicher Erfolg wirtschaftlichen Erfolg unterstüt-

---

[319] Ehrke, Michael / Witte, Lothar (2002): Flasche leer! Die new economy des europäischen Fußballs, S. 15.

zen oder ermöglichen kann und vice versa[320], dies aber nur bis zu einem gewissen Grad. In letzter Konsequenz müssen diese Ziele in eine Konkurrenzsituation zueinander treten, welche die Festlegung auf eines der beiden als Primärziel erforderlich macht.[321] Der Zielkonflikt kommt in dem Moment zur vollen Ausprägung, sobald die wirtschaftlichen Ziele in den Vordergrund rücken: So wäre die Erreichung von Meisterschaftstiteln lediglich ein Mittel zum Zweck, um die wirtschaftliche Performance zu verbessern. Im Anschluss an einen Titelgewinn wäre der Verkauf herausragender Spieler direkt mit Ende der Saison wirtschaftlich am sinnvollsten, um einen möglichst hohen Preis zu erzielen. Darüber hinaus würde eine rein shareholder-orientierte Strategie den Titelgewinn mittels wirtschaftlicher Kosten-Nutzen-Rechnungen analysieren, um dann gegebenenfalls lieber „[…] mit gesunden Finanzen Zweiter zu werden, als mit enormem Aufwand Erster."[322]

Untersuchungen haben allerdings gezeigt, dass die Vereine respektive die Verantwortlichen als Primärziel nach wie vor den sportlichen Erfolg nennen, wenn auch selbstverständlich bestenfalls in Kombination mit wirtschaftlichem Erfolg.[323] Diese Ziel-Balance (Maximierung des sportlichen Erfolgs unter Einhaltung des Budget) wird durch das unter dem Gesichtspunkt der competitive balance stark regulierte Umfeld, in welchem sich die Vereine bewegen, noch erschwert und die wirtschaftlichen Daten der Vereine zeigen, dass ihnen diese Balance in aller Regel nicht oder nur selten gelingt. Vielmehr sind die meisten Vereine verschuldet und demnach auf eine Fremdfinanzierung bzw. – anders als klassische Wirtschaftsunternehmen – auf Sponsoren oder private Zuwender angewiesen.

---

[320] Diese Tatsache wurde durch empirische Untersuchungen bereits belegt. Vgl. hierzu auch die Darstellung in Abschnitt 3.3.1.2.1.

[321] Dieser Zielkonflikt ist auch in klassischen Wirtschaftsmärkten beobachtbar, beispielsweise sind die qualitativ hochwertigsten Produkte auch nicht zwangsläufig immer die wirtschaftlich erfolgreichsten.

[322] Ehrke, Michael / Witte, Lothar (2002): Flasche leer! Die new economy des europäischen Fußballs, S. 15.

[323] SWIETER spricht in diesem Zusammenhang von der „Maximierung des sportlichen Erfolgs unter Einhaltung des Budgets (Siegesmaximierung)." Vgl. Swieter, Detlef (2002): Eine ökonomische Analyse der Fußball-Bundesliga, S. 62f. Siehe hierzu auch Frick, Bernd (1997): Kollektivgutproblematik und externe Effekte im professionellen Team-Sport, S. 3; Hübl, Lothar / Swieter, Detlef (2002): Fußball-Bundesliga: Märkte und Produktbesonderheiten, S. 31f.; Galli, Albert / Wagner, Marc / Beiersdorfer, Dietmar (2002): Strategische Vereinsführung und Balanced Sorecard, S. 214; Karlowitsch, Elmar (2005): Konzeption zur Steuerung der Haupteinnahmequellen von Profi-Sport-Clubs, S. 152f.; Késenne, Stefan (1995): League Management in Professional Team Sports with Win Maximizing Klubs, S. 14; Ziebs, Alexander (2002): Ist Erfolg käuflich?, S. 33f.

Auf Basis der zuvor getroffenen Aussagen sollte demnach das Anspruchsgruppen-Prinzip in den Vereinen Anwendung finden, da eine reine Ausrichtung an den Interessen der Shareholder, wie gerade gezeigt, langfristig nicht dem Erreichen des Primärziels ,sportlicher Erfolg' dienlich ist. Der wirtschaftliche Erfolg darf allerdings trotz allem nicht völlig außer Acht gelassen werden, dient er doch, wie zuvor konstatiert wurde, als Basis des sportlichen Erfolgs. Wie zuvor bereits erwähnt wurde, lässt sich das Anspruchsgruppenprinzip auf Profit- wie auch auf non-profit-Organisationen übertragen. Im Zusammenhang mit professionellen Fußballvereinen sollen nun in den nachfolgenden Abschnitten mögliche Anspruchsgruppen identifiziert werden, um daran anknüpfend mithilfe einer Expertenbefragung aufzuzeigen, ob sich eine Orientierung der Vereine an den Bedürfnissen dieser relevanten Gruppen langfristig erfolgssteigernd auswirkt. Diese Vorgehensweise entsprich dabei derjenigen, welche in Abschnitt 2.5.3 bereits abgeleitet und für gültig erklärt wurde: Erstens die Identifikation der Anspruchsgruppen, dies erfolgt in Abschnitt 4.2.2. Zweitens die Analyse und Gewichtung ihrer Interessen, Ziele und Einflussmöglichkeiten (Abschnitt 4.2.4.1) und schließlich in einem dritten Schritt Maßnahmen zur Erfüllung der einzelnen Anliegen, was in Abschnitt 4.2.5 sowie auch in Abschnitt 6.2 erfolgen wird.

## 4.2   Identifikation möglicher Anspruchsgruppen

Bevor nun im Folgenden mögliche relevante Anspruchsgruppen der Bundesligavereine identifiziert werden, muss noch eine Einschränkung erfolgen: Einige Fußballunternehmen, vornehmlich aus der Ersten Bundesliga, diversifizierten im Laufe der vergangenen Jahre verstärkt in fußballfernere Geschäftsbereiche wie z. B. die Gastronomie und die Hotellerie, um die Abhängigkeit des Unternehmenserfolgs vom sportlichen Erfolg zu reduzieren. Im Rahmen der vorliegenden Arbeit soll es jedoch lediglich um eine Identifikation der Anspruchsgruppen gehen, welche am direkten Kerngeschäft des Vereins, also den fußballnahen Geschäftsbereichen[324], beteiligt sind. Die explizite Ausklammerung der anderen Gebiete lässt sich für die vorliegende Arbeit unter anderem damit begründen, dass diese Bereiche bzw. die Märkte in denen sie tätig sind, nicht die bereits erwähnten fußballspezifischen Besonderheiten aufweisen und somit auch keiner expliziten Anpassung bedürfen.[325]

---

[324]  Zum Kerngeschäft zu zählen sind etwa die Bereiche Spiel- und Stadionbetrieb, Sponsoring, Merchandising, Vermarktung von Rechten etc.

[325]  Vgl. Korthals, Jan Peter (2005): Bewertung von Fußballunternehmen, S. 3.

**4.2.1 Status quo der Stakeholder-Identifikation in der Literatur**

In der Literatur haben sich bereits einige Autoren der Identifikation möglicher Stakeholder-Gruppen von Fußballvereinen im weitesten Sinne angenommen. Vornehmlich sind hier die Beiträge von DÖRNEMANN, GALLI / WAGNER / BEIERSDORFER, HEINEMANN, KUBAT, LEHMANN / WEIGAND und ZELTINGER zu nennen, auf welchen die vorliegende Arbeit im Verlauf der Untersuchung aufbauen wird und welche daher im Folgenden detaillierter vorgestellt werden sollen.

Bei HEINEMANN[326] findet sich eine Unterteilung des Umfelds eines Sportanbieters im Allgemeinen in verschiedene Grundtypen, die somit alle auch den Erfolg eines Bundesligavereins maßgeblich mitbestimmen. Der Autor nennt hierbei in Anlehnung an KOTLER die folgenden vier Typen von Gruppierungen, welche das ,organization set' des Sportanbieters bilden:

1.  Input-Organisationen (in Betracht kommen hierbei Förderer, Lieferanten, Kapitalgeber), die sich dadurch auszeichnen, dass der Anbieter (Bundesligist) von ihnen Ressourcen (Güter, Dienstleistungen, Kapital, Informationen) erhält und in Leistungen für die Kunden bzw. Output-Organisationen transformiert.

2.  Regulative Organisationen, bei welchen kein direkter Leistungsaustausch erfolgt, diese Organisationen haben aber einen wesentlichen Einfluss auf die Sportanbieter. Hierzu zählen die *gestaltenden Organisationen* des Staates mit ihren Gesetzen und dem behördlichen Verwaltungshandeln oder die der Fachverbände und der Sportbünde mit der Festlegung der Regelwerke und Wettkampfbestimmungen sowie *kooperative Organisationen*, die sich gegenseitig in der Realisierung ihrer Ziele und Aufgaben (z.B. durch Informationsaustausch) unterstützen oder *konfligierende Organisationen*, die sich in der Verwirklichung ihrer Ziele z.B. durch Bürgerinitiativen behindern können. Die regulativen Organisationen haben somit wesentlichen Einfluss auf die (fußballspezifische) Leistungserstellung. Darüber hinaus zählen auch die *Konkurrenten* zu dieser Gruppe der regulativen Organisationen. Gemeint sind Konkurrenten im Sinne von Organisationen, die ebenfalls Unterstützung von Dritten erhalten wollen, Organisationen, die die gleichen Bedürfnisse befriedigen können, Orga-

---

[326]  Vgl. Heinemann, Klaus (1995): Einführung in die Ökonomie des Sports, S. 150-152.

nisationen, die ähnliche Produkte anbieten sowie Organisationen, die die gleiche Leistung anbieten.

3. Interessengruppen innerhalb des Vereins (zu ihnen sind u.a. Mitarbeiter, Kunden, Trainer, Managementpersonal zu zählen).

4. Output-Organisationen (u.a. Medienanstalten, Stadionbesucher, Öffentlichkeit), von denen der Sportanbieter dadurch abhängig ist, dass sie seine Leistung nachfragen bzw. verbrauchen.

Einschränkend muss in diesem Zusammenhang allerdings angemerkt werden, dass der vorgestellte Beitrag bereits im Jahr 1995 erschien und damit einige Jahre vor den nennenswerten rechtlichen und wirtschaftlichen Veränderungen im deutschen Fußball, wie sie in Abschnitt 3.2 vorgestellt wurden. Auf diese Einschränkungen wird in der folgenden Analyse erneut verwiesen werden.

Andere Autoren identifizieren dagegen lediglich einzelne Gruppen, ohne sie – wie HEINEMANN – näher zu kategorisieren oder aber es erfolgen Kategorisierungen anderer Art. Im Beitrag von KUBAT, welcher aus dem Jahr 1998 stammt, findet sich beispielsweise eine Unterteilung in Nachfrageseite und Anbieterseite der Akteure auf dem Markt für Spitzensportleistungen. Im Bereich der Nachfrager identifiziert er die Gruppen Zuschauer (sowohl die direkten Zuschauer wie auch die Fernsehzuschauer), Fernsehstationen, Sponsoren sowie den Staat aufgrund der Tatsache, dass die Sportler diesen des Öfteren bei internationalen Wettkämpfen repräsentieren und somit das internationale Ansehen beeinflussen können. Aus der Anbieterperspektive sind Sportverbände (als Anbieter der jeweiligen Wettkämpfe), Spitzensportler (als Anbieter der sportlichen Leistung), die Sportindustrie (durch die Bereitstellung der Geräte und Ausrüstung für den Wettkampf) sowie erneut der Staat, diesmal aufgrund der staatlichen Bereistellung der Infrastruktur für Wettkämpfe, zu nennen.[327] In diesem Zusammenhang sei angemerkt, dass der Beitrag von KUBAT – ebenso wie der Beitrag von HEINEMANN – entstand, bevor es für Vereine in Deutschland zulässig wurde, als Kapitalgesellschaft an der Bundesliga teilzunehmen, weswegen die Gruppe der Kapitalgeber hier keinerlei Beachtung findet. Nichtsdestotrotz erscheinen beide Beiträge für die vorliegende Arbeit geeignet, da ihre Ausführungen für den Bereich der übrigen Anspruchsgruppen größtenteils auch heute noch Gültigkeit besitzen, wie die anschließenden Abschnitte zeigen werden und somit einen wichtigen Beitrag leisten.

---

[327] Vgl. Kubat, Rudolf (1998): Der Markt für Spitzensport, S. 3.

LEHMANN / WEIGAND stellen in ihrem Beitrag aus dem Jahre 2002 Überlegungen zu einer Corporate Governance im professionellen Fußball an. Der Hintergrund für die Untersuchung liegt in der Zulassung der Kapitalgesellschaft als neuer Rechts- und Organisationsform für den Spielbetrieb der Fußballbundesliga. Die Autoren untersuchen professionelle Fußballvereine hinsichtlich ihrer Governance-Strukturen, wobei sie insbesondere der Frage nachgehen, welche Stakeholder in einem professionellen Verein zu lokalisieren sind und ob diese an Verfügungs- und Kontrollrechten beteiligt sein sollten. In diesem Zusammenhang identifizieren LEHMANN / WEIGAND die Eigenkapitalgeber, die Mitglieder des Vereins, die Fans und Zuschauer, die Spieler und Trainer, die Sponsoren, die Rechtevermarkter sowie den DFB als relevante Stakeholder des Bundesligavereins. Eine Überprüfung der Strukturen lässt sie allerdings konstatieren und kritisieren, dass das Management professioneller Fußballvereine in Deutschland in kaum einer Weise Kontroll- und Sanktionsmechanismen ausgesetzt ist und dementsprechend über erhebliche opportunistisch nutzbare Handlungsspielräume verfügt, was als ein Hindernis in der wirtschaftlichen Professionalisierung des Fußballs angesehen werden muss.[328]

Eine weitere Vorgehensweise findet sich bei DÖRNEMANN, welcher sich mit Controlling im Profi-Sport befasst. Basierend auf fiktiven Fallstudien modellierte er die Branche im Sinne komplexer Strukturen und Verflechtungen, in welcher sich die Profi-Sport-Organisation befindet und stellt die darin begriffenen Akteure als Stakeholder des Fußballunternehmens vor. Hierbei identifizierte der Autor die Gruppen der Fans/Zuschauer, der Dienstleistungskunden, der Vermarkter, der Medienunternehmen, des Staats, der Sponsoren sowie der Liga/Lizenzgeber als relevante Stakeholder, wenngleich DÖRNEMANN konstatiert, dass dies lediglich eine Auswahl an Branchenteilnehmern darstellt. Mit dieser auf sieben beschränkten Anzahl von Stakeholdern sollen einerseits die Spezifika und die Komplexität der Branche deutlich werden, andererseits soll das Modell nicht überfrachtet werden. Interne Anspruchsgruppen wie beispielsweise die Spieler werden mit der Begründung dass es sich bei ihnen um normale Input-Faktoren auf Club-Ebene handelt, explizit ausgeklammert.[329] Diese Vorgehensweise soll an dieser Stelle stark infrage gestellt und später erneut aufgegriffen werden, da interne Anspruchsgruppen für das Integrierte Marketing einen sehr wichtigen Bereich darstellen, den es in jeglicher Hinsicht zu berücksichtigen gilt.

---

[328] Vgl. Lehmann, Erik / Weigand, Jürgen (2002): Mitsprache und Kontrolle im professionellen Fußball, S. 48-54.

[329] Vgl. Dörnemann, Jörg (2002): Controlling im Profi-Sport, S. 138-151.

GALLI / WAGNER / BEIERSDORFER zeigen in ihrem Beitrag zur strategischen Vereinsführung und Balanced Scorecard im selben Herausgeberband die Eignung des Balanced Scorecard (BSC)-Konzepts für ein professionelles Management von Sportvereinen auf, die sich an der Schnittstelle zwischen Profit und Nonprofit befinden. In diesem Zusammenhang entwickelten sie den aus Vereinssicht wesentlichen Wertparameter ‚Eigene Marke' und die damit zusammenhängenden Zielkunden des Sportunternehmens. Identifiziert wurden so Mitglieder, Sponsoring- und Werbepartner, Käufer Lizenzrechte und Merchandising-Artikel, Zuschauer, Abnehmer Medienrechte sowie Transferpartner. Im weitesten Sinne ist dem Kundenkreis auch die interessierte Öffentlichkeit zuzurechnen, sie fand in der weiteren Betrachtung durch die Autoren allerdings keine Beachtung.[330] Auch in diesem Beitrag wurden die internen Anspruchsgruppen keiner näheren Untersuchung unterzogen, was an dieser Stelle – wie auch bei vorherigen Autoren – dem Konzept des integrativen Marketing widerspricht. Anzumerken sei allerdings, dass der Beitrag von GALLI / WAGNER / BEIERSDORFER sich vornehmlich mit dem Konzept der Balanced Scorecard befasst und somit auch keine Stakeholder-Gruppen im eigentlichen Sinne betrachtet. Da aber das Modell nicht ausschließlich auf finanzielle Kennzahlen ausgerichtet ist, sondern die Kundenebene, die Ebene interner Geschäftsprozesse sowie die Lern- und Innovationsebene ebenso verbindet, erscheinen die identifizierten Gruppen für die im Rahmen der vorliegenden Arbeit gewählte Orientierung dennoch geeignet.

Eine sehr detaillierte Vorgehensweise findet sich im Beitrag von ZELTINGER, der zugleich den jüngsten Beitrag darstellt, er stammt aus dem Jahr 2006. Aufgrund der Tatsache, dass er sich mit Customer Relationship Management in Fußballunternehmen befasst, wird eine sehr klare Fokussierung auf die Kunden der Fußballunternehmen deutlich. Er unterteilt diese in einem ersten Schritt in Privatkunden und Geschäftskunden. Dem sehr breiten Segment der Privatkunden rechnet er Vereinsmitglieder und Fans, Fußball-Interessierte, prominente Kunden und VIPs sowie gewaltbereite Kundengruppen zu, wobei sich die Vereine von den Letztgenannten regelmäßig distanzieren und diese Gruppe bewusst ausgrenzen sowie versuchen, den Konsum der Leistung durch diese Gruppe zu verhindern. Zu den Geschäftskunden zählen seinem breitem Verständnis nach Medien, Sponsoren, Firmenkunden, institutionelle Investoren, staatliche Institutionen sowie Mitarbeiter von Fußballunternehmen. Letztere werden unterschieden in Präsidium, Geschäftsführung, mittleres Management und

---

[330] Vgl. Galli, Albert / Wagner, Marc / Beiersdorfer, Dietmar (2002): Strategische Vereinsführung und Balanced Scorecard, S. 217.

Sachbearbeiter. Die Kategorisierung der Gruppen erfolgt auf Basis ihrer gemeinsamen Interessen: Sie streben die Maximierung des an wirtschaftlichen Kriterien gemessenen, individuellen Nutzens an und verhalten sich stärker rational, als dies bei der Gruppe der Privatkunden der Fall ist.[331] Im Vergleich zu den vorangegangenen Autoren finden bei ZELTINGER erstmals auch die Mitarbeiter Beachtung, wenngleich die eigentlich bedeutendste Gruppe der Mitarbeiter, die Spieler und Trainer, in diesem Zusammenhang erneut nicht beachtet wird, obgleich sie den wichtigen, eigentlichen Produktionsfaktor Arbeit liefern, welcher auch nicht substituiert und ohne den keine Leistung durch den Verein erbracht werden kann.

Trotz intensiver Literaturrecherche konnte allerdings kein Beitrag gefunden werden, welcher sich ausschließlich oder zumindest vornehmlich mit der Stakeholder-Identifikation beschäftigt, sondern dieser Bereich stellt in allen Beiträgen, wie zuvor auch dargestellt wurde, einen untergeordneten Teilbereich der Veröffentlichung dar. Darüber hinaus liegen je nach Autor unterschiedliche relevante Anspruchsgruppen vor, die Schritte zwei und drei nach der Identifikation (Analyse und Gewichtung der Interessen, Ziele, Einflussmöglichkeiten sowie Maßnahmen zur Erfüllung der Anliegen) bleiben nahezu immer aus, dementsprechend können auch keine Empfehlungen für die Praxis abgeleitet und ein Zusammenhang zwischen stakeholder-orientiertem Handeln und Erfolg nachgewiesen werden. Des Weiteren muss die Tatsache, dass bei allen Autoren außer HEINEMANN die Konkurrenten keine relevanten Stakeholder-Gruppen darzustellen scheinen, obgleich die Vereine, aufgrund der besonderen Marktsituation wie in Kapitel drei erarbeitet, aufeinander angewiesen sind, um ihr Produkt erstellen zu können, Erwähnung finden. Auf diese Tatsache soll im Folgenden noch detaillierter eingegangen werden.

Aufgrund der umfangreichen Komplexität orientiert sich das integrierte Marketing, welches als explorativer Analyserahmen der Untersuchung dient, lediglich an Nachfragern, Lieferanten, Wettbewerbern, den internen Anspruchsgruppen sowie der Gesellschaft als relevanten Anspruchsgruppen. Die Wettbewerber nehmen in diesem Fall eine Sonderrolle ein, da sie Einfluss auf die Beziehung des Unternehmens zu seinen Anspruchsgruppen nehmen, während das Unternehmen selbst in aller Regel keine Transaktion mit den Wettbewerbern selbst durchführt. Das Management stellt keine

---

[331] Vgl. Zeltinger, Julian (2004): Customer Relationship Management in Fußballunternehmen, S. 74-93.

eigene Anspruchsgruppe dar, da ein integriertes Marketing als Führungs- und Unternehmensmaxime verstanden wird, welches von der Unternehmensleitung ausgeht.[332]

### 4.2.2 Identifikation relevanter Anspruchsgruppen

Aufbauend auf den Ergebnissen der Literaturrecherche soll im Folgenden untersucht werden, ob diese bereits identifizierten Anspruchsgruppen noch weiterentwickelt werden bzw. ergänzt werden müssen. In Anlehnung an die Ergebnisse der Untersuchung von HEINEMANN, welcher sich in seiner Untergliederung an KOTLER orientiert, soll die Unterteilung in *Input-Organisationen, Output-Organisationen, regulative Organisationen* sowie *Interessengruppen innerhalb des Vereins* der Übersichtlichkeit halber beibehalten werden. Die Gruppe der Interessengruppen innerhalb des Vereins soll im Folgenden allerdings mit dem Ausdruck *interne Anspruchsgruppen* umschrieben werden. Diese Umbenennung erfolgt zum einen, um der Sprachregelung des Integrativ-Prozessualen Marketingansatzes Folge zu leisten und so eventuell entstehenden Missverständnissen vorzubeugen. Zum anderen soll diese Gruppe im Verlauf des Kapitels eine Erweiterung um weitere Untergruppen erfahren, weswegen die Bezeichnung ,Interessengruppe innerhalb des Vereins' nicht mehr korrekt und somit irreführend wäre. Die restlichen drei Gruppen werden ihre Bezeichnung beibehalten, allerdings werden auch sie einer genaueren Betrachtung und gegebenenfalls einer Erweiterung, falls notwendig, unterzogen.

### 4.2.2.1 Input-Organisationen

Input-Organisationen zeichnen sich nach HEINEMANN dadurch aus, dass der Anbieter der Leistung von ihnen Ressourcen jedweder Art erhält und diese in Leistungen für die Kunden bzw. Output-Organisationen transformiert. Die nachfolgende Abbildung 17 gibt eine Übersicht darüber, welche verschiedenen Input-Organisationen von den einzelnen zuvor beschriebenen Autoren identifiziert wurden.

---

[332] Vgl. hierzu Abschnitt 2.5.3.

| Autor | Identifizierte Anspruchsgruppen (Input-Organisationen) | | | | |
|---|---|---|---|---|---|
| *Heinemann* | Förderer | Lieferanten | Kapitalgeber | | |
| *Kubat* | | | | Sportindustrie | |
| *Lehmann/ Weigand* | | | Eigenkapital-geber | | |
| *Dörnemann* | | | | | |
| *Galli/ Wagner/ Beiersdorfer* | | | | | |
| *Zeltinger* | | | | | institutionelle Investoren |

*Abbildung 17:    Identifizierte Input-Organisationen*
*Quelle: Eigene Darstellung.*

Aus der Abbildung geht deutlich hervor, wie weit die Meinungen der einzelnen Autoren bezüglich der relevanten Input-Organisationen divergieren: Während HEINEMANN drei relevante Gruppen benennt, nämlich Förderer, Lieferanten und Kapitalgeber, ist bei KUBAT, LEHMANN / WEIGAND und ZELTINGER jeweils nur eine Gruppe relevant. So benennt KUBAT die Sportindustrie als relevante Gruppe, die sich wiederum nicht mit einer der Gruppen HEINEMANNs deckt. LEHMANN / WEIGAND identifizieren die Eigenkapitalgeber, was im weitesten Sinne den Kapitalgebern bei HEINE-MANN entspricht, während ZELTINGER institutionelle Investoren aufzählt. Diese sind nicht als deckungsgleich mit den von HEINEMANN genannten Förderern zu sehen, da diese den Verein ohne direkte Gegenleistung unterstützen, was bei institutionellen Investoren nicht der Fall ist. Vielmehr stellen diese ebenfalls eine Art von Kapitalgebern dar. Bezüglich der Kapitalgeber im weitesten Sinne lässt sich somit eine gewisse Deckungsgleichheit feststellen, nicht jedoch in Bezug auf Sportindustrie, Förderer und Lieferanten, die von jeweils nur einem Autor genannt wurden. DÖRNEMANN sowie GALLI / WAGNER / BEIERSDORFER identifizieren keine ihrer Meinung nach relevante Input-Organisation.

Die Übertragung der Unterteilung der Anspruchsgruppen nach Input-Organisationen, Output-Organisationen, internen Organisationen sowie regulativen Organisationen ist auch auf die Anspruchsgruppen, welche innerhalb des integrierten Marketing identifiziert werden, möglich. Das integrierte Marketing bezieht sich demnach auf der Ebene der Input-Organisationen lediglich auf die Lieferanten, wobei der Begriff der Lieferanten nicht näher definiert wird und man ihnen somit – wie bei HEINEMANN geschehen – auch die Gruppe der Kapitallieferanten – der Kapitalgeber – zuordnen könnte. Eindeutig zu entnehmen ist der Literatur allerdings, dass die Kapitalgeber als eine Anspruchsgruppe innerhalb der Unternehmung zu sehen sind und somit nicht zu den Lieferanten gezählt werden können. Sie sind vielmehr wie etwa externe Kunden zu bearbeiten, beispielsweise durch regelmäßige Informationen über den Geschäftsverlauf.[333] Nach der Definition von HEINEMANN umfasst der Begriff Lieferanten nicht nur die Lieferanten der zur Produktion oder zum Tätigwerden im Markt notwendigen Einsatzstoffe, sondern explizit auch die Lieferanten des notwendigen Kapitals.[334] Aufgrund der Tatsache, dass die Ausführungen der vorliegenden Arbeit auf den Erkenntnissen des Integrativ-Prozessualen Marketingansatzes beruhen und dessen Integrationsorientierung sowie die im Rahmen der Integrationsorientierung identifizierten Anspruchsgruppen als axiomatisch vorausgesetzt werden, muss HEINEMANN an dieser Stelle widersprochen werden und Anteilseigner/Kapitalgeber aufgrund ihrer engen Verbundenheit mit dem Unternehmen an dieser Stelle den internen Anspruchsgruppen zugeordnet werden, weswegen sie im Folgenden im entsprechenden Absatz nähere Betrachtung finden werden. Übertragen auf die Sportvereine, können die Input-Organisationen als nahezu deckungsgleich mit den Input-Faktoren klassischer Wirtschaftsunternehmen bezeichnet werden: Sie umfassen die Lieferanten der zur Fußball-Produktion notwendigen Güter wie Ausrüstung etc., so lange diese nicht in die Kategorie der Sponsoren einzuordnen sind (vgl. hierzu der entsprechende Abschnitt zu den Output-Organisationen).

### 4.2.2.2 Regulative Organisationen

Unter dem Begriff regulative Organisationen sollen all jene Organisationen summiert werden, mit denen die Vereine in keinem direkten Leistungsaustausch stehen, die aber nichtsdestotrotz wesentlichen Einfluss auf die Vereine ausüben. Hier soll ebenfalls erneut auf die bestehende Literatur zurückgegriffen und anhand einer grafischen Darstellung (Abbildung 18) ein Überblick über die identifizierten Gruppen gegeben werden:

---

[333] Vgl. Mattmüller, Roland (2006): Integrativ-Prozessuales Marketing, S. 25f.
[334] Vgl. Heinemann, Klaus (1995): Einführung in die Ökonomie des Sports, S. 151.

| Autor | Identifizierte Anspruchsgruppen (regulative Organisationen) | | | | | |
|---|---|---|---|---|---|---|
| *Heinemann* | Staat | DFB | Konkurrenz (i.w.S.) | Kooperierende Organisationen | Konfligierende Organisationen | |
| *Kubat* | Staat | Sportverband | | | | |
| *Lehmann/ Weigand* | | DFB | | | | |
| *Dörnemann* | Staat | Liga/ Lizenz-geber | | | | |
| *Galli/ Wagner/ Beiersdorfer* | | | | | | |
| *Zeltinger* | staatliche In-stitutionen | | | | | |

*Abbildung 18:  Identifizierte regulative Organisationen*
*Quelle: Eigene Darstellung.*

In dieser Übersicht herrscht zumindest in Bezug auf zwei Organisationen, den Staat und den DFB, größtenteils Einigkeit. Beide werden lediglich von zwei der sechs Autoren nicht explizit genannt, wobei GALLI / WAGNER / BEIERSDORFER auch nur die Zielkunden identifizieren, zu denen regulative Organisationen in aller Regel auch nicht zählen, weswegen dieser Beitrag zumindest in Bezug auf die regulativen Organisationen zunächst unbeachtet bleiben soll. Somit spielen der Staat nach LEHMANN / WEI-GAND und der DFB nach ZELTINGER als regulative Organisationen und somit als relevante Stakeholder-Gruppe eines jeden Vereins keine relevante Rolle, wobei LEHMANN / WEIGAND in diesem Zusammenhang im DFB eine Analogie zum Staat sehen, da beiden als Gesetzgeber die Wahrnehmung eines öffentlichen Interesses ob-liegt.[335] Aufgrund des umfangreichen Lizenzierungsverfahrens durch den DFB bzw. die DFL zu Beginn einer jeden Saison muss dieser Aussage an dieser Stelle ausdrücklich widersprochen werden. Betrachtet man sich die Definition einer regulativen Organisa-tion, wie sie zu Anfang des Abschnitts gegeben wurde, so kommt man nicht umhin, den DFB respektive die DFL als eine, wenn nicht gegebenenfalls sogar als *die* regula-tive Organisation herauszustellen, welche aufgrund des Lizenzierungsverfahrens und ihrer Funktion als Ligaveranstalter den größten Einfluss auf die Vereine ausübt. Die Tatsache, dass der DFB von allen anderen Autoren als relevante Stakeholder-Gruppe identifiziert wurde, untermauert die vorangegangene Aussage.

---

[335] Vgl. Lehmann, Erik / Weigand, Jürgen (2002): Mitsprache und Kontrolle im professionellen Fußball, S. 54.

Auch der Staat beeinflusst die Vereine regelmäßig, ohne mit ihnen in einem direkten Leistungsaustausch zu stehen. Zum einen profitiert der Staat vom professionellen Sport und insbesondere vom Fußball, beispielsweise durch Steuereinnahmen, aber auch durch positive Assoziationen, wie sie z.b. im Rahmen der Fußball-Weltmeisterschaft 2006 mit dem Land Deutschland in Verbindung gebracht werden. Zum anderen sind die Vereine allerdings auch immer wieder von Entscheidungen des Staates, des Landes respektive der Stadtverwaltungen[336] abhängig, beispielsweise in Bezug auf Stadionbau, öffentliches Verkehrsnetz, Sicherheitsmaßnahmen etc. Der Staat gibt der Sportbranche wie auch der Industrie den rechtlichen und häufig auch den infrastrukturellen Rahmen vor. Somit wird deutlich, dass die unterschiedlichen Anspruchsgruppen der Vereine auch untereinander durchaus verknüpft sind. So schreibt beispielsweise das Lizenzierungsverfahren der DFL vor, dass zur Teilnahme an der ersten Bundesliga ein Stadion mit ausreichender Platzkapazität und entsprechendem Sicherheitspersonal vorhanden sein muss.[337] Der Verein benötigt das Stadion letzten Endes nicht nur zur eigentlichen Leistungserstellung des Produktes Bundesligaspiel, sondern auch zur Vorbereitung und für Trainingsmaßnahmen. Ohne die Zustimmung des Landes bzw. der Stadt ist ein Verein nicht in der Lage, diese Voraussetzung zu erfüllen, da er auf Baugenehmigungen der Behörden angewiesen ist, ebenso auf Transport- und Kommunikationsinfrastrukturen, welche vom Land zur Verfügung gestellt und finanziert werden.[338]

HEINEMANN identifiziert im Zusammenhang mit den regulativen Organisationen noch drei weitere Gruppen von regulativen Organisationen, welchen von den anderen Autoren keinerlei Relevanz beigemessen wird, die aber dennoch an dieser Stelle erwähnt werden sollen: Konfligierende Organisationen, kooperierende Organisationen sowie die Konkurrenz im weitesten Sinne. Da diese Gruppen bereits in Abschnitt 4.2.1 näher vorgestellt wurden, soll auf eine erneute vertiefende Betrachtung an dieser Stelle nahezu verzichtet werden, lediglich eine Gruppe bedarf einer eingehenderen Betrachtung, namentlich die der Konkurrenz im engeren Sinne.[339] Wie in Kapitel drei, insbe-

---

[336] Die Verwaltungen auf Staats-, Landes- und Stadtebene sollen hier bewusst unter der Anspruchsgruppe Staat subsumiert werden.

[337] Vgl. hierzu ausführlich Abschnitt 3.3.1.4.2.

[338] Vgl. Dörnemann, Jörg (2002): Controlling im Profi-Sport, S. 147f.; Franck, Egon (1995): Die ökonomischen Institutionen der Teamsportindustrie, S. 103; Zeltinger, Julian (2004): Customer Relationship Management in Fußballunternehmen, S. 90-92.

[339] Unter Konkurrenz im engeren Sinne sollen in diesem Zusammenhang die konkurrierenden Vereine innerhalb der Liga verstanden werden, also all jene Gruppen, die die gleiche Leistung in derselben

sondere Abschnitt 3.3.1.2.2 erläutert wurde, liegt bei den europäischen Fußballligen das Phänomen der assoziativen Konkurrenz vor, was bedeutet, dass kein Verein in der Lage ist, allein zu produzieren, sondern immer auf mindestens einen weiteren Verein angewiesen ist, um ein vermarktbares Produkt zu erbringen. Darüber hinaus kann es nicht im Sinne eines einzelnen Vereins sein, eine sportliche Monopolstellung anzustreben, da ansonsten die gerade im Sport so bedeutende Spannung verloren ginge.[340] Aufgrund dieser Tatsache bedarf die Gruppe der Konkurrenten im Sport einer gesonderten Beachtung und kann nicht gleichzusetzen sein mit Konkurrenten in klassischen Wirtschaftsmärkten, in welchen Wettbewerber zwar auch als Bezugsgruppe gesehen werden, allerdings in einem anderen Sinne: In Wirtschaftsmärkten steht in Bezug auf die Wettbewerber der Aufbau komparativer Konkurrenzvorteile (KKV) im Vordergrund. Darunter ist das Bemühen zu verstehen, in den Leistungsbereichen, die vom Kunden als wichtig eingestuft werden, besser zu sein als die relevanten Konkurrenten. Ergänzend muss an dieser Stelle eingefügt werden, dass die Frage danach wer besser/schlechter ist respektive wer überhaupt zu den relevanten Wettbewerbern zu zählen ist, nur vom Kunden beantwortet werden kann.[341] An dieser Stelle der Definition wird der Unterschied zum Sportmarkt deutlich: Zwar muss auch in diesem Markt davon ausgegangen werden, dass der Aufbau eines komparativen Konkurrenzvorteils (im Sinne von besser zu sein als die Konkurrenz) das Ziel eines jeden Vereins ist, so lange er den sportlichen Erfolg als oberstes Ziel setzt. Durch die Tatsache, dass die Teilnehmer des Marktes numerisch begrenzt sind (auf 18 Vereine pro Liga), ist eine direkte Übersicht über alle Konkurrenten für alle Beteiligten stets gewährleistet, sodass auf einen Blick erkennbar ist, welche Teams zu den relevanten Wettbewerbern zu zählen sind. Darüber hinaus kann anhand der Positionierung in der Tabelle das Verhältnis zum Wettbewerb sowie die eigene Positionierung im Markt (= Liga) eindeutig abgelesen werden. Zusammenfassend kann somit konstituiert werden, dass die Wettbewerber als Bezugsgruppe ebenso wie in Wirtschaftsmärkten daran interessiert sind, einen komparativen Konkurrenzvorteil aufzubauen, dieser aber, anders als in Wirtschaftsmärkten, nicht allein auf der (oftmals subjektiven) Meinung der Kunden basiert, sondern auch eindeutig an den Ergebnissen des Aufeinandertreffens der Vereine im Verlauf der Saison abgelesen werden kann. Darüber hinaus ist die Tatsache, dass die Vereine zur Leistungserstellung aufeinander angewiesen sind, an einer alleinigen Mo-

---

Liga anbieten. Ein jeder deutscher Fußballligist verfügt somit automatisch über 17 Konkurrenten im engeren Sinne, da jede der beiden Profiligen aus je 18 teilnehmenden Vereinen besteht.

[340]  Vgl. hierzu beispielhaft Woratschek, Herbert (2004): Kooperenz im Sportmanagement, S. 9ff.

[341]  Vgl. Mattmüller, Roland (2006): Integrativ-Prozessuales Marketing, S. 28.

nopolstellung daher nicht interessiert sein können und sich sogar, wenn auch indirekt, finanziell unterstützen (durch die zentrale TV-Vermarktung sowie den Ligaausgleich) als eine Besonderheit des Sportmarkts zu sehen, weswegen den Wettbewerbern an dieser Stelle eine andere Stellung zukommt als in Wirtschaftsmärkten. Des Weiteren muss an dieser Stelle die Frage gestellt werden, ob die Wettbewerber tatsächlich zur Gruppe der regulativen Organisationen gezählt werden können, obgleich sie in einen Leistungsaustausch miteinander treten, was der Definition der regulativen Organisation widerspräche oder ob sie nicht vielmehr der Gruppe der Input-Organisationen zugerechnet werden müssen. Im Rahmen dieser Diskussion sei erneut auf die Grundlagen des Integrativ-Prozessualen Marketingansatzes verwiesen. Hier wird davon ausgegangen, dass die Wettbewerber nicht zu den internen Anspruchsgruppen zu zählen sind, sondern eine gesonderte Gruppe darstellen, womit den Wettbewerbern auch auf eine andere Art und Weise zu begegnen ist. Dieser Annahme soll an dieser Stelle gefolgt werden, weswegen die Wettbewerber im Rahmen dieser Arbeit den regulativen Organisationen, wie auch von HEINEMANN vorgeschlagen, zugeordnet werden sollen.

### 4.2.2.3 Interne Anspruchsgruppen

HEINEMANN definiert diese Gruppe als Interessengruppen innerhalb des Vereins.[342] Wie schon zuvor erwähnt, soll im Rahmen der vorliegenden Arbeit der Ausdruck ‚interne Anspruchsgruppen' Verwendung finden, was dem Konzept des Integrierten Marketing eher entspricht, welches alle Untergruppen innerhalb des Unternehmens umfasst.[343] Das Integrierte Marketing spricht in diesem Zusammenhang von Anteilseignern und Mitarbeitern sowie jeweils potenziellen Zielgruppen – zukünftige Mitarbeiter, zukünftige Kapitalgeber etc. Diese Annahme soll an dieser Stelle übernommen werden.

Die folgende Abbildung 19 stellt eine Übersicht über die von den sechs betrachteten Autoren identifizierten internen Anspruchsgruppen dar. Überschneidungen werden deutlich im Bereich der Mitarbeiter/Spieler, wobei einige Autoren den Begriff Mitarbeiter eher weit fassen und sämtliche Mitarbeiter des Vereins mit einbeziehen, andere fokussieren sich ausschließlich auf die Spieler. Diese Unterscheidung wird im Folgenden noch nähere Betrachtung finden. HEINEMANN hebt auch das Managementpersonal

---

[342] Vgl. Heinemann, Klaus (1995): Einführung in die Ökonomie des Sports, S. 152.
[343] Vgl. Mattmüller, Roland (2006): Integrativ-Prozessuales Marketing, S. 27.

explizit hervor. Da das integrierte Marketing allerdings, wie in Kapitel zwei bereits erläutert, als Managementansatz zu betrachten ist und somit vom Management implementiert wird, soll an dieser Stelle darauf verzichtet werden, das Management als eigene interne Anspruchsgruppe zu betrachten. Die Vereinsmitglieder werden von der Hälfte der Autoren als relevante Gruppe bezeichnet, weswegen sie im Folgenden ebenfalls Beachtung finden müssen, ebenso wie die von HEINEMANN nicht näher definierte Gruppe der Kunden.

| Autor | Identifizierte Anspruchsgruppen (interne Anspruchsgruppen) | | | | |
|---|---|---|---|---|---|
| *Heinemann* | Mitarbeiter | Vermittler (Trainer etc.) | Management-personal | Mitglieder/ Kunden | |
| *Kubat* | Spitzensportler | | | | |
| *Lehmann/ Weigand* | Spieler | Trainer | | | Mitglieder des Vereins |
| *Dörnemann* | | | | | |
| *Galli/ Wagner/ Beiersdorfer* | | | | | Mitglieder |
| *Zeltinger* | Mitarbeiter | | | | Vereinsmit-glieder |

*Abbildung 19: Identifizierte interne Anspruchsgruppen*
*Quelle: Eigene Darstellung.*

Bezüglich der Anteilseigner muss sicherlich eine Abgrenzung hinsichtlich Eigenkapital- und Fremdkapitalgebern geschaffen werden, eine reine Konzentration auf die Eigenkapitalgeber unter expliziter Nicht-Berücksichtigung der Fremdkapitalgeber, wie von LEHMANN / WEIGAND vorgeschlagen, erscheint an dieser Stelle nicht sinnvoll.[344] Innerhalb der Gruppe der Eigenkapitalgeber lässt sich darüber hinaus noch eine Unterscheidung dahingehend treffen, um welche Art von Eigenkapitalgeber es sich handelt und daraus abgeleitet wie stark der Einfluss bzw. der Anspruch der jeweiligen Gruppe ist. Dies ist unter anderem von der Rechtsform des zu betrachtenden Vereins abhängig, beispielsweise unterscheidet sich das Mitspracherecht von Aktionären in der Regel von dem eines Gesellschafters. Im Bereich der Fremdkapitalgeber können solche Un-

---

[344] In diesem Zusammenhang muss allerdings angemerkt werden, dass der Beitrag von LEHMANN / WEIGAND sich mit der Corporate Governance im profesionellen Fußball beschäftigt, und somit nur Gruppen identifiziert, die über ein potenzielles Mitspracherecht verfügen.

terscheidungen in aller Regel nicht beobachtet werden, da diese normalerweise über kein Mitspracherecht in der Unternehmung verfügen. Festzuhalten bleibt allerdings, dass sowohl Fremd- wie auch Eigenkapitalgeber für die Vereine eine relevante und wichtige Rolle spielen und somit der Beachtung von Seiten der Vereine bedürfen. Im Folgenden sollen sie unter dem Begriff der Anteilseigner zusammengefasst werden.

Die Anspruchsgruppe der Mitarbeiter stellt wiederum eine Besonderheit im Vergleich zu klassischen Wirtschaftsmärkten dar. Während bei Wirtschaftsunternehmen die Mitarbeiter zumeist alle in eine Anspruchsgruppe zusammengefasst werden können, bedarf diese Vorgehensweise an dieser Stelle einer Überprüfung aufgrund der enormen Bedeutung, die der Faktor Arbeit für Fußballunternehmen darstellt. An dieser Stelle als Erstes und auch am einfachsten übertragbar sind die ‚klassischen' Mitarbeiter eines Vereins zu nennen, welche in Verwaltung etc. tätig sind und sich somit von Mitarbeitern klassischer Wirtschaftsunternehmen nicht nennenswert unterscheiden. Der Unterschied wird deutlich, sobald man sich die Gruppe der Spieler und Trainer betrachtet, welche auch als Mitarbeiter eines Vereins kategorisiert werden müssen. Innerhalb dieser Gruppe stellt der Faktor Arbeit den mit Abstand wichtigsten Einsatzfaktor des Fußballunternehmens dar. Selbstverständlich fließt auch Kapital in den Produktionsprozess mit ein, aber es ist weithin innerhalb der Fußballindustrie nicht möglich, Arbeit durch Kapital zu substituieren. Der Erfolg des Produktes und somit des Fußballunternehmens/des Vereins hängt nahezu ausschließlich vom effizienten Einsatz des Produktionsfaktors Arbeit ab.[345] Darüber hinaus stellen Spieler und Trainer Fachpersonal dar, welches aufgrund des limitierten Angebots auf dem Spieler-/Trainermarkt nicht einfach ersetzt werden kann und welches zudem als Schnittstelle zu allen Kunden fungiert, weswegen sie von extremer Bedeutung sind. Trotz ihrer zahlenmäßigen Begrenztheit kann ihnen aufgrund ihrer Multiplikatorenwirkung, ihres Insiderwissens und ihrer internen Organisationszugehörigkeit ein besonderer Einfluss auf die anderen Gruppen zugesprochen werden.[346] Auch der Markt für solche Arbeitskräfte, der so genannten Spieler- bzw. Trainermarkt, weist eine Reihe von Besonderheiten auf, die in dieser Weise auf anderen Arbeitsmärkten nicht existieren. So werden mit den Spielern und Trainern ausschließlich befristete Arbeitsverträge abgeschlossen, wobei ein or-

---

[345] Vgl. Hübl, Lothar / Swieter, Detlef (2002): Fußball-Bundesliga: Märkte und Produktbesonderheiten, S. 49; Lehmann, Erik / Weigand, Jürgen (2002): Mitsprache und Kontrolle im professionellen Fußball, S. 52; Swieter, Detlef (2002): Eine ökonomische Analyse der Fußball-Bundesliga, S. 20.

[346] Vgl. Schellhaaß, Horst-Manfred / Enderle, Gregor (1999): Wirtschaftliche Organisation von Sportligen in der Bundesrepublik Deutschland, S. 7; Zeltinger, Julian (2004): Customer Relationship Management in Fußballunternehmen, S. 92; Ziebs, Alexander (2002): Ist Erfolg käuflich?, S. 269f.

dentliches Kündigungsrecht ausgeschlossen ist und die Spieler im Allgemeinen kein vertraglich verbrieftes Recht besitzen, zum Spielseinsatz zu kommen, also ihre Arbeitsleistung zu erbringen. Die maximale Vertragslaufzeit für professionelle Spieler ist darüber hinaus durch den Weltfußballverband FIFA auf fünf Jahre beschränkt.[347] Eine weitere Besonderheit stellt die Tatsache dar, dass beim Wechsel eines Spielers mit laufendem Vertrag der aufnehmende Verein eine so genannte Ablösesumme an den abgebenden Club zu zahlen hat. Die Spieler- und Trainergehälter stellen ebenfalls eine Besonderheit dar, stellen die Aufwendungen für sie doch den mit Abstand größten Kostenblock aller Bundesligaclubs dar.[348] 60 Prozent der Bundesligamanager erwarten darüber hinaus für die Zukunft weiter steigende Personalkosten, sodass sich dieser Kostenblock in Zukunft noch erhöhen wird.[349]

Neben den Anspruchsgruppen der Mitarbeiter, zu denen auch Spieler und Trainer als eine besondere Art der Mitarbeiter zu zählen sind und den Kapitalgebern ist noch eine weitere Gruppe als interne Anspruchsgruppe für die Vereine von Relevanz. Es handelt sich hierbei um die Gruppe der Vereinsmitglieder.[350] ZELTINGER bezeichnet diese auch als „Fundament des Kundenstamms"[351], deren Zufriedenheit es aus Sicht des Vereins unbedingt zu wahren gilt. Aufgrund der Tatsache, dass es für die Vereine unerlässlich ist, die Zufriedenheit ihrer Mitglieder zu erhalten, was rein durch den Sport nicht immer möglich ist, werden dieser Gruppe Vorzüge gewährt, die anderen Gruppen verweigert bleiben.[352] Mithilfe dieses Bündels an Vergünstigungen soll die Beziehungsintensität zwischen dem Verein und seinen Mitgliedern verstärkt werden, denn ebenso wie in der Wirtschaft gilt es hier einen bestehenden Kunden zu halten und zu pflegen, da dies häufig einfacher und darüber hinaus kostengünstiger ist, als einen neuen Kun-

---

[347]  Vgl. FIFA (2003): Reglement bezüglich Status und Transfer von Spielern, S. 15.

[348]  In der Saison 2004/05 beliefen sich diese Aufwendungen bei einem durchschnittlichen Bundesligisten auf 27,5 Millionen Euro. Dies entspricht in etwa 40,4 Prozent der Gesamtaufwendungen der Clubs. Vgl. Deutsche Fußball Liga (DFL) (2007): Bundesliga Report 2006, S. 107.

[349]  Vgl. Deutsche Fußball Liga (DFL) (2007): Bundesliga Report 2006, S. 45; Ernst & Young (2006): Bälle, Tore und Finanzen III, S. 24; Peitsmeier, Henning (2007): Im Transferrausch, S. 18.

[350]  Unter Vereinsmitgliedern soll im Folgenden das Stammpublikum eines Vereins verstanden werden, welches aufgrund der eingegangenen Mitgliedschaft die engsten Verbündeten des Vereins mit sehr hoher Affinität für die Mannschaft darstellen. Vgl. Zeltinger, Julian (2004): Customer Relationship Management in Fußballunternehmen, S. 74. Diese Mitglieder sind meist passive Mitglieder.

[351]  Zeltinger, Julian (2004): Customer Relationship Management in Fußballunternehmen, S. 74. Anders als bei Wirtschaftsunternehmen spielen bei Vereinen die Einnahmen aus Mitgliedsbeiträgen eine eher untergeordnete Rolle, sie machen nur eine geringe einstellige Prozentzahl des Umsatzes aus.

[352]  Beispielsweise Einladungen zu und Stimmrechte bei Mitgliederversammlungen, Vorkaufsrecht beim Kauf von Karten, insbesondere Dauerkarten oder ähnlichem, Rabatte beim Kauf von Fanartikeln, etc.

den zu akquirieren. Dies gilt für Fußballunternehmen insbesondere aufgrund der sehr hohen Loyalität der Mitglieder ihrem Verein gegenüber, worauf im folgenden Abschnitt erneut eingegangen werden soll, welche es zusätzlich erschwert, Kunden der Konkurrenz – in diesem Fall Mitglieder eines anderen Vereins – von dem eigenen Unternehmen zu überzeugen und für dieses zu gewinnen. Eine breite Basis von Vereinsmitgliedern steigert daher die Verhandlungsmacht des Vereins gegenüber Sponsoren und Geschäftspartnern, verbessert das Image des Vereins sowie den Kontakt nach außen.[353]

### 4.2.2.4 Output-Organisationen

Die Output-Organisationen werden nach HEINEMANN als diejenigen Gruppen definiert, von denen der Sportanbieter dadurch abhängig ist, dass sie seine Leistung nachfragen bzw. verbrauchen.[354] Im Rahmen des Integrierten Marketing käme dies der Gruppe der Nachfrager gleich, wobei an dieser Stelle zwischen finalen und subfinalen Zielgruppen[355] unterschieden wird. Diese Art der Unterteilung, wie sie durch das Integrierte Marketing vorgenommen wird, erscheint für die vorliegende Arbeit allerdings nicht sinnvoll, insbesondere vor dem Hintergrund, dass die im klassischen Marketing wichtige subfinale Zielgruppe der Händler im Falle professioneller Fußballvereine nicht existent ist und die subfinale Zielgruppe der Meinungsbilder, wie noch zu zeigen sein wird, bereits durch die Anspruchsgruppe der Medien abgedeckt wird. Aus diesem Grund wird im Folgenden diese Untergliederung nicht weiter verfolgt. Die Gruppe der Nachfrager an sich lässt sich jedoch, bezogen auf professionelle Fußballvereine, durchaus noch weiter unterteilen, wie die folgende Abbildung 20 verdeutlicht, welche die Identifikation verschiedener Output-Organisationen durch die betrachteten Autoren darstellt.

---

[353] Vgl. Langen, Tim, et al. (2005): Mitgliedermarketing in der Fußball-Bundesliga, S. 204f.; Mussler, Dieter (1999): Relationship Marketing im Sport, S. 281f.

[354] Vgl. Heinemann, Klaus (1995): Einführung in die Ökonomie des Sports, S. 152.

[355] Zu den finalen Zielgruppen sind alle Einzelwirtschaften zu zählen, die aufgrund nachfragerelevanter Merkmale homogen sind und die, bezogen auf das Objektprogramm, als Letztnachfrager bzw. als Letztverwender (Nutzer) angesprochen werden. Zu den subfinalen Zielgruppen sind Einzelwirtschaften zu zählen, die aufgrund einflussrelevanter Merkmale homogen sind und das Nachfrageverhalten der finalen Zielgruppe direkt oder indirekt beeinflussen (Meinungsbildner) oder den Absatz an die finale Zielgruppe als Zwischenanbieter/Zwischennachfrager (Händler) erst ermöglichen. Vgl. Mattmüller, Roland (2006): Integrativ-Prozessuales Marketing, S. 203f.

| Autor | Identifizierte Anspruchsgruppen (Output-Organisationen) | | | | | |
|---|---|---|---|---|---|---|
| *Heinemann* | Medien | | Zuschauer/ Öffentlichkeit | | | |
| *Kubat* | Fernseh-stationen | Sponsoren | Zuschauer | | | |
| *Lehmann/ Weigand* | | Sponsoren | Fans & Zu-schauer | Rechte-vermarkter | | |
| *Dörnemann* | Medienun-ternehmen | Sponsoren | Fans & Zu-schauer | Vermarkter | Dienstleis-tungskun-den | |
| *Galli/ Wagner/ Beiersdorfer* | Abnehmer Medien-rechte | Sponso-ren& Wer-bepartner | Zuschauer | | Transfer-partner | Käufer Li-zenz- und Merchandi-singartikel |
| *Zeltinger* | Medien | Sponsoren | Fans, Fußball -Interessierte, Prominente & VIPs, gewalt-bereite Grup-pen, Firmen-kunden | | | |

Abbildung 20:   *Identifizierte Output-Organisationen*
                    *Quelle: Eigene Darstellung.*

Im Bereich der Output-Organisationen finden sich von allen vier betrachteten Bereichen die meisten Schnittmengen unter den Autoren wieder. Insbesondere die Medien,
die Zuschauer sowie die Sponsoren werden von nahezu allen Autoren als relevante
Gruppe benannt, weswegen sie im Rahmen der folgenden Ausführungen noch detaillierter betrachtet werden sollen.

Die meisten Autoren benennen in ihren Ausführungen lediglich die Zuschauer, einzig
LEHMANN / WEIGAND und DÖRNEMANN nennen Zuschauer und Fans, unterscheiden in ihren Ausführungen allerdings nicht zwischen den beiden Gruppen. ZELTIN-
GER trifft eine sehr detaillierte Unterscheidung, indem er zwischen Fans, Fußballinteressierten, Prominenten und VIPs, Firmenkunden und gewaltbereiten Gruppen unterscheidet.

Fans wie auch Zuschauer[356] spielen für die Vereine eine wichtige Rolle, da es ohne ihr Zutun in Form von Interesse und Präsenz keine Einnahmen aus Stadionbesuchen, Merchandising, Fernsehübertragungen oder Werbung gäbe. Die Gruppe generiert somit Quasi-Renten für den Verein und wird darüber hinaus in Entscheidungssituationen häufig als ‚Stimme des Volkes' miteinbezogen, was in einer gewissen Weise als Integration der Gruppe interpretiert werden kann. Darüber hinaus können die Fans als Zuschauer im Rahmen der Leistungserstellung des Vereins (= Spiel) auch unterstützend tätig werden, beispielsweise indem sie die Mannschaft anfeuern und so unterstützen. Die Fans gelten daher als so genannter ‚Zwölfter Mann' und können erheblichen Einfluss auf die Spielweise der eigenen Mannschaft wie auch die der gegnerischen ausüben. Die Anspruchsgruppe der Fans und Zuschauer ist bei Vereinen somit gleichzusetzen mit der Gruppe der Kunden bei klassischen Wirtschaftsunternehmen. Sie brauchen sie, um sowohl sportlich als auch wirtschaftlich erfolgreich zu sein.[357]

Wie zuvor erwähnt, bilden die Medien und Sponsoren weitere Anspruchsgruppen, die allerdings ohne die Nachfrage von Seiten der Fans respektive der Zuschauer das Inte-

---

[356] Fußballfans, im Gegensatz zu den Vereinsmitgliedern, stehen in keinem vertraglichen Verhältnis mit dem Verein, ihre Beziehung basiert auf reiner Verbundenheit. Unter Fußballfans sollen daher im Folgenden Anhänger verstanden werden, die mit hoher Regelmäßigkeit Fußballspiele live im Stadion oder in den Medien mitverfolgen und ihrer favorisierten Mannschaft eine emotionale Verbundenheit entgegenbringen. Es kann in diesem Zusammenhang davon ausgegangen werden, dass viele Vereinsmitglieder als Fans kategorisiert werden können, aber nur ein Teil der Fans auch Vereinsmitglied ist. Die persönliche Hingabe und emotionale Beteiligung unterscheidet Fans von anderen Anspruchsgruppen des Vereins ebenso wie von Anspruchsgruppen klassischer Wirtschaftsunternehmen. Man kann davon ausgehen, dass ein Großteil der Zuschauer – sowohl live vor Ort wie auch Zuschauer in den Medien – Fans sind, dass darüber hinaus aber auch zusätzliche Nicht-Fans dem Spiel bewohnen. Das Interesse des Zuschauers ist eher breiter und auf den gesamten sportlichen Wettkampf ausgerichtet, wohingegen den Fan primär der Erfolg seiner Mannschaft interessiert. Gewaltbereite Gruppen, wie ZELTINGER sie in seinem Beitrag erwähnt, sollen von diesen Ouput-Organisationen bewusst ausgeschlossen werden. Zwar sind sich die Vereine der Problematik bewusst und versuchen aktiv, durch Fanbeauftragte, Kooperation mit der Polizei usw., der Gewaltbereitschaft und dem dadurch entstehenden Imageproblem entgegenzuwirken; Da sich die Vereine aber auch regelmäßig deutlich von diesen Gruppen distanzieren, sie in keinem Fall auf diese Gruppen angewiesen sind und diese explizit ausgrenzen (z.B. durch Stadionverbot) sind gewaltbereite Gruppen bei der Konzeption eines Kundenbeziehungsmanagement explizit nicht zu berücksichtigen. Vgl. Czarnitzki, Dirk / Stadtmann, Georg (2002): Uncertainty of outcome versus reputation, S. 111; Dörnemann, Jörg (2002): Controlling im Profi-Sport, S. 138f.; Karlowitsch, Elmar (2005): Konzeption zur Steuerung der Haupteinnahmequellen von Profi-Sport-Clubs, S. 74; Lehmann, Erik / Weigand, Jürgen (2002): Mitsprache und Kontrolle im professionellen Fußball, S. 50; Matusiewicz, R. (2000): Business Management Issues, S. 162; Robinson, Matthew J., et al. (2005): Fans vs. Spectators, S. 52; Sutton, William / McDonald, Mark / Milne, George (1997): Creating and Fostering Fan Identification in Professional Sports, S. 15; Zeltinger, Julian (2004): Customer Relationship Management in Fußballunternehmen, S. 75f.

[357] Vgl. Kubat, Rudolf (1998): Der Markt für Spitzensport, S. 3; Lehmann, Erik / Weigand, Jürgen (2002): Mitsprache und Kontrolle im professionellen Fußball, S. 50; Woratschek, Herbert / Schafmeister, Guido (2004): Einflussfaktoren der TV-Nachfrage von Sportübertragungen, S. 61.

resse an den Vereinen verlieren würden. Die Einnahmen aus dem Verkauf von Übertragungsrechten wie auch aus dem Sponsoring machen einen wesentlichen Teil des verfügbaren Einkommens der Vereine aus.[358] Für den Sponsor bestehen dabei hauptsächlich zwei große Risiken: Zum einen besteht die Gefahr, dass die gewünschte Imagetransferwirkung bzw. Öffentlichkeitswirkung ausbleibt. Dies kann auf mangelnden sportlichen Erfolg seitens des Vereins zurückzuführen sein, aber auch auf einen mangelnden ‚Fit' zwischen Sponsor und Gesponsertem.[359] Neben dem sportlichen Risiko setzt sich der Sponsor auch dem Risiko eines opportunistischen Verhaltens[360] des Vereins bzw. einzelner Vereinsvertreter aus, welches ex-ante nicht antizipierbar ist. Im Rahmen eines Integrierten Marketingverständnisses können die Interessen der Sponsoren als ein relevantes Interesse abgebildet und somit berücksichtigt werden, da diese nicht hinreichend ex-ante über Verträge abgesichert werden können.[361] Sponsoren an sich stellen eine weitere Besonderheit des Integrierten Marketings für Sportvereine im Vergleich zu klassischen Wirtschaftsunternehmen dar, da im Wirtschaftsmarkt üblicherweise die Unternehmen nicht von Sponsoren finanziell unterstützt werden und diese Anspruchsgruppe daher in diesem Zusammenhang nicht existiert. Das gilt auch für die Medien[362] respektive die Rechtevermarktung, welches die Haupteinnahmequel-

---

[358]    Den größten Sponsoringvertrag der ersten Liga hat der FC Bayern mit der T-Com geschlossen. T-Com zahlt als Hauptsponsor jährlich 20 Millionen Euro an den Rekordmeister. Im Vergleich dazu: Mainz 05 erhält 2,5 Millionen jährlich. Vgl. Quitzau, Jörn (2007): Gekaufter Aufstieg, o.S. Zum Sponsoring vgl. auch Abschnitt 3.2.2.

[359]    In diesem Zusammenhang werden als Beispiel immer extrem sportfremde Unternehmen genannt, welche im Sportsponsoring aktiv sind, ebenso wie Unternehmen, deren Produkte in keinerlei Zusammenhang mit dem gesunden Lebensstil, den Sport vermittelt, stehen (beispielsweise die Tabakindustrie).

[360]    Die Gefahr des opportunistischen Verhaltens ist von Seiten aller am Sponsoring beteiligten Personen, wie etwa Spieler oder Trainer, aber auch von Seiten des Managements gegeben: So kann es passieren, dass sich die Beteiligten nach Vertragsabschluss nicht mehr im Sinne des Sponsors verhalten und dadurch eine mangelnde Sponsoringwirkung oder gar einen negativen Imagetransfer verursachen. Beispielsweise fuhren Spieler des FC Bayern München nicht mit dem Wagen des Sponsors Audi zu offiziellen Anlässen, sondern mit ihrem privaten Fahrzeug, welches einem anderen Hersteller zugeordnet werden konnte, was nicht im Sinne des Sponsors war.

[361]    Vgl. Basting, Jochen / Oettgen, Nora / Pfeil, Nadine (2005): Erfolgsmessung der Werbung im Sport, S. 13f.; Hughes, Stephanie / Shank, Matt (2005): Defining Scandal in Sports: Media and Corporate Sponsor Perspectives, S. 207; Lehmann, Erik / Weigand, Jürgen (2002): Mitsprache und Kontrolle im professionellen Fußball, S. 53; Riedmüller, Florian (2003): Sport als inhaltlicher Bezug für die Marketing-Kommunikation, S. 17f.; Venter, Karlheinz, et al. (2005): Sportsponsoring und unternehmerische Entscheidungen, S. 13.

[362]    Unter dem Begriff Medien sollen in der vorliegenden Arbeit vier Bereiche subsumiert werden: Printmedien (Zeitungen, Zeitschriften, Bücher), optisch-akustische Medien (Fernsehen, Radio, Film), neue Medien (Video, Kabel, Satellit) und digitale Medien (CD, Decoder, PC), wobei die Fernsehstationen für Fußballunternehmen einen herausragenden Stellenwert einnehmen und im Umkehrschluss der Fußball von allen Medienbereichen für das Fernsehen am wichtigsten ist. Vgl. Zeltinger, Julian (2004): Customer Relationship Management in Fußballunternehmen, S. 81-84 sowie Abschnitt 3.2.1.

le der Vereine darstellen. Die meisten Vereine haben ihre Vermarktungsrechte an so genannte Rechtevermarktungsagenturen[363] abgetreten, weswegen jene an dieser Stelle ebenfalls Beachtung finden sollen. Einige Vereine versuchten gar, durch eine langfristige Abtretung ihrer Vermarktungsrechte eine kurzfristige Überschuldung zu verhindern (beispielsweise Fortuna Düsseldorf). Mit dem Kapital der Vermarktungsgesellschaften werden vereinsspezifische Investitionen getätigt, welche, ähnlich dem Sponsoring, zu Quasirenten führen. Der Vermarkter erhofft sich aus dem sportlichen Erfolg auch zukünftig Ertrag, was allerdings gefährdet ist, wenn die Vereine ihre sportlichen Ziele nicht mehr erreichen und keine langfristigen Investitionen mehr tätigen. Ebenso wie bei den Sponsoren kann der Rechtevermarkter die Absichten des Vereins ex-ante nicht überprüfen und sich auch vertraglich dagegen nicht absichern, weswegen er von einer Stakeholder-Perspektive aus betrachtet als relevante Anspruchsgruppe zu berücksichtigen ist.[364] Neben den Medien als Abnehmer der Produkte der Fußballvereine darf darüber hinaus ihr immenser Einfluss auf sämtliche anderen Stakeholder-Gruppen in der Betrachtung nicht vernachlässigt werden. POLONSKY spricht in diesem Zusammenhang von „Bridging Stakeholders"[365], d.h. diese Gruppe nimmt direkten Einfluss auf andere Stakeholder.[366] Dabei haben die Medien zwei Funktionen inne: Zum einen bieten sie die Infrastruktur zum Transport von Nachrichten und Informationen der gesamten Liga, einzelner Vereine sowie einzelner Personen. Zum anderen vertreten sie die öffentliche Meinung und erstatten in diesem Zusammenhang Bericht über aktuelle Anlässe, was aber häufig nicht neutral erfolgt und auch nicht neutral erfolgen kann. Die Stakeholder-Gruppe der Medien ist somit sehr einflussreich, ihnen sollte nicht zuletzt aufgrund dieser Tatsache besondere Aufmerksamkeit gelten.[367]

Da die Sponsoren dem Bereich der Output-Organisationen zuzurechnen sind, müssen in diesem Zusammenhang auch die strategischen Partner der Vereine Beachtung fin-

---

[363] Im weitesten Sinne können diese Agenturen als Finanzinvestoren oder institutionelle Investoren bezeichnet werden.

[364] Vgl. Karlowitsch, Elmar (2005): Konzeption zur Steuerung der Haupteinnahmequellen von Profi-Sport-Clubs, S. 80f.; Lehmann, Erik / Weigand, Jürgen (2002): Mitsprache und Kontrolle im professionellen Fußball, S. 53f.

[365] Polonsky, Michael J. (1995): Incorporating the natural environment in corporate strategy: a stakeholder approach, S. 155.

[366] In diesem Zusammenhang sollen nun alle vier Bereiche der Medien (Printmedien, optisch-akustische Medien, neue Medien und digitale Medien) Beachtung finden, da sie alle über diesem Einfluss verfügen.

[367] Vgl. Dyllick, Thomas (1992): Management der Umweltbeziehungen, S. 78; Maisenbacher, Nadja (2007): Die Verantwortung des Marketing für das Bezugsgruppenkonzept - zum Stand der Integrationsorientierung in Unternehmen, S. 79.

den. Strategische Partnerschaften – in der Literatur finden sich auch die Bezeichnungen strategische Allianz, strategische Beteiligung oder Koalition – werden von den Vereinen zur Ausbildungsförderung, zur Rechtevermarktung und im Bereich des Sponsoring eingegangen. Da der Bereich der Rechtevermarktung im vorangegangenen Abschnitt bereits behandelt wurde und die Ausbildungsförderung im Rahmen der vorliegenden Arbeit keine nähere Betrachtung findet, sollen im Folgenden unter strategischen Partnerschaften im Fußballbusiness lediglich strategische Partnerschaften zwischen Sponsoren und Vereinen verstanden werden. Diese unterscheiden sich von üblichen Sponsorenengagements insbesondere durch eine intensivere und engere Zusammenarbeit zwischen den Partnern. Ein weiteres Merkmal ist die stärkere Fokussierung auf wirtschaftliche Ziele. Diese Art von Sponsoren versuchen über eine enge Zusammenarbeit mit den Vereinen ihre Investitionen zu refinanzieren, indem sie die Vertriebskanäle der Vereine nutzen und durch eine synergetische Nutzung der Marketingaktivitäten die Fans des Vereins als Kunden zu gewinnen versuchen. Demnach ist eine strategische Partnerschaft mit Sponsoren eine Kooperationsform mit wirtschaftlicher Zielsetzung zwischen Verein und Sponsor – neben den üblichen Zielen des Sponsorings wie Bekanntheitssteigerung und Imagezielen stehen primär Umsatzziele im Vordergrund. Eine strategische Partnerschaft zeichnet sich somit durch gemeinsame, geplante und langfristig ausgerichtete Marketingaktivitäten der Partner aus.[368] In der Praxis lassen sich zwei unterschiedliche Arten von strategischen Partnerschaften darstellen: Auf der einen Seite existieren strategische Partnerschaften, die mit einer langfristigen vertraglichen Bindung, jedoch ohne eine zeitgleiche Beteiligung des Sponsors am Verein einhergehen.[369] Sponsoringkooperationen, die zusätzlich zu den soeben genannten Merkmalen der sponsorenbezogenen strategischen Partnerschaft eine Beteiligung des Sponsors am Verein beinhalten, werden als strategische Partnerschaften im engeren Sinne bezeichnet.[370] Eine Beteiligung des Sponsors am Verein

---

[368] Vgl. Dinkel, Michael (2002): Neues Marketing und Management von Sportvereinen, S. 154-157; Hase, Michael / Brannasch, Andreas (2003): Der Fan als Kunde, S. 28f.; Müller, Tobias, et al. (2005): Ertragsquellen der Fußballbundesligisten, S. 72f.

[369] Als Beispiel lässt sich an dieser Stelle die Kooperation zwischen der Bayerischen Hypo- und Vereinsbank AG und dem FC Bayern München nennen. Strategische Partnerschaften dieser Art werden auch als strategische Partnerschaften im weitesten Sinne bezeichnet.

[370] Ein Praxisbeispiel für eine solch kooperative Zusammenarbeit ist das Engagement der Adidas Salomon AG beim FC Bayern München; Adidas hält eine 10 Prozent Minderheitsbeteiligung. Für den Verein bedeutet dies, neben den finanziellen Einkünften einen starken Partner zu haben, der sich dem verändernden Markt anpassen kann. Für Adidas ist die Partnerschaft ein wichtiger wettbewerbsstrategischer Schritt, um die Marktführerschaft im Fußball auszubauen. Vgl. Busse, Caspar (2001): Adidas kauft ein Stück Bayern, S. 40; Dinkel, Michael / Siegert, Anja (2002): Beteiligungsmodelle im deutschen Profi-Fußball, S. 54; Hardenacke, Jens / Hummelsberger, Markus (2004): Pa-

verstärkt den Bund zwischen den Partnern im Sinne einer Interessenangleichung und hebt die definitorisch geforderte Gemeinsamkeit und Langfristigkeit der Partnerschaft auf einen höheren Level. Darüber hinaus erhält das Thema der strategischen Partnerschaften für die Vereine insbesondere in letzter Zeit eine erhöhte Relevanz aufgrund der starken Bankenabhängigkeit und hohen Kapitalkosten (selbige werden sich im Hinblick auf Basel II noch weiter verschlechtern), welche zurückzuführen ist auf die großteilige Finanzierung der Bundesligisten über Fremdkapital. Mithilfe strategischer Partnerschaften kann der Anteil der Beteiligungsfinanzierung der Vereine erhöht werden, was die Finanzstruktur der Vereine positiv beeinflussen würde.[371] Strategische Partner zählen somit, ebenso wie Sponsoren, zur Gruppe der Output-Organisationen.

### 4.2.3 Zusammenfassung der Stakeholder-Identifikation

Nachfolgend werden die soeben erarbeiteten Anspruchsgruppen professioneller Sportvereine noch einmal zusammengefasst, um so eine Übersicht über sie geben zu können, bevor sie in das Modell nach SAVAGE ET AL., welches der Analyse zugrunde liegt, eingeordnet werden. Darüber hinaus muss die Frage nach eventuell auftretenden Überschneidungen geklärt werden und zwar dahingehend, ob einzelne Gruppen mehreren Bereichen zugeordnet werden müssen.

Den Ausgangspunkt der Untersuchung bildete der Integrierte Marketingansatz, welcher auf fünf Anspruchsgruppen aufbaut: Lieferanten, Gesellschaft, Wettbewerbern, Nachfragern und eigenem Unternehmen. Basierend auf diesen Erkenntnissen, wurden die Anspruchsgruppen klassischer Wirtschaftsunternehmen mit denen der Fußballvereine abgeglichen und an relevanten Stellen erweitert.

Für die Gruppe der *Lieferanten*, welche auch mit dem Begriff der Input-Organisationen beschrieben werden kann, gilt, dass diese auch für professionelle Sportvereine eine relevante und wichtige Anspruchsgruppe darstellen. Allerdings muss hierbei eine Einschränkung gegenüber dem klassischen Ansatz gelten: Es handelt sich lediglich um Lieferanten der zur Produktion nötigen Güter, nicht aber der nötigen Finanzmittel. Dar-

---

radigmenwechsel im Profifußball, S. 66; Müller, Tobias, et al. (2005): Ertragsquellen der Fußballbundesligisten, S. 72f.

[371] Vgl. Bellon, Jürgen, et al. (2005): Nachwuchsarbeit in der Fußball-Bundesliga, S. 260; Born, Jürgen L. / Mohr, Stefan / Bohl, Markus (2004): Financing the Game, S. 209; Kern, Markus / Haas, Oliver /

über hinaus können diese Lieferanten nicht zeitgleich als Sponsoren oder strategische Partner fungieren. Sollte dies der Fall sein – wie beispielsweise häufig bei Sportartikelherstellern – so müssen sie einer anderen Gruppe zugeordnet werden (vgl. hierzu die folgenden Abschnitte).

Im Zusammenhang mit den regulativen Organisationen wurden der *Staat*, der *DFB/ DFL* sowie die *Konkurrenten im engeren Sinne* (d.h. die restlichen an der Liga teilnehmenden Mannschaften) identifiziert. Die weiteren von HEINEMANN aufgezeigten Gruppen der kooperierenden Organisationen, der konfligierenden Organisationen sowie der Konkurrenten im weitesten Sinne können in diesem Fall ausgeklammert werden, da sie für einen professionellen Fußballverein eher eine unbedeutende Rolle spielen und demnach in dieser Betrachtung der wichtigsten Stakeholder-Gruppen keine Beachtung finden sollen. Es sei allerdings an dieser Stelle darauf verwiesen, dass auch diese Gruppen dauerhaft nicht unterschätzt werden sollten. Den genannten drei Gruppen Staat, DFB und Konkurrenten im engeren Sinne muss allerdings von Seiten der Vereine eine verstärkte Aufmerksamkeit zukommen. Darüber hinaus darf auch ihre Verknüpfung untereinander nicht unterschätzt werden.

Als interne Anspruchsgruppen wurden in einem ersten Schritt die *Mitarbeiter* identifiziert. Hierzu sind sowohl die Mitarbeiter im klassischen Sinne wie auch Spieler- und Trainerpersonal zu zählen, wobei sich diese allerdings aufgrund vertraglicher Gegebenheiten sowie aufgrund der Besonderheiten des Produktionsprozesses voneinander unterscheiden und somit die Anspruchsgruppe Mitarbeiter sowie ihre Bearbeitung einer Unterscheidung hinsichtlich der Art der Mitarbeiter bedarf. Neben den Mitarbeitern wurden die *Vereinsmitglieder* als interne Anspruchsgruppe identifiziert, die es zufrieden zu stellen gilt, ähnlich den Kunden eines klassischen Wirtschaftsunternehmens. Als weitere Anspruchsgruppe sind an dieser Stelle die *Anteilseigner* zu nennen, welche in der Bundesliga in den vergangenen Jahren vermehrt Zugang gefunden haben. Auch ihnen gegenüber hat das Fußballunternehmen Verpflichtungen, denen im Rahmen einer Anspruchsgruppenorientierung auf unterschiedlichste Weise nachgekommen werden sollte.

Die letzte Gruppe stellen die Output-Organisationen dar. Sie bestehen aus den Anspruchsgruppen der *Fans/Zuschauer*, ohne deren Nachfrage der Verein nicht existie-

---

Dworak, Alexander (2002): Finanzierungsmöglichkeiten für die Fußball-Bundesliga und andere Profisportligen, S. 401-405.

ren könnte, da sich an ihrem Interesse die restlichen Anspruchsgruppen, von welchen der Verein abhängig ist, orientieren. Hierzu zählen die *Rechtevermarkter* und dementsprechend auch die *Medien*. Aufgrund der engen Verknüpfung dieser beiden Anspruchsgruppen, die sich aus ihrer direkten Abhängigkeit ergibt, werden sie im Folgenden gemeinsam betrachtet, da sich stellenweise sogar gemeinsame Ziele und Vorgehensweisen beobachten lassen. Auch die *Sponsoren* müssen in diesem Zusammenhang genannt werden, ebenso wie die *strategischen Partner*, welche eine Weiterentwicklung der klassischen Sponsoren darstellen. Die Medien sind darüber hinaus nicht nur als Nachfrager der Leistungen des Vereins zu sehen, sondern auch als ein so genannter Bridging Stakeholder, welche die anderen Anspruchsgruppen direkt und bewusst beeinflussen.

Augrund der klaren Identifikation der Anspruchsgruppen und ihrer Einteilung in Input- und Output-Organisationen, regulative Organisationen sowie interne Anspruchsgruppen, welchen die Ausführungen des Integrierten Marketing zugrunde liegen, konnten alle identifizierten Anspruchsgruppen eindeutig zugewiesen werden und es kam zu keinerlei Überschneidungen insofern, als dass sich manche Gruppen mehreren Bereichen zuordnen ließen.

Im Folgenden sollen die soeben genannten und vorgestellten Anspruchsgruppen auf den Ansatz nach SAVAGE ET AL. übertragen werden, um so die Bedeutung der einzelnen Gruppen, ihr Kooperations- und Bedrohungspotenzial sowie ihr Beeinflussungspotenzial beurteilen zu können.

### 4.2.4 Übertragung auf den erweiterten Ansatz nach SAVAGE ET AL.

#### 4.2.4.1 Ansprüche und Wertbeiträge der Stakeholder-Gruppen

Unter Rückgriff auf die vorangegangene Darstellung sowie die in Kapitel zwei gelegten Grundlagen sollen die soeben benannten Stakeholder nun auf den Ansatz nach SAVAGE ET AL. übertragen und in die in Kapitel zwei beschriebene Matrix eingeordnet werden. Auf Basis dieser Übertragung soll dann gezeigt werden, wie eine Anspruchsgruppen-Integration aus Perspektive des Integrierten Marketings möglich ist. Der erweiterte Verantwortungsbereich des Marketings innerhalb der strategischen Unternehmensführung wird durch die Ausweitung der Betrachtung auf alle relevanten Stakeholder-Gruppen aufgezeigt. Die gewonnenen Erkenntnisse sowohl der Identifikation, der Positionierung sowie der Ziele der Stakeholder können als Grundlage für das Ableiten von strategischen Vorgehensweisen dienen.

Der erste Schritt, die Identifikation der Stakeholder-Gruppen, erfolgte im vorangegangenen Abschnitt. Es wurde konstatiert, dass sich für professionelle Fußballvereine durchaus Anspruchsgruppen ableiten lassen, welche deckungsgleich sind mit denen klassischer Wirtschaftsunternehmen. Dieses sind Anteilseigener, Lieferanten, der Staat, Mitarbeiter (wenn auch bei Vereinen in einem erweiterten Sinne, da Spieler und Trainer nicht mit klassischen Mitarbeitern gleichzusetzen sind) und Kunden, wobei dieser Kreis sehr weit gefasst wird, er umschließt Vereinsmitglieder als interne Anspruchsgruppen ebenso wie Fans/Zuschauer, Medien/Rechtevermarkter, Sponsoren und strategische Partner. Daher werden diese einzelnen Gruppen im Folgenden separat betrachtet werden. Darüber hinaus wurden weitere Gruppen identifiziert, welche in der bisherigen Literatur zur Stakeholder-Analyse[372] keine Beachtung fanden, da sie für die dort betrachteten Unternehmen keine Rolle spielen bzw. nicht existieren. Dies sind der DFB sowie die Konkurrenz im engeren Sinne (aufgrund der divergierenden Wettbewerbsverhältnisse im Sport im Vergleich zur Wirtschaft).

Um in der Lage zu sein, die Bedürfnisse der Anspruchsgruppen langfristig zu befriedigen, müssen deren Zielvorstellungen präzisiert und analysiert werden, um im Anschluss daran individuelle Vorgehensweisen zu bestimmen. Dabei erscheint es durchaus relevant, dass die Stakeholder nicht nur Ansprüche an das Unternehmen erheben,[373] sondern darüber hinaus auch einen Wertbeitrag generieren, sodass die Werterbringung letztlich ein beidseitiger Prozess ist.[374] Der wissenschaftlichen Literatur folgend, können die Ziele der Anspruchsgruppen in Ober- und Teilziele differenziert werden, sodass tiefere Einblicke in mögliche Maßnahmen zur Erreichung dieser Ziele ge-

---

[372] Beispielhaft seien an dieser Stelle genannt: Janisch, Monika (1993): Das strategische Anspruchsgruppenmanagement: Vom Shareholder Value zum Stakeholder Value, S. 122f.; Kujala, Johanna (2001): Analysing moral issues in stakeholder relations, S. 235ff.; Solomon, Esther (2001): The dynamics of corporate change: management's evaluation of stakeholder characteristics, S. 257ff.; Thommen, Jean-Paul (1996): Glaubwürdigkeit: Die Grundlage unternehmerischen Denken und Handelns, S. 26ff.; Waddock, Sandra A. / Bodwell, Charles / Graves, Samuel B. (2002): Responsibility: The new Business imperative, S. 134.

[373] Vgl. beispielsweise Harrison, Jeffrey S. / Freeman, R. Edward (1999): Stakeholders, Social Responsibility, And Performance: Empirical Evidence And Theoretical Perspectives, S. 479ff.; Wood, Donna J. / Jones, Raymond E. (1995): Stakeholder mismatching: A theoretical problem in empirical research on corporate social performance, S. 229ff.

[374] Vgl. Svendsen, Ann / et al. (2001): Measuring the business value of stakeholder relationships, Part one, S. 27.

währt werden können.[375] Anhand von Einflussfaktoren können die Ziele darüber hinaus von der Unternehmung beeinträchtigt werden; diese können durch so genannte Wertgeneratoren erfasst werden, welche wichtige strategische Angriffspunkte der Stakeholder darstellen und von der Unternehmung aktiv gesteuert werden können. Die Erfüllung der Wertgeneratoren wirkt sich im Umkehrschluss wiederum positiv auf die Erreichung der Oberziele der Stakeholder aus.[376]

Abbildung 21 stellt die soeben vorgestellten Ausführungen noch einmal in einer Übersicht dar. Dabei wird die vorhandene Literatur zur Stakeholder-Orientierung auf deckungsgleiche Anspruchsgruppen der Fußballvereine übertragen und wenn nötig modifiziert sowie die Abbildung um die zusätzlichen Anspruchsgruppen ergänzt, deren Ziele, Wertgeneratoren und Wertbeiträge anhand von Literatur aus dem Sportbereich zusammengestellt werden. Aus der Übersicht wird deutlich, welche Ansprüche Stakeholder an den Verein stellen und, im Umkehrschluss, welche Beiträge der Verein von den Anspruchsgruppen erwarten kann. Des Weiteren lässt sich ebenfalls die Bedeutung der jeweiligen Gruppe als Anspruchsgruppe für den Verein ableiten. Dies ist zum einen von Bedeutung, wenn an späterer Stelle die Positionierung der Anspruchsgruppen in die Stakeholder-Matrix nach SAVAGE ET AL. vorgenommen werden soll (Abschnitt 4.2.4.2), zum anderen lassen sich aus dieser Systematisierung auch mögliche Handlungsempfehlungen zum Umgang mit den Gruppen ableiten, wie sie in Abschnitt 4.2.5 sowie in Abschnitt 6.2 vorgestellt werden.

---

[375] Vgl. Janisch, Monika (1993): Das strategische Anspruchsgruppenmanagement: Vom Shareholder Value zum Stakeholder Value, S. 137; Scheuplein, Harald (1970): Unternehmensstrategie: Ziele, Grundsätze und Hilfsmittel, S. 18.

[376] Vgl. Copeland, Thomas E. / Koller, Tim / Murrin, Jack (2002): Unternehmenswert: Methoden und Strategien für eine wertorientierte Unternehmensführung, S. 132ff.; Janisch, Monika (1993): Das strategische Anspruchsgruppenmanagement: Vom Shareholder Value zum Stakeholder Value, S. 194.

| Stakeholder | Quelle | Oberziel (Anspruchshaltung) | Teilziel | Wertgeneratoren | Wertbeitrag des Stakeholders | Bedeutung der Gruppe |
|---|---|---|---|---|---|---|
| Vereins-mitglieder | - Lehmann/Weigand<br>- Zeltinger | Bedürfnisbefriedigung | Sportliche Höchstleistung und sportlicher Erfolg, soziale Zugehörigkeit | Vorkaufsrechte, ermäßigter Kartenbezug, zusätzliche Leistungen | Leistungsabnehmer, Vereinstreue, Identifikation mit dem Verein, Loyalität | **Sehr Hoch**<br>Umsatzgenerierung, Unterstützung, allerdings: meist kein direkter Einfluss |
| Fans/ Zuschauer | - Dörnemann<br>- Karlowitsch<br>- Kubat<br>- Lehmann/Weigand | Bedürfnisbefriedigung (Fan: Erfolg einer bestimmten Mannschaft. Zuschauer: Interesse an sportlicher Darbietung) | Sportliche Höchstleistung, Unterhaltung, soziale Zugehörigkeit | Spielerische Qualität, Image, Spielerkontakt, Merchandising | Leistungsabnehmer, Interesse und Präsenz, Quasirenten Generierung, Identifikation mit dem Verein, Treue | **Sehr Hoch**<br>Umsatzgenerierung, Unterstützung, allerdings: nur indirekter Einfluss |
| Rechtever-markter /Medien | - Dörnemann<br>- Karlowitsch<br>- Kubat<br>- Lehmann/Weigand<br>- Zeltinger | Möglichst rentables Investment/Objekt für eigene Berichterstattung | Ausbau des Machtpotenzial, Synergiepotenziale, Absicherung durch Streuung der Beteiligungen, Einschaltquotenoptimierung, Werbeeinnahmen, Differenzierung von der Konkurrenz (KKV) | Gewinnmarge, Mitsprache- und Kontrollrechte, regelmäßige Kontakte, Sportinformationen | Leistungsabnehmer, Erfösbeteiligung, Einmalzahlungen, Entwicklung innovativer Werbeformen, Kontakte, Professionalisierung der Strukturen, Planungssicherheit, Konzentration auf Kernkompetenz | **Sehr Hoch**<br>Direkter Leistungsabnehmer, Umsatzgenerierung, allerdings: Meist kein direkter Einfluss |
| Strategische Partner | - Dinkel<br>- Hase/Branasch<br>- Zeltinger | Wirtschaftlicher Erfolg | Refinanzierung der Investition, Imagewirkung, erhöhte Kontaktqualität, Steigerung des Umsatzes und Gewinns, Erhöhung des Marktanteils | Kooperative Marketingaktivitäten, Kontaktpflege vor Ort, Mitarbeitermotivation, vernetzte Kommunikationsmaßnahmen | Bereitstellung von Kapital, wirtschaftliche Kooperationen, Management Know-how, langfristige Kooperation | **Sehr hoch**<br>Abhängig vom Umfang, häufig direkter Einfluss, Fortführung der Kooperation abhängig von Erfolg des Vereins |
| Spieler/ Trainer | - Kubat<br>- Lehmann/Weigand<br>- Zeltinger | Lebensqualität | Einkommensmaximierung, Existenzsicherung, Entlohnung, sportlicher Erfolg | Einkommen, Spieleinsatz, Arbeitsbedingungen | Grundlage der Leistungserstellung, kausaler Produktionsfaktor, ggf. Ablösesumme, Schnittstelle zu allen Kunden | **Sehr Hoch**<br>Humankapital, kausaler Produktionsfaktor, schwer substituierbar, ggf. hohe Identifikation der Kunden |

| Stakeholder | Quelle | Oberziel (Anspruchshaltung) | Teilziel | Wertgeneratoren | Wertbeitrag des Stakeholders | Bedeutung der Gruppe |
|---|---|---|---|---|---|---|
| Mitarbeiter (ohne Spieler/ Trainer) | - Janisch - Skrzipek - Zeltinger | Lebensqualität | Existenzsicherung, Entlohnung, Selbstverwirklichung | Einkommen, Arbeitsplatzsicherung Arbeitsbedingungen, Beteiligung | Leistungsbereitschaft Basis der unternehmerischen Tätigkeit | **Hoch** Spezifisches Know-how, Humankapital, allerdings: substituierbar |
| Sponsoren | - Dörnemann - Kubat - Lehmann/Weigand - Zeltinger | Öffentlichkeitswirkung | Imagetransfer, Vermarktungsmög-lichkeiten, Bekannt-heit, Sympathie, erhöhte Kontakt-qualität, Umgehung von Kommunikations-barrieren, geringe Streuverluste | Langfristige und mehrdimensional angelegte Werbestrategien, vernetzte Kommunikations-maßnahmen, Kontaktpflege vor Ort, Mitarbeitermotivation | Bereitstellung von Kapital/ Material | **Hoch** Bereitstellung von Kapital/ Material, Sponsoringengage-ment häufig abhängig vom Erfolg des Vereins |
| Anteilseigner | - Heinemann - Lehmann/Weigand - Skrzipek - Zeltinger | Steigerung des Kapitalwerts | Riskikoadäquate Verzinsung des eingesetzten Kapitals | Kontrolle, Wachstumsdauer, Umsatzwachstum | Kapitalbereitstellung, Mitbestimmung per Gesetz | **Hoch** Eigentümermacht |
| Konkurrenz | - Heinemann | Maximierung des sportlichen Erfolgs unter Einhaltung des Budgets (sportlicher Erfolg nur durch entsprechende Konkurrenz möglich) | Gute Tabellenplatzierung, Titelgewinn, Nicht-Abstieg, Teilnahme an internationalen Turnieren, wirtschaftlicher Erfolg | Leistungserstellung, Nachwuchsförderung | Indirekte finanzielle Unterstützung, direkte Beteiligung am Produktionsprozess | **Hoch bis Mittel** Direkter Einfluss auf Leistungserstellung, allerdings: selber Teil des Leistungs-erstellungsprozess |
| DFB/DFL | - Dörnemann - Heinemann - Kubat - Lehmann/Weigand | Aufrechterhaltung des Wettbewerbs | Bündelung der Inter-essen der Vereine, Verhandlung über Gelder aus TV- und Medienberichterstat-tung, Wahrung der Integrität des Liga-Produkts, organisa-torische Aufgaben, wirtschaftliche Ziele, Nationalmannschaft, geringe Streuverluste | Sportliche und wirtschaftliche Mindestanforde-rungen an Vereine, Vermarktung durch eigene Fernsehproduktion, Nachwuchsförderung | Ligaveranstalter, Vorgabe der Rahmenbedingungen | **Hoch bis Mittel** Direkter Einfluss auf die Vereine durch TV-Vermarktung, Ligaausschuss, Eintrittsbarrieren |

| Stakeholder | Quelle | Oberziel (Anspruchshaltung) | Teilziel | Wertgeneratoren | Wertbeitrag des Stakeholders | Bedeutung der Gruppe |
|---|---|---|---|---|---|---|
| Lieferanten | - Janisch<br>- Mattmüller/Tunder<br>- Skrzipek | Existenzerhaltung und Existenzentwicklung | Eigene Unternehmenswertsteigerung, Unabhängigkeit, Sicherheit | Nachfragemacht, stabile Lieferbeziehungen, Preisgestaltung, Umsatzwachstum, Gewinnmarge, Kapitalkosten, Image | Kooperationspartner, Beteiligung am Leistungsprozess, Betreuung, Serviceleistungen, Kostenreduktion | **Mittel** Teil des Leistungsprozess, kein direkter Einfluss, abhängig vom Grad der Unternehmensidentifikation |
| Staat | - Dörnemann<br>- Heinemann<br>- Kubat<br>- Skrzipek<br>- Zeltinger | Wohlfahrt | Wirtschaftswachstum Stabilität, Unabhängigkeit, Machtausgleich, Umweltqualität, Sicherung des internationalen Ansehens des Staats, Wählergunst | Steuern/ Gebühren, positive Imageeffekte, Gläubigerschutz, Arbeitsplätze | Sicherung der Interessen, Setzen von rechtlichen und infrastrukturellen Rahmenbedingungen Investitionen | **Mittel** kein direkter Einfluss, allerdings: durch Gesetze, Abgaben, Politik Einfluss auf Existenz und Wertschöpfung |

Abbildung 21:   Überblick der Ziele und Beiträge der Stakeholder
Quelle: Eigene Darstellung.

## 4.2.4.2 Positionierung der Stakeholder-Gruppen

Die Ergebnisse des vorangegangenen Abschnitts können nun genutzt werden, um die Positionierung der Stakeholder-Gruppen nach den Kriterien von SAVAGE ET AL., welche bereits in Kapitel zwei beschrieben und durch POLONSKY ergänzt wurden, einzuordnen. Die Dimensionen der Kooperation und Bedrohung, welche SAVAGE ET AL. identifizierten, sollen beibehalten werden und um das Beeinflussungspotenzial erweitert werden.[377] In der nachfolgenden Abbildung 22 zeigt sich die Einteilung nach SAVAGE ET AL. in die vier Kategorien (Stakeholder-Typ 1 bis 4), wobei der alle überlappende Kreis das Beeinflussungspotenzial darstellt. Die vorgenommene Aufteilung basiert auf den in der vorangegangenen Identifikation der Stakeholder analysierten Zielen und Beiträge und kann mithilfe der Analyse auf professionelle Fußballvereine übertragen werden. Anzumerken ist in diesem Zusammenhang dass das vorliegende Modell überwiegend theoriebasiert ist. Im Rahmen einer praktischen Umsetzung muss daher in jedem Fall eine Überprüfung dahingehend erfolgen, ob die Umweltbedingungen jeweils so gegeben sind, wie in dem Modell vorgesehen. Sobald dies nicht der Fall ist muss eine Anpassung erfolgen.[378] Ein Abweichen vom theoretischen Modell kann beispielsweise durch das Nicht-Vorhandensein der Anspruchsgruppe strategische Partner bei einem Verein gegeben werden oder etwa durch ein höheres wahrgenommenes Bedrohungspotenzial durch die Medien oder Ähnliches.[379] Entsprechend den jeweiligen Umweltbedingungen, welche jeder Verein für sich selbst analysieren muss, muss das Modell vor der praktischen Anwendung unbedingt überprüft und gegebenenfalls angepasst werden.

---

[377] Das Beeinflussungspotenzial umfasst dabei alle Felder und ist aufgrund dieser Tatsache zunächst nicht als einzelnes Feld direkt erkennbar. Daher muss es an separater Stelle gesondert überprüft werden.

[378] Die Überprüfung sowie die Anpassung muss vom jeweiligen Verein vorgenommen werden, da nur dort das hierzu notwendige Wissen vorhanden ist.

[379] Eine Anpassung ist somit vorzunehmen, sobald eine oder mehrere der Anspruchsgruppen im Falle des Vereins entweder nicht existent sind, oder aus Sicht des Vereins an anderer Stelle in der Stakeholder-Matrix eingeordnet werden müssen. Darüber hinaus ist es ebenfalls denkbar, dass der Verein über weitere Anspruchsgruppen verfügt, welche im vorliegenden Modell keine Beachtung finden. Auch in diesem Fall muss eine Anpassung dahingehend erfolgen, dass die Matrix um diese Gruppe erweitert wird.

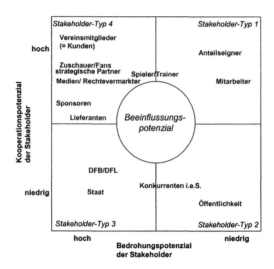

Abbildung 22:  *Erweiterte zweidimensionale Stakeholder-Matrix übertragen auf professionelle Fußball-*
*vereine*
*Quelle: Eigene Darstellung.*

### 4.2.4.3 Das Beeinflussungspotenzial

Nachdem die Positionierung der einzelnen Stakeholder-Gruppen erfolgt ist, bedarf es im Folgenden einer Betrachtung des Beeinflussungspotenzials, den so genannten Bridging Stakeholders, welche andere Stakeholder-Gruppen bewusst direkt oder indirekt positiv oder negativ beeinflussen können und somit für den Verein ein Unsicherheitspotenzial darstellen. Die Beeinflussung kann sowohl durch die Stakeholder-Gruppen untereinander stattfinden wie auch durch die Medien geschehen. Untersuchungen haben gezeigt, dass letzten Endes jede Stakeholder-Gruppe in der Lage ist, auf direktem oder indirektem Wege alle anderen Anspruchsgruppen zu beeinflussen.[380] Der Ausdruck Medien als Bridging Stakeholder ist in diesem Fall nicht gleichzusetzen mit der Anspruchsgruppe der Vereine ‚Medien/Rechtevermarkter‘, wie sie im vorangegangenen Abschnitt definiert wurden, sondern der Begriff Medien ist in einen

---

[380]  Auf eine ausführliche Darstellung soll an dieser Stelle verzichtet werden, vgl. hierzu die detaillierten Ausführungen bei Maisenbacher, Nadja (2007): Die Verantwortung des Marketing für das Bezugsgruppenkonzept - zum Stand der Integrationsorientierung in Unternehmen, S. 87ff.

größeren Kontext zu setzen und umfasst alle medialen Bereiche, die über den Verein und seine Akteure berichten, was sich häufig nicht auf eine neutrale Berichterstattung beschränkt und so die Meinungen der Stakeholder beeinflussen und prägen. Sie stellen somit ein erhebliches Risiko für die Reputation des Vereins dar; bei richtiger Lenkung dieses Mediums können die Medien allerdings auch zweckmäßig eingesetzt werden. Im Vergleich zu Wirtschaftsunternehmen verfügen professionelle Fußballvereine allerdings über einen Vorteil: So sind sie den Umgang mit den Medien gewöhnt und auf sie angewiesen, was sich auch in der Identifikationen der Medien als Anspruchsgruppe widerspiegelt. Dementsprechend sind Vereine, eher als Wirtschaftsunternehmen, an der Zusammenarbeit mit den Medien von Anfang an interessiert und nutzen diese als Verbindung nach außen.[381] Neben der Beeinflussung durch die Medien und andere Stakeholder-Gruppen können die Anspruchsgruppen des Weiteren von dem Verein selbst beeinflusst werden. Eine mögliche Vorgehensweise, um die Beeinflussung anderer Gruppen zu vermeiden bzw. rechtzeitig zu intervenieren, stellt die offene Kommunikation des Vereins mit den Beeinflussern dar, um so eine breite Vertrauensbasis zu schaffen und bestehende Barrieren zu reduzieren.[382] Auch viele der im Folgenden noch darzustellenden Handlungsempfehlungen für den Umgang mit klassischen Stakeholder-Gruppen sind auf den Umgang mit Bridging Stakeholders übertragbar.

## 4.2.5 Strategische Bearbeitung der Anspruchsgruppen

Auf Basis der bisherigen Ergebnisse können nun strategische Vorgehensweisen abgeleitet werden, mit deren Hilfe es den Vereinen ermöglicht werden kann, die Bedürfnisse der Stakeholder zu befriedigen. Basieren wird die Analyse auf der Positionierung der Anspruchsgruppen in die vier Kategorien des erweiterten Modells nach SAVAGE ET AL., welche in Abschnitt 4.2.4.2 vorgenommen wurde und in ihrer ursprünglichen Form für jeden Typ eine eigene strategische Stoßrichtung vorgesehen hat. Diese Strategien müssen dementsprechend ebenfalls in der Übertragung auf die Vereine anwendbar sein. Die Strategien werden in Abbildung 23 dargestellt, welche eine Weiterentwicklung von Abbildung 22 darstellt. Sie unterstützt die Vereine dabei, sich aller Stakeholder-Gruppen bewusst zu sein. Darüber hinaus zeigt sie über die Matrix und

---

[381] Zur Beziehung von Wirtschaftsunternehmen und Medien vgl. ebenda S. 91f.

[382] Vgl. Polonsky, Michael J. (1995): Incorporating the natural environment in corporate strategy: a stakeholder approach, S. 156ff.

das verbindende Beeinflussungspotenzial auf, welche Entwicklungen möglicherweise auftreten können, in welche Richtungen sich die einzelnen Anspruchsgruppen verändern und wie die Vereine dieser Veränderung begegnen können.[383]

Abbildung 23:　Strategische Bearbeitung der Stakeholder-Gruppen
Quelle: Eigene Darstellung.

Auf Basis der Analyse ergeben sich für die Vereine vier strategische Vorgehensweisen im Umgang mit ihren Stakeholdern: Einbeziehen, Beobachten, Verteidigen und Zusammenarbeiten. Diese sollen im Folgenden einer detaillierteren Betrachtung unterzogen werden, um sie im Anschluss auf die Praxis übertragen zu können.

Der erste Stakeholder-Typ zeichnet sich durch ein niedriges Bedrohungs-, aber ein hohes Kooperationspotenzial aus. Aus der Einordnung geht hervor, dass hierzu die Gruppe der *Anteilseigner* wie auch die Gruppe der *Mitarbeiter*, mit Ausnahme von Spielern und Trainern, zu zählen ist. In Bezug auf die Mitarbeiter gelten auch für Vereine die Erkenntnisse des Internen Marketing sowie der Mitarbeiterführung im Allge-

[383]　Vgl. Savage, Grant T., et al. (1991): Strategies for Assessing and Managing Organizational Stakeholders, S. 62ff., des Weiteren Harrison, Jeffrey S. / St. John, Caron H. (1996): Managing and partnering with external stakeholders, S. 53; Polonsky, Michael J. (1997): Broadening the Stakeholder Strategy Matrix, S. 380.

meinen, was bedeutet dass Mitarbeiter nicht mehr ausschließlich delegiert werden, sondern sie partizipieren sollten, sprich sie werden informiert und integriert, um so langfristig Zufriedenheit und Loyalität aufzubauen. Anteilseigner ebenso wie Mitarbeiter können durch mehr Mitspracherecht stärker in den Verein mit einbezogen werden, beispielsweise durch eine verstärkte Kommunikation im Rahmen der Investor Relations.

Stakeholder-Typ zwei, welcher sich weder durch ein hohes Bedrohungs- noch durch ein hohes Kooperationspotenzial auszeichnet, zeigt zu diesem Zeitpunkt noch kein ausgeprägtes Interesse an der Fußballunternehmung. Aufgrund der Dynamik des Modells kann sich diese Position aber jederzeit verändern, weswegen diese Stakeholder-Gruppen zumindest beobachtet werden müssen, um eine eventuelle Verschiebung ihrer Position rechtzeitig zu bemerken und entsprechend zu reagieren. Im Modell der klassischen Wirtschaftsunternehmen findet sich in diesem Quadranten die Anspruchsgruppe der Öffentlichkeit wieder. Für Fußballvereine wäre diese Gruppe allerdings zu weit definiert, da Untersuchungen gezeigt haben, dass ein breiter Teil der Öffentlichkeit als fußballinteressiert gilt und somit bereits in den Kategorien Fans/Zuschauer bzw. Vereinsmitglieder abgedeckt wurde. Dementsprechend muss die Stakeholder-Gruppe Öffentlichkeit an dieser Stelle eine Einschränkung erfahren und zwar dahingehend, dass es sich lediglich um die nicht fußballinteressierte Öffentlichkeit handelt, welche erst dann aktiv wird, sobald sie sich in ihren Interessen bedroht sieht. Dies kommt bei Fußballunternehmen in aller Regel sehr selten vorkommt, weswegen diese Gruppe an dieser Stelle keine gesonderte Betrachtung erfahren soll.[384] Darüber hinaus muss in diesem Quadranten die Gruppe der *Konkurrenten* eingeordnet werden, wenngleich sie für andere Vereine öfter zur Bedrohung werden können und sich somit in den dritten Quadranten verschieben würden als die Öffentlichkeit. Der Grund, den Konkurrenten ein niedriges Kooperationspotenzial zu bescheinigen, wenngleich sie doch auf die direkte Zusammenarbeit mit den anderen Vereinen angewiesen sind, ist darin zu sehen, dass die Kooperation der Vereine untereinander meist nicht über die durch das Regelwerk des DFB vorgegebene Kooperation hinausgeht. Somit halten sich die Vereine an die Gesetzgebung des DFB, wie es Unternehmen klassischer Wirtschaftsmärkte mit der klassischen Gesetzgebung tun. Darüber hinaus existiert allerdings wenig Ko-

---

[384] Als Beispiel könnte hier eine Gemeinde genannt werden, die durch einen neuen Stadionbau direkt betroffen wäre. In solchen Fällen muss das Vertrauen zwischen den Parteien aufgebaut bzw. aufrechterhalten werden, beispielsweise durch gezielte PR-Aktionen, eine aktive Einbindung der Gemeindepolitiker etc.

operation, das Kooperationspotenzial ist demzufolge als gering anzusehen. Die Bedrohung der Vereine untereinander kann sportlich betrachtet als sehr hoch eingestuft
werden, da sie alle als oberstes Ziel sportlichen Erfolg verfolgen, welcher nur durch einen Sieg gegen die Konkurrenz erreicht werden kann. Das marktliche Bedrohungspotenzial betrachtet ist hingegen als niedrig einzustufen, wenngleich es sich, ähnlich dem
der Öffentlichkeit, durchaus erhöhen kann, beispielsweise wenn es darum geht Spieler
oder Trainer anderer Vereins abzuwerben, bzw. Sponsoren zu gewinnen.

Die Stakeholder-Gruppe drei stellt die riskanteste Gruppe der Fußballunternehmung
dar. Sie zeichnet sich durch ein hohes Bedrohungs-, aber ein geringes Kooperationspotenzial aus, was eine Zusammenarbeit mit dieser Gruppe erschwert. SAVAGE ET
AL. sprechen in diesem Zusammenhang von der Strategie der Verteidigung, welche
die Unternehmen in Bezug auf diese Gruppe verfolgen sollten respektive der Möglichkeit, die Abhängigkeit des Unternehmens von dieser Gruppe zu reduzieren, um der
Gruppe somit aktiv das Bedrohungspotenzial zu nehmen. Eine weitere Möglichkeit
liegt darin, das Kooperationspotenzial dieser Gruppe dahingehend zu erhöhen, dass
sie in die vierte Stakeholder-Kategorie fallen und bereit sind, mit dem Unternehmen zu
kooperieren. Für die Fußballunternehmen wurde in dieser Kategorie der *Staat* ebenso
wie der *DFB* identifiziert. Für beide Gruppen erscheint es unmöglich, die Abhängigkeit
zu reduzieren, da die Vereine auf den DFB im Rahmen des Lizenzierungsverfahrens
ebenso wie als Ligaveranstalter angewiesen sind und ohne ihn nicht in der Lage wären, ihre Leistung entsprechend zu erbringen. Das gilt auch für die Beziehung zum
Staat, der, ähnlich dem DFB immer die Rahmenbedingungen vorgeben und Einfluss
auf die Vereine ausüben wird, welchen sich diese nicht entziehen können. Ein Abbau
der Abhängigkeit ist also nicht möglich, ebenso wenig wie die Strategie der Verteidigung, da eine feindliche Vorgehensweise gegen diese zwei Anspruchsgruppen sich
keinesfalls vorteilhaft auswirken kann. Der letzte mögliche Weg wäre, die Beziehung
zwischen dem Verein und den Anspruchsgruppen Staat bzw. DFB/DFL aktiv zu gestalten und dementsprechend in sie einzugreifen, um so das Bedrohungspotenzial möglichst zu reduzieren. Erste Schritte sind in diesem Zusammenhang schon unternom-
men worden, beispielsweise durch Vereinsvertreter bei der DFL, ein erweitertes Mit-
sprachrecht oder eine engere Zusammenarbeit zwischen Politik und Fußballsport.

Der letzte zu betrachtende Stakeholder-Typ birgt sowohl ein hohes Kooperations- wie
auch ein hohes Bedrohungspotenzial. Die sich in diesem Zusammenhang anbietende
strategische Vorgehensweise stellt das Zusammenarbeiten dar, da auf diese Weise

das hohe Kooperationspotenzial ausgenutzt werden kann, die Gruppe aber auch gleichzeitig beobachtet werden kann, um das von ihr ausgehende Bedrohungspotenzial jederzeit einschätzen zu können. Bei klassischen Wirtschaftsunternehmen wird in diesem Fall häufig ein Zusammenschluss in Form eines Joint Ventures zwischen Wirtschaftsunternehmen und *Lieferanten* gefordert. Diese Vorgehensweise bietet sich auch für Vereine an. Dabei muss an dieser Stelle erneut deutlich hervorgehoben werden, dass die hier betrachteten Lieferanten keine Sponsoren oder strategischen Partner sind und dies auch nicht durch ein erfolgreiches Joint Venture würden. *strategische Partner* und *Sponsoren* sind dieser Stakeholder-Gruppe dennoch ebenfalls zuzuordnen, wenngleich die Vereine die Zusammenarbeit mit diesen Gruppen anders gestalten müssen als mit Lieferanten. Die *Vereinsmitglieder* sowie die Gruppe der *Zuschauer/Fans* stellen für den Fußballverein, wie zuvor konstatiert wurde, einen Teil der Anspruchsgruppe dar, welche in klassischen Wirtschaftsunternehmen die Kunden ausmachen, wobei die Vereinsmitglieder vertraglich an den Verein gebunden sind, die Zuschauer/Fans hingegen nicht. Nichtsdestotrotz sind diese Kundengruppen der Fußballunternehmen größtenteils als außerordentlich loyal anzusehen[385], was den bedeutendsten Unterschied zu Wirtschaftsunternehmen darstellt, welche Kundenloyalität nur über langfristige Zufriedenheit der Kunden erreichen können. Dennoch sollten Vereine die Loyalität der Kunden nicht überstrapazieren, sondern diese aktiv fördern, da sie in verschiedenster Hinsicht auf diese Kunden angewiesen und von ihrem Wohlwollen abhängig sind.[386] Dies kann geschehen durch eine aktive Integration der Kunden im Stadion, durch Mailings und Aktionen für die Vereinsmitglieder, Vorzugsaktionen etc. Auch klassische CRM-Maßnahmen können an dieser Stelle Verwendung finden, insbesondere im Hinblick auf Vereinsmitglieder, deren Daten dem Club vorliegen bzw. von ihm erfasst werden können.[387] Die lediglich fußballinteressierten Mitglieder dieser Gruppe, die nicht als Fan bezeichnet werden können und auch keine Vereinsmitglieder sind, sollen mittels geeigneter Öffentlichkeitsarbeit angesprochen werden, um so die lose Bindung an den Verein zu intensivieren und gegebenenfalls auf die nächst höhere Ebene zu bringen, da gerade in dieser Gruppe die Vereine auch in Konkurrenz mit an-

---

[385] Die Ausnahme bildet lediglich der Personenkreis, der sich allgemein als fußballinteressiert bezeichnet, ohne dabei aber einen bestimmten Verein zu favorisieren.

[386] Vgl. Dörnemann, Jörg (2002): Controlling im Profi-Sport, S. 161.

[387] Eine ausführliche Darstellung derzeitiger CRM Maßnahmen in der Fußballbundesliga findet sich bei ZELTINGER. Vgl. Zeltinger, Julian (2004): Customer Relationship Management in Fußballunternehmen, S. 100ff. Ein Vergleich der unterschiedlichen Mitgliedschaftsmaßnahmen der Bundesligavereine findet sich bei Langen, Tim, et al. (2005): Mitgliedermarketing in der Fußball-Bundesliga, S. 210-212.
Darüber hinaus wird sich auch Abschnitt 6.2 mit Customer-Relationship Maßnahmen befassen.

deren Freizeitangeboten stehen, was bei Vereinsmitglieder bzw. Fans aufgrund ihrer hohen Loyalität vernachlässigt werden kann.[388]

Weiterhin sind die *Rechtevermarkter/Medien* eine Kundengruppe des Vereins, weswegen sie ebenfalls diesem Stakeholder-Typen zuzurechnen sind. Hier bieten sich ebenfalls Kooperationen an, um die Loyalität dieser Kundengruppe zu erhöhen, was gerade im Hinblick auf die Medien auch auf lange Sicht von Vorteil für die Vereine sein kann. Darüber hinaus würde es sich anbieten, dieser Nachfragegruppe individuelle Produktangebote zu offerieren. Mit Blick auf die Zentralvermarktung der Bundesliga in Deutschland muss allerdings konstatiert werden, dass diese ansonsten sehr kundenorientierte Vorgehensweise in Bezug auf deutsche Bundesligavereine eine deutliche Einschränkung erfährt.

Die *Spieler/Trainer* sind im eigentlichen Sinne als Mitarbeiter des Fußballunternehmens einzustufen. Aufgrund ihrer besonderen Situation verfügen sie allerdings über ein deutlich höheres Bedrohungspotenzial[389] als klassische Mitarbeiter, weswegen sie, entgegen den restlichen Mitarbeitern des Vereins, dem Stakeholder-Typ vier zuzuordnen sind. Die Zusammenarbeit mit dieser Gruppe ist auch hier unbedingt erforderlich, nicht zuletzt aufgrund der Tatsache, dass der Verein oftmals auch auf die Spieler/Trainer angewiesen ist, um bei den Fans Kundenloyalität zu erreichen bzw. beizubehalten. Hier bieten sich monetäre Zusatzanreize an, was in der Praxis bereits häufig praktiziert wird sowie ein Verhaltenskodex u.Ä.[390]

### 4.2.6 Zusammenfassende Betrachtung

Aufbauend auf der Erkenntnis der grundsätzlichen Anwendbarkeit der Stakeholder-Theorie auf professionelle Fußballvereine, welche durch eine Literaturrecherche belegt sowie durch eine Ableitung der Erkenntnisse aus den Kapiteln zwei und drei geschaffen werden konnte, wurde die bislang existierende Stakeholder-Identifikation für professionelle Vereine in der Literatur vorgestellt. Dabei wurden sechs Autoren/ Autoren-

---

[388]  Vgl. Zeltinger, Julian (2004): Customer Relationship Management in Fußballunternehmen, S. 78.

[389]  Zum einen aufgrund der Tatsache, dass sie ständig im Blickfeld der Öffentlichkeit stehen und ihr Auftreten und Verhalten somit auch in direkte Verbindung mit dem Verein gebracht wird, zum anderen aufgrund der Bedeutung ihres spielerischen Könnens, welches häufig nicht leicht substituierbar ist.

[390]  Eine intensivere Auseinandersetzung mit diesem Thema findet sich in Abschnitt 6.2.

gruppen identifiziert, welche sich mit diesem Thema bereits auseinandergesetzt hatten und als Grundlage der vorliegenden Untersuchung dienten. Eine Analyse der Literatur, welche an einigen Stellen durch zusätzliche Informationen ergänzt wurde, führte zur Identifikation mehrerer relevanter Anspruchsgruppen, stets basierend auf dem Integrativ-Pozessualen Marketingansatz, welcher der Untersuchung zugrunde lag. Folgende relevante Anspruchsgruppen konnten für professionelle Fußballvereine identifiziert werden: *Lieferanten, Staat, DFB/DFL, Konkurrenten* im engeren Sinne, *Mitarbeiter* (Mitarbeiter im engeren Sinne sowie Spieler/Trainer), *Anteilseigner, Vereinsmitglieder, Fans/Zuschauer, Rechtevermarkter/Medien, Sponsoren* und *strategische Partner.* In einem anschließenden Schritt wurden die Gruppen auf den erweiterten Ansatz nach SAVAGE ET AL. übertragen. Dabei wurden das Oberziel sowie die Teilziele der einzelnen Gruppen ermittelt, ebenso ihre Wertgeneratoren sowie der von ihnen generierte Wertbeitrag. Aus diesen Erkenntnissen ließ sich die jeweilige Bedeutung der Gruppe für den Verein ableiten. So wurde es möglich, die einzelnen Gruppen in die Stakeholder-Matrix nach SAVAGE ET AL. einzuordnen und sie in den Dimensionen Kooperationspotenzial und Bedrohungspotenzial zu positionieren. Darauf aufbauend wurden strategische Vorgehensweisen abgeleitet, die es den Vereinen ermöglichen, den Bedürfnissen ihrer Anspruchsgruppen zu begegnen und diese zu befriedigen. Insgesamt konnten, aufbauend auf den Erkenntnissen von SAVAGE ET AL., vier Stoßrichtungen identifiziert werden, abhängig vom Quadranten der Stakeholder-Matrix, in welchen die jeweilige Gruppe einzuordnen ist: Einbeziehen, Beobachten, Verteidigen und Zusammenarbeiten. Diese wurden dann auf die jeweils relevante Gruppe übertragen, um erste, in der Praxis umsetzbare Beispiele in die vorliegende Arbeit zu bringen. Abschnitt 6.2 wird diese erneut aufgreifen und weitere Handlungsempfehlungen ableiten. Darüber hinaus wurde gezeigt, wie weit diese Umsetzung in der Praxis schon fortgeschritten ist. Der nachfolgende empirische Teil der Arbeit versucht nun, die soeben gewonnenen Aspekte in den Entwicklungsstand der Praxis einzuordnen und auf diese Weise herauszuarbeiten, inwiefern sich die Vereine ihrer Stakeholder bewusst sind und Stakeholder-Orientierung bereits praktisch umgesetzt wird.

## 4.3    Empirische Untersuchung

### 4.3.1  Ziel der empirischen Untersuchung

Die vorangegangenen auf Basis einer Literaturrecherche fundierten Untersuchungen wurden dahingehend überprüft, inwieweit sich professionelle Fußballvereine der Ersten und Zweiten Deutschen Bundesliga ihrer unterschiedlichen Stakeholder-Gruppen sowie den Ansprüchen dieser Gruppen bereits bewusst sind bzw. diese auch aktiv integriert werden und in welchen Bereichen und in Bezug auf welche Stakeholder-Gruppen noch Entwicklungsbedarf besteht. Im Folgenden sollen nun zunächst die Ziele sowie die Vorgehensweise der Befragung erläutert und anschließend die Ergebnisse dargestellt werden.

Das Ziel der vorliegenden empirischen Untersuchung ist es, Einschätzungen hinsichtlich der Anwendbarkeit des Stakeholder-Modells auf professionelle Fußballvereine sowie der hier tatsächlich verankerten Stakeholder-Orientierung zu erlangen. Dabei soll ein Abgleich zwischen der theoretisch fundierten, im Rahmen der vorliegenden Untersuchung erarbeiteten Vorgehensweise und der in der Praxis wirklich vorherrschenden Stakeholder-Orientierung geschaffen werden, um auf diese Weise aufzuzeigen, welche Vereine bereits im Sinne eines Integrierten Marketing tätig sind und bei welchen noch Handlungsbedarf besteht. Durch die Umfrage mithilfe eines Fragebogens[391] soll somit letztlich ein Bild erlangt werden, welches aufzeigt, inwieweit die theoretisch begründeten Forderungen der vorangegangenen Abschnitte in der Praxis bekannt sind und Anklang finden und welche Gründe – neben einer eventuellen Unkenntnis dieser Methoden – aus heutiger Sicht deren Umsetzung noch behindern können. Darüber hinaus wird in weiteren Schritten in den Kapiteln fünf und sechs analysiert werden, ob sich gegebenenfalls ein Zusammenhang zwischen wirtschaftlichem Erfolg und Stakeholder-Orientierung bei den Vereinen beobachten lässt. Auch diese Analyse wird auf den Ergebnissen der empirischen Untersuchung des vorliegenden Kapitels basieren.

Zur intersubjektiven Überprüfung der Ergebnisse der Marktforschung ist die Einhaltung bestimmter grundlegender Gütekriterien unabdingbar. Diese sind: Aktualität, Validität, Reliabilität und Objektivität der Untersuchung.[392] Die *Aktualität* der Untersuchung wird

---

[391]  Die Methode der Befragung gilt als das am häufigsten eingesetzte Instrument in großen Teilen der Sportwissenschaft, um Daten zu gewinnen. Vgl. Heinemann, Klaus (1998): Einführung in Methoden und Techniken empirischer Forschung im Sport, S. 91.

[392]  Vgl. Balderjahn, Ingo (2003): Validität, Konzept und Methoden, S. 130; Broda, Stephan (2006): Marktforschungs-Praxis: Konzepte, Methoden, Erfahrungen, S. 17; Herrmann, Andreas / Homburg,

durch eine zeitnahe Erhebung sichergestellt, da die zur Auswertung, Interpretation und Ableitung von Handlungsempfehlungen verwendete Informationsgrundlage nicht veraltet sein darf. Die hier durchgeführte Betrachtung lässt den zeitlichen Bezug einer Querschnittsbetrachtung zu, da innerhalb einzelner Fragen nach der Einschätzung bezüglich der zukünftigen Entwicklung der Relevanz einzelner Stakeholder-Gruppen gefragt wurde, sodass sich Aussagen über zu erwartende Veränderungen ableiten lassen. Die *Reliabilität* spiegelt die Zuverlässigkeit der Untersuchung wider, sie zeigt somit auf, inwieweit bei einer wiederholten Durchführung der Untersuchung unter gleichen Voraussetzungen identische Ergebnisse erzielt werden. Damit steht die Reliabilität in engem Zusammenhang mit der *Validität* einer Untersuchung, welche die Gültigkeit widerspiegelt und davon abhängig ist, ob tatsächlich diejenigen Sachverhalte gemessen wurden, die gemessen werden sollten. In allen Phasen der Untersuchung – Beschaffung, Auswertung und Interpretation der Daten – gilt es schließlich, die *Objektivität* – im Sinne einer Neutralität – zu wahren.

Reliabilität, Validität und Objektivität werden im Wesentlichen durch die Konzeption des Fragebogens, die Auswahl der Befragungsteilnehmer sowie die Argumentationsmethodik zur Ermittlung des Ergebnisses bestimmt. Die Validität der Ergebnisse wird im vorliegenden Fall dadurch sichergestellt, dass sich die einzelnen Fragen zum einen auf die grundlegenden theoretischen Untersuchungen der Kapitel zwei bis vier stützen; zum anderen wurden die im Rahmen der Untersuchung Befragten so ausgewählt, dass sie von ihrem Kenntnisstand her geeignet sind, die Fragen zu beantworten. Da dieselben befragten Personen bei einer wiederholten Befragung mit höherer Wahrscheinlichkeit zu denselben Ergebnissen kämen, wenn eine Antwortenauswahl durch geschlossene Fragen vorgegeben ist, kommt der Fragebogen durch den überwiegenden Teil der geschlossenen Fragen auch der Forderung nach Reliabilität der Ergebnisse nach.[393] Durch die Transparenz des gesamten Untersuchungsprozesses, welcher durch die vorliegenden Ausführungen, insbesondere durch die noch folgende Darstel-

---

Christian (1999): Marktforschung: Ziele, Vorgehensweisen und Methoden, S. 23ff.; Hildebrandt, L. (1984): Kausalanalytische Validierung in der Marketingforschung, S. 41-51; Homburg, Christian / Giering, Annette (1996): Konzeptualisierung und Operationalisierung komplexer Konstrukte, S. 6; Mattmüller, Roland (2006): Integrativ-Prozessuales Marketing, S. 85; Peter, J. Paul (1981): Construct Validity: A Review of Basic Issues and Marketing Practices, S. 134f.

[393] Vgl. Bortz, Jürgen / Döring, Nicola (2002): Forschungsmethoden und Evaluation, S. 180f und S. 232; Broda, Stephan (2006): Marktforschungs-Praxis: Konzepte, Methoden, Erfahrungen, S. 17.

lung der Ergebnisse gewährt wird, wird schließlich auch die Objektivität der Untersuchung gewahrt.[394]

Der Fragebogen orientiert sich konzeptionell an den theoretischen Überlegungen und Ergebnissen des vorangegangenen Abschnitts. Aufgrund der sehr geringen Grundgesamtheit der zu Befragenden (36 Vereine der Ersten und Zweiten Bundesliga und somit 36 Marketingabteilungen) wurde auf einen Pretest im klassischen Sinne durch die Zielgruppen verzichtet. Eine Simulation des Fragebogens durch einen Pretest, um Fehler zu eliminieren und Fragebogendetails zu optimieren erfolgte dennoch insofern, als dass der Fragebogen, wie in der Marktforschung durchaus zulässig, stellvertretend durch einzelne Personen wie auch durch Gruppen ausgefüllt und diskutiert wurde.[395] Somit war es möglich, einzelne Fragen zu ermitteln, die Verständnisprobleme oder Ähnliches hervorriefen. Darüber hinaus war es möglich, Verbesserungpotenziale aufzuzeigen. Aufbauend auf dieser Untersuchung ergab sich der im Rahmen der Untersuchung verwandte Fragebogen. Wie erwähnt, wurden überwiegend geschlossene Fragen verwandt, um den genannten Anforderungen an die Durchführung einer solchen Untersuchung gerecht zu werden. Im Verlauf einiger Fragen war jedoch die Möglichkeit gegeben, eigene Ergänzungen – zusätzlich zu den vorgegebenen Antwortmöglichkeiten – einzufügen bzw. die Frage völlig selbstständig zu beantworten (so bei Teil A, Frage 4 ebenso wie Teil C, Frage 2d). So konnte sichergestellt werden, dass die im Vorfeld erarbeiteten und identifizierten Stakeholder-Gruppen sowie das Verhältnis zu ihnen bewertet wurden, aber darüber hinaus auch Gruppen oder Verhaltensweisen, die durch die theoretische Ableitung der Fragen und Antworten unberücksichtigt blieben, aus Sicht der Praxis aber eine wichtige Rolle spielen, identifiziert und beachtet wurden. Der Fragebogen bestand letztlich aus Fragen zu insgesamt drei Bereichen:

A.   Allgemeine Fragen zum Verein
B.   Stellenwert des Marketing in der Fußballunternehmung
C.   Relevanz und Bearbeitung der Stakeholder aus Sicht der Experten

---

[394] Einschränkend sei an dieser Stelle allerdings darauf hingewiesen, dass aufgrund des explorativen Charakters der Studie einige Aussagen einen einschätzenden, wertenden Charakter aufweisen, da sie zukunftsorientiert sind und auf den bisherigen individuellen Erfahrungen und Einschätzungen der Experten beruhen, sodass eine Verallgemeinerung lediglich bedingt möglich ist.

[395] Vgl. Feldmann, Sandra (2007): Bewertung von Sportmarken, S. 171; Porst, Rolf (2000): Praxis der Umfrageforschung: Erhebung und Auswertung sozialwissenschaftlicher Umfragedaten, S. 64; Sudman, Seymour / Bradburn, Norman M. (1983): Asking Questions: A practical guide to questionnaire design, S. 283.

Der Fragebogen[396] entspricht den Merkmalen eines standardisierten Fragebogens mit jeweils identischen Fragen für alle befragten Personen. Er umfasst jeweils 19 Fragen auf sieben Seiten, dabei besteht Teil A aus sechs Fragen, Teil B aus vier Fragen und Teil C aus neun Fragen. Somit konnten nicht sämtliche denkbaren Bereiche der theoretischen Überlegung in gleicher Weise abgedeckt werden, diejenigen welche für die Untersuchung am relevantesten schienen fanden aber durchaus Beachtung. Im Folgenden soll die methodische Vorgehensweise der Datenerhebung erläutert werden.

### 4.3.2 Methodische Vorgehensweise

Die marketingwissenschaftliche Literatur unterscheidet verschiedene empirische Forschungsdesigns, welche für die Art und Weise der Durchführung empirischer Arbeiten maßgeblich sind und den primären Forschungszweck zum Ausdruck bringen.[397] In der Regel werden drei Forschungsdesigns unterschieden: Die explorative Untersuchung, die deskriptive Untersuchung sowie die kausale bzw. explikative Untersuchung. Die *explorative* Untersuchung wird genutzt, um qualitative Aspekte in noch wenig oder gar nicht erschlossenen Forschungsfeldern zu generieren, um so einen ersten fundierten Einblick zu gewinnen. Der Nachteil liegt in der häufig nicht vorhandenen Repräsentativität sowie der mangelnden Übertragbarkeit der Ergebnisse auf andere Bereiche. *Deskriptive* Untersuchungen zielen darauf ab, Tatbestände zu beschreiben, indem die Struktur eines Sachverhalts sowie die dazu führenden Umstände erfasst und beschrieben werden. Der Unterschied zur explorativen Untersuchung liegt darin, dass deskriptive Untersuchungen festgelegte Forschungsziele und Vorgehensweisen haben. Der Schwerpunkt *kausaler* bzw. *explikativer* Untersuchungen liegt – wie sich aus dem Namen unschwer ableiten lässt – in der Aufdeckung von Ursache-Wirkungs-Zusammenhängen. An dieser Stelle liegen präzise Forschungsziele in Form von Hypothesen vor, im Mittelpunkt der Betrachtung steht die Ableitung verlässlicher Prognosen.

FRITZ konstatiert in diesem Zusammenhang, dass prinzipiell auch im Rahmen von explorativen Untersuchungen deskriptive und kausale bzw. explikative Aussagen getroffen werden können, weswegen er die bisherige Dreiteilung erweitert und zwischen

---

[396] Der Fragebogen findet sich auf Seite XV des Anhangs.

[397] Vgl. Böhler, Heymo (2004): Marktforschung, S. 37-41; Fritz, Wolfgang (1995): Marketing-Management und Unternehmenserfolg: Grundlagen und Ergebnisse einer empirischen Untersuchung, S. 59; Nieschlag, Robert / Dichtl, Erwin / Hörschgen, Hans (2002): Marketing, S. 675ff.

*explorativem* und *konfirmatorischem* Forschungsdesign unterscheidet.[398] Innerhalb dieser beiden Typen werden dann entsprechende explikative bzw. deskriptive Aussagen getroffen, wodurch explorative Untersuchungen nun auf die *Entdeckung und Erkundung von Strukturen, Zusammenhängen und technischen Anwendungen* abzielen, während konfirmatorische Untersuchungen auf die *Prüfung von Hypothesen* derartiger Sachverhalte ausgerichtet sind. Diese Abgrenzung wird auch der vorliegenden Arbeit zugrunde liegen. Zur Erreichung der zuvor abgegrenzten Ziele der empirischen Untersuchung bietet sich vor dem Hintergrund der soeben erfolgten Abgrenzung die *explorative Untersuchung* an. Der Schwerpunkt liegt hierbei – wie bei explorativen Untersuchungen üblich – auf einer deskriptiven Analyse der Stakeholder-Orientierung der professionellen Fußballvereine. Allerdings werden, basierend auf den Annahmen von FRITZ, auch explikative Aussagen erarbeitet. Für explorative Untersuchungen werden als Primärerhebungsverfahren in der Regel Gruppen- diskussionen, Einzelinterviews und Expertenbefragungen genannt.[399] Als Erhebungs- methode der vorliegenden Arbeit wurde die schriftliche Expertenbefragung per Frage- bogen gewählt, da diese theoretisch die Befragung eines Vertreters jedes Bundesliga- vereins der Ersten und Zweiten Liga unter einem vertretbaren Zeit- und Kostenauf- wand ermöglicht. Die Auswahl des zu befragenden Personenkreises stellt in der Markt- forschung in der Regel eine Schwierigkeit dar; hier stehen unterschiedliche Auswahl- verfahren zur Verfügung[400], welche aber bei einer explorativen Expertenbefragung weniger im Vordergrund stehen, da prinzipiell keine für eine Grundgesamtheit reprä- sentative Untersuchung angestrebt wird. Nichtsdestotrotz ist eine willkürliche Auswahl der Befragungsteilnehmer zu vermeiden, um die Ergebnisse nicht zu verzerren.

Die Ausführungen zum Stakeholder-Modell und dem Integrativ-Prozessualen Marketingansatz haben deutlich gemacht, dass es sich hierbei um Managementansätze handelt, welche primär auf der strategischen Ebene der Vereinsführung respektive im Bereich des Marketing anzusiedeln sind. Als Grundgesamtheit möglicher Befragungsteilnehmer kommen somit Verantwortliche aus dem Bereich Marketing bzw. des Ma-

---

[398] Explorative Untersuchungen stellen auf die Entdeckung und Erkundung von Strukturen, Zusam- menhängen und technischen Anwendungen ab, während konfirmatorische Untersuchungen auf die Prüfung von Hypothesen derartiger Sachverhalte ausgerichtet sind. Vgl. Fritz, Wolfgang (1995): Marketing-Management und Unternehmenserfolg: Grundlagen und Ergebnisse einer empirischen Untersuchung, S. 60.

[399] Vgl. Atteslander, Peter (2003): Methoden der empirischen Sozialforschung, S. 159; Nieschlag, Ro- bert / Dichtl, Erwin / Hörschgen, Hans (2002): Marketing, S. 676; Tewes, Matthias (2003): Der Kun- denwert im Marketing, S. 351.

[400] Eine Darstellung dieser Verfahren findet sich bei Berekoven, Ludwig / Eckert, Werner / Ellenrieder, Peter (2001): Marktforschung. Methodische Grundlagen und praktische Anwendung, S. 49ff.; Mattmüller, Roland (2006): Integrativ-Prozessuales Marketing, S. 103ff.

nagement der Vereine in Frage. Darüber hinaus sollten die Befragungsteilnehmer aufgrund der geringen Grundgesamtheit[401], auf welche sich die Befragung erstreckt und um valide Ergebnisse zu erzielen, den Fragebogen verstehen und somit zumindest in den Grundzügen mit dem Konzept der Stakeholder-Integration vertraut sein. Eine möglichst hohe Wahrscheinlichkeit der Erfüllung dieser Anforderungen wird bei den Verantwortlichen des Marketingbereichs der Vereine vermutet, da sich im Bereich des Management der Vereine häufig ehemalige Sportler oder Ehrenamtliche befinden, welche nicht über die notwendigen betriebswirtschaftlichen Kenntnisse verfügen. Somit besteht die Grundgesamtheit der Befragung aus den Marketingverantwortlichen der 18 Erstligavereine sowie der 18 Zweitligavereine der Saison 2006/07, was insgesamt zu einer Grundgesamtheit von 36 Ansprechpartnern führt, welche mithilfe einer Onlinerecherche sowie durch telefonischen Kontakt identifiziert wurden.

| 1. Bundesliga | 2. Bundesliga |
| --- | --- |
| Allemania Aachen | Carl-Zeiss Jena |
| Arminia Bielefeld | Eintracht Braunschweig |
| Bayer 04 Leverkusen | FC Augsburg |
| Borussia Dortmund | FC Erzgebirge Aue |
| Borussia Mönchengladbach | FC Kaiserslautern |
| Eintracht Frankfurt | FC Köln |
| Energie Cottbus | Hansa Rostock |
| FC Bayern München | Karlsruher SC |
| FC Nürnberg | Kickers Offenbach |
| Hamburger SV | MSV Duisburg |
| Hannover 96 | Rot-Weiss Essen |
| Hertha BSC Berlin | SC Freiburg |
| Mainz 05 | SC Paderborn |
| Schalke 04 | SpVgg Greuther Fürth |
| VfB Stuttgart | SpVgg Unterhaching |
| VfL Bochum | SV Wacker Burghausen |
| VfL Wolfsburg | TSV 1860 München |
| Werder Bremen | TuS Koblenz |

*Abbildung 24: Lizenzvereine der Saison 2006/07*
*Quelle: Eigene Darstellung.*

---

[401] Die vorliegenden Ausführungen beziehen sich ausschließlich auf professionellen Fußball in Deutschland und somit lediglich auf die Vereine der Ersten und Zweiten Bundesliga, was zu einer Grundgesamt von 36 Vereinen führt.

## 4.3.3 Erhebungsverfahren und Auswertung der Untersuchung

An die im vorangegangenen Abschnitt identifizierten Experten wurde im Mai 2007 jeweils ein Fragebogen mit dazugehörigem personalisiertem Anschreiben und frankiertem Rückumschlag verschickt. Dies geschah nach telefonischer Rücksprache mit dem Verein größtenteils auf postalischem Wege (22 Vereine), teilweise per E-Mail (14 Vereine). Um einen zusätzlichen Anreiz zur Teilnahme zu schaffen, konnten die Teilnehmer am Ende des Fragebogens explizit vermerken, ob sie an den Ergebnissen der Studie interessiert sind. Der Erhebungszeitraum belief sich auf den Zeitraum bis Ende Mai 2007, dies ist darauf zurückzuführen, dass die Bundesligasaison 2006/07 am 19. Mai 2007 beendet war und den Teilnehmern so über das Saisonende hinaus Zeit gegeben werden konnte, den Fragebogen auszufüllen. Insgesamt wurde eine Rücklaufquote von 18 Fragebogen oder 50 Prozent erzielt. Dies stellt für eine schriftliche Befragung, anhand derer probabilistische Tendenzaussagen abgeleitet werden sollen, einen sehr guten Rücklauf dar, weswegen die Auswertung anhand der vorliegenden Ergebnisse erfolgen konnte.

Aufgrund dieser Rücklaufstruktur erlauben die Ergebnisse allgemeine Tendenzaussagen über die Haltung der Marketingmitarbeiter in den Lizenzvereinen der Ersten Bundesliga, da sowohl Vereine aus der Spitzengruppe der Bundesliga, die hohe Umsätze und professionelle Strukturen aufweisen als auch Vereine aus der unteren Tabellenregion mit relativ geringen Erlösen geantwortet haben.[402] Bezogen auf die Zweite Bundesliga hingegen scheint es nicht möglich, aus den vorhandenen Fragebogen allgemein gültige Aussagen abzuleiten. Dies ist auf die Tatsache zurückzuführen, dass ein Großteil der Vereine des Rücklaufs aus der Zweiten Bundesliga noch über die Rechtsform des eingetragenen Vereins verfügt, wodurch sie in ihrem wirtschaftlichen Handeln eingeschränkt sind.[403] Daher soll im Folgenden lediglich mit den Ergebnissen der Um-

---

[402] Das Ziel der vorliegenden Arbeit liegt darin nachzuweisen, ob sich ein Zusammenhang zwischen wirtschaftlichem Erfolg und Anspruchsgruppenorientierung in der Bundesliga nachweisen lässt. Analyse und Operationalisierung des wirtschaftlichen Erfolgs wird in Kapitel 5 erfolgen, an dieser Stelle muss aber bereits darauf hingewiesen werden, dass die ökonomischen Daten, welche für diese Analyse notwendig sind, bis dato lediglich für das Geschäftsjahr bzw. die Saison 2005/06 vorliegen. Aufgrund dieser Tatsache werden im Folgenden ausschließlich die Fragebogen der Vereine analysiert, welche in der Saison 2005/06 in der Ersten Fußball-Bundesliga gespielt haben. Dies entspricht, bezogen auf die Rücklaufquote, einer Gesamtanzahl von 9 Fragebogen oder 50 Prozent.

[403] Hierbei handelt es sich um knapp 80 Prozent der befragten Vereine. Bezüglich der Rechtsform des Idealvereins und den darauf resutierenden Konsequenzen für das wirtschaftliche Handeln der Vereine vgl. die detaillierten Ausführungen in Abschnitt 5.1 bis 5.3.

frage aus der Ersten Fußballbundesliga gearbeitet werden, da davon ausgegangen werden muss, dass ansonsten eine Verzerrung der Ergebnisse erfolgen würde.

### 4.3.4 Ergebnisse der Untersuchung

Die Ergebnisse der Untersuchung sollen im folgenden Abschnitt nun detailliert dargestellt werden, wobei allerdings lediglich die Fragen herausgegriffen werden, welche für den weiteren Verlauf der Arbeit unmittelbar von Relevanz sind. Der Aufbau des nachfolgenden Abschnitts orientiert sich dabei am Aufbau des im Rahmen der Untersuchung verwandten Fragebogens. So werden in einem ersten Schritt der Bereich A des Fragebogens ausgewertet und allgemeine Angaben zu den Vereinen dargestellt (Abschnitt 4.3.4.1). Der zweite Schritt der Auswertung befasst sich mit dem Stellenwert des Marketing im Verein aus Sicht der Experten (Abschnitt 4.3.4.2). Ein abschließender Abschnitt 4.3.4.3 geht der Frage nach der Relevanz der Stakeholder aus Sicht der Experten und ihrer Bearbeitung durch den Verein nach. An dieser Stelle sollen allerdings lediglich die Ergebnisse der Untersuchung vorgestellt werden. Eine Bewertung erfolgt in einem anschließenden Schritt (Abschnitt 4.3.5).

### 4.3.4.1 Allgemeine Angaben der an der Untersuchung teilgenommenen Vereine

Im ersten Abschnitt der durch einen Fragebogen vorgenommenen Expertenbefragung wurden allgemeine Angaben zum Verein abgeprüft, er setzte sich aus sechs Fragen zusammen. In einem ersten Schritt, nach der Frage der Ligazugehörigkeit, wurde die Rechtsform der Lizenzabteilung der Vereine abgefragt. Hierbei bestätigten sich Aussagen aus vorangegangenen Abschnitten dahingehend, dass ein großer Teil der Vereine ihre Lizenzabteilung in eine Kapitalgesellschaft ausgegliedert hat. Lediglich ein Verein besitzt noch die Rechtsform eines eingetragenen Vereins (e.V.). Die meisten Vereine haben ihre Lizenzspielerabteilung in Form einer GmbH & Co KG (vier Vereine) ausgegliedert, darüber hinaus sind auch die Rechtsformen der GmbH (drei Vereine) vertreten, ebenso wie die der KG (ein Verein).

Darüber hinaus wurde abgeprüft, in welchem Bereich die Vereine primär Erfolg anstreben, im sportlichen oder im wirtschaftlichen Bereich. Die Aussagen sind hier eindeutig dem sportlichen Erfolg zuzurechnen, die Antworten waren meist ausschließlich sportlicher Erfolg, lediglich drei Verantwortliche nannten auch den wirtschaftlichen Erfolg gleich gewichtet mit dem sportlichen, wobei zweimal angemerkt wurde, dass der sportliche Erfolg den wirtschaftlichen bedingt. Bezogen auf das wirtschaftliche Ziel des Vereins (Frage sechs) zeichnete sich auch eine relativ klare Aussage ab. Der Großteil der Befragten nannte hierbei die Einhaltung des Budgets als Oberziel (sechs Vereine), gefolgt von Gewinnmaximierung (zwei Vereine) und Umsatzmaximierung (ein Verein). Auf diese Ergebnisse wird in anschließenden Kapiteln der vorliegenden Arbeit noch detaillierter einzugehen sein.

### 4.3.4.2 Stellenwert des Marketing im Verein aus Sicht der Experten

Der zweite Teil des Fragebogens (Teil B) prüfte den Stellenwert des Marketing im Verein aus Sicht der befragten Experten ab. Da es sich bei den Befragten um Mitarbeiter/Verantwortliche der Marketingabteilung der jeweiligen Vereine handelt, kann ihnen eine Befähigung bezüglich der Beurteilung unterstellt werden. Die einleitende Frage zielte auf die Einstufung des Marketing innerhalb des Vereins ab. Trotz der Möglichkeit der Mehrfachnennungen wurde diese Option lediglich zweimal gewählt, alle anderen Vereinsvertreter gaben nur eine Antwort ab. Am häufigsten wurde die Option „Marketing wird als übergreifende Querschnittsfunktion des Vereins angesehen" gewählt, sie wurde von vier Vereinen genannt (insgesamt von sechs Vereinen, zieht man diejenigen Vereine, die hier mehrere Antworten gegeben haben, in die Betrachtung mit ein). Bei der sich anschließenden Frage zur Zusammenarbeit zwischen Management des Vereins und der Marketingabteilung zeichnete sich eine eindeutige Tendenz ab. Die Vereinsvertreter mussten hier eine Einstufung vornehmen, welche von 1 (= keine Zusammenarbeit) bis 6 (= sehr enge Zusammenarbeit) reichte. Die Antworten lagen hier sehr eng beieinander, lediglich die Auswahlmöglichkeiten 4, 5 bzw. 6 wurden überhaupt gewählt. Der Mittelwert von 5,11 zeigt, dass die Zusammenarbeit zwischen Marketing und Management in den Vereinen bei allen Befragten als sehr eng eingeschätzt wird.

Die anschließenden zwei Fragen (Frage 3 und Frage 4) dienten der Einordnung der grundsätzlichen Unternehmungsleitgedanken. Hierfür wurden Fragen nach der generellen Haltung bezüglich Stakeholder- und Shareholder-Orientierung gestellt, ebenso Fragen nach dem Vorliegen einer Shareholder- oder Stakeholder-Orientierung im Verein. Die Befragten mussten dabei eine Einstufung zwischen 1 (= sehr sinnvoll bzw. komplett vorherrschend) und 6 (= gar nicht sinnvoll bzw. gar nicht vorherrschend) bzw. die Alternative „Kann ich nicht beurteilen" vornehmen. Bei der Betrachtung der Mittelwerte stellt sich heraus, dass beide Werte eng beieinander liegen. So ergibt sich für die Shareholder-Orientierung in Frage 4, welche abprüfte, welche Unternehmenshaltung im jeweiligen Verein als vorherrschend angesehen wird, ein Mittelwert von 4,25 und für die Stakeholder-Orientierung ein Mittelwert von 3,2. In beiden Fällen kann somit eine Unentschlossenheit derer Personen unterstellt werden, die sich in der Lage sahen, die Frage zu beantworten, wobei die Stakeholder-Orientierung als geringfügig vorherrschender als die Stareholder-Orientierung angesehen werden kann. Diese Einschränkung ist insofern nötig, als dass genauso viele Befragte sich im Rahmen dieser Frage nicht in der Lage sahen, diese wertend zu beantworten, sondern sich für die Aussage „kann ich nicht beurteilen" entschieden. Eine lediglich tendenziell stärkere Stakeholder-Orientierung kann den Bundesligavereinen somit unterstellt werden. In der nachfolgenden Abbildung 25 wird dieses Ergebnis noch einmal graphisch zum Ausdruck gebracht.

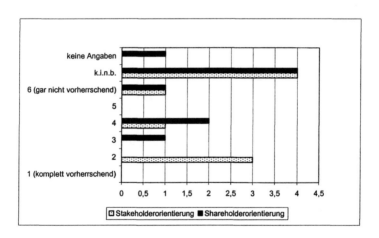

*Abbildung 25:   Vorherrschende Unternehmenshaltung der Vereine (Frage B4)*
*Quelle: Eigene Darstellung.*

Neben der Analyse der vorherrschenden Orientierung in den Vereinen wurden die Experten auch dahingehend befragt, welche der beiden Einstellungen (Shareholder-Orientierung oder Stakeholder-Orientierung) sie für sinnvoll halten (Frage B3). Die Frage wurde ebenfalls mit der Skalierung von 1 (= sehr sinnvoll) bis 6 (= gar nicht sinnvoll) vorgenommen. Um eine bessere Vergleichsmöglichkeit zu erreichen, wurden auch hier die Mittelwerte berechnet, welche sich mit rund 3,7 (Shareholder-

Orientierung) und 3,4 (Stakeholder-Orientierung) nahezu nicht unterscheiden und sich auch nahe an den Mittelwerten der soeben vorgestellten Frage B4 befinden. Die Grafik, welche die Ergebnisse der Frage zum Ausdruck bringt (Abbildung 26), zeigt allerdings, dass der reine Vergleich der Mittelwerte ohne eine genaue Analyse der zugrunde liegenden Daten das Ergebnis durchaus verfälschen kann. So lässt sich aus der nachfolgenden Grafik ableiten, dass zwar beide Orientierungen nie mit 1 (= sehr sinnvoll) bewertet wurden, aber auch, dass lediglich die Stakeholder-Orientierung mit 6 (= gar nicht sinnvoll) bewertet wurde, nicht aber die Shareholder-Orientierung. Gleichzeitig wurde die Stakeholder-Orientierung von den Experten wiederum häufiger mit einer 2 (=sinnvoll) bewertet als die Shareholder-Orientierung, die am häufigsten mit einer 3 bewertet wurde. Die Anzahl der Experten, die sich im Rahmen dieser Frage nicht in der Lage sahen, diese zu beantworten, ist im Vergleich zu Frage vier etwas geringer.[404]

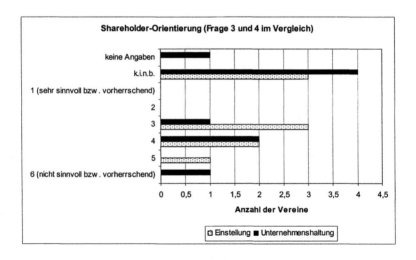

---

[404] Zweimal k.i.n.b. in Bezug auf die Stakeholder-Orientierung und dreimal in Bezug auf die Shareholder-Orientierung bei Frage 3 im Vergleich zu jeweils viermal k.i.n.b. bei Frage 4 sowie darüber hinaus einmal „keine Antwort" in Bezug auf die Stakeholder-Orientierung.

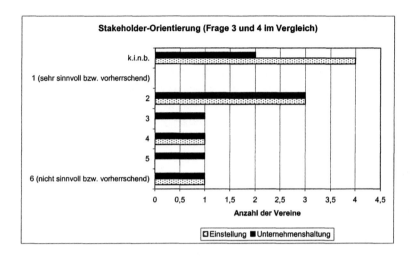

Abbildung 26:    *Vergleich der Einstellungen zu Shareholder- und Stakeholder-Orientierung*
*Quelle: Eigene Darstellung.*

### 4.3.4.3 Relevanz und Bearbeitung der Stakeholder

Der dritte und letzte Teil der Untersuchung (Teil C) befasste sich mit der Relevanz und der Bearbeitung der Stakeholder durch die Vereine. Hierfür wurden die in den vorangegangenen Abschnitten identifizierten Stakeholder-Gruppen der Untersuchung zugrunde gelegt. Eine einleitende Frage zielte darauf ab zu erfahren, ob die Vereine ihre Stakeholder-Gruppen identifizieren und sich somit ihrer überhaupt bewusst sind. Der deutlich überwiegende Teil der Befragten beantwortete diese Frage mit „Ja", weswegen auch die darauf folgenden Fragen von ihnen beantwortet werden sollten. Lediglich ein Verein gab „kann ich nicht beurteilen" an, somit verringert sich die Anzahl der Vereine, die Teil C des Fragebogens beantwortet haben um einen Verein, da mit dieser Antwort die Befragung beendet war. Keiner der Befragten beantwortete die Frage ob die Anspruchsgruppen aus Sicht des Marketing identifiziert werden, mit „Nein".

Ziel der nachfolgenden Frage zwei war zu überprüfen, ob die zuvor in der Theorie identifizierten Anspruchsgruppen der Vereine auch in der Praxis von diesen als solche

angesehen werden. Hierfür wurden alle zuvor identifizierten Anspruchsgruppen[405] aufgelistet, sodass die befragten Experten die aus ihrer Sicht identifizierten und relevanten Gruppen auswählen konnten. Darüber hinaus hatten sie die Möglichkeit die Liste
zu erweitern. Drei Gruppen wurden hierbei von allen Befragten benannt, es handelt
sich um die Gruppen Vereinsmitglieder, Fans/Zuschauer und Sponsoren. Drei weitere
Gruppen wurden von nahezu allen Befragten erwähnt, es handelt sich hierbei um
Spieler/Trainer, Mitarbeiter (ohne Spieler) sowie DFB/DFL. Lieferanten, strategische
Partner und Rechtevermarkter wurden ebenfalls von der Hälfte der befragten Experten
genannt. Weniger oft erwähnt wurden Konkurrenzvereine und Anteilseigner. Der Staat
wurde von den wenigsten Vereinen als Anspruchsgruppe benannt, wenngleich er
zweimal Erwähnung fand und somit zumindest für einige Vereine von Belang zu sein
scheint. Die nachfolgende Abbildung 27 stellt die Ergebnisse der Auswertung noch
einmal im Überblick dar, wobei die jeweilige identifizierte und abgeprüfte Anspruchsgruppe ihrer prozentualen Nennung durch die befragten Vereinsvertreter gegenübergestellt wird.

| Anspruchsgruppe | Nennung (in Prozent) |
|---|---|
| Vereinsmitglieder | 100 % |
| Fans/Zuschauer | 100 % |
| Sponsoren | 100 % |
| DFB/DFL | 63 % |
| Mitarbeiter (ohne Spieler/Trainer) | 63 % |
| Spieler/Trainer | 63 % |
| Lieferanten | 50 % |
| Rechtevermarkter/Medien | 50 % |
| strategische Partner | 50 % |
| Konkurrenz | 38 % |
| Anteilseigner | 38 % |
| Staat | 25 % |

*Abbildung 27:    Relevante Anspruchsgruppen der Vereine*
*Quelle: Eigene Darstellung.*

---

[405]  Es handelt sich hierbei um die Bereiche Lieferanten, Staat, DFB/DFL, Konkurrenzvereine, Mitarbeiter (ohne Spieler/Trainer), Spieler/Trainer, Vereinsmitglieder, Anteilseigner, Fans/Zuschauer, Rech-
tevermarkter/Medien, Sponsoren, strategische Partner. Vgl. hierzu Abschnitt 4.2.

Die nachfolgende Frage, ob die identifizierten Anspruchsgruppen in die Management-Prozesse des Vereins integriert werden, wurde zu 100 Prozent mit „Ja" beantwortet, sodass sich für alle Beteiligten Frage 2c anschloss, welche die Art und Weise der Integration abprüfte. Ein Großteil der Vereinsvertreter (sechs von acht Vereinen) gab an, CRM-Maßnahmen durchzuführen, nahezu alle verfolgen darüber hinaus Maßnahmen der direkten Kommunikation und führen Zufriedenheitsanalysen durch. Auf dieses Ergebnis wird in Kapitel sechs der vorliegenden Arbeit noch einmal detaillierter eingegangen werden.

Die Fragen 2e, 2f und 2g des Teil C des Fragebogens zielten darauf ab, eine Systematisierung in die Anspruchsgruppen zu bringen und ihre Bedeutung im Vergleich zueinander abzuprüfen. So wurden die Verantwortlichen in Frage 2e gebeten, die identifizierten Anspruchsgruppen in eine Reihenfolge bezüglich der Relevanz für den Verein zu bringen. Der wichtigsten Gruppe sollte die Ziffer 1 zugeordnet werden, danach folgte die Ziffer 2 für die nächstwichtige Gruppe etc. Es konnten allerdings auch mehreren Gruppen dieselbe Ziffer zugeordnet werden, sofern sie für gleichwertig gehalten wurden. Zwei Vereine konnten hierzu nach eigener Aussage keine Angabe machen, die restlichen Vereinsvertreter sahen sich in der Lage, die Frage zu beantworten, worauf im Folgenden noch einzugehen sein wird.

Nachdem bis dato lediglich die Ergebnisse der Fragebogenuntersuchung wertneutral dargestellt wurden, müssen diese Ergebnisse nun, um sie für das weitere Vorgehen im Verlauf der Arbeit brauchbar zu machen, auch einer Bewertung unterzogen werden. So können die Ergebnisse interpretiert und im folgenden Abschnitt sechs einer Analyse in Bezug auf den Zusammenhang mit wirtschaftlichem Erfolg unterzogen werden.

### 4.3.5 Bewertung der Ergebnisse

Mithilfe der Befragung der Marketingexperten der Bundesligavereine sollte überprüft werden, inwiefern das theoretische Verständnis der Stakeholder-Orientierung im Verein vorhanden ist und wie stark es praktisch bereits umgesetzt wird. Darüber hinaus sollen auch die Erkenntnisse des theoretischen ersten Teils von Kapitel vier (Identifikation verschiedener Stakeholder-Gruppen der Fußballvereine) auf ihre Wahrnehmung in der Praxis sowie auf ihre praktische Anwendung hin überprüft werden. Die vorliegende Befragung erhebt dabei nicht den Anspruch, repräsentative, allgemein gültige Aussagen zu treffen. Vielmehr sollen die Aussagen probabilistische Tendenzaussagen darstellen, welche einen ersten Überblick über die aktuelle Situation und eine mögliche Problematik geben.[406]

Der erste Teil des Fragebogens bestätigte die im Vorfeld getätigte Aussage, dass es sich bei den meisten Vereinen der Ersten Bundesliga nicht mehr um eingetragene Vereine, so genannte Idealvereine handelt, sondern dass die meisten Vereine die Rechtsform der Kapitalgesellschaft besitzen. Darüber hinaus bestätigte sich ebenfalls die Aussage, dass die Vereine nach wie vor primär sportlichen Erfolg verfolgen und erst in zweiter Linie an wirtschaftlichem Erfolg interessiert sind, wenngleich drei der befragten Vereine angaben, sportlicher und wirtschaftlicher Erfolg sei in ihrem Verein als gleichgewichtet anzusehen. Es lässt sich also konstatieren, dass ein Großteil der Vereine der Ersten Fußballbundesliga auch heute noch primär sportlichen Erfolg verfolgt und die Vereine nicht, wie in der Literatur häufig vermutet, mittlerweile primär nach wirtschaftlichem Erfolg streben. Nach dem wirtschaftlichen Ziel befragt, gab mehr als die Hälfte der Vereine (sechs der befragten Vereine) an, dass dieses in der Einhaltung des Budgets liegt. Zwei Vereinsvertreter gaben an, dass wirtschaftliche Ziel liege in der Gewinnmaximierung, während lediglich ein Befragter Umsatzmaximierung als wirtschaftliches Ziel angab. Die Option der Selbstfinanzierung wurde von keinem der Vereinsvertreter gewählt. Auch in diesem Fall wurde somit die im Vorfeld bereits getätigte Aussage, dass Vereine im wirtschaftlichen Bereich anders als klassische Wirtschaftsunternehmen keine Gewinnmaximierung verfolgen, sondern primär an der Einhaltung des Budgets interessiert sind, größtenteils bestätigt. Diese Tatsache wird auch im anschließenden Kapitel fünf noch von großer Bedeutung zu sein und dort erneut aufgegriffen werden. An dieser Stelle muss konstatiert werden, dass sich mit dieser Aussage erneut die Vermutung bestätigt, dass sich professionelle Fußballvereine auch im wirtschaftlichen Bereich anders verhalten als klassische Wirtschaftsunternehmen, weswegen die Methoden und Modelle der Betriebswirtschaftslehre einer Anpassung auf ihre speziellen Bedürfnisse und Verhaltensweisen bedürfen. Zusammenfassend kann festgehalten werden, dass sich die bislang im Verlauf der Arbeit getroffenen Annahmen in Bezug auf Rechtsform der Vereine sowie auf Erfolgsverständnis in der Ersten Fußballbundesliga bestätigt haben. Der Großteil der Vereine hat ihre Lizenzabteilung in Form

---

[406] Breiter angelegte empirische Untersuchungen, möglicherweise mithilfe von Tiefeninterviews, könnten ligaspezifische, eventuell anderslautende Ergebnisse hervorbringen und so weitere Forschungsprojekte rechtfertigen, welche sich darüber hinaus intensiv mit der Unterschiedlichkeit, z. B. in Bezug auf die Rechtsform der Vereine, befassen.

einer Kapitalgesellschaft ausgegliedert, wenngleich sie nach wie vor primär sportlichen Erfolg unter der wirtschaftlichen Maßgabe der Einhaltung des Budgets verfolgen.

Durch den zweiten Teil des Fragebogens (Teil B) sollte der Stellenwert des Marketing in der Fußballunternehmung und somit das Marketingverständnis überprüft werden. Befragt nach der Einstufung des Marketing und seines Tätigkeitsfelds in dem Verein, gab ein Großteil der Befragten an, es handele sich um eine übergreifende Querschnittsfunktion (Frage B1), was eine entscheidende Voraussetzung für die Implementierung und Umsetzung einer erfolgreichen Stakeholderstrategie in jedem Unternehmen darstellt.[407] Einige Vereine nannten zusätzlich das Marketing als Stabsstelle oder als geschlossene Abteilung. Lediglich für drei Vereine stellte die Querschnittsfunktion keine Option dar.

Um das Bild des Stellenwerts des Marketing in der Fußballunternehmung noch deutlicher herausarbeiten zu können, wurde in einer anschließenden Frage 2 nach der Intensität der Zusammenarbeit zwischen Marketing und Management gefragt. Anhand der Antworten kann Aufschluss darüber gewonnen werden, wie sehr Marketing in die Führungsaufgaben des Vereins einbezogen wird. Die Zusammenarbeit wurde im Durchschnitt mit 5,11 Punkten von maximal möglichen 6 Punkten bewertet. Dies deutet zunächst auf ein sehr gutes Arbeitsverhältnis hin, lässt allerdings keine Schlüsse darüber zu, wie transparent die Arbeitsschritte gegenseitig ausgeführt werden. Es kann aber bei einer so engen Zusammenarbeit und nicht zuletzt aufgrund der Tatsache, dass die Vereine in der Regel über eine lediglich geringe Anzahl an Mitarbeitern in diesen Bereichen verfügen, davon ausgegangen werden, dass mit der Intensität der Zusammenarbeit auch gegenseitige Informationen zu den eigenen Tätigkeiten ausgetauscht werden. Diese Aussage unterstützt auch die Resultate der vorangegangenen Frage. Im Zusammenhang mit der Existenz einer Querschnittsfunktion erscheinen diese Ergebnisse als durchaus zuverlässig, da gerade als Querschnittsfunktion die Zusammenarbeit mit dem Management sehr eng erfolgen sollte. Bei einem Vergleich der Ergebnisse der Fragen 3 und 4 des Teil B, welche auf die grundsätzliche Shareholder- und Stakeholder-Orientierung in den Vereinen sowie auf die von den Experten diesbezüglich empfundene Sinnhaftigkeit abzielten, konnte ein direkter Vergleich der beiden Fragen aufzeigen, dass gerade die Stakeholder-Orientierung häufig als sinnvoll erachtet und im Verein auch umgesetzt wird. Prüft man hingegen umgekehrt auf die Sinn-

---

[407] Vgl. hierzu die Ausführungen in Kapitel 2, insbesondere Abschnitt 2.4 und 2.5.

haftigkeit der Shareholder-Orientierung, so lässt sich zeigen, dass einige Befragte diese Unternehmensorientierung zwar als durchaus sinnvoll erachten, die Umsetzung im Verein erfolgt ihrer Meinung nach allerdings nicht so sehr (vgl. hierzu auch die grafische Darstellung in Abschnitt 4.3.4.2 bzw. Abbildung 21).

Zusammenfassend ergibt sich aus den Antworten folgendes Ergebnis: Einerseits weisen die Resultate auf ein einheitliches Verständnis der beiden Theorien hin, da beide von Vereinsvertretern als sinnvoll und vorhanden bezeichnet wurden und auch die Mittelwerte eng beieinander liegen. Die verhältnismäßig hohe Anzahl derer Befragten, die als Antwort die Möglichkeit „kann ich nicht beurteilen" wählten, lässt darüber hinaus darauf schließen, dass die Befragten entweder verunsichert sind und ihr Wissen nicht fachkundig genug einschätzen oder aber dass ihr Kenntnisstand bezüglich der eigenen Unternehmensstrategie lückenhaft ist, was mithilfe der sich anschließenden Fragen des Teil C des Fragebogens näher überprüft wurde.

Teil C des Fragebogens widmete sich der Relevanz und Bearbeitung der Stakeholder. So sollte Aufschluss darüber erhalten werden, ob die vorab analysierten Anspruchsgruppen von den Vereinen auch als solche identifiziert und dementsprechend bearbeitet werden. Die erste Frage betraf zunächst die Identifikation der Stakeholder im Allgemeinen. Die Mehrheit der befragten Experten (rund 90 Prozent) geht von einer Stakeholder-Identifikation in ihrem Verein aus.[408] Im Vergleich zu den Antworten auf die Fragen 3 und 4 des Teil B des Fragebogens, welche im vorangegangenen Abschnitt dargestellt wurden, scheint dieses Ergebnis erstaunlich, gaben doch noch mehrere Experten zuvor an, eine Stakeholder-Orientierung in ihrem Verein als nicht sinnvoll zu erachten. Im Anschluss an diese erste Frage soll – innerhalb der Gruppe, welche die erste Frage mit „Ja" beantwortet hat[409] – analysiert werden, welche Stakeholder-Gruppen identifiziert werden.[410] Interessant erscheint, dass drei Gruppen von allen Befragten genannt wurden. Hierbei handelt es sich um Vereinsmitglieder, Fans/Zuschauer und Sponsoren. Keine der Gruppen wurde überhaupt nicht erwähnt, dem Staat fiel mit zweifacher Nennung die Rolle der am seltensten genannten Gruppe

---

[408] Ein Vereinsvertreter gab an, die Situation nicht beurteilen zu können, eine Verneinung der Frage durch die Experten blieb aus.

[409] Es handelt sich hierbei um acht Vereinsvertreter.

[410] Die zuvor identifizierten Gruppen Lieferanten, Staat, DFB/DFL, Konkurrenzvereine, Mitarbeiter, Spieler/Trainer, Vereinsmitglieder, Anteilseigner, Fans/Zuschauer, Rechtevermarkter/Medien, Sponsoren und strategische Partner wurden angegeben, Mehrfachnennungen waren möglich. Vgl. hierzu die vorangegangenen Abschnitte in Kapitel vier.

zu.[411] Auch den Konkurrenzvereinen und Anteilseignern kommt nicht sehr viel Aufmerksamkeit durch die Vereine zu. Letzteres ist mitunter darauf zurückzuführen, dass nicht alle Vereine über Anteilseigner an ihrem Club verfügen, sodass das Ergebnis vor diesem Hintergrund logisch erscheint. Mitarbeiter sowie Spieler/Trainer wurden von knapp 2/3 der Vereine als relevante Anspruchsgruppe identifiziert. Eine gewisse Wertschätzung der Human Ressource scheint hier somit bereits vorzuliegen, wenngleich sie vor dem Hintergrund der zwingenden Notwendigkeit einer Human Ressource zur eigentlichen Leistungserstellung im Fußball deutlich höher hätte ausfallen können. Darüber hinaus erklärungsbedürftig erscheint das Ergebnis der Medien/ Rechtevermarkter und der strategischen Partner, welche jeweils von der Hälfte der Befragten als relevante Stakeholder-Gruppe identifiziert wurden. Die Medien stellen ebenso wie die Sponsoren eine der Haupteinnahmequellen der Vereine dar,[412] dennoch werden sie bei Weitem als nicht so relevant wie eben jene Sponsoren angesehen. Dies kann zum einen darauf zurückzuführen sein, dass diese Gruppe umso ‚unbedeutender' wird, je weniger zusätzliche Vermarktungsmöglichkeiten, beispielsweise durch internationale Wettbewerbe, dem Verein zur Verfügung stehen, zum anderen aber kann auch unterstellt werden, dass die Auswirkungen des neuen Medienvertrags noch nicht deutlich wurden. Im Rahmen der Analyse der Fragen 2e und 2f muss dieses Ergebnis noch einmal Betrachtung finden. Ebenso muss auch das Ergebnis der strategischen Partner im Anschluss noch einmal überprüft werden. Da strategische Partnerschaften, wie in Abschnitt 4.2.2.4 herausgearbeitet, nichts anderes sind als Sponsoringkooperationen, erscheint es verwunderlich, dass Sponsoren von allen Befragten als relevant erachtet werden, strategische Partner allerdings nur von der Hälfte. Allerdings kann der Grund dafür auch, ähnlich den Anteilseignern, darin gesehen werden, dass mitunter noch nicht alle Vereine eine strategische Partnerschaft mit einem Unternehmen eingegangen sind und somit diese Anspruchsgruppe für sie nicht relevant wird. Letztlich lässt sich festhalten, dass alle im Rahmen von Abschnitt 4.2 identifizierten Anspruchsgruppen auch in der Praxis von Relevanz zu sein scheinen, da ausnahmslos alle Gruppen von mindestens zwei der Befragten bis hin zu allen Befragten als aktuelle Bezugsgruppe benannt wurden. Aufgrund dieser Tatsache werden im Folgenden alle diese Anspruchsgruppen Beachtung finden und im Folgenden von Bedeutung sein.

---

[411] An diesem Punkt muss gerade vor dem Hintergrund der aktuellen Diskussion um ein Kostenkontrollsystem im europäischen Fußball, welches die Europäiche Union per Gesetz durchsetzen möchte (vgl. hierzu Boßmann, Berries / Sickenberger, Ulrike (2007): EU stoppt Gehälter-Wahnsinn, S. 16f.), die Frage aufgeworfen werden, ob die Experten die Macht dieser Gruppe richtig einschätzen.

[412] Kapitel fünf wird noch detaillierter auf die Zusammensetzung der Umsätze eingehen sowie eine Bewertung diesbezüglich abgeben.

Die Ergebnisse der anschließenden Frage machten deutlich, dass alle Experten, welche angaben, dass die relevanten Anspruchsgruppen ihres Vereins identifiziert werden, darüber hinaus auch die Anspruchsgruppen bzw. ihre Anliegen in die Management-Prozesse integrieren. Dies erfolgt nahezu gleichwertig durch Kundenzufriedenheitsanalysen, CRM-Maßnahmen sowie direkter Kommunikation. Die Antworten vermitteln den Eindruck einer durchaus vorhandenen und durchdachten Integration und Förderung sämtlicher relevanter Stakeholder-Gruppen. Auch an dieser Stelle muss jedoch auf die Ergebnisse des Teil B der Befragung verwiesen werden, welche in Widerspruch zu den Ergebnissen des Teil C stehen. Auf diesen Widerspruch soll im Anschluss an die Bewertung der Ergebnisse noch detaillierter eingegangen werden.

Die den Fragebogen beschließenden Fragen C2f und C2g zielten darauf ab herauszufinden, welche Anspruchsgruppen aus Sicht der Experten in Zukunft an Bedeutung gewinnen/verlieren würden. Die Frage danach, wessen Einfluss zukünftig gemindert wird, ging eindeutig zu Lasten des Staates aus. So benannte knapp die Hälfte der Befragten den Staat, welcher somit die Spitzenposition einnimmt. Ansonsten wurden lediglich noch die Konkurrenzvereine sowie Spieler/Trainer benannt, was aber in diesem Zusammenhang aufgrund der geringen Anzahl der Nennungen zu vernachlässigen ist. Der Staat ist somit die einzige Stakeholder-Gruppe, welche nach Meinung der Experten an Bedeutung verlieren wird. Dieses Ergebnis deckt sich mit den Ergebnissen der Frage C2a, in welcher die relevanten Bezugsgruppen identifiziert werden sollten.[413] Am meisten an Bedeutung gewinnen werden nach Meinung der Experten vier Gruppen, drei davon, welche zuvor bereits als am häufigsten benannte Anspruchsgruppen identifiziert wurden: Fans/Zuschauer (Nennung durch fünf Vereinsvertretern), Vereinsmitglieder und Sponsoren (Nennung durch die Hälfte der Vereinsvertreter). Die vierte Gruppe, welche ebenfalls von vier Vereinsvertretern benannt wurde, stellen die strategischen Partner dar. Dies erscheint sehr passend insbesondere vor dem Hintergrund der Frage C2a, bei welcher die strategischen Partner nicht zu den am meisten genannten Gruppen gehörten. Die Vereinsvertreter scheinen sich dieser Gruppe aber durchaus bewusst und erwarten, dass ihr Einfluss und ihre Bedeutung in Zukunft steigen werden. Vor dem Hintergrund der zunehmenden Anzahl strategischer Partnerschaften im professionellen Fußball ist dies als durchaus wahrscheinlich anzusehen. Darüber hinaus wurden von drei der befragten Vereinsvertreter noch die Rechtevermarkter/Medien als Anspruchsgruppen benannt, deren Einfluss steigen wird. Vor dem

---

[413] Hier wurde der Staat lediglich von drei Befragten benannt und stellt damit die am seltensten benannte Anspruchsgruppe der Vereine dar.

Hintergrund des neuen Medienvertrags erscheint diese Aussage gerade in Bezug auf die Medien als durchaus gerechtfertigt. Vernachlässigt können auch bei dieser Frage wieder die Gruppen werden, denen lediglich eine Nennung zu Gute kam.[414]

Mithilfe von Frage C2e wurden die Vereinsvertreter gebeten, die zuvor identifizierten Anspruchsgruppen in eine ordinale Reihenfolge bezüglich ihrer Relevanz zu bringen. Die wichtigste Gruppe erhielt hierbei die Ziffer 1. Auffällig ist, dass zwei Vereine lediglich drei Anspruchsgruppen in eine Reihenfolge gebracht haben, nämlich Vereinsmitglieder, Fans/Zuschauer und Sponsoren, genau jene Anspruchsgruppen, welche zuvor von 100 Prozent der Befragten als relevant erachtet wurden, wenngleich zumindest einer der beiden Vereine im Rahmen der Frage C2a mehr als diese drei Gruppen als relevant identifizierte, was eine widersprüchliche Aussage darstellt. Abbildung 28 gibt eine Übersicht über die Angaben der Vereinsvertreter in anonymisierter Form wieder.[415]

| Anspruchsgruppe \ Verein | A | B | C | D | E | F | Mittelwert |
|---|---|---|---|---|---|---|---|
| Lieferanten | 4 | 5 | 3 | 2 | | | 3,5 |
| Staat | 7 | 8 | | 2 | | | 5,7 |
| DFB/DFL | 4 | 4 | 2 | 1 | | | 2,75 |
| Konkurrenzvereine | 5 | 7 | 4 | 3 | | | 4,75 |
| Mitarbeiter | 5 | 6 | 3 | 1 | | | 3,75 |
| Spieler/Trainer | 5 | 6 | 1 | 1 | | | 3,25 |
| Vereinsmitglieder | 2 | 1 | 2 | 1 | 2 | 2 | 1,7 |
| Anteilseigner | 6 | | 1 | 1 | | | 2,7 |
| Fans/Zuschauer | 3 | 1 | 1 | 1 | 3 | 1 | 1,7 |
| Rechtevermarkter/Medien | 3 | 3 | 2 | 1 | | | 2,25 |
| Sponsoren | 1 | 2 | 1 | 1 | 1 | 1 | 1,2 |
| strategische Partner | 2 | 2 | 1 | 1 | | | 1,5 |

Abbildung 28: Ordinale Reihenfolge der Anspruchsgruppen (Frage C2e) [416]
Quelle: Eigene Darstellung.

---

[414] Es handelt sich hierbei um die Gruppen Staat, DFB/DFL, Mitarbeiter (ohne Spieler/Trainer) sowie Spieler/Trainer. Die Gruppen Lieferanten, Konkurrenzvereine sowie Anteilseigner wurden gar nicht benannt.

[415] Zwei Vereinsvertreter wollten hierzu keine Angaben machen, weswegen sich die Gesamtheit derer, die diese Frage beantworteten, auf sechs reduzierte.

[416] Die wichtigste Gruppe sollte in diesem Fall die Ziffer 1 erhalten, es bestand darüber hinaus die Möglichkeit, mehreren Gruppen dieselbe Zahl zuzuordnen, wenn sie als gleichwertig betrachtet wurden.

Neben den Angaben der Experten wird in der Tabelle auch der Mittelwert aus den Reihenfolgen der Vereinsvertreter angegeben. Hieraus geht hervor, dass die Sponsoren die für die Experten wichtigste Gruppe darstellen (1,2 Punkte), gefolgt von den strategischen Partnern (1,5 Punkte) sowie Fans/Zuschauern und Vereinsmitgliedern (jeweils 1,7). Die am wenigsten wichtige Gruppe stellt auch hier der Staat dar (5,7 Punkte). Relativierend muss allerdings angemerkt werden, dass die kleineren Ziffern, welche eine hohe Bedeutung vermitteln, deutlich öfter Anwendung fanden als größere Ziffern. Beispielsweise wurde 31-mal die Rangfolge eins oder zwei verteilt, die Rangfolge drei, vier oder fünf hingegen nur 15-mal und die Rangfolge sechs, sieben und acht nur ganze sechsmal.

Zusammenfassend kann festgestellt werden, dass alle Vereine, welche angaben, ihre Anspruchsgruppen zu identifizieren, diese auch auf aktivem Weg in den Verein integrieren. Darüber hinaus hat die Untersuchung in der Praxis die theoretischen Erkenntnisse der vorangegangenen Abschnitte, in welchen die Anspruchsgruppen anhand einer Literaturrecherche identifiziert wurden, bestätigt. Interessant erscheint des Weiteren die Einschätzung der Vereinsvertreter bezüglich der Relevanz der einzelnen Anspruchsgruppen. Der Fokus liegt auf Sponsoren, Vereinsmitglieder sowie Fans/ Zuschauern. Strategischen Partnern sowie den Rechtevermarktern/Medien wird in Zukunft eine wachsende Bedeutung zugemessen. Der Staat hingegen findet nur selten Berücksichtigung und wird nach Meinung der Experten auch künftig nicht an Bedeutung gewinnen, wenngleich gerade dieser Stakeholder, wie schon in den vorangegangenen Abschnitten gezeigt wurde, über ein nicht zu unterschätzendes Machtpotenzial verfügt. Das folgende Abschnitt 4.4 wird eine Zusammenfassung über sämtliche Ergebnisse der empirischen Untersuchung geben und darüber hinaus die Ergebnisse der einzelnen Teilbereiche der Befragung miteinander verknüpfen, um so weitere Schlüsse aus der Untersuchung ziehen zu können.

## 4.4    Zusammenfassung

In den vorangegangenen Abschnitten wurden die einzelnen Stakeholder-Gruppen der Vereine theoretisch hergeleitet wie auch auf ihre Relevanz in der Praxis hin überprüft. Die Ergebnisse der praxisorientierten Einschätzungen zum Entwicklungsstand des Marketing und der Stakeholder-Integration in den Vereinen wurden ebenfalls dargestellt. Das Ziel der empirischen Untersuchung, welches vorab in Abschnitt 4.3.1 entwickelt wurde und sich darauf belief, Einschätzungen hinsichtlich der Anwendbarkeit des

Stakeholder-Modells auf professionelle Fußballvereine sowie der tatsächlichen Stakeholder-Orientierung in selbigen zu erlangen, wurde durch die vorgenommene Untersuchung erreicht. Die zweite, im Rahmen von Abschnitt 1.3 entwickelte Forschungsfrage (*Wie kann eine Orientierung anhand der verschiedenen Anspruchsgruppen operationalisiert werden? Wie sind die Ergebnisse zu bewerten?*) wurde auf diesem Weg beantwortet. Die Resultate geben eine erste Einschätzung der Realität wieder, sie erheben keinerlei Anspruch auf Allgemeingültigkeit, vielmehr sind sie als probabilistische Tendenzaussagen zu sehen. Nichtsdestotrotz können sie wichtige Impulse für weitere Untersuchungen geben.

Im Folgenden sollen nun noch einmal einige Punkte der Datenanalyse, welche hinsichtlich ihrer Ergebnisse als besonders interessant erscheinen, dargestellt werden: Bezüglich der Einschätzung der theoretischen Erkenntnisse der Marketingwissenschaft der befragten Experten kann angenommen werden, dass die meisten im Rahmen des Fragebogens verwandten Begriffe und Fachtermini den Experten bekannt waren, wenngleich nicht immer davon ausgegangen werden kann, dass die Bekanntheit auch zu Verständnis und Umsetzung jeder Haltungen im Verein führt. Die Tatsache, dass ein Großteil der Vereine angab, Marketing sei in ihrem Verein als übergreifende Querschnittfunktion zu sehen (Frage B1), lässt zumindest auf einen vorhandenen Spielraum für die Implementierung neuer Instrumente und Methoden schließen. Der im Rahmen von Kapitel zwei der vorliegenden Arbeit vorgestellte Integrativ-Prozessuale Marketingansatz kann hier einen wesentlichen Beitrag leisten, da innerhalb dieses Ansatzes traditionelle Marketingaufgaben übernommen, gleichzeitig aber auch die Gedanken einer neuen umfassenderen Führungsphilosophie vermittelt werden können.

Die Überprüfung der Stakeholder-Identifikation und -Integration aus Sicht der befragten Marketingexperten ergab, dass alle der zuvor theoretisch hergeleiteten Stakeholder-Gruppen auch in der Praxis bekannt sind und als relevant erachtet werden, wenngleich sich hier durchaus Reihenfolgen bezüglich des Wichtigkeitsgrads ableiten lassen. Insbesondere die Gruppe der Vereinsmitglieder, der Fans/Zuschauer sowie der Sponsoren spielt aktuell eine wichtige Rolle, die Gruppe der strategischen Partner sowie der Rechtevermarkter/Medien wird eine zunehmende Bedeutung attestiert, was mit den Ergebnissen der theoretischen Herleitung sowie der Analyse der Ansprüche und Wertbeiträge der Anspruchsgruppen in Abschnitt 4.2.4.1 einhergeht. Andere Gruppen, denen aufgrund der besonderen Marktsituation (beispielsweise Spieler/ Trainer, vgl. hierzu Kapitel drei sowie Abschnitt 4.2.2.3) oder aufgrund der Rechtsform der Kapitalgesellschaft (Anteilseigner) eigentlich erwartungsgemäß eine besonders hohe Bedeutung hätte zukommen müssen, was im theoretischen Teil des Kapitel vier (vgl. hierzu insbesondere die Abbildung in Abschnitt 4.2.4.1) als solches auch hergeleitet wurde, wurden als weniger relevant angesehen. Die Tatsache, dass sich die Vereine ihrer Stakeholder-Gruppen zumindest bewusst sind und sie diese, eigenen Angaben zufolge, auch in die Marketingkonzeption integrieren, stellt allerdings einen deutlichen Schritt in Richtung einer marktorientierten Unternehmensführung dar, in welcher alle Anspruchsgruppen umfassend in die Unternehmensabläufe integriert werden.

Kritisch zu sehen sind in diesem Zusammenhang nach wie vor die Ergebnisse der Fragen B3 und B4 hinsichtlich der Shareholder- und Stakeholder-Orientierung. So ist bei der Einschätzung, welche der beiden Orientierungsrichtungen in den Vereinen derzeit vorherrschend ist, ein uneinheitliches Ergebnis erzielt worden. Beide Haltungen wurden als grundlegend vorherrschend – mit einer Tendenz in Richtung Shareholder-Orientierung – beurteilt. Bei der Einstufung dahingehend, welche von beiden als sinnvoller angesehen wird, sind die Mittelwerte als nahezu gleich anzusehen, obgleich drei der Befragten angaben, die Stakeholder-Orientierung als durchaus sinnvoll zu erachten. Diese Ergebnisse stehen streng genommen im Widerspruch zu den Ergebnissen von Teil C der Befragung. Denn obwohl die Befragten angaben, dass beide Orientierungen vorherrschend sind – mit einer Tendenz sogar in Richtung Stakeholder-Orientierung – und sie auch beide für sinnvoll halten, gaben sie im Kapitel C des Fragebogens an, sich mit Anspruchsgruppen zu beschäftigen, diese zu identifizieren und zu integrieren. Darüber hinaus werden die Anteilseigner, welche die eigentliche Zielgruppe der Shareholder-Orientierung darstellen und entsprechend den Ergebnissen aus Kapitel B der Befragung die wichtigste Anspruchsgruppe der Vereine darstellen müssten, nur von drei der neun Befragten benannt. Über die Gründe für dieses Ergebnis kann an dieser Stelle nur spekuliert werden. Aufgrund der relativ breiten Verteilung der Antworten auf die Fragen B3 und B4, sowie des relativ hohen Anteils derer Experten, die diese Fragen mit „kann ich nicht beurteilen" beantworteten, kann u. U. beispielsweise geschlossen werden, dass sich viele Experten bei dieser Frage bezüglich der Antwort unsicher waren.

Im folgenden Kapitel fünf soll nun der Begriff des ökonomischen Erfolgs näher betrachtet und definiert werden. Hierbei wird erneut wieder auf die Unterschiede zwischen Vereinen und klassischen Wirtschaftsunternehmen einzugehen sein, um so bestmöglich darstellen zu können, wie sich ökonomischer Erfolg aus Sicht der Vereine ergibt. In einem anschließenden Kapitel sechs werden die Ergebnisse des Abschnitts vier und fünf dann zusammengeführt, um so zu überprüfen, ob sich ein Zusammenhang zwischen wirtschaftlichem Erfolg und Stakeholder-Orientierung nachweisen lässt. In diesem Zusammenhang wird eine Clusterung einzelner Vereine zu bestimmten Gruppen vorgenommen, sowohl aus Sicht des Kapitel fünf (somit bezogen auf ökonomischen Erfolg) als auch aus Sicht des Kapitel vier (somit bezogen auf die im Rahmen des Fragebogens getroffenen Aussagen). Gegebenenfalls wird es so an späterer Stelle möglich sein, eine Antwort auf die im vorangegangenen Absatz nicht endgültig beantwortete Fragestellung zu finden.

# 5 Systemspezifische Operationalisierung des ökonomischen Erfolgs bei professionellen Fußballvereinen

Der Begriff des wirtschaftlichen Erfolgs respektive des ökonomischen Erfolgs findet in der betriebswirtschaftlichen Literatur keine allgemein gültige einheitliche Definition. Vielmehr lassen sich in gängigen Verwendungen unterschiedliche Ausprägungen finden, welche in ihren Grundzügen begrifflich und inhaltlich voneinander abgegrenzt werden können. Von einem pragmatischen Verständnis ausgehend liegt es nahe, wirtschaftlichen Erfolg als den Gewinn bzw. den Verlust einer Unternehmung zu sehen, welcher das Vermögen – im Sinne des Reinvermögens – mehrt oder mindert.[417] Davon ausgehend lassen sich in der Literatur verschiedene Konzepte zur Erfolgsermittlung unterscheiden, wobei sich die diesbezüglichen Definitionen dahingehend verdichten lassen, dass wirtschaftlicher Erfolg durch das periodenbezogene Ergebnis der wirtschaftlichen Tätigkeit eines Unternehmens resultiert; Das Ergebnis setzt sich hierbei in der Regel zusammen aus der Differenz zwischen dem bewerteten Rückfluss und dem bewerteten Einsatz der Produktionsfaktoren im Betrachtungszeitraum, was dem vorausgesetzten paradigmatischen Verständnis wiederum entspricht.[418] Zur Erfolgsermittlung selber lassen sich diverse Konzepte unterscheiden. Zu nenen sind hier beispielsweise der Kassenbestands-Vergleich auf Basis von historischen Ein- und Auszahlungen (Cash Flows), ebenso wie der Gesamtvermögens-Vergleich, welcher nur künftige, abdiskontierte Zahlungen berücksichtigt oder auch der Einzelvermögens-Vergleich, welcher eine Kombination der beiden Erstgenannten darstellt und sowohl zukünftige als auch historische Zahlungen heranzieht.[419] Die nachfolgende Abbildung 29 gibt einen Überblick über die möglichen Verfahren zur Ermittlung des unternehmerischen Erfolgs:

---

[417] Vgl. Klimmer, Iris (2003): Profifußballunternehmen an der Börse - Analyse des Wirkungszusammenhangs zwischen sportlichem und wirtschaftlichem Erfolg im Berufsfußball, S. 12.

[418] Vgl. Wöhe, Günther (2002): Einführung in die allgemeine Betriebswirtschaftslehre, S. 46.

[419] Vgl. Groll, Karl-Heinz (2003): Kennzahlen für das wertorientierte Management, S. 5; Horváth, Peter (2002): Controlling, S. 145-150; Sigloch, Jochen (1994): Rechnungslegung, S. 277.

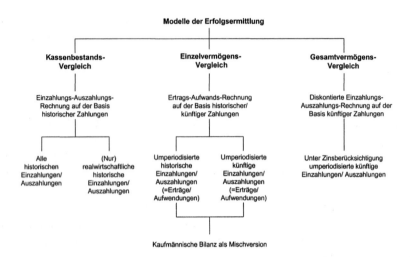

**Abbildung 29:**    *Erfolgsermittlungskonzeption*
*Quelle: Sigloch, Jochen (1994): Rechnungslegung, S. 370.*

Den Determinanten von Erfolg und somit auch von Misserfolg kommt in der Betriebswirtschaftslehre eine besondere Bedeutung zu. Auf den Haupteinflussfaktoren, welche
das Überleben der Unternehmung sichern, liegt ein besonderes Augenmerk, wobei
sich allgemein gültige Erfolgsfaktoren nur sehr schwer identifizieren lassen. Vielmehr
gibt es verschiedene Ansätze um positive Einflüsse auf den Unternehmenserfolg zu
benennen. Daraus ergibt sich im Umkehrschluss, dass es keine einheitliche Untersu-
chungsebene und auch keinen einheitlichen betriebswirtschaftlichen Systematisie-
rungsansatz gibt.[420]

In den Wirtschaftswissenschaften sind Erfolgsfaktoren meist wirtschaftliche Größen,
die im Produktionsprozess oder in der Erstellung von Gütern und Leistungen eingesetzt werden.[421] Hierbei lässt sich zwischen messbaren und nicht messbaren Erfolgsfaktoren unterscheiden, wobei diese sowohl Ursache des Unternehmenserfolgs wie
auch Zielgröße der Unternehmensführung sein können. Insgesamt lassen sich ihnen

---

[420]    Vgl. Adamer, Manfred (1994): Erfolgsgeheimnis von Markt- und Weltmarktführern, S. 7;
Daschmann, Hans-Achim (1994): Erfolgsfaktoren mittelständischer Unternehmen, S. 1; Horváth, Peter (2002): Controlling, S. 150-154; Weber, Jürgen (2002): Einführung in das Controlling S. 265-267.

[421]    Vgl. Groll, Karl-Heinz (2003): Kennzahlen für das wertorientierte Management, S. 113f.; Schneider,
Jürgen (2000): Erfolgsfaktoren in der Unternehmensüberwachung, S. 102.

drei Funktionen zuordnen: die Explikationsfunktion (sie dienen der Erklärung des Unternehmenserfolg), die Selektionsfunktion (sie unterstützen die Unternehmensführung bei der Auswahl und der Beschränkung auf wesentliche Größen) und die Dispositionsfunktion (sie erfüllen die Aufgabe der Disposition der Unternehmensführung).[422]

Aufbauend auf diesen grundlegenden Erläuterungen sollen im Folgenden nun wesentliche ökonomische Kennzahlen der klassischen Betriebswirtschaft, welche für gewöhnlich als relevant erachtet werden, herausgearbeitet und analysiert werden. Daran anschließend soll die Erfolgsmessung bei Nonprofit-Organisationen Beachtung finden, um so aufzuzeigen, wie Organisationen, deren primäres Ziel nicht die Gewinnmaximierung darstellt, ihrerseits erfolgreiches Wirtschaften bzw. Handeln messbar machen. Auf diese Art und Weise werden die beiden Extrema des Umfelds aufgezeigt, in welchem sich die deutschen Fußballvereine derzeit einordnen lassen: Im Übergang von gemeinnütziger Organisation zu Wirtschaftsunternehmen. Ausgehend von diesen Erkenntnissen soll untersucht werden, inwiefern sich die Unterschiede zwischen klassischen Wirtschaftsunternehmen und Fußballunternehmen, welche in den vorangegangenen Abschnitten erarbeitet wurden, auch auf die Messung des wirtschaftlichen Erfolgs auswirken sprich inwiefern klassische ökonomische Kennzahlen, die in der Betriebswirtschaft eine wichtige Rolle spielen und hier zur Erfolgsmessung beitragen, auch auf Fußballvereine angewandt werden können. Weiter gilt es zu untersuchen, ob es in diesem Zusammenhang gilt, aufgrund unterschiedlicher ökonomischer Zielsetzungen andere, bislang weniger relevante Kennzahlen, ggf. aus dem Nonprofit-Bereich, heranzuziehen, um den ökonomischen Erfolg der Vereine messbar zu machen.

## 5.1  Ökonomische Kennzahlen in der Betriebswirtschaftslehre

Unter Kennzahlen sind im Allgemeinen „[...] quantitative Daten, die als bewusste Verdichtung der komplexen Realität über zahlenmäßig erfassbare betriebswirtschaftliche Sachverhalte informieren sollen"[423] zu verstehen, wobei als Bezugsgrößen beispielsweise aktuelle Werte und Werte aus Vorperioden, Werte anderer Unternehmen, Sollwerte oder Normalwerte gelten können. Ökonomische Kennzahlen stellen ein wichtiges Instrumentarium dar, Schwachstellen und Abweichungen in der Unternehmung

---

[422]  Vgl. Gruber, Marc (2000): Der Wandel von Erfolgsfaktoren mittelständischer Unternehmen, S. 33.

[423]  Groll, Karl-Heinz (2003): Kennzahlen für das wertorientierte Management, S. 5; Weber, Jürgen (2002): Einführung in das Controlling S. 187.

aufzuzeigen und diese zu beurteilen. Darüber hinaus dienen sie zumeist als Entscheidungsgrundlage und eröffnen die Möglichkeit des direkten Vergleichs der eigenen wirtschaftlichen Lage mit anderen Unternehmen.[424] Kennzahlen lassen sich in verschiedene Kategorien einteilen, die sich im Wesentlichen dadurch definieren, worüber die enthaltenen Kennzahlen Auskunft geben. Nachfolgend sollen nun einige der wichtigsten Kennzahlenkategorien, die darin enthaltenen Kennzahlen sowie ihre Bedeutung und Aussage dargestellt werden, um im Anschluss daran zu beurteilen, ob diese Kennzahlen der klassischen Betriebswirtschaftlehre sich für den vorliegenden Fall, die Erfolgsmessung bei professionellen Fußballvereinen, eignen oder ob hierfür alternative Kennzahlen herangezogen werden müssen.

Die *Vermögensstrukturkennziffern* geben Auskunft über die Art und Zusammensetzung des Vermögens sowie die Dauer der Vermögensbindung eines Unternehmens. Hierfür errechnen sie den Anteil des Anlage- bzw. Umlaufvermögens am Gesamtvermögen. In der Praxis wird diesen Kennziffern häufig eine Umsatzrelation hinzugefügt, um die Veränderung einzelner Vermögenspositionen in Abhängigkeit von der Geschäftstätigkeit zu zeigen.[425] Die Kategorie der *Kapitalstrukturkennzahlen* gibt Auskunft über die Anteile von Eigen- und Fremdkapital an der Bilanzsumme. Art, Sicherheit und Fristigkeit geben so Aufschluss über die möglicherweise auftretenden Finanzierungsrisiken.[426] Die dritte Kategorie machen die *Finanzierungsstrukturkennzahlen* aus, welche die Frage nach der Deckung der Vermögenswerte der Unternehmung durch verschiedene Finanzierungsmittel beantworten. Falls bestimmte Kapitalanteile nur eine befristete Verfügbarkeit haben, ergibt sich aus ihnen auch das finanzielle Risiko. Darüber hinaus sind dieser Kategorie auch die so genannten Überschusskennziffern zugeordnet, welche Auskunft darüber geben, welchem Teil der Umsatzerlöse keine aufgabenwirksamen Aufwendungen gegenüberstehen. In diesem Zusammenhang wird häufig der aus dem englischen Sprachgebrauch übernommene Begriff des Cash-Flow verwendet.[427] Eine weitere Kategorie beinhaltet die *Personalstrukturkennzahlen*. Da die Personalkosten in aller Regel als einer der größten Aufwandsposten der

---

[424]  Vgl. Preißler, Peter (1998): Controlling, S. 127f.; Schott, Gerhard (1988): Kennzahlen - Instrumente der Unternehmensführung, S. 15-19; Weber, Jürgen (2002): Einführung in das Controlling S. 186-188.

[425]  Vgl. Schott, Gerhard (1988): Kennzahlen - Instrumente der Unternehmensführung, S. 198-201; Schröder, Ernst (2003): Modernes Unternehmens-Controlling, S. 57-64.

[426]  Eine hohe Eigenkapitalquote beispielsweise verleiht große finanzielle Sicherheit und erhöht so die Kreditwürdigkeit. Vgl. ebenda.

[427]  Dieser lässt sich vereinfacht durch die Addition von Jahresüberschuss/Jahresfehlbetrag, Abschreibungen auf das Anlagevermögen und Veränderung der Pensionsrückstellungen berechnen. Vgl. Horváth, Peter (2002): Controlling, S. 457f.; Schott, Gerhard (1988): Kennzahlen - Instrumente

die Personalkosten in aller Regel als einer der größten Aufwandsposten der Gewinn-
und Verlustrechnung gelten, sind detaillierte Analysen dieser Kategorie sehr hilfreich.
Gegebenenfalls ist sogar die Ermittlung der Personalkosten in Relation zum mengen-
mäßigen Produktionsergebnis als sinnvoll zu erachten, was allerdings nicht in jeder
Branche umsetzbar ist.[428] In der letzten Kategorie, welche im Rahmen der vorliegenden Arbeit Betrachtung finden soll, sind die *Erfolgskennziffern* zu nennen, welche besonders geeignet sind, einen schnellen Überblick über den Erfolg des betrachteten
Objekts zu erlangen. Dieser Kategorie lassen sich u. a. die relativen Kennzahlen Umsatzrentabilität (auf den Umsatz bezogene Gewinnspanne) und die Eigenkapitalrenta-
bilität (erzielter Erfolg in Relation zum eingesetzten Kapital) zuordnen. Die Gesamtka-
pitalrentabilität (gibt Aufschluss über den erzielten Erfolg in Relation zum gesamten
Kapital) fällt ebenso in diese Kategorie. Abschließend sei noch auf den Return-on-
investment (ROI) verwiesen, welcher die Rentabilität des gesamten in der Unternehmung investierten Kapitals aufzeigt und mit dessen Hilfe eine Beeinflussung der Rentabilität durch die Kapitalstruktur vermieden werden kann.[429]

Kritisch muss in diesem Zusammenhang angemerkt werden, dass Kennzahlen durchaus Schwachstellen aufweisen und häufig zu Fehlinterpretationen verleiten. So können
beispielsweise bei einem Vergleich der Kennzahlen über einen bestimmten Zeitraum
hinweg nur Veränderungen in Bezug auf die Vergangenheit festgestellt werden, es
kann aber keine Aussage über die Vergangenheit an sich getroffen werden.[430] Trotz
dieser Nachteile haben die vorangegangenen Ausführungen deutlich gemacht, dass
ökonomische Kennzahlen wichtige Funktionen in der Betriebswirtschaftslehre aufweisen und in diversen Bereichen angewandt und interpretiert werden können, was sich in
der Praxis auch beobachten lässt. Die Möglichkeiten ihrer Anwendung bei Fußballunternehmen werden nun überprüft.

---

Horváth, Peter (2002): Controlling, S. 457f.; Schott, Gerhard (1988): Kennzahlen - Instrumente der
Unternehmensführung, S. 198.

[428] Vgl. Schott, Gerhard (1988): Kennzahlen - Instrumente der Unternehmensführung, S. 70-77;
Schröder, Ernst (2003): Modernes Unternehmens-Controlling, S. 62.

[429] Vgl. Weber, Jürgen (2002): Einführung in das Controlling S. 188f.

[430] Vgl. Preißler, Peter (1998): Controlling, S. 128.

## 5.2 Erfolgsmessung bei Nonprofit-Organisationen

Der Bereich der Nonprofit-Organisationen, in der Literatur häufig auch als not-for-profit Organisationen oder NPO bezeichnet, bildet neben dem gewinnorientierten ersten Sektor und dem staatlichen Teil, der den zweiten Sektor ausmacht, den so genannten dritten Sektor einer Volkswirtschaft.[431] Zum dritten Sektor zählen beispielsweise Wohlfahrtsverbände, gemeinnützige Einrichtungen im Kultur- und im Freizeitbereich, Entwicklungshilfe- und Umweltschutzorganisationen, Verbraucher- und Interessenverbände, staatsbürgerliche Vereinigungen, Stiftungen sowie andere nicht staatliche Organisationen.[432] Diese Nonprofit-Organisationen stellen einen wesentlichen Bestandteil der gesellschaftlichen Infrastruktur der deutschen Volkswirtschaft dar. Bezüglich ihrer Rechtsform verfügen sie zumeist über die Form von Vereinen, Verbänden und Stiftungen sowie die der gemeinnützigen GmbH und der Genossenschaft. Strukturelle Unterschiede zu Wirtschaftsunternehmen sind somit bereits durch die Wahl der Rechtsform angelegt.

Im Gegensatz zu Firmen und Unternehmen des gewinnorientierten ersten Sektors sind die Organisationen des dritten Sektors keine Profitmaximierer, sondern ausschließlich gemeinwohlorientiert. Ihr Organisationszweck besteht in aller Regel in der Annährung an ideelle Ziele. Maßgebend ist nicht die Rentabilität des eingesetzten Kapitals, sondern der Grad der Zielerreichung, also die Effizienz der Kostendeckung im Vergleich zu den gesetzten sozialen und oder gemeinwesenbezogenen Zwecken. Hierin begründet sich auch der eigentliche Hauptunterschied der Organisationen des dritten Sektors zu den Unternehmen des ersten und zweiten Sektors: Nur im dritten Sektor besitzt die „[...] Solidarität als Motiv, Motivation sowie als Medium der Handlungskoordination von Mitgliedern, Mitarbeitern sowie Förderern einen zentralen Stellenwert."[433]

---

[431]   Vgl. Birkhölzer, Karl, et al. (2005): Theorie, Funktionswandel und zivilgesellschaftliche Perspektiven des Dritten Sektors/Dritten Systems - eine Einleitung, S. 9; Schwarz, Peter, et al. (2005): Das Freiburger Management-Modell für Nonprofit-Organisationen (NPO), S. 19.
In diesem Zusammenhang sei darauf verwiesen, dass der Dritte Sektor nicht deckungsgleich ist mit dem Tertiären Sektor der Drei-Sektoren-Theorie nach Clark. Wenngleich Nonprofit-Organisationen diesem Tertiären Sektor zuzurechnen sind, umfasst dieser noch weitere Bereiche, wie bespielsweise den Handel, Dienstleistungen, private Haushalte etc.

[432]   Vgl. Birkhölzer, Karl, et al. (2005): Theorie, Funktionswandel und zivilgesellschaftliche Perspektiven des Dritten Sektors/Dritten Systems - eine Einleitung, S. 9; Dincher, Roland / Müller-Godeffroy, Heinrich / Wengert, Anton (2004): Einführung in das Dienstleistungsmarketing, S. 149; Hasitschka, Werner / Hruschka, Harald (1982): Nonprofit-Marketing, S. 9; Simsa, Ruth (2001): Management der Nonprofit Organisation, S. 6f.

[433]   Birkhölzer, Karl, et al. (2005): Theorie, Funktionswandel und zivilgesellschaftliche Perspektiven des Dritten Sektors/Dritten Systems - eine Einleitung, S. 10. Siehe hierzu auch Anheimer, Helmut K. / Freise, Matthias / Themudo, Nuno (2005): Entwicklungslinien der internationalen Zivilgesellschaft, S.

Im Gegensatz zu den marktwirtschaftlichen aber auch zu den staatlichen Unternehmen sind Dritte-Sektor-Unternehmen ohne die kontinuierliche Ressource Solidarität nicht überlebensfähig.[434]

Nonprofit-Organisationen selber werden definiert als „[...] nach aussen mehr oder weniger offene, formal strukturierte und von direkter staatlicher Einflussnahme unabhängige, sozialtechnische Gebilde, die zur Erreichung eines selbst gesetzten, nicht primär an der Erwirtschaftung eines Residualeinkommens orientierten Ziels (Gewinn) freiwillige Leistungen und verschiedene materielle und immaterielle Ressourcen generieren und kombinieren, um dadurch materielle und immaterielle Leistungen für sich selbst und andere zu erzeugen."[435] Den Zielen der Nonprofit-Organisationen kommt aufgrund dieser Definition eine besondere Bedeutung zu. Sie müssen von der Organisation selbst festgelegt werden, was bedeutet, dass eine NPO somit keine Anweisungen Dritter ausführt oder Bestandteil eines Zwangsverbandes sein kann. Somit erfolgt eine klare Abgrenzung beispielsweise zu Verwaltungen. Ferner ist die NPO nicht daran interessiert, eventuell zu Stande kommende finanzielle Überschüsse an ihre Mitglieder abzugeben, wie dies bei Unternehmen der Fall ist. Sowohl die Ressourcen als auch die Leistungen einer NPO können materieller (Geld, Sachmittel) oder immaterieller (ehrenamtliche Arbeit, Prestige) Natur sein und sowohl von Mitgliedern als auch von Dritten erbracht bzw. an diese abgegeben werden. Die folgende Abbildung 30 stellt noch einmal die wesentlichen Strukturmerkmale von NPO und Unternehmen im Vergleich dar.

---

18; Birkhölzer, Karl (2005): Soziale Unternehmungen wirtschaften anders - eine Einführung, S. 202; Dincher, Roland / Müller-Godeffroy, Heinrich / Wengert, Anton (2004): Einführung in das Dienstleistungsmarketing, S. 151; Hasitschka, Werner / Hruschka, Harald (1982): Nonprofit-Marketing, S. 8f.; Yang, Ching-Chow / Yang, Chih-Wei / Cheng, Lai-Yu (2005): A study of implementing Balanced Scorecard (BSC) in non-profit organizations, S. 816.

[434]  Unter Solidarität kann in diesem Zusammenhang sowohl die freiwillige Mitarbeit, das ehrenamtliche Engagement, wie auch Geld- und Sachspenden oder eine Kombination aus den genannten Bereichen verstanden werden.

[435]  Vilain, Michael (2006): Finanzierungslehre für Nonprofit-Organisationen, S. 27.

| Strukturmerkmal | Ausprägung bei | |
| --- | --- | --- |
| | Unternehmen | NPO |
| 1. Hauptzweck | Ertrag auf investiertes Kapital (Gewinn/Rendite) = Formalziel-Dominanz | Erbringung spezifischer Leistungen für Mitglieder oder Dritte = Sachziel-Dominanz |
| 2. Zielgruppe der Aktivitäten | Deckung des Fremdbedarfs von Nachfragern auf Märkten (Kunden) | Deckung des Eigen- (Mitglieder) und Fremdbedarfs (zum Teil abhängige Klienten) und Interessenvertretung |
| 3. Bezugsgröße für Steuerung und Entscheidung | Markt-, Kunden- und Konkurrenzverhalten | Mitglieder bestimmen demokratisch, Bedürfnisorientierung und staatliche Normierung Marktsteuerung häufig nicht existent oder sekundär |
| 4. Produzierte Güter | Private, marktfähige Individualgüter | Kollektiv- und Individualgüter, meritorische Güter |
| 5. Finanzmittel | Leistungsentgelte und Kapitaleinlagen, z. T. Subventionen | Mitgliedsbeiträge, Steuervergünstigungen, staatliche Zuwendungen, Leistungsentgelte, Verrechnungssätze, Pflegesätze, Spenden, Gebühren = Finanzierungsmix |
| 6. Arbeit | Hauptamtlich angestellte Mitarbeiter | Freiwillige und hauptamtliche Mitarbeiter, Zivildienstleistende, Honorarkräfte |
| 7. Erfolgskontrolle | Dominanz marktbestimmter Größen: Gewinn, ROI, Umsatz | Kein Indikator für Gesamteffizienz, problematische Zieloperationalisierung und Nutzenmessung |
| 8. Rechtsformen | Aktiengesellschaft (AG), Gesellschaft mit beschränkter Haftung (GmbH), KG, OHG, KG, KgaA | Überwiegend Vereine und Stiftungen, Bürgerstiftungen, Genossenschaften, GmbH und gemeinnützige GmbH (gGmbH), selten AG |

*Abbildung 30:   NPO und Unternehmen: Strukturmerkmale im Vergleich*
*Quelle: Eigene Darstellung, in Anlehnung an: Vilain (2006), S. 29f.*

Wenngleich der Zweck einer NPO nicht darin besteht, Gewinne zu erzielen, sondern einen Zweck zu erfüllen (Nutzer-Orientierung versus Investor-Orientierung), sind NPOs nicht als no-profit Unternehmen zu verstehen. Zwar dürfen sie unter dem Aspekt der Nutzerorientierung keine Gewinne ausschütten, jedoch sind Gewinne – im Falle der NPO eher als Überschüsse bezeichnet – als Mittel zur Sicherung des Förderauftrags und der langfristigen Zweckerfüllung zu sehen und dürfen somit von der NPO erzielt werden.[436] Dennoch steht die Sachzieldominanz im Vordergrund, denn die Überschüsse sind lediglich als Mittel zum Zweck zu sehen, um die Leistungen der Organisation zu verbessern und das Wachstum zu sichern, damit die Förderung der Mitglieder bzw. Dritter langfristig aufrechterhalten werden kann. Hieraus, ebenso wie aus der demokratischen Organisationsstruktur, der Produktion von Kollektivgütern, dem besonderen Finanzierungs-Mix[437] sowie der ehrenamtlichen Arbeit ergeben sich zahlreiche organisatorische Besonderheiten, die automatisch spezifische Managementprobleme nach sich ziehen. Aufgrund des komplexen mehrdimensionalen Zielsystems der Nonprofit-Organisationen, in welchem sich eine Vielzahl von Komponenten qualitativer und somit auch schwer messbarer Natur wieder finden lassen, gestaltet sich die Erfolgskontrolle in NPO dementsprechend schwierig – ein Gesamtindikator für Erfolg fehlt, sodass häufig auf andere Faktoren zur Nutzenmessung zurückgegriffen wird, wie beispielsweise die Zufriedenheitsanalyse.[438] Aber auch die aus der Wirtschaft bekannten Kennzahlen bilden häufig den Anwendungsrahmen. Insbesondere im Zusammenhang mit Finanzkennzahlen wird häufig das strategische Controlling genannt, ebenso wie konkrete Anwendungsmöglichkeiten, beispielsweise das Instrument der Balanced Scorecard. Eigene Kennzahlensysteme für NPO stehen jedoch nach wie vor aus, ebenso wie die NPO-spezifische Bearbeitung anderer Themenbereiche, beispielsweise das Personalmanagement. Bis dato wurde lediglich auf Systeme des ersten Sektors zurückgegriffen, eigene, auf die Besonderheiten der NPO eingehende Überlegungen und Untersuchungen wurden bislang noch kaum angestellt, was auch durch RITCHIE / KOLODINSKY belegt wird: „Consensus about financial performance measurement remains elusive for nonprofit organization [...] researchers and practitioners alike due in part to an overall lack of empirical tests of existing and new measures."[439]

---

[436] Vgl. Birkhölzer, Karl (2005): Soziale Unternehmungen wirtschaften anders - eine Einführung, S. 202; Hasitschka, Werner / Hruschka, Harald (1982): Nonprofit-Marketing, S. 6 sowie S. 15-18; Helmig, Bernd / Purtschert, Robert / Beccarelli, Claudio (2006): Nonprofit but Management, S. 4; Rados, David L. (1981): Marketing for Non-Profit Organizations, S. 6f.

[437] Neben der Marktpreisfinanzierung steht der NPO ein ganzer Finanzierungs-Mix zur Verfügung, z.B. Mitgliederbeiträge, Spenden, Subventionen, öffentliche Beiträge, Zuwendungen, Sponsoring, Erbschaften, etc. Vgl. Helmig, Bernd / Purtschert, Robert / Beccarelli, Claudio (2006): Nonprofit but Management, S. 7f.; Klausegger, Claudia (2005): Entwicklungen und Trends im Nonprofit-Marketing, S. 126; Vilain, Michael (2006): Finanzierungslehre für Nonprofit-Organisationen, S. 31.

[438] Vgl. Helmig, Bernd / Purtschert, Robert / Beccarelli, Claudio (2006): Nonprofit but Management, S. 7; Helmig, Bernd / Purtschert, Robert / Beccarelli, Claudio (2006): Erfolgsfaktoren im Nonprofit-Management, S. 354.

[439] Ritchie, Wiliam J. / Kolodinsky, Robert W. (2003): Nonprofit Organization Financial Performance Measures, S. 367. Siehe hierzu beispielsweise auch Mayrhofer, Wolfgang / Scheuch, Fritz (2002): Zwischen Nützlichkeit und Gewinn. Nonprofit Organisationen aus betriebswirtschaftlicher Sicht, S.

Vereine ihrerseits stellen einen Teilbereich des sehr stark diversifizierten dritten Sektors dar, ein Verein ist somit eine NPO, aber nicht jede NPO ein Verein. Vielmehr sind Vereine „[...] Zusammenschlüsse von Personen zu einer körperschaftlichen Struktur zum Zwecke der Erreichung gemeinsamer Ziele."[440] Die rechtlichen Regelungen zum Verein, das so genannte Vereinsrecht, finden sich in den §§ 21-79 des Bürgerlichen Gesetzbuchs (BGB), wo grundsätzlich zwischen rechtsfähigem und nicht rechtsfähigem sowie dem Idealverein und dem Wirtschaftsverein unterschieden werden kann. Der Idealverein – welchem auch Sportvereine in aller Regel zuzurechnen sind (vgl. hierzu die Ausführungen in Abschnitt 3.2.3) – ist im Gegensatz zum Wirtschaftsverein nicht auf die Führung eines wirtschaftlichen Geschäftsbetriebs ausgerichtet, wenngleich – wie zuvor bereits dargestellt – dies nicht bedeutet, dass er keine Erlöse aus wirtschaftlicher Betätigung erzielen darf. Vielmehr darf er sogar einen kaufmännisch geprägten Betrieb führen, wenn dies letztlich den Zielen des Vereins dient.[441] Dieses so genannte ‚Nebenzweckprivileg' ist für die Finanzierung von Vereinen von hoher praktischer Relevanz. Dennoch steht beim Idealverein die Förderung sportlicher Aktivitäten seiner Mitglieder im Vordergrund und nicht die Gewinnerzielung. Gewinne werden in der Regel reinvestiert, um so sportlichen Erfolg zu erzielen und um Jahresüberschüsse zu meiden, was den Status der Gemeinnützigkeit und somit auch die daraus resultierenden Steuervorteile gefährden würde. Im finanziellen Bereich liegt der Hauptfokus eines Sportvereins somit auf der Umsatz- und erst nachrangig auf Gewinn- oder Wertmaximierung.[442]

---

94f.; Neumann, Sven (2005): Non Profit Organisationen unter Druck, S. 428f.; Rhodes, Mary Lee / Keogan, Justin F. (2005): Strategic Choice in the Non-Profit Sector: Modelling the Dimensions of Strategy, S. 123; Yang, Ching-Chow / Yang, Chih-Wei / Cheng, Lai-Yu (2005): A study of implementing Balanced Scorecard (BSC) in non-profit organizations, S. 286; Zimmer, Annette / Priller, Eckhard (2005): Der dritte Sektor im aktuellen Diskurs, S. 53.

[440]   Vilain, Michael (2006): Finanzierungslehre für Nonprofit-Organisationen, S. 84.

[441]   Viele steuerbegünstigte Sportvereine unterhalten daher beispielsweise eine gewinnorientierte Gaststätte.

[442]   Vgl. Dehesselles, Thomas (2002): Vereinsführung: Rechtliche und steuerliche Grundlagen, S. 25; Frank, Christian (2001): Ausgliederung von Lizenzspielabteilungen in der Praxis, S. 95; Galli, Albert / Wagner, Marc / Beiersdorfer, Dietmar (2002): Strategische Vereinsführung und Balanced Scorecard, S. 214; Hardenacke, Jens / Hummelsberger, Markus (2004): Paradigmenwechsel im Profifußball, S. 61; Kern, Markus / Haas, Oliver / Dworak, Alexander (2002): Finanzierungsmöglichkeiten für die Fußball-Bundesliga und andere Profisportligen, S. 398; Madl, Roland (1994): Der Sportverein als Unternehmen, S. 16f.; Müller, Michael (2000): Der deutsche Berufsfußball - vom Idealverein zur Kapitalgesellschaft, S. 81-83; Sigloch, Jochen (2001): Sportverein - Idealinstitution oder Unternehmen?, S. 7; Thyll, Alfred (2004): Jahresabschluss und Prüfung nach der Lizenzierungsordnung, S. 165; Vilain, Michael (2006): Finanzierungslehre für Nonprofit-Organisationen, S. 84.

Professionellen Fußballvereinen wie anderen umsatzstarken Sportvereinen, für welche wirtschaftliche Tätigkeiten zunehmend bedeutender werden, wurde lange Zeit eine Rechtsformverfehlung vorgeworfen, dahingehend, dass sie nicht mehr als Idealvereine im Sinne des BGB gelten und das im Rahmen des Nebenzweckprivileg tolerierbare Maß bei Weitem überschreiten.[443] Durch den Beschluss des DFB, Kapitalgesellschaften zur Bundesliga zuzulassen[444], haben viele Vereine ihre Lizenzabteilung ausgegliedert und in Kapitalgesellschaften umgewandelt. Nichtsdestotrotz finden sich heute noch einige wenige Vereine in der Rechtsform des e.V. in der Ersten Bundesliga (in der Zweiten Bundesliga sind es noch deutlich mehr Vereine) und auch die Kapitalgesellschaften sind nach wie vor, anders als Wirtschaftsunternehmen, nicht primär an wirtschaftlichem Erfolg interessiert, wenngleich sie auch nicht mehr als NPO bzw. klassischer Verein ein reines Sachziel verfolgen. Im nachfolgenden Abschnitt soll daher analysiert werden, welche Möglichkeiten professionellen Vereinen zur Verfügung stehen, um wirtschaftlichen Erfolg messbar zu machen, falls die klassischen betriebswirtschaftlichen Kennzahlen aufgrund der Zieldivergenz hierfür nicht anwendbar sind.

## 5.3 Ökonomische Unterschiede zwischen Bundesligavereinen und Wirtschaftsunternehmen

Wie in den vorangegangenen Abschnitten bereits konstatiert und durch die Befragung der Vereinsvertreter noch einmal bestätigt wurde, liegt der Primärfokus eines Fußballunternehmens nicht auf wirtschaftlichem Erfolg, sondern auf sportlichem Erfolg unter Einhaltung des Budgets. Das bedeutet, dass Einnahmen in dem Maße generiert werden müssen, dass sie die Ausgaben decken und ein Bestehen in der Liga ermöglichen, was sich aber im Laufe der Entwicklung des Profifußballs als immer schwieriger gestaltete.[445]

Aufgrund ihrer Rechtsform als eingetragene, nicht wirtschaftliche Vereine (Idealverein) war es den Lizenzabteilungen deutscher Fußballvereine lange verboten, auf eine Gewinnmaximierung abzuzielen. Die zunehmende Umwandlung der Lizenzspielerabtei-

---

[443] Vgl. Dehesselles, Thomas (2002): Vereinsführung: Rechtliche und steuerliche Grundlagen, S. 7; Heinz, Carsten (2001): Umwandlung von Lizenzspielabteilungen in Kapitalgesellschaften, S. 62; Müller, Michael (2000): Der deutsche Berufsfußball - vom Idealverein zur Kapitalgesellschaft, S. 86f.

[444] Vgl. hierzu die ausführlichere Darstellung in Abschnitt 3.2.4.

[445] Vgl. Ferguson, Gerry, et al. (1991): The Pricing of Sport Events - Do Teams Maximize Profit?, S. 297-310. Eine detailliertere Erläuterung der Entwicklung von Vereinen sowie ihrer Kostenstrukturen findet sich in Abschnitt 3.2 der vorliegenden Arbeit.

lungen in Kapitalgesellschaften sowie die stetig steigenden Umsätze der Vereine legen jedoch die Vermutung nahe, dass die Vereine, wie in Kapitel drei bereits herausgearbeitet, mittlerweile als Wirtschaftsunternehmen fungieren.[446] In diesem Zusammenhang stellt sich allerdings die Frage, ob die Vereine in ökonomischer Hinsicht klassischen Wirtschaftsunternehmen gleichzustellen sind oder ob auch in diesem Bereich wesentliche Unterschiede existieren, welche eine individuelle Betrachtung erfordern. An dieser Stelle soll auf die bereits angesprochene Zielfunktion der Gewinnmaximierung klassischer Wirtschaftsunternehmen verwiesen werden, welche ein wesentliches Kennzeichen dieser darstellt. Bezogen auf Fußballvereine wurde bis dato in der Literatur die Frage, ob Gewinnmaximierung (im Sinne des wirtschaftlichen Erfolgs) oder Nutzenmaximierung („Maximierung des durch Siege erreichbaren sportlichen Erfolges in einer institutionalisierten ‚Meisterschaft‘"[447]) im Vordergrund steht, häufig diskutiert. Die ersten Untersuchungen hierzu, welche sich sowohl auf den deutschen wie auch auf den englischen Raum bezogen, verwarfen die Gewinnmaximierungsthese und bestätigten die Nutzenmaximierungsthese.[448] Hierbei sei allerdings angemerkt, dass diese Untersuchungen zu einem Zeitpunkt stattfanden, als für die Vereinsführung Liquidität noch eine untergeordnete Rolle spielte und es den Vereinen, zumindest in Deutschland, augrund ihrer Rechtsform nicht erlaubt war, Gewinne zu generieren. Heute hingegen stellt der professionelle Fußballverein eine Mischform der beiden Organisationsformen ‚klassisches Wirtschaftsunternehmen', welches ökonomische Ziele verfolgt und ‚Idealverein', welcher rein sportliche Ziele in den Vordergrund stellt, dar. Diese professionellen Vereine verfolgen sowohl den sportlichen als auch den wirtschaftlichen Erfolg, wobei diese sich zum einen zu einem gewissen Grad gegenseitig bedingen, zum anderen aber ab einem gewissen Punkt nicht immer miteinander vereinbar sind. Jüngere Studien zeigen, dass der wirtschaftliche Erfolg im Sinne einer Gewinnmaximierung zunehmend an Bedeutung gewinnt[449] wenngleich sich ein Großteil der Vereine nach wie vor für eine Maximierung des sportlichen Erfolgs unter Einhal-

---

[446]   Vgl. Klimmer, Iris (2003): Profifußballunternehmen an der Börse - Analyse des Wirkungszusammenhangs zwischen sportlichem und wirtschaftlichem Erfolg im Berufsfußball, S. 16f.; Schmeh, Klaus (2005): Titel, Tore, Transaktionen - Ein Blick hinter die Kulissen des Fußball-Business, S. 108; Swieter, Detlef (2002): Eine ökonomische Analyse der Fußball-Bundesliga, S. 61f.

[447]   Schewe, Gerhard / Littkemann, Jörn (1999): Meinungsspiegel zum Thema Sportökonomie, S. 186.

[448]   Vgl. hierzu beispielsweise Melzer, Manfred / Stäglin, Reiner (1965): Zur Ökonomie des Fußballs: Eine empirisch-theoretische Analyse der Bundesliga, S. 114; Sloane, Peter J. (1971): The Economics of Professional Football, S. 130-146.

[449]   Vgl. Hübl, Lothar / Swieter, Detlef (2002): Fußball-Bundesliga: Märkte und Produktbesonderheiten, S. 32f.

tung des Budgets ausspricht.[450] Demnach ist anzunehmen, dass das ökonomische Maximalprinzip im professionellen Fußball durchaus Gültigkeit besitzt, die Vereine mit den gegebenen finanziellen Ressourcen aber einen maximalen sportlichen Erfolg anstreben und weniger eine Gewinnmaximierung.[451] Denn während der finanzielle Erfolg bei Finanzinvestoren an der erwirtschafteten Rendite gemessen wird, stellt sich finanzieller Erfolg aus Vereinssicht durch einen ausgeglichenen Finanzsaldo dar, während gleichzeitig hohe Investitionen in Spielstärke, Stadionbau etc. für den sportlichen Erfolg getätigt werden können. Vereine verfolgen demnach ein „bedarfswirtschaftliches Ziel".[452]

Ein weiterer wesentlicher Unterschied zwischen den zu betrachtenden Organisationsformen kann im Output gesehen werden. Im professionellen Fußball entsteht dieser durch eine Teamproduktion, sowohl einerseits durch Mitarbeiter, Spieler und Trainer des Vereins wie auch andererseits durch Interaktion mit konkurrierenden Vereinen. Es handelt sich im professionellen Fußball somit weniger um ein traditionelles Produkt im eigentlichen Sinne als vielmehr um ein Gemeinschaftsgut, welches nur durch die der Liga immanente Kooperation und Konkurrenz mit anderen Vereinen überhaupt erst zu Stande kommen kann. Ein Großteil der anfallenden Kosten sind darüber hinaus fixe Kosten, unabhängig von der Ausbringungsmenge. Des Weiteren spielt auch die Unsicherheit des sportlichen Erfolgs eine große Rolle. Diese erfordert eine sehr flexible Planung, um sich an unerwartete Veränderungen anzupassen und auf diese zu reagieren, da diese, anders als bei Wirtschaftsunternehmen, in der Regel nicht durch finanzielle Aufwendungen beseitigt werden können.[453]

Die vorangegangenen Ausführungen haben erneut bestätigt, dass es sich bei den professionellen Fußballvereinen der Ersten Fußballbundesliga keineswegs mehr um Idealvereine handelt, was unter anderem auf die ökonomische Entwicklung, den zunehmenden Ansprüchen an das Management und die Umwandlungen der Lizenzbereiche

---

[450]  Vgl. Swieter, Detlef (2002): Eine ökonomische Analyse der Fußball-Bundesliga, S. 63. Eine ausführliche Darstellung der benannten Studien findet sich im vorangegangenen Abschnitt 4.1.

[451]  Vgl. Forrest, David / Simmons, Robert / Feehan, Patrick (2002): A spatial cross-sectional analysis, S. 336f.; Ziebs, Alexander (2002): Ist Erfolg käuflich?, S. 34f.

[452]  Horch, Hans-Dieter (1999): Meinungsspiegel zum Thema Sportökonomie, S. 185. Vgl. hierzu auch Zeltinger, Julian (2004): Customer Relationship Management im Fußballunternehmen, S. 24f.

[453]  Vgl. Fischer, Harald (1984): Die wirtschaftliche Lage der 1. Bundesliga im Fußball, S. 62; Forrest, David / Simmons, Robert / Feehan, Patrick (2002): A spatial cross-sectional analysis, S. 336f.; Haas, Oliver (2006): Controlling der Fußballunternehmen: Management und Wirtschaft in Sportvereinen, S. 67; Kohl, Thorsten (2001): Ökonomie des Profifußballs, S. 37f. Im Detail ebenfalls in Kapitel drei.

in Kapitalgesellschaften zurückzuführen ist. Dennoch muss konstatiert werden, dass nach wie vor wesentliche Unterschiede bei Fußballunternehmen im Vergleich zu Wirtschaftsunternehmen vorherrschen. Der professionelle Fußballverein kann als eine Mischform aus Idealverein und Wirtschaftsunternehmen angesehen werden, welcher andere Primärziele verfolgt als ein klassisches Wirtschaftsunternehmen, sich aber auch nicht mehr rein am sportlichen Erfolg orientieren kann wie ein Idealverein im Sinne einer Nonprofit-Organisation und somit auch andere ökonomische Kennzahlen zur Analyse heranziehen muss, als dies in der klassischen Betriebswirtschaft der Fall ist. Diese Kennzahlen sollen nun im folgenden Abschnitt vorgestellt und untersucht werden, wobei ein besonderes Augenmerk auf der Anwendbarkeit dieser Kennzahlen zur Erfolgsmessung im professionellen Fußball liegen soll.

## 5.4    Relevante Kennzahlen der Untersuchung

Aus den Ausführungen der vorangegangenen Abschnitte wurde deutlich, dass professionelle Fußballvereine sich klassischen Wirtschaftsunternehmen immer stärker annähren, es jedoch bis dato noch einige relevante Unterschiede gibt, welche eine völlige Gleichsetzung der beiden als nicht sinnvoll erscheinen lassen. Aus diesem Grunde stellt sich die Frage, ob die in Abschnitt 5.1 dargestellten ökonomischen Kennzahlen der Betriebswirtschaft, welche herangezogen werden, um Wirtschaftsunternehmen zu bewerten, sich auch für die Analyse von Fußballvereinen eignen oder ob aufgrund der dargestellten Unterschiede auf alternative ökonomische Kennzahlen zurückgegriffen werden muss.

Ein Ziel der vorliegenden Arbeit besteht darin zu untersuchen, ob sich ein Zusammenhang zwischen Stakeholder-Orientierung und wirtschaftlichem Erfolg bei professionellen Fußballvereinen in Deutschland nachweisen lässt. Wirtschaftlicher Erfolg in Zusammenhang mit Fußballvereinen lässt sich wie im vorangegangenen Abschnitt erarbeitet, bis dato am besten anhand von Kennzahlen beschreiben, welche die Finanzkraft der Vereine widerspiegeln, da diese keine Gewinnmaximierung anstreben, sondern vielmehr eine Umsatzmaximierung, um die vorhandenen finanziellen Ressourcen dann wiederum in den sportlichen Bereich investieren zu können respektive um einen ausgeglichenen Finanzsaldo zu erreichen. Die aufgeführten klassischen Kennzahlen des Controllings hingegen zielen eher auf die Analyse und Kontrolle des Unternehmens im Rahmen des internen Controllings zur Steigerung der Effizienz und Optimierung der Kosten ab. Wie in Abschnitt 5.1 aufgezeigt wurde, stellen sie größtenteils le-

diglich ein Verhältnis zweier Zahlen dar, was für einen Vergleich der absoluten Finanzkraft der Vereine als ungeeignet erscheint. Darüber hinaus handelt es sich insbesondere bei den Daten des internen Controllings um Daten, die Unternehmensexternen in
der Regel nicht zugänglich gemacht werden. Aufgrund dieser Merkmale der vorgestellten Kennzahlen und der Erkenntnisziele der vorliegenden Arbeit, die nach repräsenta-
tiven Zahlen für die Finanzkraft der Vereine verlangen, werden alternative Kennzahlen
herangezogen, die die tatsächliche Situation der Vereine deutlicher ausdrücken können. Diese müssen somit den Anspruch erfüllen, in absoluter Form die Finanzkraft der
Vereine der Fußballbundesliga zu beschreiben.

Die Finanzkraft der Vereine wird zu einem wesentlichen Teil durch die Einnahmen determiniert. Diese wiederum werden durch den Umsatz abgebildet.[454] Die Höhe der
Einnahmen determiniert außerdem zum Teil die möglichen Investitionen wie z.B. Spie-
lereinkäufe, Stadionbau etc.[455] In der Literatur finden sich verschiedenen Terminolo-
gien für den Begriff Umsatz wie beispielsweise Einnahmen oder Erlöse.[456] In der vorliegenden Arbeit wird der Umsatz daher zur genauen Abgrenzung entsprechend dem
Verständnis der Gliederung der Gewinn- und Verlustrechnung des deutschen Han-
delsgesetzbuchs definiert.[457] Darüber hinaus finden sich in der Literatur weitere Untersuchungen, welche den Umsatz der Vereine als ökonomische Kennzahl heranziehen,
um somit beispielsweise die reichsten Vereine zu ermitteln. Das bedeutet, dass an
dieser Stelle ebenfalls der Umsatz als Indikator für Finanzkraft verwendet wird.[458] Des
Weiteren gibt die Umsatzentwicklung über einen bestimmten Zeitraum Aufschluss ü-
ber die Effektivität strategischer Maßnahmen und Managemententscheidungen.[459] Der
Umsatz stellt somit eine adäquate und aussagekräftige ökonomische Kennzahl dar,
welche außerdem auch eines der Sekundärziele (nämlich Umsatzmaximierung) zur Erreichung des Primärziels sinnvoll widerspiegelt.

---

[454] Vgl. Mauer, Rainer / Schmalhofer, Andreas (2001): Gestaltung der Kapitalmarktreife von Profifußball-Vereinen, S. 26.

[455] Vgl. Kruse, Jörn / Quitzau, Jörn (2003): Fußball-Fernsehrechte: Aspekte der Zentralvermarktung, S.
69.

[456] Vgl. Kruse, Jörn / Quitzau, Jörn (2003): Fußball-Fernsehrechte: Aspekte der Zentralvermarktung, S.
69; Ziebs, Alexander (2002): Ist Erfolg käuflich?, S. 261.

[457] Vgl. Handelsgesetzbuch (2006): § 275, Absatz 2, 3.

[458] Vgl. hierzu beispielsweise die jährlich herausgegebene ‚Rich List' der Firma Deloitte, welche die 20
reichsten Fußballvereine Europas ermittelt. Deloitte (2006): Football Money League, S. 4.

[459] Vgl. Dörnemann, Jörg (2002): Controlling für Profi-Sport-Organisationen, S. 103.

Als weitere geeignete Kennzahl für eine Analyse der wirtschaftlichen Situation der Vereine wird in der Literatur häufig der Etat der Bundesligavereine genannt.[460] Dieser gibt einen Anhaltspunkt über die Personalaufwendungen der Vereine und zeigt so, in welchem Maße Investitionen in die Mannschaft getätigt wurden, um das Primärziel des sportlichen Erfolgs zu erreichen. Die Etats der Vereine werden im Vorfeld jeder Spielzeit, im Rahmen des Lizenzierungsverfahrens des DFB bzw. der DFL, von den Vereinen veröffentlicht, wobei ihnen eher ein Budgetcharakter zuzusprechen ist.[461] Um die Genauigkeit des Zahlenmaterials zu verbessern, bietet es sich an, Ist-Zahlen nach Ablauf der Saison heranzuziehen. Darüber hinaus muss berücksichtigt werden, dass der Etat neben den Personalaufwendungen für die Spieler auch die Kosten des Trainers sowie Kosten für Training und Reisen enthält, sodass der Etat nicht ausschließlich in den Kauf neuer Spieler investiert werden kann. Der Etat wird logischerweise hauptsächlich durch den Umsatz der vorhergehenden Saison bestimmt. Dennoch finden sich in der Bundesliga auch Beispiele, die diesen direkten Zusammenhang nicht zwangsläufig belegen. So gibt es Vereine, die aufgrund ihrer desolaten wirtschaftlichen Lage trotz hoher Umsatzzahlen so genannte Etatschranken vorgesehen haben, um mithilfe dieser Haushaltssperre ihre finanzielle Situation mittel- und langfristig wieder zu verbessern. Andere Vereine hingegen weisen einen hohen Umsatz, aber einen vergleichweise niedrigen Etat auf (beispielsweise Werder Bremen), wohingegen wieder andere Vereine nahezu all ihren Umsatz in den Etat investieren (beispielsweise FC Köln). Aufgrund der Zusammensetzung des Etats spiegelt dieser so oftmals nicht zwangsläufig die tatsächliche wirtschaftliche Kraft der Vereine wider. Aufgrund dieser Tatsache soll im Rahmen der vorliegenden Arbeit auf eine Analyse dieser Kennzahl verzichtet werden, um eine Verzerrung der Ergebnisse zu vermeiden.

Im Folgenden soll nun die ausgewählte Kennzahl Umsatz vorgestellt sowie ihre Entwicklung betrachtet werden. Im sich daran anschließenden Abschnitt 5.4.2 soll dann

---

[460]  So beispielsweise bei Erning, Johannes (2000): Professioneller Fußball in Deutschland, S. 125ff.; Frick, Bernd (2004): Die Voraussetzungen sportlichen und wirtschaftlichen Erfolges in der Fußball-Bundesliga, S. 71-86; Lehmann, Erik / Weigand, Jürgen (2002): Sportliche Profis - wirtschaftliche Amateure? Fußballvereine als Wirtschaftsunternehmen, S. 93-108.

[461]  Die Etats stellen Finanzpläne dar, aus denen deutlich wird, welche Einnahmen und Ausgaben der Verein während der Spielzeit erwartet. Auf der Seite der Einnahmen werden die monetären Zuflüsse aus dem Bereich der Lizenzabteilung (Spiel- und Werbeeinnahmen, Fernseh- und Rundfunkverwertung, Transfers, Einnahmen aus Beteiligungsverhältnissen sowie außerordentliche Einnahmen), aus Handel, Verwaltung, Zinsen sowie dem übrigen Vereinsbetrieb (z.B. Mitgliedsbeiträge) berücksichtigt. Auf der Ausgabenseite finden die Ausgaben für die Lizenzabteilung (u.a. Personal-, Spiel-, Sach- und Transferausgaben sowie außerordentliche Ausgaben), Ausgaben für Handel, Verwaltung, Zinsen und Steuern sowie für die übrigen Vereinsabteilungen Beachtung. Vgl. Erning, Johannes (2000): Professioneller Fußball in Deutschland, S. 125.

eine Analyse der Kennzahl vorgenommen werden, um ein besseres Verständnis und eine genauere Interpretation der Ergebnisse zu ermöglichen. Darüber hinaus soll sie auch auf eine eventuelle Ungleichverteilung hin untersucht werden.

### 5.4.1 Betrachtung des Umsatzes als im Rahmen der Untersuchung geeignete Kennzahl

Mithilfe des Umsatzes lässt sich die Einnahmesituation der Vereine der Fußballbundesliga widerspiegeln sowie bei einer Vergangenheitsbetrachtung auch ihre Entwicklung im Zeitverlauf darstellen. Relevant ist hierbei in erster Linie die Höhe des Umsatzes ebenso wie die Zusammensetzung. In der ersten Bundesligasaison 1963/64 wiesen die damals noch 16 Vereine im Durchschnitt Einnahmen in Höhe von ca. einer Million Euro (damals zwei Millionen DM) auf. Diese sind im Verlauf der Jahre kontinuierlich angestiegen, in der Saison 2005/06 konnten drei Vereine allein jeweils einen dreistelligen Millionenumsatz verbuchen, insgesamt erreichten die 18 Vereine der ersten Liga einen Umsatz in Höhe von 1.201,6 Millionen Euro, wobei die Spanne zwischen den Vereinen von 27 Millionen Euro Umsatz (MSV Duisburg) bis 204,7 Millionen Euro Umsatz (FC Bayern München) reicht.[462]

Wie bereits erwähnt, ist nicht allein die Frage nach der Höhe des Umsatzes relevant, sondern auch die Frage nach dessen Zusammensetzung, also in welchen Bereichen die Vereine ihre Einnahmen generieren. Den nach wie vor größten Ertragsfaktor stellt mit 27,85 Prozent die Werbung dar, zu der auch die Bandenwerbung im Stadion sowie das Sponsoring zu zählen sind. Die Erträge aus Medienrechten machen 25,05 Prozent der Einnahmen aus, wobei davon auszugehen ist, dass diese Zahl aufgrund des neuen Medienvertrages noch weiter steigen wird, da dieser die Gesamteinnahmen der Bundesliga um rund 42 Prozent erhöhen wird.[463] Der eigentliche Spielbetrieb, insbesondere die Zuschauereinnahmen, macht weitere 18.08 Prozent der Einnahmen aus, was im Verhältnis gesehen einen bedeutenden Teil darstellt. Kleinere Anteile kommen den Transfereinnahmen (3,72 Prozent) und dem Merchandising (3,81 Prozent) zu (vgl. hierzu auch Abbildung 31). Die Zusammensetzung verdeutlicht die Tatsache, dass die Struktur des Umsatzes als relativ ausgeglichen bezeichnet werden kann, was bedeu-

---

[462]  Vgl. Harenberg, Bodo (1964): Die Bundesliga bittet zur Kasse, S. 18; Swieter, Detlef (2006): Sportlicher Erfolg ist käuflich, S. 60; Weilguny, Michael (2006): Fußballbundesliga mit Milliardenumsatz, S. 16.

[463]  Vgl. Ernst & Young (2006): Bälle, Tore und Finanzen III, S. 12.

tet, dass sich die Vereine in keiner zu starken Abhängigkeit von einer einzelnen Ertragsquelle befinden.[464]

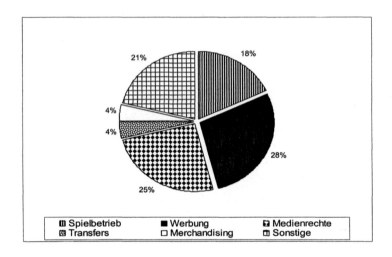

| ⅏ Spielbetrieb | ■ Werbung | ⊠ Medienrechte |
| ⬚ Transfers | ☐ Merchandising | ⬚ Sonstige |

*Abbildung 31:    Ertragskategorien der Bundesliga in der Saison 2005/06*
*Quelle: Eigene Darstellung, in Anlehnung an: Deutsche Fußball Liga (DFL) (2007): Bundesliga Report 2006, S. 41.*

Die Höhe des Umsatzes lässt gleichzeitig auch Rückschlüsse auf den Verlauf der Spielsaison für die einzelnen Vereine zu. Dies ergibt sich aus der Tatsache, dass die dargestellten Umsätze sich stets auf das Ende einer Spielzeit beziehen und somit die Einnahmen während der Saison – im vorliegenden Fall der Saison 2005/06 – widerspiegeln.[465] Sportlich erfolgreiche Vereine sind bei Sponsoren gefragter und können dementsprechend höhere Zuwendungen verlangen. Darüber hinaus finden sie auch bei der Verteilung der Einnahmen aus den Medienrechten eine stärkere Berücksichtigung, wodurch sich ein vergleichsweise hoher Umsatz generiert. Diese Tatsache wird durch den im Rahmen des neuen Medienvertrags generierten Verteilungsschlüssel noch verstärkt.[466] Einige Vereine generieren des Weiteren durch die Teilnahme an in-

---

[464]   Vgl. Deutsche Fußball Liga (DFL) (2007): Bundesliga Report 2006, S. 40.

[465]   Aus genau diesem Grund konnten für die vorliegende Arbeit auch lediglich die Umsatzzahlen bis zur Saison 2005/06 zur Analyse herangezogen werden, da die Saison und somit das Geschäftsjahr 2006/07 zum Zeitpunkt der Betrachtung noch nicht beendet war und demgemäß auch noch kein Zahlenmaterial vorlag.

[466]   Vgl. Ernst & Young (2006): Bälle, Tore und Finanzen III, S. 12-15.

ternationalen Wettbewerben wie z.B. der Champions League noch zusätzliche Einnahmen, was die unterschiedliche Umsatzverteilung zwischen den Vereinen außerdem herbeiführt.[467] Nahezu alle Einnahmen sind somit direkt von den sportlichen Leistungen des Vereins abhängig, welche aber wiederum schwer vorherzusehen sind. Die Einnahmen im Fußball sind somit so schlecht kalkulierbar wie in kaum einer anderen Wirtschaftsbranche.[468] Darüber hinaus ist der Fußball ausgesprochen wettbewerbsintensiv.[469] In klassischen Wirtschaftsbranchen wird eine solche Wettbewerbsintensität durch Spezialisierung auf Marktnischen oder Regionen, Übernahmen oder Fusionen abgefedert, was im Fußballsport nicht möglich ist. Diese besondere Art des Wettbewerbs in Kombination mit der wenig vorhandenen Planungssicherheit „[…] zwingt die Profivereine fast schon zum wirtschaftlichen Vabanquespiel"[470] und bildet eine der wichtigsten Begründungen, weswegen der Umsatz zum direkten Vergleich der Vereine herangezogen werden kann und somit im Rahmen der vorliegenden Untersuchung als relevante Kennzahl betrachtet werden soll.

### 5.4.2 Analyse des Umsatzes

Nachdem im vorangegangenen Abschnitt mögliche Kennzahlen, anhand derer der wirtschaftliche Erfolg eines professionellen Fußballvereins bewertet werden kann, vorgestellt wurden und die Kennzahl Umsatz als in diesem Zusammenhang relevantester Bereich identifiziert wurde, wird diese nun im Folgenden analysiert.

Wenngleich die Analyse der Stakeholder-Orientierung, welche in Kapitel vier vorgenommen und mithilfe von Fragebogen abgeprüft wurde, keine Vergangenheitsanalyse als vielmehr eine zukunftsorientierte Ist-Analyse darstellt, wird die Analyse der ausgewählten Kennzahl Umsatz vergangenheitsorientiert sowie Ist-bezogen ausfallen. Dies ist zum einen darauf zurückzuführen, dass mithilfe der Analyse der Zahlen über einen längeren Zeitraum eine bessere Übersicht über die Entwicklung der Umsätze im Einzelnen wie auch der gesamten Liga gewährleistet werden kann, ebenso wie es vermieden werden kann, dass einmalig sehr hohe oder niedrige Zahlen in einer Saison

---

[467]  Vgl. Swieter, Detlef (2002): Eine ökonomische Analyse der Fußball-Bundesliga, S. 132.

[468]  Vgl. Schmeh, Klaus (2005): Titel, Tore, Transaktionen - Ein Blick hinter die Kulissen des Fußball-Business, S. 105.

[469]  Vgl. hierzu Abschnitt 3.3.

[470]  Schmeh, Klaus (2005): Titel, Tore, Transaktionen - Ein Blick hinter die Kulissen des Fußball-Business, S. 106.

(so genannte Ausreißer) die Analyse bei einer Zeitpunktbetrachtung verfälschen. Des Weiteren ist es so möglich, eine Übersicht über die Entwicklung des Umsatzes in der Bundesliga zu erhalten, um so auch Aussagen über die allgemeine finanzielle Situation und daraus abgeleitete Prognosen über künftige Entwicklungen treffen zu können. Als Ausgangspunkt der Untersuchung wurde im Rahmen der vorliegenden Arbeit die Saison 1998/99 gewählt. Dies ist auf die Tatsache zurückzuführen, dass seit dieser Saison Vereine in Form einer Kapitalgesellschaft zur Teilnahme an der Deutschen Bundesliga zugelassen sind, was einen bedeutenden Wendepunkt in der Geschichte der Bundesliga darstellt. Seit dieser Saison stehen somit auch die Kapitalmärkte für die Vereine offen, was sich letztlich im Umsatz ausdrücken kann.[471] Die Saison 1998/99 wird aus diesem Grund als Ausgangspunkt der Betrachtung dienen.

Im Folgenden werden nun die Umsätze der Vereine der Ersten Fußballbundesliga über den Zeitverlauf betrachtet, um so zu untersuchen, ob die Umsätze innerhalb der Liga eher gleich- oder ungleich verteilt sind. Auf diese Art kann ein Eindruck über die wirtschaftliche Lage der Vereine in der Fußballbundesliga vermittelt werden, welche für die anschließende Analyse von Bedeutung ist. Des Weiteren kann so analysiert werden, ob die wirtschaftlichen Kennzahlen der Vereine einer Liga gleichmäßigem Wachstum unterworfen sind oder ob einige Vereine deutlich stärker wachsen, wohingegen die Kennzahlen anderer eventuell sogar abnehmen.

Unter der Annahme, dass die Liga – bezogen auf den Umsatz – dann völlig ausgeglichen wäre, wenn alle Vereine die gleichen Kennzahlenwerte aufwiesen, lässt sich die Ungleichverteilung mit unterschiedlichen statistischen Maßen ermitteln, so etwa durch die Standardabweichung, den Variationskoeffizienten oder den Gini-Koeffizienten.[472]

---

[471] Eine ausführliche Darstellung der Rechtssprechung sowie ihrer Folgen für Vereine und Liga findet sich in Abschnitt 3.2.4.

[472] Die im vorliegenden Fall am einfachsten anzuwendende Kennzahl wäre die Spannweite - die Differenz zwischen dem höchsten und dem niedrigsten Umsatz. Dieses Streuungsmaß bietet den Vorteil, dass es sehr anschaulich und einfach zu berechnen ist. Bezüglich der Beurteilung der Ausgeglichenheit ist es allerdings nicht sehr aussagekräftig. Dies ist unter anderem darauf zurückzuführen, dass die Spannweite nur zwei Merkmalsträger berücksichtigt, wodurch insbesondere Ausreißer einen direkten Einfluss haben und den Eindruck von der Streuung so erheblich verfälschen können. Vgl. Burkschat, Marco / Cramer, Erhard / Kamps, Udo (2004): Beschreibende Statistik: Grundlegende Methoden, S. 89.

Aus diesem Grund ist die Spannweite nicht geeignet, den im Rahmen der vorliegenden Arbeit notwendigen Vergleich über einen bestimmten Zeitablauf und unterschiedliche Vereine hinweg anzustellen, weswegen sie an dieser Stelle nicht weiter verfolgt werden soll.

Die *Standardabweichung*[473] bietet gegenüber z.B. der Spannweite den Vorteil, alle Merkmalswerte bei der Berechnung zu berücksichtigen. Je größer demnach die Standardabweichung ist, desto ungleichmäßiger wäre der Umsatz innerhalb der Liga verteilt. Der Nachteil der Standardabweichung ist, dass sie für die Vergleichbarkeit von Ligen mit unterschiedlichen Mittelwerten ungeeignet ist, da sie mit dem arithmetischen Mittel größer wird.[474] Aufgrund dieser Tatsache wird sie in der vorliegenden Arbeit als Maß für die Gleichverteilung der Ligen keine Anwendung finden. Der *Variationskoeffizient* stellt ein weiteres Streuungsmaß dar, welches im Gegensatz zur Standardabweichung den Vorteil bietet, unabhängig von proportionalen Änderungen der Merkmalswerte zu sein.[475] Er ist dann zur Messung und Beurteilung der Unausgeglichenheit der Liga geeignet, wenn anstelle der Standardabweichung die mittlere absolute Abweichung am arithmetischen Mittel relativiert wird. Der Variationskoeffizient stellt allerdings eine rein relative Größe dar, der Einsatz absoluter Streuungsmaße ist nicht zulässig, weswegen auch er an dieser Stelle nicht weiter verfolgt werden soll. Ein weiteres statistisches Maß zur Bewertung der Ungleichverteilung, welches die Ungleichverteilungen darüber hinaus auch anschaulich darstellt, ist der *Gini-Koeffizient*, auch Gini-Index genannt, welcher als Indikator für die Konzentration bzw. Ungleichheit der Merkmalswerte gewertet wird[476] und bereits bei ähnlichen Analysen Anwendung fand.[477] Der Koeffizient findet insbesondere in der Wohlfahrtsökonomie Anwendung und wird dort als Kennzahl für die Ungleichverteilung von Einkommen und Vermögen eingesetzt. Der Wert kann eine beliebige Größe zwischen 0 und 1 annehmen und bildet somit, in Prozentzahlen ausgedrückt, einen Wert zwischen 0 und 100.[478] Je größer der Gini-Koeffizient – sprich je näher an 1 der Koeffizient dabei ist –, desto größer ist die Ungleichverteilung. Grafisch dargestellt bildet der Gini-Koeffizient die auf die beispiels-

---

[473]  Die Standardabweichung stellt ein Streuungsmaß dar, welches definiert ist als die Quadratwurzel aus der Varianz, die sich wiederum aus der Summe der quadratischen Abweichungen vom arithmetischen Mittel dividiert durch die Anzahl der Messwerte ergibt. Vgl. Bourier, Günther (2005): Beschreibende Statistik, S. 97.

[474]  Vgl. Bourier, Günther (2005): Beschreibende Statistik, S. 98f.; Drewes, Michael (2001): Wettbewerb und finanzieller Ausgleich in professionellen Sportligen. S. 103f.

[475]  Der Variationskoeffizient ist der Quotient aus der Standardabweichung und dem arithmetischen Mittel, multipliziert mit 100. Vgl. Bourier, Günther (2005): Beschreibende Statistik, S. 102.

[476]  Vgl. Bamberg, Günter / Baur, Franz (1998): Statistik, S. 26.

[477]  Beispielhaft sei an dieser Stelle auf folgende Untersuchungen verwiesen: Frick, Bernd / Lehmann, Erik / Weigand, Jürgen (1999): Kooperationserfordernisse und Wettbewerbsintensität im professionellen Teamsport, S. 502; Kipker, Ingo (2002): Börsengänge englischer Fußballclubs, S. 138; Lehmann, Erik / Weigand, Jürgen (2002): Sportliche Profis - wirtschaftliche Amateure? Fußballvereine als Wirtschaftsunternehmen, S. 99; Swieter, Detlef (2002): Eine ökonomische Analyse der Fußball-Bundesliga, S. 133.

[478]  Vgl. ebenda S. 27.

weise gleichverteilte Gesellschaft normierte Fläche zwischen den Lorenz-Kurven einer gleichverteilten und der tatsächlich betrachteten Gesellschaft.[479] Den Gini-Koeffizienten erhält man somit auch durch Auswertung einer Lorenz Kurve, er stellt das Verhältnis der Fläche zwischen Gleichverteilungslinie und Lorenzkurve zur Fläche unterhalb der Gleichverteilungslinie dar. Der Vorteil des GiniKoeffizienten im Rahmen dieser Berechnung liegt darin, dass er unempfindlich gegenüber proportionalen Änderungen der Merkmalswerte ist.[480] Dennoch gibt es bei Berechnungen mit dem Gini-Koeffizienten auch nicht zu vernachlässigende Kritikpunkte: So bewertet der Gini-Koeffizient lediglich die relative Konzentration, deutlich unterschiedliche Verteilungen der Merkmalswertsumme auf die Merkmalsträger können zu demselben oder fast demselben Gini-Koeffizienten führen. Diese Kritik lässt sich ebenso auf die Lorenzkurve anwenden, wenngleich diese dahingehend modifiziert werden kann, dass sowohl die Kurve selber als auch der sich aus der modifizierten Kurve ableitende Gini-Koeffizient absolute Konzentrationsmaße darstellen. Im Rahmen der vorliegenden Arbeit soll der Fokus auf der Entwicklung der Ungleichverteilung im Verlauf des Untersuchungszeitraums liegen. Daher soll an dieser Stelle auf die Normierung des Koeffizienten verzichtet werden, da dieser normiert nicht seine als Vergleichsmaßstab notwendige Aussagekraft entfalten kann. Somit kann auch keine Interpretation über die absolute Größe des Koeffizienten erfolgen, sondern es werden lediglich Aussagen über die Entwicklungen im Vergleich getroffen.[481]

Ausgehend von den Umsatzzahlen der einzelnen Vereine in den jeweiligen Spielzeiten 1998/99 bis 2005/06 ergeben sich die Gesamtumsätze sowie die durchschnittlichen Umsatzzahlen pro Saison. Relativierend sei an dieser Stelle angemerkt, dass die Zusammensetzung der Liga aufgrund des Lizenzvergabeprozesses und der Tatsache, dass es sich bei der Bundesliga um ein offenes Ligasystem handelt, sich jede Saison um drei Vereine ändert. Nichtsdestotrotz lassen sich zehn Vereine ausmachen, welche von der Saison 1998/99 bis 2005/06 konstant in der Ersten Bundesliga zu finden wa-

---

[479]    Vgl. Bamberg, Günter / Baur, Franz (1998): Statistik, S. 24f. Bourier, Günther (2005): Beschreibende Statistik, S. 110f.; Mosler, Karl / Schmid, Friedrich (2003): Beschreibende Statistik und Wirtschaftsstatistik, S. 88-91; Pfanzagl, Johann (1983): Allgemeine Methodenlehre der Statistik I: Elementare Methoden unter besonderer Berücksichtigung der Anwendungen in den Wirtschafts- und Sozialwissenschaften, S. 32-36; Schwarze, Jochen (2001): Grundlagen der Statistik I: Beschreibende Verfahren, S. 247-250.

[480]    Vgl. Drewes, Michael (2001): Wettbewerb und finanzieller Ausgleich in professionellen Sportligen, S. 103f.; Schulze, Peter M. (1998): Beschreibende Statistik, S. 101-106.

[481]    Vgl. Bourier, Günther (2005): Beschreibende Statistik, S. 114; Drewes, Michael (2001): Wettbewerb und finanzieller Ausgleich in professionellen Sportligen, S. 104.

ren[482], was somit mehr als die Hälfte der 18 jeweils zu betrachtenden Vereine ausmacht. Ein weiterer Verein verbrachte nur eine Saison im betrachteten Zeitraum in der Zweiten Bundesliga.[483] Über alle acht betrachteten Spielzeiten hinweg nahmen insgesamt 26 Vereine an der Ersten Fußballbundesliga teil.

Eine Betrachtung der Umsatzentwicklung im Zeitverlauf macht deutlich, dass diese einem nahezu konstanten Wachstum unterworfen waren, Ausnahmen wurden lediglich durch die Kirch-Krise[484] deutlich, wenngleich sich dieser Einbruch wider Erwarten nicht nennenswert auswirkte und auch bereits in der Folgesaison wieder ausgeglichen wurde. Die nachfolgende Abbildung 32 verdeutlicht den Entwicklungsverlauf der Umsätze innerhalb der Ersten Bundesliga noch einmal:

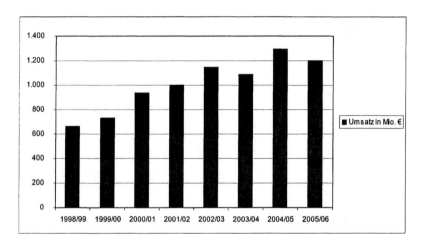

Abbildung 32:   Entwicklung des Umsatz in der Fußballbundesliga (in Mio. €)
                Quelle: Eigene Darstellung.

---

[482]   Es handelt sich hierbei um folgende Vereine: 1. FC Bayern München, SV Werder Bremen, Hamburger SV, FC Schalke 04, Bayer 04 Leverkusen, Hertha BSC Berlin, Borussia Dortmund, VfB Stuttgart, VfL Wolfsburg, 1. FC Kaiserslautern.

[483]   Hierbei handelt es sich um Hansa Rostock.

[484]   De Kirch-Gruppe stellte ein Firmenkonglomerat des Medienunternehmers Leo Kirch dar, zu welchem unter anderem die Fernsehsender Sat 1 und ProSieben, aber auch der Pay-TV Sender Premiere zählten. Im Mai 2000 kaufte der Konzern für 1,5 Milliarden Euro die Rechte zur Fernsehübertragung der Bundesliga Spiele, wodurch er zu einem der größten Geldgeber der Liga wurde. Wegen Überschuldung musste die Kirch-Gruppe im Jahr 2002 Insolvenz anmelden, in deren Folge sie zerschlagen wurde.

Eine ausschließliche Betrachtung der Entwicklung der Umsatzzahlen der Vereine der Ersten Fußballbundesliga lässt somit den Schluss zu, dass die Umsatzzahlen im Verlauf der Jahre einem nahezu konstanten Wachstum ausgesetzt sind. Interessant erscheint darüber hinaus jedoch die Frage, ob diese Steigerung sich auf alle Vereine gleichermaßen ausgewirkt hat oder ob sich lediglich bei einigen wenigen Vereinen eine deutliche Steigerung bemerkbar macht, während der Umsatz anderer Vereine weniger stark wächst bzw. im schlimmsten Fall sogar abnimmt. Um diese Frage zu beantworten, wird der im vorangegangenen Abschnitt beschriebene Gini-Koeffizient herangezogen, welcher die Ungleichverteilung unter den Vereinen abbildet. Abbildung 33 stellt den Verlauf desselbigen im Rahmen der betrachteten Spielzeiten grafisch dar.

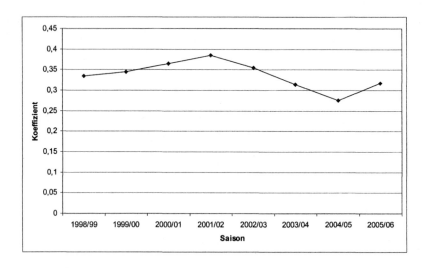

Abbildung 33:     Gini-Koeffizient des Umsatzes von 1998/99 bis 2005/06
                  Quelle: Eigene Darstellung.

Die Berechnungen ergaben in diesem Fall, dass sich von den Spielzeiten 1998/99 bis 2001/02 eine deutliche, konstant steigende Ungleichverteilung beobachten lässt. Begründen lässt sich dies unter anderem mit der Tatsache, dass zu dieser Zeit mehrere deutsche Vereine national wie auch international erfolgreich waren,[485] wodurch sie

---

[485]     Der FC Bayern München gewann in diesem Zeitraum beispielsweise zweimal den Ligapokal und nahm zweimal am Champions League Finale teil, wobei ein Finale gewonnen wurde. Auch der SV

deutliche Mehreinnahmen durch zusätzliche Spiele generieren konnten sowie hohe Siegprämien erzielten.[486] Des Weiteren war es den Teilnehmern an internationalen Wettbewerben ab der Saison 1998/99 möglich, ihre Spiele selbst zu vermarkten, womit sie zwischen 1,5 und 3 Mio. Euro pro Spiel erzielen konnten.[487] Darüber hinaus werden durch die zusätzlichen Spiele auch zusätzliche Stadioneinnahmen erzielt und das Interesse der Sponsoren gesteigert wird, da der Verein nun auch auf internationaler Ebene präsent ist. Der Markt für professionellen Fußball wird daher auch als ‚winner-takes-all'-Markt bezeichnet, denn die Erlösdifferenzen zwischen den Wettbewerbssiegern und den nachfolgend Platzierten erscheinen häufig enorm, wenngleich auch hier Ausnahmen zu verzeichnen sind.[488]

Die aufgezeigten Faktoren können zusammengenommen für die Erhöhung der Ungleichverteilung verantwortlich gemacht werden. In den darauf folgenden Spielzeiten dagegen hat sich die Unausgeglichenheit wieder verringert, was jedoch nicht auf ein mangelndes Abschneiden deutscher Vereine in internationalen Wettbewerben zurückgeführt werden kann. Vielmehr liegt die Erklärung in der vorangegangenen Entwicklung. Es kann vermutet werden, dass die Vereine mit vergleichsweise geringeren Umsätzen von den erfolgreicheren Vereinen gelernt haben. Dies umfasst zum einen die Professionalisierung des Management und die Beseitigung von Ineffizienzen, zum anderen aber auch eine Diversifizierung der Einnahmequellen und der Erlöspotenziale der einzelnen Vereine. Ersteres lässt sich durch eine Betrachtung der Entwicklung der Gesellschaftsformen der Bundesligavereine ableiten; immer mehr Vereine wandeln ihre Lizenzabteilung in eine Kapitalgesellschaft um.[489] Die für Kapitalgesellschaften im Vergleich zu eingetragenen Vereinen deutlich strengeren rechtlichen Auflagen ziehen zwangsläufig ein Mindestmaß an Professionalisierung nach sich.[490] Darüber hinaus sind für Kapitalgesellschaften ein besserer Zugang zum freien Kapitalmarkt sowie flexiblere Formen der Kapitalbeschaffung möglich.[491] Ein weiterer, in diesem Zusam-

---

Werder Bremen, der FC Schalke 04 sowie Bayer 04 Leverkusen waren zu dieser Zeit in verschiedenen Turnieren erfolgreich.

[486]   Vgl. Swieter, Detlef (2006): Sportlicher Erfolg ist käuflich, S. 61-63.

[487]   Diese Einnahmen sind bis dato noch erheblich gestiegen.
        Vgl. hierzu u.a. Nitschke, Axel (2003): Einnahmen aus der Vermarktung von audio-visuellen Rechten der Unternehmen der Fußball-Bundesliga, S. 20.

[488]   Vgl. Swieter, Detlef (2002): Eine ökonomische Analyse der Fußball-Bundesliga, S. 74.

[489]   Vgl. Süßmilch, Ingo / Elter, Vera-Carina (2004): FC Euro AG: Fußball und Finanzen, S. 99.

[490]   Vgl. Lehmann, Erik / Weigand, Jürgen (2002): Sportliche Profis - wirtschaftliche Amateure? Fußballvereine als Wirtschaftsunternehmen, S. 106f.

[491]   Vgl. Ebenda S. 102.

menhang nicht zu vernachlässigender Punkt stellt die Erschließung neuer Einnahme-quellen dar, welche für alle Vereine zugänglich sind. Beispielhaft erwähnt seien in die-sem Zusammenhang der Verkauf von Namensrechten an den Stadien, deutliche Zu-wächse im Bereich des Merchandising etc. Diese Entwicklungen führten zu einer An-gleichung der Umsätze der Bundesligavereine in den Spielzeiten 2002/03, 2003/04 und 2004/05. Seit der Saison 2004/05 ist jedoch wieder ein Anstieg der Unausgegli-chenheit zu beobachten, welcher sich künftig, insbesondere im Hinblick auf den neuen Medienvertrag, stärker entwickeln wird.[492]

## 5.5 Zusammenfassende Ergebnisse

Der vorangegangene Abschnitt hatte zum Ziel Möglichkeiten aufzuzeigen, wie ökono-mischer Erfolg für professionelle Fußballvereine systematisiert werden kann. Zu die-sem Zweck wurden ökonomische Kennzahlen der Betriebswirtschaftslehre herausge-arbeitet, welche auf klassischen Wirtschaftsmärkten Anwendung finden, wenn es gilt, den Unternehmenserfolg zu bestimmen. Insbesondere die Vermögensstrukturkennzif-fern, die Kapitalstrukturkennzahlen, die Finanzierungsstrukturkennzahlen, die Perso-nalstrukturkennzahlen wie auch die Erfolgskennziffern weisen zu diesem Zweck be-sondere Relevanz auf und finden in der Praxis häufig Anwendung.

Bei NPO hingegen, zu welchen auch Fußballvereine zu zählen sind, gilt der Gewinn nicht als primäres Ziel – sie stellen somit, anders als Wirtschaftsunternehmen, keine Profitmaximierer dar, wenngleich sie, um ihr Bestehen zu garantieren, Überschüsse erwirtschaften müssen. Ähnlich sieht es bei eingetragenen Vereinen im Sinne des Ge-setzgebers aus. Auch hier dürfen Erlöse erzielt werden, jedoch lediglich als ‚Neben-zweck'.

Professionelle Fußballvereine, welche sich aktuell im Übergang von Idealvereinen zu Wirtschaftsunternehmen befinden, sind somit weder der einen noch der anderen be-trachteten Kategorie zuzuordnen. Ihr Primärfokus liegt nicht auf wirtschaftlichem Erfolg im Sinne einer Gewinnmaximierung, wenngleich sie über den sportlichen Erfolg hinaus auch im wirtschaftlichen Bereich erfolgreich sind müssen. Ihr primäres wirtschaftliches Ziel, welches dem sportlichen Ziel untergeordnet ist, liegt vielmehr auf der Einhaltung

---

[492] Vgl. Ernst & Young (2006): Bälle, Tore und Finanzen III, S. 12-15; Kipker, Ingo (2002): Börsengänge englischer Fußballclubs, S. 133; Süßmilch, Ingo / Elter, Vera-Carina (2004): FC Euro AG: Fußball und Finanzen, S. 42-44.

des Budgets und somit auf einer Maximierung des Umsatzes. Aufgrund dieser Tatsache wurde der Umsatz als eine der beiden im Rahmen der vorliegenden Arbeit zu betrachtenden Kennzahlen identifiziert. Als weitere Kennzahl wurde der Etat in Erwägung gezogen, welcher aufzeigt, inwiefern Investitionen in die Mannschaft getätigt wurden, um so das Primärziel des sportlichen Erfolgs zu erreichen. Allerdings wurde hier schnell deutlich, dass diese Kennzahl keine Aussagekraft über die wirtschaftliche Situation der Vereine dahingehend hat, wie sie für die vorliegende Arbeit benötigt wird, weswegen der Etat von der weiteren Untersuchung ausgeschlossen wurde. Die Kennzahl Umsatz wurde daraufhin einer Analyse unterzogen, als Ausgangpunkt wurde die Saison 1998/99 gewählt. Es konnte gezeigt werden, dass der Umsatz in der Fußballbundesliga kontinuierlich, mit Ausnahme des Jahres der Kirch-Krise, angestiegen sind. Die Ungleichverteilung zwischen den Vereinen wurde mithilfe des Gini-Koeffizienten abgeleitet und zeigte, dass in den Spielzeiten 1998/99 bis 2001/02 eine deutlich höhere Ungleichverteilung zu beobachten war, als in den anschließenden Spielzeiten 2002/03 bis 2004/05 (umsatzbezogen).

Im folgenden Kapitel soll nun der letzte Schritt der vorliegenden Arbeit vollzogen werden, indem die Ergebnisse der Kapitel vier und fünf zusammengeführt werden, um so Rückschlüsse darüber ziehen zu können, ob sich ein Zusammenhang zwischen Anspruchsgruppenorientierung und wirtschaftlichem Erfolg bei den Vereinen der Ersten Fußballbundesliga nachweisen lässt. Aus den so generierten Ergebnissen dieses Schrittes, welcher somit die dritte und letzte der in Abschnitt 1.3 erarbeiteten Forschungsfragen (*Kann Anspruchsgruppenorientierung im professionellen Fußball ökonomischen Erfolg bedingen und welche Handlungsempfehlungen lassen sich aus den Ergebnissen ableiten?*) beantwortet, werden im Anschluss Handlungsempfehlungen abzuleiten sein, welche die Arbeit final beschließen.

# 6 Zusammenführung der Ergebnisse

In den vorangegangenen Abschnitten wurde die theoretisch bereits abgeleitete Stakeholder-Orientierung auf ihre praktische Anwendung innerhalb der Bundesligavereine hin überprüft. Dies geschah mithilfe einer Expertenbefragung. Darüber hinaus wurden die Experten befragt, ob die von ihnen identifizierten Anspruchsgruppen deckungsgleich mit jenen sind, welche im Rahmen der vorliegenden Arbeit identifiziert wurden. Die Auswertung der Befragung in Kapitel vier ließ Schlüsse auf die Stakeholder-Orientierung der Vereine der Ersten Bundesliga im Allgemeinen sowie ihrer Umsetzung zu. Das anschließende Kapitel fünf befasste sich mit dem ökonomischen Erfolg der Bundesligavereine. Es wurde herausgestellt, dass dieser sich am besten mithilfe des Umsatzes darstellen lässt. Im Folgenden ist nun zu untersuchen, ob sich ein Zusammenhang zwischen Stakeholder-Orientierung und ökonomischem Erfolg im Sinne einer Umsatzmaximierung in der Bundesliga nachweisen lässt, wie er in klassischen Wirtschaftsmärkten mitunter beobachtet werden kann[493] oder ob zwischen den beiden Bereichen der Anspruchsgruppenorientierung und des wirtschaftlichen Erfolgs im professionellen Fußball kein Zusammenhang besteht. Zu diesem Zweck sollen nun die Ergebnisse der Befragung aus Kapitel vier mit den ökonomischen Kennzahlen aus Kapitel fünf verbunden werden, um so einen möglichen Zusammenhang erkennen zu können. Im Anschluss werden Handlungsempfehlungen für die Vereine abgeleitet, um Möglichkeiten für einen verbesserten Umgang mit den verschiedenen Anspruchsgruppen aufzuzeigen.

## 6.1 Analyse des Zusammenhangs zwischen Anspruchsgruppenorientierung und wirtschaftlichem Erfolg

Im Folgenden sollen nun die Ergebnisse der Befragung der Marketingverantwortlichen der Bundesligavereine an den Umsätzen der Vereine, welche in Kapitel fünf analysiert wurden, gespiegelt werden, um so einen möglichen Zusammenhang nachweisen zu können. Aufgrund der Tatsache, dass die Befragung der Vereinsvertreter nur erfolgen konnte, indem eine Anonymität der Antworten garantiert wurde, wird es nicht möglich

---

[493] Vgl. hierzu die Ausführungen bei Gillies, James / Morra, Daniela (1997): Does Corporate Governance matter?, S. 71-77; Krause, Oliver (2006): Performance Measurement: Eine Stakeholder-Nutzenorientierte und Geschäftsprozess-basierte Methode, S. 35f.; Larcker, David F. / Richardson, Scott A. / Tuna, Irem (2004): Does Corporate Governance really matter?, S. 2-40; Witt, Peter (2003): Corporate Governance-Systeme im Wettbewerb; Yoshimori, Masaru (2005): Does Corporate Governance Matter?, S. 447-454.

sein, den Umsatz jedes Vereins mit den Antworten aus der Befragung abzugleichen. Vielmehr erscheint es notwendig, eine Gruppierung einzelner Vereine anhand ihres Umsatzes zu bestimmten Gruppen mit ähnlichen Umsätzen vorzunehmen, um in einem anschließenden Schritt die Stakeholder-Orientierung der jeweiligen Gruppe zu überprüfen. Im nachfolgenden Abschnitt 6.1.1 wird die Gruppierung der Vereine anhand des Umsatzes hergeleitet werden.

### 6.1.1 Gruppierung der Bundesligavereine

In der Ersten Deutschen Fußballbundesliga finden sich in jeder Saison 18 teilnehmende Vereine. Im Rahmen der vorliegenden Arbeit werden die Umsatzzahlen der Saison 2005/06 als Messgröße herangezogen, da die Zahlen der Saison 2006/07 erst mit Ende des Geschäftsjahres veröffentlicht werden und somit zu diesem Zeitpunkt noch nicht vorliegen. In Kapitel fünf wurden die erwähnten Umsatzzahlen vorgestellt und ausgiebig analysiert. Mithilfe des Gini-Koeffizienten wurden sie auf ihre Ungleichverteilung hin überprüft und es wurde sichergestellt, dass sich die Zahlen im Vergleich zu den Vorjahren auf ähnlichem Niveau befinden und es somit keine Ausreißer in jedwede Richtung gibt. Basierend auf den Umsatzzahlen konnten die Vereine in eine ordinale Reihenfolge gebracht werden, beginnend mit dem Verein mit dem höchsten Umsatz (1. FC Bayern München mit knapp 205 Millionen Euro Umsatz) bis hin zu dem Verein mit dem niedrigsten Umsatz (MSV Duisburg mit rund 27 Millionen Euro Umsatz). Die Vereine der Ersten Bundesliga mitsamt den zugehörigen Umsätzen sind in der nachfolgenden Abbildung 34 der Übersicht halber noch einmal dargestellt, eine ausführliche Analyse findet sich in Kapitel fünf.

Das Ziel der Gruppierung der Vereine ist es, die 18 Vereine der Ersten Bundesliga in Klassen zusammenzufassen, wobei die Mitglieder einer Klasse gemäß einer vorgegebenen Zuordnungsvorschrift zugeordnet werden.[494] Diese Klassenbildung soll allein in Bezug auf den Umsatz erfolgen, andere Parameter sind in diesem Zusammenhang irrelevant. Durch die Zusammenfassung der Daten zu Klassen entsteht ein so genanntes klassiertes oder kategorisiertes Datenmaterial.[495] Mithilfe der Gruppierung wird es

---

[494] Vgl. Backhaus, Klaus, et al. (2003): Multivariate Analysemethoden: Eine anwendungsorientierte Einführung, S. 480.; Bourier, Günther (2005): Beschreibende Statistik, S. 44; Burkschat, Marco / Cramer, Erhard / Kamps, Udo (2004): Beschreibende Statistik: Grundlegende Methoden, S. 134.

[495] Wesentlich in diesem Zusammenhang ist, dass jedes Datum einer Klasse zugeordnet werden kann, und der Schnitt zweier Klassen dementsprechend leer sein muss, um so zu garantieren, dass jedes

in einem nächsten Schritt möglich sein, den einzelnen Gruppen die Antworten der Befragung zuzuordnen, ohne dass Rückschlüsse auf die einzelnen Vereine gezogen werden können, sodass die Anonymität der Befragung gewahrt bleibt.

| Rangfolge | Verein | Umsatz (in Millionen Euro) |
|-----------|--------|----------------------------|
| 1 | 1. FC Bayern München | 204,7 |
| 2 | FC Schalke 04 | 122,6 |
| 3 | Hamburger SV | 103,9 |
| 4 | Borussia Dortmund | 83,2 |
| 5 | VfB Stuttgart | 81,8 |
| 6 | Werder Bremen | 77,4 |
| 7 | Bayer Leverkusen | 60 |
| 8 | VfL Wolfsburg | 60 |
| 9 | Borussia Mönchengladbach | 60 |
| 10 | Hertha BSC Berlin | 56,4 |
| 11 | Eintracht Frankfurt | 48 |
| 12 | 1. FC Köln | 43,4 |
| 13 | Hannover 96 | 40 |
| 14 | 1. FC Nürnberg | 36,2 |
| 15 | 1. FC Kaiserslautern | 35,1 |
| 16 | FSV Mainz 05 | 31,5 |
| 17 | Arminia Bielefeld | 28,5 |
| 18 | MSV Duisburg | 27 |

*Abbildung 34:*   *Umsätze der Bundesligavereine im Geschäftsjahr 2005/06*
    *Quelle: Eigene Darstellung, in Anlehnung an: Hoppenstedt Firmendatenbank; Weilguny, Michael (2006): Fußballbundesliga mit Milliardenumsatz, S. 16.*

In einem ersten Schritt, welcher für die erfolgreiche Gruppierung der Vereine notwendig ist, muss die Ähnlichkeit bestimmt werden, nach welchen die Vereine zu clustern sind. Im vorliegenden Fall handelt es sich um eine metrische Variablenstruktur, was bedeutet: Die Ähnlichkeit zweier zu betrachtender Objekte wird anhand ihrer Distanz zueinander gemessen. Je größer die Distanz, umso unterschiedlicher die Objekte. Ei-

---

Datum genau einer Klasse eindeutig zugeordnet werden kann und nicht etwa mehreren oder keiner. Vgl. Burkschat, Marco / Cramer, Erhard / Kamps, Udo (2004): Beschreibende Statistik: Grundlegende Methoden, S. 134.

ne Distanz von null weist auf vollkommen identische Objekte hin.[496] Aufgrund der Tatsache, dass im Falle der Vereine und ihrer Umsätze eine vergleichbare Maßeinheit zugrunde liegt – die Angabe der Umsätze in Millionen Euro – ist eine Standardisierung der Merkmale, um sie vergleichbar zu machen, nicht notwendig. Darüber hinaus liegt im vorliegenden Fall auch nur eine zu untersuchende Eigenschaftsstruktur – der Umsatz – vor[497], welcher in Abbildung 34 dargestellt wird. Eine Klassierung ist nur bei der Darstellung von Daten eines quantitativen Merkmals sinnvoll einsetzbar, was im vorliegenden Fall zutreffend ist. Zur Umsetzung der Klassierung wird der Bereich, in dem alle Ausprägungen des zu betrachtenden Merkmals ‚Umsatz' zu finden sind, in eine vorab festgelegte Anzahl von Intervallen bzw. Klassen eingeteilt.[498] Da das Merkmal Umsatz theoretisch einen unbeschränkt großen Wert einnehmen kann und der Verein mit dem höchsten Umsatz im vorliegenden Fall einen deutlichen höheren Umsatz aufweisen kann als der nächst größere Verein, soll das Intervall der letzten Klasse als nach oben unbeschränkt definiert sein. Eine Beschränkung nach unten existiert, ebenso wie eine Beschränkung der beiden anderen Intervalle nach oben. Daraus ergeben sich im Umkehrschluss folgende Klassen, wobei die Zahlenangaben den Umsatz in Millionen Euro darstellen:

$$K_1 = [0, 40]; \quad K_2 = [41, 60]; \quad K_3 = [61, \infty]$$

Die Betrachtung der absoluten Häufigkeiten zeigt, dass sich in jeder Klasse genau sechs Vereine finden lassen. Eine konstante Klassenbreite würde an dieser Stelle somit zu einer Informationsvernichtung führen, weswegen die an dieser Stelle gewählte größere Breite in den Randbereichen und die feinere Einteilung des mittleren Bereichs sinnvoll erscheint.[499] Die den vorliegenden Abschnitt beschließende Grafik 35 bildet die soeben formierten Klassen sowie die dazugehörigen Vereine der besseren Übersicht halber ab und benennt die einzelnen Klassen. Diese Namensgebung soll in den folgenden Abschnitten beibehalten werden.

---

[496]  Vgl. Backhaus, Klaus, et al. (2003): Multivariate Analysemethoden: Eine anwendungsorientierte Einführung, S. 491.

[497]  Somit handelt es sich im vorliegenden Fall um ein monoethisches Verfahren, da zur Gruppierung nur eine Variable herangezogen wird.

[498]  Im vorliegenden Fall werden die 18 Vereine der Ersten Bundesliga in drei Klassen einzuteilen sein, wobei die Länge der Intervalle, die so genannte Klassenbreite, nahezu gleich lang sein sollt.

[499]  Die Festlegung der Klassenbreite sollte in aller Regel so erfolgen, dass der Wert in der Klassenmitte ein typischer Stellvertreter für die ganze Klasse ist und sich nicht sie Mehrheit der Merkmalsträger in einer Randzone der Klasse befindet, was in der vorliegenden Klassierung auch nicht der Fall ist. Vgl. Bourier, Günther (2005): Beschreibende Statistik, S. 47.

| K | Umsatz in Millionen Euro von ... bis .... | Der Klasse zugehörige Bundesligavereine | Name der Gruppe |
|---|---|---|---|
| $K_1$ | 0 bis 40 | MSV Duisburg, Arminia Bielefeld, FSV Mainz 05, FC Kaiserslautern, FC Nürnberg, Hannover 96 | Unteres Drittel |
| $K_2$ | 41 bis 60 | FC Köln, Eintracht Frankfurt, VfL Wolfsburg, Hertha BSC Berlin, Borussia Mönchengladbach, Bayer Leverkusen | Mittelfeld |
| $K_3$ | 61 bis ∞ | Werder Bremen, VfB Stuttgart, Borussia Dortmund, Hamburger SV, FC Schalke 04, FC Bayern München | Spitzenreiter |

*Abbildung 35: Klassifizierte Umsatzverteilung der Bundesligavereine*
*Quelle: Eigene Darstellung.*

## 6.1.2 Abgleich der Anspruchsgruppenorientierung

Nachdem im vorangegangenen Abschnitt die Bundesligavereine einer Klassierung unterzogen wurden und sich nun drei Klassen à sechs Vereinen, basierend auf ihrem Umsatz, herausgebildet haben, ist es in einem nächsten Schritt möglich, den jeweiligen Klassen die Ergebnisse der Befragung zuzuordnen, um so Rückschlüsse bezüglich der dritten und abschließenden Forschungsfrage der vorliegenden Arbeit ziehen zu können. Da aus jeder Klasse mindestens zwei Vereine den Fragebogen ausgefüllt zurückgesandt haben, kann diese Rücklaufquote als ausreichend angesehen werden, um die im Rahmen der vorliegenden Arbeit gewünschten probabilistischen Tendenzaussagen zu erzielen. Gesetzt den Fall, dass sich ein Zusammenhang zwischen Anspruchsgruppenorientierung und wirtschaftlichem Erfolg nachweisen lässt, müssten die Vereine, welche der Klasse ‚Spitzenreiter' angehören, im Rahmen der Befragung eine sehr große Affinität zur Anspruchgruppenorientierung aufgewiesen haben, wohingegen die Vereine der Gruppe ‚unteres Drittel' der Anspruchsgruppenorientierung eher keine große Bedeutung zumessen dürften. Dieser Frage soll im Folgenden nachgegangen werden, wobei hierfür auf die Ergebnisse der vorangegangenen Kapitel vier und fünf sowie der Klassierung des Abschnitts 6.1.1 zurückgegriffen werden kann.

Der Abgleich der Anspruchsgruppenorientierung soll nun auf Basis der bestehenden Klassierung erfolgen, beginnend mit der Gruppe der so genannten ‚Spitzenreiter' (mehr als 60 Millionen Euro Umsatz in der Saison 2005/06), gefolgt von der Gruppe ‚Mittelfeld' und ‚unteres Drittel'.

### 6.1.2.1 Gruppe der Spitzenreiter

Besonders erwähnenswert ist für die Gruppe der Spitzenreiter, welche sich durch ihren hohen Umsatz auszeichnen, dass der einzige Verein, welcher angab, nicht beurteilen zu können, ob die Anspruchsgruppen aus Sicht des Marketing identifiziert werden (Frage C1), sich in dieser Gruppe befindet. Aufgrund der Tatsache, dass die Befragung anhand eines Fragebogens und nicht persönlich durchgeführt wurde, lässt diese Antwort keine Rückschlüsse darauf zu, ob die Antwort so korrekt ist und die Anspruchsgruppenidentifikation tatsächlich nicht stattfindet oder ob seitens des Befragten Unwissenheit bzw. Unwillen vorlag, die Frage entsprechend zu beantworten. Es kann daher an dieser Stelle lediglich die Tatsache zur Kenntnis genommen, dass es in der Gruppe der Spitzenreiter einen Verein gibt, welcher seine Anspruchsgruppen aus Sicht des Marketing nicht identifiziert. Der Rest der befragten Vereine, welche dieser Gruppe zuzuordnen sind, gaben an, Stakeholder-Orientierung für sehr sinnvoll zu halten[500] und diese Unternehmenshaltung in ihrem Verein auch als nahezu komplett vorherrschend anzusehen, was darauf schließen lässt, dass ein theoretisches Verständnis von Stakeholder-Orientierung im Verein vorhanden ist und es darüber hinaus praktisch auch umgesetzt wird. Befragt nach den aktuellen Bezugsgruppen des Vereins, ließen sich in der Gruppe der Spitzenreiter lediglich drei Bezugsgruppen benennen: Vereinsmitglieder, Fans/Zuschauer, Sponsoren. Vor dem Hintergrund der kompletten Auswertung, welche in Kapitel vier vorgenommen wurde, sind dies die Gruppen, die von allen befragten Vereinen genannt wurden. Den weiteren identifizierten Gruppen kommt zumindest von Seiten der Spitzenreiter derzeit keine Beachtung zu, wenngleich für fünf Gruppen konstatiert wird, dass sie demnächst an Bedeutung gewinnen werden. Diese sind: Vereinsmitglieder, Fans/Zuschauer, Sponsoren, Rechtevermarkter/Medien und strategische Partner. Die Spitzenreitervereine gehen somit davon aus, dass die Anspruchsgruppen, die sie bereits als solche identifiziert haben, in Zukunft noch an Bedeutung gewinnen werden und dass mit Rechtevermarkter/Medien sowie strategischen Partnern noch weitere Anspruchsgruppen hinzukommen werden. Diese Aussagen lassen auf eine durchaus durchdachte Bearbeitung des Fragebogens schließen, da den bereits bestehenden Anspruchsgruppen künftig eine weitere, zunehmende Bedeutung zugemessen wird und gleichzeitig der künftigen Entwicklung der Bundesliga[501] Rechnung getragen wird. An Bedeutung verlieren werden nach Meinung der Spitzenreiter künftig der Staat sowie die Konkurrenzvereine. Die Antworten spiegeln sich auch in der Reihenfolge wider, in welche die einzelnen Anspruchsgruppen gebracht werden sollte. Auf den oberen Plätzen finden sich im Durchschnitt die Sponsoren (Platz eins), strategische Partner und Vereinsmitglieder (Platz zwei), Fans/Zuschauer und Rechtevermarkter/Medien (Platz drei). Somit sind die ersten drei Plätze erneut deckungsgleich mit den aktuellen und künftigen Anspruchsgruppen. Die unteren Plätze nehmen die Gruppen ein, welche laut Aussage der Vereinsvertreter an Bedeutung verlieren werden – die Konkurrenz findet sich auf Platz fünf, der Staat auf Platz sieben und somit auf dem letzten Platz.

Die Antworten auf die Fragen C2a sowie C2e, C2f und C2g, welche von den Vereinen der Gruppe der Spitzenreiter gegeben wurden, sind somit als in sich schlüssig und widerspruchsfrei zu werten, was bedeutet, dass ihnen eine deutliche Kompetenz in der Beantwortung der Fragen und eine klare Reliabilität unterstellt werden kann. Befragt nach dem wirtschaftlichen Ziel ihres Vereins (Frage A6), gaben die Vereinsvertreter dieser Gruppe an, das Ziel liege in der Einhaltung des Budgets. Die Vereinsvertreter der Vereine, welche die höchsten Umsätze in der Deutschen Fußballbundesliga in der Saison 2005/06 erzielt haben, verfolgen somit nach eigenen Aussagen keineswegs das Ziel der Umsatz- oder Gewinnmaximierung, sondern sind lediglich an einer Einhaltung ihres Budgets interessiert, wobei der sportliche Erfolg als deutlich wichtiger bewertet wurde als der wirtschaftliche Erfolg.[502]

---

[500] Auf einer Skala von eins (sehr sinnvoll) bis sechs (gar nicht sinnvoll) liegen die Spitzenreiter in ihrer Beurteilung bei einer zwei, was bedeutet, dass die Stakeholder-Orientierung für sinnvoll bis sehr sinnvoll halten.

[501] Wie beispielsweise dem neuen Medienvertrag oder der Zunahme an strategischen Partnerschaften zwischen Bundesligavereinen und Unternehmen, wie sie bereits in Abschnitt 4.2.2.4 vorgestellt wurde.

[502] 100 Prozent der Befragten aus der Gruppe der Spitzenreiter gab an, dass ihr Verein primär nach sportlichem und nicht nach wirtschaftlichem Erfolg strebt.

## 6.1.2.2 Gruppe des Mittelfelds

Die Gruppe des so genannten Mittelfelds setzt sich zusammen aus den Bundesliga-vereinen, welche in der Saison 2005/06 einen Umsatz von 41 bis 60 Millionen Euro erwirtschaftet haben, was einer Anzahl von insgesamt sechs Vereinen entspricht. Die Vereinsvertreter dieser Gruppe gaben alle an, Anspruchsgruppen des Vereins aus Sicht des Marketing zu identifizieren. Befragt nach der Sinnhaftigkeit der Shareholder- und Stakeholder-Orientierung als Unternehmenshaltung für den eigenen Verein zeich-net sich im Mittelfeld ein etwas verändertes Bild gegenüber der Gruppe der Spitzenrei-ter ab. So wurde auf einer Skala von eins bis sechs in der Gruppe des Mittelfelds, be-fragt nach der Sinnhaftigkeit der Stakeholder-Orientierung, durchschnittlich mit 4,5 ge-antwortet, was in etwa der Antwort „wenig sinnvoll" entspricht. Ähnlich verhielt es sich bei der Frage nach der vorherrschenden Unternehmenshaltung im Vereine. Auch hier wurde, bezogen auf die Stakeholder-Orientierung im Durchschnitt mit vier geantwortet, was in etwa „wenig vorherrschend" bedeutet.[503] Diese Ergebnisse stellen einen gravie-renden Unterschied zu den Ergebnissen der Gruppe der Spitzenreiter dar, worauf im Anschluss an den gruppeninternen Abgleich noch zurückzukommen sein wird. An die-ser Stelle bleibt festzuhalten, dass eine praktische Umsetzung der Stakeholder-Orientierung in den Vereinen des Mittelfelds bis dato anscheinend noch nicht stattge-funden hat und das diesbezügliche theoretische Verständnis aufgrund der von Seiten der Marketingverantwortlichen angegebenen mangelnden Sinnhaftigkeit des Konzepts auch nicht zwangsläufig unterstellt werden kann.

Wie zuvor bereits erwähnt, haben alle Vereinsvertreter des Mittelfelds angegeben, An-spruchsgruppen im Rahmen des Marketing zu identifizieren. Nach der konkreten Be-nennung der Anspruchsgruppen befragt (Frage C2a), hat die Hälfte der Befragten an-gegeben, dass alle zur Auswahl stehenden Anspruchsgruppen[504] in ihrem Verein als aktuelle Bezugsgruppen identifiziert wurden. Die andere Hälfte der Befragten antworte-

---

[503] Die Antworten auf die Fragen nach der Shareholder-Orientierung fielen allerdings ähnlich aus: Be-fragt nach der Sinnhaftigkeit der Shareholder-Orientierung (Frage B3), wurde im Schnitt mit vier ge-antwortet, was ebenfalls einem „wenig sinnvoll" entspricht und so gleichzusetzen ist mit der Antwort in Bezug auf die Stakeholder-Orientierung. Bezogen auf die vorherrschende Orientierung der jeweili-gen Unternehmenshaltungen fiel die Antwort zur Shareholder-Orientierung etwas besser auch als bezogen auf die Stakeholder-Orientierung: In diesem Fall wurde mit durchschnittlich 3,25 (= vorherr-schend) geantwortet.

[504] Im Rahmen des Fragebogens wurden die zwölf Anspruchsgruppen zur Auswahl gestellt, welche zu-vor in Kapitel vier theoretisch hergeleitet wurden. Diese sind: DFB/DFL, Lieferanten, Konkurrenzver-eine, Staat, Mitarbeiter (ohne Spieler/Trainer), Spieler/Trainer, Sponsoren, Fans/Zuschauer, Ver-einsmitglieder, Rechtevermarkter/Medien, Anteilseigner, strategische Partner. Vgl. zur Herleitung Abschnitt 4.2.2, der Fragebogen findet sich im Anhang (vgl. Anhang 2, S. XV).

te etwas differenzierter: Alle benannten Vereinsmitglieder, Fans/Zuschauer und Sponsoren, teilweise wurden darüber hinaus noch Lieferanten, DFB/DFL, Mitarbeiter (ohne Spieler/Trainer), Spieler/Trainer und strategische Partner benannt. Im Rahmen von Frage B2e wurden die Vereinsvertreter gebeten, die Anspruchsgruppen, welchen ihnen relevant erscheinen, in eine ordinale Reihenfolge zu bringen. Diese Frage wurde lediglich von der Hälfte der Vereinsvertreter des Mittelfelds beantwortet, wobei ein Vereinsvertreter alle Anspruchsgruppen auf Platz eins (= relevanteste Gruppe) setzte, mit Ausnahme der Gruppen Staat und Lieferanten (jeweils Platz zwei) sowie Konkurrenz (Platz drei). Für den anderen Vereinsvertreter bilden Vereinsmitglieder sowie Fans/Zuschauer Platz eins, Sponsoren und strategische Partner Platz zwei, Rechtevermarkter/Medien Platz drei, DFB/DFL Platz vier, Lieferanten Platz fünf, Mitarbeiter (ohne Spieler/Trainer) sowie Spieler/Trainer Platz sechs, die Konkurrenz findet sich auf Platz sieben wieder und der Staat auf Platz acht, was in etwa wieder der zuvor bereits erarbeiteten Rangfolge der aktuell relevanten Anspruchsgruppen entspricht. Die Frage danach, welche Anspruchsgruppen künftig an Bedeutung verlieren werden, wurde von lediglich einem der Vereinsvertreter beantwortet (hier wurden Staat und Spieler/Trainer benannt)[505]. Frage C2f (Welche Anspruchsgruppen werden demnächst an Bedeutung gewinnen?) wurden von 75 Prozent der Befragten beantwortet. Hierbei ergab sich, dass die Gruppe der strategischen Partner von allen teilnehmenden Vereinsvertretern genannt wurde, die diese Frage beantworteten, während die restlichen benannten Gruppen (Staat, DFB/DFL, Mitarbeiter (ohne Spieler/Trainer), Spieler/Trainer, Fans/Zuschauer, Sponsoren) nur vereinzelt als relevant erachtet wurden.[506]

Anders als in der Gruppe der Spitzenreiter sind die Antworten der Vereinsvertreter des Mittelfelds als nicht ganz eindeutig zu bewerten. Zum einen ergibt sich ein Widerspruch aus der Tatsache, dass zwar Stakeholder-Orientierung nicht als sinnvoll angesehen und auch im Verein nicht als vorherrschend betrachtet wird, obgleich die Ver-

---

[505] Unklar bleibt in diesem Zusammenhang allerdings, ob dies bedeutet, dass die anderen Vereinsvertreter sich nicht in der Lage sahen, diese Frage zu beantworten, oder diese Frage möglicherweise für irrelevant hielten. Da die Hälfte von ihnen alle Anspruchsgruppen aktuell für relevant halten, ist es ebenfalls möglich, dass sie nicht davon ausgehen, dass irgendeine der benannten Gruppen in naher Zukunft an Bedeutung verlieren wird, was allerdings wieder nicht deckungsgleich ist mit der Tatsache, dass die andere Hälfte der Befragten nur einen Teil der Gruppen als aktuell relevant ansehen.

[506] Durchaus erwähnenswert erscheint in diesem Zusammenhang die Tatsache, dass die Gruppe der Vereinsmitglieder sowie die Gruppe der Rechtevermarkter/Medien nach Angaben der Vereinsvertreter des Mittelfelds offenbar nicht an Bedeutung gewinnen werden, was einen klaren Widerspruch zu den Angaben der Vertreter der Gruppe Spitzenreiter sowie der vorab in Kapitel vier erarbeiteten theoretischen Ergebnisse darstellt. Auf diese Ergebnisse wird im Anschluss an die Analyse noch detaillierter einzugehen sein.

einsvertreter angeben, Anspruchsgruppen zu identifizieren und die Hälfte der Befragten alle möglichen Anspruchsgruppen als relevant benennen. Zum anderen sind die
Ergebnisse der Fragen C2a, C2e, C2f und C2g als in sich widersprüchlich zu werten.
Befragt nach dem wirtschaftlichen Ziel ihres Vereins (Frage A6), gab die Hälfte der Befragten an, die Einhaltung des Budgets zu verfolgen, wobei im Rahmen einer Antwort
die Selbstfinanzierung explizit mit benannt wurde. Die andere Hälfte der Befragten gab
an, eine Gewinnmaximierung zu verfolgen. Im Rahmen der Frage A5, welche sich
darauf bezog, in welchem Bereich der Verein primär Erfolg verfolgt[507], gaben drei der
Befragten an, dass ihr Verein sowohl im wirtschaftlichen als auch im sportlichen Bereich primär Erfolg anstrebt. Ein befragter Verein verfolgt nur im sportlichen Bereich Erfolg. Hier ist erneut ein deutlicher Widerspruch sowohl zu den Antworten der Spitzenreiter zu sehen, welche alle primär sportlichen Erfolg verfolgen als auch zu den Ergebnissen der theoretischen Herleitung des Kapitels vier.[508] Trotz dieser stellenweise wi-
dersprüchlichen Angaben und der Tatsache, dass die praktische Umsetzung der Stakeholder-Orientierung in den Vereinen des Mittelfelds offensichtlich noch nicht erfolgt
ist, haben diese dennoch in der Saison 2005/06 einen Umsatz zwischen 41 und 60
Millionen Euro erwirtschaftet.

### 6.1.2.3 Gruppe des unteren Drittels

Als letzte der im Rahmen der Analyse zu betrachtenden Gruppen soll im Folgenden
nun die Gruppe des unteren Drittels[509] herangezogen werden. Gemäß der Annahme,
dass sich ein Zusammenhang zwischen Anspruchsgruppenorientierung und wirtschaftlichem Erfolg nachweisen lässt, müsste dies die Gruppe sein, deren Mitglieder sich
durch die geringste Anspruchsgruppenorientierung auszeichnen. Die Untersuchung
der beiden ersten Gruppen hat bereits gezeigt, dass für die Gruppe der Spitzenreiter
eine theoretische Durchdringung des Anspruchsgruppenkonzepts ebenso unterstellt
werden kann wie eine praktische Umsetzung in den Vereinen. Für das Mittelfeld hingegen ist diese Aussage nicht zutreffend, vielmehr konnten hier stellenweise erhebliche Defizite und Widersprüche nachgewiesen werden.

---

[507]  Zur Auswahl gestellt wurden der sportliche und der wirtschaftliche Bereich.

[508]  In Kapitel vier wurde basierend auf einer Literaturrecherche konstatiert, dass wirtschaftlicher und
       sportlicher Erfolg größtenteils miteinander einhergehen und sich auch gegenseitig bedingen, dass
       sich beide Bereiche allerdings ab einem gewissen Punkt kannibalisieren, weswegen sich die Vereine
       entscheiden müssen, in welchem Bereich sie primär Erfolg verfolgen möchten.

[509]  Dieser Gruppe gehören alle Vereine der Ersten Bundesliga an, welche in der Saison 2005/06 einen
       Umsatz von 0 bis 40 Millionen Euro erwirtschaftet haben. Vgl. Abschnitt 6.1.1.

Befragt nach der Stakeholder-Orientierung in ihrem Verein sind die Ergebnisse der Marketingverantwortlichen des unteren Drittels denen der Spitzenreiter ähnlicher als denen des Mittelfelds. Befragt nach der Sinnhaftigkeit der Stakeholder-Orientierung (Frage B3) wurde von den Vereinsvertretern durchschnittlich mit 2,5 geantwortet, was in etwa der Antwort „sinnvoll" entspricht.[510] Ähnlich verhält es sich mit Frage B4 nach der vorherrschenden Unternehmenshaltung. Die Stakeholder-Orientierung schnitt im Durchschnitt mit zwei ab, was in etwa der Aussage „vorherrschend" entspricht.[511] Die Shareholder-Orientierung schnitt in beiden Fragen schlechter ab, wenngleich nicht nennenswert: Bezogen auf die Sinnhaftigkeit mit 3,5 und bezogen auf das Vorhandensein mit durchschnittlich 4. Auch in der Gruppe des unteren Drittels gaben alle Vereinsvertreter an, dass aktuelle und potenzielle Bezugsgruppen des Vereins aus Sicht des Marketing identifiziert werden. Die gleiche Antwort findet sich bei den Vertretern des Mittelfelds, wohingegen in der Gruppe der Spitzenreiter ein Verein angab, diese Identifikation nicht zu betreiben. Im Rahmen der Identifikation der Anspruchsgruppen wurden die Gruppen Vereinsmitglieder, Zuschauer/Fans und Sponsoren von allen Befragten des unteren Drittels benannt. Dabei handelt es sich auch um die Gruppen, die von Seiten der Spitzenreiterklasse als relevante Anspruchsgruppen identifiziert wurden, wenngleich diese Klasse ausschließlich diese drei Gruppen identifizierte. Der Staat wurde von keinem der befragten Vereinsvertreter des unteren Drittels als relevante Anspruchsgruppe benannt. Alle anderen Gruppen wurden von 2/3 der Befragten[512] oder weniger häufig[513] erwähnt. Die Antworten spiegeln sich auch in Frage C2e wider, in welcher die Vereinsvertreter gebeten wurden, die Anspruchsgruppen in eine ordinale Reihenfolge zu bringen. Die Anspruchsgruppen Sponsoren, Vereinsmitglieder sowie Fans/Zuschauer fanden sich stets auf den ersten drei Plätzen wieder, wenngleich manche Vereinsvertreter jeder Gruppe einen eigenen Platz zuwiesen und ande-

---

[510] Im Vergleich dazu: Die Vereinsvertreter der Spitzenreiter antworteten im Durchschnitt mit „durchaus sinnvoll" (=2), wohingegen die Vertreter des Mittelfeld im Durchschnitt mit „wenig sinnvoll" (=4,5) geantwortet haben.

[511] Auch in diesem Fall ist die Nähe zur Gruppe der Spitzenreiter sehr viel deutlicher als zum Mittelfeld. Während das Mittelfeld hier im Durchschnitt erneut mit 4 (=wenig vorherrschend) antwortete, gaben die Spitzenreiter hier ebenfalls durchschnittlich „vorherrschend" an. Anzumerken ist in diesem Zusammenhang allerdings, dass in der Gruppe des unteren Drittels einige Vereinsvertreter im Rahmen der Fragen B3 und B4 die Option „kann ich nicht beurteilen" wählten, was in der Gruppe der Spitzenreiter nicht vorkam.

[512] 2/3 der Befragten nannten die Gruppen DFB/DFL, Mitarbeiter (ohne Spieler/Trainer), Spieler/Trainer, Rechtevermarkter/Medien sowie strategische Partner.

[513] Weniger als 2/3 der Befragten benannten Lieferanten, Konkurrenz und Anteilseigner als relevante Anspruchsgruppe ihres Vereins.

re wiederum Platz eins mit fünf Anspruchsgruppen besetzten.[514] Bezogen auf die Frage, welche Anspruchsgruppen ihrer Meinung nach zukünftig an Bedeutung gewinnen werden (Frage C2f), wurden die Vereinsmitglieder, Fans/Zuschauer, Rechtevermarkter/Medien sowie Sponsoren benannt. Diese Antwort deckt sich erneut mit den Ergebnissen der Gruppe der Spitzenreiter, welche dieselben Gruppen identifizierten, denen sie künftig eine steigende Bedeutung unterstellen, mit der Ausnahme, dass die Gruppe der Spitzenreiter zusätzlich die Gruppe der strategischen Partner als künftig relevanter erachtet. Die Antworten der Gruppe des unteren Drittels erscheinen insofern verlässlich, als dass ebenso wie bei der Gruppe der Spitzenreiter den Gruppen, die bereits von allen Vertretern als aktuell relevant angesehen wurden, auch eine künftig steigende Bedeutung konstatiert wurde und darüber hinaus noch eine weitere Gruppe benannt wird, deren Bedeutung aufgrund unterschiedlicher Veränderungen in der Fußballbundesliga künftig steigen wird. Die Stringenz der Antworten seitens des unteren Drittels setzt sich fort in der Beantwortung von Frage C2g.[515] Ein Vereinsvertreter konnte zu dieser Frage keine Angaben machen. Die restlichen Befragten hingegen konstatierten alle, dass der Staat künftig an Bedeutung für sie verlieren wird. Das gleiche Ergebnis erzielte auch die Gruppe der Spitzenreiter, wohingegen die Gruppe des Mittelfelds hier keine Gruppe benannte.

Auf Basis der Ergebnisse der Befragung des unteren Drittels kann an dieser Stelle erneut – ebenso wie in der Gruppe der Spitzenreiter – von einer schlüssigen und stringenten Beantwortung der Fragen gesprochen werden. Die Antworten der Vereinsvertreter sind als in sich schlüssig zu bewerten und können damit als reliabel angesehen werden. Damit unterscheiden sie sich deutlich von den Ergebnissen des Mittelfelds, in welchem Widersprüche nachgewiesen werden konnten. Die Ergebnisse des Teil B der Befragung lassen darauf schließen, dass die Anspruchsgruppenorientierung bei den wirtschaftlich weniger erfolgreichen Vereinen theoretisch bereits erkannt und praktisch auch durchgesetzt wird. Nichtsdestotrotz bildet diese Gruppe des unteren Drittels die Vereine ab, welche in der Bundesligasaison 2005/06 wirtschaftlich am schlechtesten abgeschnitten hat. Befragt nach ihrem primär verfolgten Ziel, gaben alle Vereine an,

---

[514]  2/3 der Befragten wiesen auch hier erneut lediglich die Gruppen Sponsoren, Vereinsmitglieder und Fans/Zuschauer aus, entsprechend den Ergebnissen aus Frage C2a. Bei dem Rest der Befragten fanden sich die gleichen Anspruchsgruppen auf den vergleichsweise hinteren Plätzen, namentlich Konkurrenz, Lieferanten, Mitarbeiter (ohne Spieler/Trainer). Der Staat fand auch hier keine Erwähnung.

[515]  Die Frage zielte darauf ab zu ermitteln, welche Anspruchsgruppen aus Sicht der Experten künftig an Bedeutung verlieren werden.

dieses im sportlichen Erfolg zu sehen, wenngleich ein Vereinsvertreter angab, beide Ziele zu verfolgen. Bezüglich ihrer wirtschaftlichen Ziele sind sich die Vereinsvertreter uneins. Die Einhaltung des Budgets wurde von 2/3 der Befragten als wirtschaftliches Ziel des Vereins genannt. Die restlichen Befragten gaben Umsatzmaximierung als primäres wirtschaftliches Ziel an. In der nachfolgenden Abbildung 36 sind nun die Ergebnisse der soeben erfolgten Zusammenführung gegenübergestellt, eine anschließende Zusammenfassung wird den vorliegende Abschnitt 6.1 beschließen, bevor im Anschluss daran Handlungsempfehlungen aus den Ergebnissen abgeleitet werden.

| | Spitzenreiter | Mittelfeld | Unteres Drittel |
|---|---|---|---|
| Primäres Erfolgziel | Sportlicher Erfolg (100 %*) | Wirtschaftlicher & Sportlicher Erfolg (75 %), Sportlicher Erfolg (25 %) | Sportlicher Erfolg (100 %), Wirtschaftlicher & Sportlicher Erfolg (33 %) |
| Wirtschaftliches Ziel | Einhaltung des Budgets (100 %) | Einhaltung des Budget (50 %, wobei die Hälfte inkl. Selbstfinanzierung angab) Gewinnmaximierung (50 %) | Einhaltung des Budget (66 %) Umsatzmaximierung (34 %) |
| Sinnhaftigkeit der Stakeholder-Orientierung ** | 2 | 4,5 | 2,5 |
| Vorherrschen Stakeholder-Orientierung im Verein ** | 2 | 4 | 2 |
| Identifikation der Anspruchsgruppen? | Ja und Nein (ein Verein) | Ja (100 %) | Ja (100 %) |
| Aktuelle Bezugsgruppen des Vereins | Vereinsmitglieder Fans/Zuschauer Sponsoren | Vereinsmitglieder, Fans/ Zuschauer, Sponsoren (100 %) Alle (50 %) Lieferanten, DFB/DFL, Mitarbeiter (ohne Spieler/ Trainer), Spieler/Trainer, Strategische Partner (25 %) | Vereinsmitglieder (100 %) Fans/Zuschauer (100 %) Sponsoren (100 %) Die restlichen möglichen Anspruchsgruppen, außer dem Staat, werden vereinzelt erwähnt |
| Zukünftige Bezugsgruppen des Vereins | Vereinsmitglieder Fans/Zuschauer Sponsoren Rechtevermarkter/Medien Strategische Partner (jeweils 100%) | Strategische Partner (100 %, wobei nur 75 % überhaupt antworteten) Staat, DFB/DFL, Mitarbeiter (ohne Spieler/Trainer), Spieler/Trainer, Fans/Zuschauer, Sponsoren (vereinzelt erwähnt) | Vereinsmitglieder (100 %) Fans/Zuschauer (100 %) Rechtsvermarkter/Medien (100 %) Sponsoren (100 %) (wobei nur 2/3 der Befragten eine Antwort gaben) |

\* Die Angaben in Prozent drücken aus, wie viel Prozent der Vereinsvertreter in der jeweiligen Klasse entsprechend geantwortet haben.
\** Gemessen auf einer Skala von 1 bis 6, wobei 1 = sehr sinnvoll bzw. sehr vorherrschend und 6 = gar nicht sinnvoll bzw. gar nicht vorherrschend bedeutet

*Abbildung 36: Übersicht über die Ergebnisse der Analyse*
*Quelle: Eigene Darstellung.*

## 6.1.3  Zusammenfassung

Ein Abgleich der Ergebnisse der einzelnen Klassen Spitzenreiter, Mittelfeld und unteres Drittel bringt mehrere Erkenntnisse mit sich, die im Folgenden der Übersicht halber anhand einer Stichwortliste aufgelistet werden sollen, bevor daraus Ergebnisse und Handlungsempfehlungen abgeleitet werden:

- Die Gruppe der Spitzenreiter verfolgt als einzige Gruppe ausschließlich das Primärziel des sportlichen Erfolgs, in der Gruppe unteres Drittel sind es nahezu alle Vereine, wohingegen die Gruppe Mittelfeld versucht, primär sportlich und wirtschaftlich erfolgreich zu sein.
- Die Gruppe Spitzenreiter verfolgt als wirtschaftliches Ziel ausschließlich die Einhaltung des Budgets, in den anderen Gruppen wird auch eine Gewinn- und Umsatzmaximierung angestrebt.
- Die Gruppen Spitzenreiter und unteres Drittel halten die Unternehmenshaltung ‚Stakeholder-Orientierung' für sinnvoll und in ihrem Verein vorherrschend, wohingegen die Gruppe Mittelfeld diese Unternehmenshaltung weder für sinnvoll noch für vorherrschend ansieht.
- Alle Gruppen geben an, aktuelle und potenzielle Bezugsgruppen ihres Vereins aus Sicht des Marketing zu identifizieren, der eine Verein, der angab, dies nicht zu tun, gehört der Gruppe der Spitzenreiter an.
- Die Gruppen Vereinsmitglieder, Fans/Zuschauer, Sponsoren werden von allen Befragten als aktuell relevante Anspruchsgruppe identifiziert.
- Mittelfeld und unteres Drittel benennen vereinzelt noch andere Gruppen.
- Keine Anspruchsgruppe wird von allen Vereinsvertretern als künftig an Bedeutung gewinnend benannt, die häufigsten Nennungen haben die Gruppen Vereinsmitglieder, Fans/Zuschauer (Spitzenreiter und unteres Drittel), strategische Partner (Spitzenreiter und Mittelfeld), Sponsoren, Rechtevermarkter/Medien (Spitzenreiter und unteres Drittel).
- Rechtevermarkter/Medien sowie Vereinsmitglieder werden von der Gruppe des Mittelfelds nicht als künftig bedeutend benannt.
- Die Antworten der Gruppe Spitzenreiter sowie der Gruppe unteres Drittel sind als stringent und widerspruchsfrei zu bewerten.
- Die Antworten der Gruppe Mittelfeld scheinen widersprüchlich und gehen nicht einher mit den Antworten der anderen Gruppen oder den theoretischen Grundlagen der vorliegenden Arbeit.

Die wichtigsten Ergebnisse der Befragung, aus welchen sich Antworten auf die Frage nach dem Zusammenhang zwischen wirtschaftlichem Erfolg und Anspruchsgruppenorientierung und somit dem ersten Teil der dritten Forschungsfrage der vorliegenden Arbeit ableiten lassen, sind im Folgenden:

a. Die Gruppe der Spitzenreiter ist – bezogen auf ihr primäres Ziel sowie die Ausrichtung ihres wirtschaftlichen Ziels – sehr viel stringenter als die anderen Gruppen.

b. Die Gruppen der Spitzenreiter und des unteren Drittels scheinen eine Stakeholder-Orientierung in ihrem Verein praktisch umzusetzen und sich dessen auch bewusst zu sein

Ergebnis a. könnte Aufschluss darüber geben, warum die Gruppe der Spitzenreiter wirtschaftlich die erfolgreichste Gruppe darstellt, da nur in dieser Gruppe Einstimmigkeit besteht, bezogen sowohl auf das Primärziel wie auch auf die wirtschaftlichen Ziele. Diese werden hier bewusst verfolgt und – wie man den Kennzahlen entnehmen kann – auch erreicht. Ergebnis b. untermauert die vorab getroffenen Annahmen dahingehend, dass sich für die Gruppe der Spitzenreiter, welche die wirtschaftlich erfolgreichste Gruppe darstellt und gleichzeitig aktiv eine Stakeholder-Orientierung umsetzt, ein Zusammenhang zwischen wirtschaftlichem Erfolg und Stakeholder-Orientierung nachweisen lässt. Diese Stakeholder-Orientierung dürfte dementsprechend dann im Umkehrschluss bei den wirtschaftlich weniger erfolgreichen Vereinen allerdings nicht vorliegen. Für die Gruppe des Mittelfelds ist diese Aussage zutreffend. Den Ausreißer stellt die Gruppe des unteren Drittels dar, welche – trotz bewusst vorhandener Stakeholder-Orientierung – lediglich einen geringen wirtschaftlichen Erfolg aufweisen kann, wenngleich ihre Anspruchsgruppenorientierung deutlich ausgeprägter erscheint als in der wirtschaftlich erfolgreicheren Gruppe des Mittelfelds.

Ein Zusammenhang zwischen Anspruchsgruppenorientierung und ökonomischem Erfolg lässt sich somit schlussendlich nicht eindeutig nachweisen. Vielmehr muss dieser dahingehend eingeschränkt werden, als dass sich für die wirtschaftlich erfolgreichsten Vereine der Liga ein solcher Zusammenhang durchaus nachweisen lässt (unter expliziert Nicht-Berücksichtung des einen Vereins, der angab, keine Anspruchsgruppen zu identifizieren), bei den weniger erfolgreichen Vereinen hingegen ist das Ergebnis nicht eindeutig messbar.

## 6.2 Ableitung von Handlungsempfehlungen

Wie im Verlauf der Arbeit und insbesondere im vorangegangenen Abschnitt gezeigt wurde, stellt das Konzept der Anspruchsgruppenorientierung für die Bundesligavereine eine sinnvolle und hilfreiche Methode dar, ihre unterschiedlichen Anspruchsgruppen zu identifizieren und in die Vereinsabläufe zu integrieren, um so langfristig wirtschaftliche Vorteile zu generieren. Ein Großteil der befragten Vereine identifiziert und integriert nach eigenen Aussagen bereits ihre Anspruchsgruppen. Die operative Umsetzung der Integration erfolgt häufig durch CRM-Maßnahmen, aber auch durch direkte Kommunikation oder Zufriedenheitsanalysen. Dennoch weisen die Ergebnisse darauf hin, dass gerade im Bereich der Integration der Anspruchsgruppen in die Fußballvereine noch Handlungspotenziale bestehen. Die Marketingverantwortlichen müssen nun darauf aufbauen und diese weiterentwickeln, um so Zieldivergenzen zu minimieren und die Integration der Anspruchsgruppen weiter voranzutreiben, wovon die Vereine letztlich profitieren werden. Im Folgenden werden daher Handlungsempfehlungen aufgezeigt, die sich auf die einzelnen Anspruchsgruppen beziehen, gegebenenfalls diese sogar miteinander verknüpfen und somit einen Leitfaden zur situationsbezogenen und vereinsindividuellen Strategieformulierung bieten. Im Rahmen der Vorgehensweise sollen zuerst strategische Optionen aufgezeigt werden, im Anschluss daran werden konkrete operative Maßnahmen vorgestellt. Aufgrund der großen Anzahl der zuvor (Abschnitt 4.2 ebenso wie die zusammenfassende Darstellung in Abbildung 21) identifizierten Anspruchsgruppen sowie aufgrund der Tatsache, dass nicht alle diese Gruppen für die Vereine von Relevanz zu sein scheinen, wird das Hauptaugenmerk der Handlungsempfehlungen auf denjenigen Gruppen liegen, welche aktuell von allen Vereinsverantwortlichen als relevant bezeichnet wurden (Sponsoren, Vereinsmitglieder, Fans/ Zuschauer), sowie auf denjenigen Gruppen, deren Bedeutung in Zukunft voraussichtlich wachsen wird (strategische Partner, Rechtevermarkter/Medien). Bezogen auf die Positionierung dieser Stakeholder-Gruppen in der erweiterten Stakeholder-Matrix, welche in Abschnitt 4.2.4.2 bzw. Abschnitt 4.2.5 vorgenommen wurde, kann konstatiert werden, dass alle diese näher zu betrachtenden Anspruchsgruppen dem Stakeholder-Typ vier (hohes Kooperations- und Bedrohungspotenzial) zugeordnet wurden, dem die Vereine mit der strategischen Vorgehensweise der Zusammenarbeit begegnen sollten, weswegen die praktische Handlungsempfehlung für den Umgang, welche ansatzweise bereits in Abschnitt 4.2.5 vorgestellt wurden, an dieser Stelle fortgesetzt werden. Aufgrund möglicher Verknüpfungen können allerdings auch weitere Gruppen mit einbezogen werden bzw. die Handlungsempfehlungen für einige Gruppen können sich als deckungsgleich erweisen.

## 6.2.1 Implementierung einer Balanced Scorecard

Das Modell der Balanced Scorecard, welches bereits in einigen Vereinen wie beispielsweise dem VfB Stuttgart Anwendung findet, stellt eine mögliche Strategie für professionelle Fußballvereine dar. Bei der Balanced Scorecard handelt es sich um ein
Performance-Measurement-Modell, welches nicht nur ausschließlich monetäre Leis-
tungsmessgrößen abdeckt und somit auch geeignet ist, bei Nonprofit-Unternehmen
eingesetzt zu werden. Sie stellt ein umfassendes und ausgewogenes Steuerungskon-
zept dar, das einen Sportverein als Gesamtheit abzubilden vermag und dazu beitragen
kann, mit den teilweise in den vorangegangenen Abschnitten bereits aufgezeigten
Problembereichen umzugehen. Der Verein kann dabei sowohl im Profit- wie auch im
Nonprofit-Bereich oder in beiden tätig sein, die Balanced Scorecard gilt unabhängig
davon, weswegen sie für den Einsatz in professionellen Fußballvereinen geeignet zu
sein scheint.[516]

Die Balanced Scorecard (BSC) selber, welche von KAPLAN / NORTON entwickelt
wurde,[517] stellt zunächst ein Kennzahlensystem dar, welches als taktisches, operatives
Steuerungssystem der Leistungsmessung und -bewertung dient. Es verbindet vergan-
genheitsorientierte Finanzkennzahlen mit zukunftsorientierten Leistungskennzahlen in
vier Perspektiven[518] und erreicht somit eine Fortentwicklung traditioneller Performance-
Measurement-Systeme insofern, als dass sie zugleich kapitalmarkt-, absatzmarkt-,
prozess- und ressourcenorientiert ist.[519] Die Ziele und Kennzahlen der BSC werden
von Visionen und Strategien des Unternehmens abgeleitet. Damit verfolgt sie nicht nur
eine kurzfristig orientierte und durch die finanzielle Ebene abgebildete Leistung, son-

---

[516]   Vgl. Galli, Albert / Wagner, Marc / Beiersdorfer, Dietmar (2002): Strategische Vereinsführung und
        Balanced Sorecard, S. 216; Haas, Oliver (2006): Controlling der Fußballunternehmen: Management
        und Wirtschaft in Sportvereinen, S. 210; Yang, Ching-Chow / Yang, Chih-Wei / Cheng, Lai-Yu
        (2005): A study of implementing Balanced Scorecard (BSC) in non-profit organizations, S. 288f.

[517]   Vgl. hierzu Kaplan, Robert S. / Norton, David P. (1997): Balanced Scorecard: Strategien erfolgreich
        umsetzen.

[518]   Die finanzielle Ebene, die Kundenebene, die Ebene interner Geschäftsprozesse sowie die Lern- und
        Innovationsebene.

[519]   Vgl. Gleich, Ronald (2001): Das System des Performance Measurement: Theoretisches Grundkon-
        zept, Entwicklungs- und Anwendungsstand, S. 52f.; Horváth, Peter (2002): Controlling, S. 566;
        Horváth, Peter / Kaufmann, Lutz (2006): Beschleunigung und Ausgewogenheit im strategischen Ma-
        nagementprozess - Strategieumsetzung mit Balanced Scorecard, S. 359; Kammerer, Martina
        (2005): Controlling von Customer Relationship Management-Projekten: Informationsgrundlagen zur
        Steuerung und Bewertung von CRM-Projekten, S. 60f.; Richert, Jürgen (2006): Performance Measu-
        rement in Supply Chains: Balanced Scorecard in Wertschöpfungsnetzwerken, S. 82f.; Willms, Kers-
        tin (2004): Gestaltung eines integrierten strategischen Zielsystems im internationalen Industriekon-
        zern, S. 49f.

dern offenbart auch „[...] nicht-monetäre Leistungsparameter für eine langfristige Wett-
bewerbs- und Überlebensfähigkeit."[520] Mithilfe der vier Ebenen der BSC wird ein
Gleichgewicht zwischen kurz- und langfristigen Zielen ermöglicht, wobei die Selektion
der vier Ebenen für die Anwendung auf einen professionellen Sportverein lediglich einen Vorschlag darstellt und eine Erweiterung bzw. Änderung jederzeit erfolgen
kann.[521]

Die Balanced Scorecard ist als strategisches Managementsystem einzuordnen, mit
dessen Hilfe sich Visionen und Strategien operationalisieren und in Handlungsanwei-
sungen und Maßgrößen umsetzen lassen, welche entweder auf Basis des Gesamt-
vereins, einzelner Bereiche des Vereins oder in der jeweiligen Abteilung realisiert werden.[522] Die Ziele und Kennzahlen werden dabei verknüpft und verstärken sich gegenseitig. Im Rahmen der *finanzwirtschaftlichen Ebene* geben finanzielle Kennzahlen einen Überblick über die wirtschaftlichen Konsequenzen früherer Aktionen durch den
Verein. Darüber hinaus ist ein finanzwirtschaftliches Ziel der BSC zu formulieren, beispielsweise in Bezug auf langfristige Rentabilität, Vermögenserträge und Ergebnisver-
besserung. Alle Ziele und Kennzahlen auf der BSC sollten dabei mit einem oder mehreren Zielen der finanzwirtschaftlichen Ebene verbunden sein. Im Bereich der *Kundenebene* werden die Segmente abgebildet, in denen sich der Verein positionieren will,
ebenso wie die Kennzahlen zur Messung der Leistung in diesen Segmenten. Als
Kennzahlen können Markt- und Kundenanteil, Kundenzufriedenheit, Rentabilität etc.
herangezogen werden. Die Ebene der *internen Geschäftsprozesse* thematisiert diejenigen Prozesse, in welchen der Verein zur Verwirklichung seiner Ziele in der finanziel-

---

[520]  Galli, Albert / Wagner, Marc / Beiersdorfer, Dietmar (2002): Strategische Vereinsführung und Balanced Scorecard, S. 218.

[521]  Vgl. Gleich, Ronald (2001): Das System des Performance Measurement: Theoretisches Grundkonzept, Entwicklungs- und Anwendungsstand, S. 52f.; Kaplan, Robert S. / Norton, David P. (1997): Balanced Scorecard: Strategien erfolgreich umsetzen, S. 33; Weber, Jürgen / Schäffer, Utz (1998): Balanced Scorecard - Gedanken zur Einordnung des Konzepts in das bisherige Controlling-
Instrumentarium, S. 354f.

So hat der VfB Stuttgart im Rahmen seiner Balanced Scorecard vier Perspektiven definiert, an deren
oberster Stelle der sportliche Bereich steht, an dem sich die in der klassischen Modellierung der
BSC enthaltene Finanzielle Perspektive und Kundenperspektive ausrichtet. Die Prozessperspektive
wurde in die Mitarbeiter-/Organisationsperspektive umfirmiert und die Lern- und Entwicklungsperspektive ersatzlos gestrichen. Vgl. Hirsch, Bernhard (2004): Wir wollen für die Profiabteilung Strukturen wie eine Kapitalgesellschaft!, S. 370; Wehrle, Alexander / Heinzelmann, Markus (2004): Reporting und strategische Steuerung im Profifußball, S. 352.

[522]  Vgl. Kaplan, Robert S. / Norton, David P. (1997): Balanced Scorecard: Strategien erfolgreich umsetzen, S. 23; Horváth, Peter / Kaufmann, Lutz (1998): Balanced Scorecard - Ein Werkzeug zur Umsetzung von Strategien, S. 47; Willms, Kerstin (2004): Gestaltung eines integrierten strategischen Zielsystems im internationalen Industriekonzern, S. 52f.

len Ebene und der Kundenebene Verbesserungsakzente setzen muss. Die *Lern- und Innovationsebene* schließlich liefert einen wesentlichen Wertbeitrag zur Bewerkstelligung des langfristigen nachhaltigen Wachstums, indem sie maßgeblich die Fähigkeit beeinflusst, finanzielle, interne und externe Kundenziele zu erreichen.[523]

Dabei darf es nicht Ziel der Balanced Scorecard sein, lediglich Kennzahlen, die in vier Ebenen unterteilt sind, zusammenzustellen, sondern sie sollte die Strategien aller Bereiche abbilden und Ergebnis- und Leistungstreiberkennzahlen so durch Ursache-Wirkungs-Beziehungen miteinander verknüpfen, dass diese als Spät- und Frühindikatoren auftreten. Für den Einsatz einer BSC als Managementsystem ist es darüber hinaus unabdingbar, sie in allen Bereichen des Vereins zu vermitteln und so die Mitarbeiter (auch die Spieler/Trainer), die Funktionäre und zu einem gewissen Teil auch die Vereinsmitglieder[524] mit einzubeziehen. Die Balanced Scorecard stellt so umgesetzt einen möglichen Ansatzpunkt zur systematischen Überwindung des Mangels an integrierten Kennzahlen- und marktorientierten Managementsystemen dar, wobei stets Wert auf eine zweckmäßige Gestaltung der BSC zu legen ist, insbesondere vor dem Hintergrund der vergleichsweise geringen Komplexität und der zur Verfügung stehenden Ressourcen. Die nachfolgenden Abbildungen stellen mögliche Inhalte einer Balanced Scorecard für einen professionellen Sportverein dar, wobei nicht vernachlässigt werden darf, dass die BSC für jedes Fußballunternehmen unterschiedlich ausfallen wird, da jeder Verein durch eigene Strategien und individuelle, externe Gegebenheiten geprägt ist. Im vorliegenden Fall wird mithilfe von Abbildung 37 zuerst dargestellt werden, wie anhand der Ableitung strategischer Ziele kritische Erfolgsfaktoren analysiert und operationalisiert werden können, bevor Abbildung 38 mögliche Steuerungsgrößen in professionellen Fußballvereinen aufzeigt. In diesem Fall wurde die klassische Balanced Scorecard insofern weiterentwickelt, als dass die vorliegende BSC um eine eigene Sportperspektive ergänzt wurde, wohingegen die Bereiche der internen Geschäftsprozesse und der Lern- und Innovationsebene zusammengefasst wurden.

---

[523] Vgl. Galli, Albert / Wagner, Marc / Beiersdorfer, Dietmar (2002): Strategische Vereinsführung und Balanced Scorecard, S. 219f.; Gleich, Ronald (2001): Das System des Performance Measurement: Theoretisches Grundkonzept, Entwicklungs- und Anwendungsstand, S. 52f.

[524] Die Vermittlung der BSC sowie ihrer Ziele an die Vereinsmitglieder könnte beispielsweise per Newsletter erfolgen oder direkt durch einen von den Mitgliedern gewählten Vereinsvertreter, der für den direkten Kontakt zwischen dem Verein und seinen Mitgliedern zuständig ist und der so einerseits dem Verein notwendigen Input für die Umsetzung der BSC aus Mitgliedersicht liefern kann, der aber andererseits auch die Umsetzung innerhalb der Mitglieder voranzutreiben versucht.

| Ableitung strategischer Ziele | Analyse der kritischen Erfolgsfaktoren | Operationalisierung der kritischen Erfolgsfaktoren |
|---|---|---|
| **Strategische Ziele** | **Erfolgsfaktoren** | **Kennzahlen** |
| - Erfolgreichster überregionaler Sportverein<br>- Internationaler Erfolg<br>- Beste Jugendarbeit<br>- Ausbau Sponsoring, Merchandising sowie TV-Rechte und –Lizenzhandel<br>- Optimale Unterstützung der Amateurabteilungen | - Sportliche Attraktivität<br>- Zuschauerzahlen<br>- Markenimage<br>- Bekanntheitsgrad<br>- Sponsorenpool<br>- Managementkompetenz<br>- Jugendarbeit<br>- Service<br>- Atmosphäre im Stadion<br>- Lückenlose Distributionskanäle | - ROCE, Umsatz, DB (Abteilungen, Merchandising, Sponsoring, etc.)<br>- Marktanteil<br>- Kundenrentabilität, -zufriedenheit<br>- Imagewerte<br>- Medienpräsenz<br>- Dauerkartenverkauf<br>- Marktwert der Sportler<br>- Anzahl Fanclubs<br>- Anzahl Sportler aus eigenem Nachwuchs im Profikader |

*Abbildung 37:* *Mögliche Inhalte einer BSC für einen professionellen Fußballverein (1)*
*Quelle: Eigene Darstellung, in Anlehnung an: Galli/Wagner/Beiersdorfer (2002), S. 225.*

| Sportliche Perspektive | Finanz- perspektive | Kunden- perspektive | Prozess- & Potenzial- perspektive |
|---|---|---|---|
| Tabellenplatz in der Meisterschaft | Umsatz<br>Profitabilität | Stadion-Auslastung<br>Anteil Neukunden | Talent-Scouting-Erfolgsquote |
| Erreichen bestimmter Runden in anderen Wettbewerben | Liquidität (evt. jeweils bereinigt um Spielertransfers) | Catering-Umsatz pro Stadionbesucher | Verfügbarkeit der Telefon-Hotline (mit < x Sekunden Wartezeit) |
| Trainerkontinuität (z.B. durchschnittliche Beschäftigungsdauer) | Verschuldungsgrad | Merchandising-Umsatz pro Stadionbesucher | Durchschnittliche Versandzeit von Merchandisingartikeln |
| Teamwert (z.B. als Summe der Markt- oder der aktivierten Transferwerte) | Etat-Effizienz (z.B. Sportbudget/ erzielte Liga-Punkte)<br>Gehaltssumme des Profi-Teams/Umsatz | Zufriedenheiten der Fans, Stadionbesucher, Sponsoring-Partner, Merchandising-Kunden, etc. (per Umfrage ermittelbar) | Effektivität von Marketing und PR<br>Management-Kontinuität |
| Anteil der aus der eigenen Jugend in die Profi-Mannschaft übernommenen Spieler | Wertsteigerung für die Aktionäre (aus Dividende und Kursanstieg)<br>ROI | Loyalität der Fans<br>Anzahl positive/ negative Pressemitteilungen | Zufriedenheitsindex der Mitarbeiter |

*Abbildung 38:* *Mögliche Inhalte einer BSC für einen professionellen Fußballverein (2)*
*Quelle: Eigene Darstellung, in Anlehnung an: Dörnemann (2002), S. 135; Haas (2006),*
*S. 212.*

## 6.2.2 Implementierung einer Sponsorship-Scorecard

Das Ziel der Sponsoren[525] besteht, neben einer Steigerung ihrer Abverkaufszahlen und der potenzellen Neugewinnung von Kunden, im Rahmen des Sponsorings primär in einer Erhöhung ihrer Bekanntheit sowie der Übertragung positiver Assoziationen durch ihr Sponsoring-Engagement. Auf diese Ziele muss von Seiten des Gesponserten, in diesem Fall des Vereins, verstärkt eingegangen werden, um so den Erfolg und die langfristige Fortsetzung des Sponsoring-Engagement zu fördern. Dies kann durch ein so genanntes Sponsoring Controlling erreicht werden, dessen Ziele insbesondere die ständige Verbesserung des entscheidungsbezogenen Informationsstandes der Sponsoring-Entscheidungsträger sowie die Sicherstellung der laufenden Berücksichtigung aller für die Sponsoring-Planung und -kontrolle relevanten Parameter sind.[526] Durch den Einsatz eines effektiven Sponsoring-Controllings können Entscheidungen wirksamer und kostenminimaler getroffen werden, als es ohne ein solches Tool der Fall ist.[527] Die Umsetzung des Sponsoring-Controllings erfolgt mithilfe einer so genannten Sponsorship-Scorecard, welche sich im Grundsatz am Management- und Controllingkonzept zur strategischen Planung und Steuerung eines Unternehmens orientiert, der Balanced Scorecard.[528] Im Rahmen dieses Systems werden mehrere, oft zusammenhängende und quantifizierbare Messgrößen unterschiedlicher Dimensionen, beispielsweise Zeit, Kosten, Kundenzufriedenheit oder Qualität zur Beurteilung der Effizienz und Effektivität unterschiedlicher Objekte im Unternehmen, beispielsweise Mitarbeiter, Prozesse, aber auch Geschäftsbereiche, herangezogen.[529]

Die Balanced Scorecard bietet bei der Entwicklung des Systems der Sponsorship-Scorecard einige Vorteile, welche im Folgenden des Überblicks halber stichwortartig

---

[525]   Die folgenden Ausführungen, die sich auf das Verhältnis zwischen Verein und Sponsoren beziehen, können leicht modifiziert auch auf die Gruppe der strategischen Partner übertragen werden. Somit deckt der folgende Abschnitt auch diese Anspruchsgruppe ab. Zu den Zielen der Sponsoren bzw. der strategischen Partner vgl. Abschnitt 4.2.2.4 sowie Abbildung 21: Überblick der Ziele und Beiträge der Stakeholder.

[526]   Vgl. Anderson, Lynne (2003): The sponsorship scorecard, S. 8; Klemm, Michael (1997): Sponsoringcontrolling, S. 144.

[527]   Vgl. Venter, Karlheinz, et al. (2005): Sportsponsoring und unternehmerische Entscheidungen, S. 35.

[528]   Vgl. Cotting, Patrick (2003): Entwicklung einer Sponsorship Scorecard als strategisches Entscheidungs- und Controllinginstrument, S. 98.

[529]   Vgl. Kaplan, Robert S. / Norton, David P. (1997): Balanced Scorecard: Strategien erfolgreich umsetzen, S. 23f.

aufgelistet werden sollen.[530] Dieselben Vorteile gelten dementsprechend auch für die Entwicklung einer klassischen Balanced Scorecard, wie sie im vorangegangenen Abschnitt bereits vorgestellt wurde:

- Die starke Indikatoren- bzw. Kennzahlorientierung der BSC ermöglicht eine bessere Überschaubarkeit sowie inhaltliche Vernetzung vorhandener Ursache-Wirkungsbeziehungen.
- Neben finanziellen Kennzahlen werden in dem Ansatz auch nicht finanzielle Messgrößen berücksichtigt wie z.B. kundenbezogene Informationen (Kundenzufriedenheit und -bindung, interne Prozesse sowie die Beziehungen zum Gesponserten). Des Weiteren werden zusätzlich zu den quantitativen Größen wie Umsatz oder Deckungsbeiträge auch qualitative Größen mit herangezogen.
- Im Rahmen des Sponsorship Scorecard-Ansatzes werden Sponsorship-Projekte über verschiedene Indikatoren strategie- und zieladäquat beurteilt. Damit werden Entscheidungen bezüglich Effektivität und Effizienz vereinfacht.
- Die Sponsorship-Scorecard deckt auch die unterschiedlichen Phasen eines Sponsorship-Projekts ab: die Auswahl, die Umsetzung und die abschließende Beurteilung des Sponsorship.

Im vorliegenden Controllingansatz werden darüber hinaus mehrere Perspektiven bei der Leistungsbeurteilung berücksichtigt.[531] In der erlebniswelt- bzw. sponsoringobjektbezogenen Perspektive werden zwei Zielsetzungen verfolgt: Zum einen das frühzeitige Erkennen von Trends und Risiken, was über qualitative Verfahren[532] systematisch beurteilt werden kann, zum anderen die Evaluierung bzw. Abschätzung von Expositions-[533] und Kontaktleistungen, was etwa über die Analyse von Kennzahlen – opportunities-to-see (OTS) im Printbereich oder Einschaltquoten im TV-Bereich – erfolgt. Die Ziel-

---

[530] Vgl. nachfolgend u.a. Cotting, Patrick (2003): Entwicklung einer Sponsorship Scorecard als strategisches Entscheidungs- und Controllinginstrument, S. 98f.; Venter, Karlheinz, et al. (2005): Sportsponsoring und unternehmerische Entscheidungen, S. 36.

[531] Diese Perspektiven im Einzelnen sind Erlebniswelt und Sponsoring-Objekt, Zielgruppen, Prozesse/Management, sowie Erträge/Kosten, wobei die beiden erstgenannten Perspektiven die Effektivität und die beiden letztgenannten Perspektiven die Effizienz der Sponsoring-Maßnahme steuern.

[532] Z. B. mithilfe von Szenarioanalysen, Scanning-Verfahren etc.

[533] Unter Expositionsleistungen sind in diesem Zusammenhang Medialeistungen bzw. -wirkungen subsumiert. Vgl. Cotting, Patrick (2003): Entwicklung einer Sponsorship Scorecard als strategisches Entscheidungs- und Controllinginstrument, S. 100f.

gruppen-Perspektive untersucht die Wirkung des Sponsoring-Engagements auf Basis der kommunikativen Zielgrößen. Sie umfasst somit die gesamte Erfolgskontrolle. Im Rahmen der Prozess- und Managementperspektive steht die Effizienz des Sponsoring-Managements im Vordergrund.[534] Des Weiteren wird überprüft, ob und wie die Qualität eines Sponsorship verbessert werden kann,[535] was insofern vorteilhaft ist, als dass es aus der Perspektive der Zielgruppe beurteilt wird. Die Ertrags- und Kostenperspektive schließlich nimmt eine zusammenfassende Bewertung des Sponsorship vor, indem sie den Nutzen bewertet oder bei Neuprojekten schätzt und den Grad der Zielerreichung bestimmt.[536] Die nachfolgende Abbildung 39 zeigt eine schematische Darstellung der Sponsorship-Scorecard mit ihren vier Perspektiven, was als eine Art Zusammenfassung gewertet werden kann:

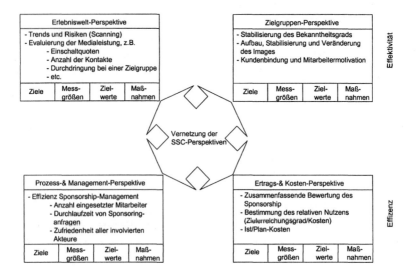

Abbildung 39:    Sponsorship Scorecard
                 Quelle: Venter et al. (2005), S. 38.

---

[534]   Die Kennzahlen umfassen hier beispielsweise die Anzahl der eingesetzten Mitarbeiter, die Durchlaufzeit sowie die Zufriedenheit der beteiligten Akteure.

[535]   Dies erfolgt beispielsweise durch Feedback-Meetings zwischen involvierten Akteuren wie Mitarbeitern, Gesponserten, Organisationen sowie Umfragen bei Zuschauern und Gästen.

[536]   Vgl. Anderson, Lynne (2003): The sponsorship scorecard, S. 8; Cotting, Patrick (2003): Entwicklung einer Sponsorship Scorecard als strategisches Entscheidungs- und Controllinginstrument, S. 99-107; Venter, Karlheinz, et al. (2005): Sportsponsoring und unternehmerische Entscheidungen, S. 36ff.

### 6.2.3 Customer Relationship Management für Vereine

Alle befragten Vereine der Fußballbundesliga gaben an, sich weitestgehend auf den sportlichen Bereich zu konzentrieren, was einer Produktionsfokussierung im klassischen Sinne gleichkommt.[537] Nichtsdestotrotz steht auch die Kundenorientierung vermehrt im Vordergrund, so werden beispielsweise CRM-Maßnahmen bereits von einigen Vereinen genutzt, wenngleich noch bei Weitem nicht alle Potenziale ausgeschöpft werden.[538] Diese bis dato mangelnde Umsetzung erscheint insbesondere vor dem Hintergrund beachtenswert, dass sowohl die Kundengruppen der Bundesligavereine als auch ihre Interessen vergleichweise homogen und darüber hinaus in vielen Fällen zahlenmäßig auf einem hohen Niveau sind.[539]

Ziel des erfolgreichen Managements von Kundenbeziehungen ist es, Informationen über Kunden und potenzielle Kunden zu generieren, um diese anschließend auszuwerten und in monetären Erfolg und höheren Service für die Kunden umzusetzen. Aus dieser Erhöhung der Kundenzufriedenheit und der Bindung des Kunden an den Verein resultiert bestenfalls die Monetarisierung bestehender Kunden durch up- und cross-selling, die Neuakquisition von Kunden sowie die Einführung neuer Produkte.[540] Des Weiteren sind kundengruppenspezifische Profitabilitätsanalysen denkbar, mit deren Hilfe der Servicegrad für einen Kunden oder eine Kundengruppe unter ökonomischen Aspekten in Abhängigkeit des jeweiligen Wertes, den der Kunde oder die Kundengruppe für den Verein darstellt, anzupassen.[541] Gleichzeitig darf CRM nicht nur als Softwareinstrument gesehen werden, sondern vielmehr als eine komplette Ausrichtung

---

[537] Vgl. Zeltinger, Julian (2004): Customer Relationship Management in Fußballunternehmen, S. 97.

[538] Unter den Kunden, die mithilfe von CRM angesprochen werden sollen, werden in diesem Fall die Fans, die Stadionzuschauer sowie die Vereinsmitglieder subsumiert, da sie alle aktive Kundengruppen des Vereins darstellen und für eine direkte Umsatzgenerierung verantwortlich gemacht werden können. Im Folgenden sollen nun CRM-Maßnahmen allgemein dargestellt werden, bevor nachfolgend auf jede Gruppe noch einmal einzeln eingegangen werden soll.

[539] Vgl. Müller, Tobias, et al. (2005): Ertragsquellen der Fußballbundesligisten, S. 67f.; Reckenfelderbäumer, Martin (2003): Auswirkungen der Integrativität auf die Qualitätspolitik von Fußballclubs, S. 73f.

[540] Vgl. Bruhn, Manfred / Stauss, Bernd (2000): Jahrbuch Dienstleistungsmanagement, S. 331; Dörnemann, Jörg (2002): Controlling für Profi-Sport-Organisationen, S. 121; Zeltinger, Julian / Haas, Oliver (2002): Customer Relationship Management, S. 451.

[541] In diesem Zusammenhang bieten sich beispielsweise die ABC-Analyse, Scoring-Analysen, die Berechnung des Customer Lifetime Value etc. an. Im Rahmen der vorliegenden Arbeit soll auf diese Methoden allerdings nicht detaillierter eingegangen werden. Ein ausführliche Darstellung findet sich beispielsweise bei Kammerer, Martina (2005): Controlling von Customer Relationship Management-Projekten: Informationsgrundlagen zur Steuerung und Bewertung von CRM-Projekten, S. 29-67; Zeltinger, Julian (2004): Customer Relationship Management in Fußballunternehmen, S. 170-203.

der Prozesse am Fußball-Interessierten. Fußballunternehmen sind aufgrund einiger relevanter Kriterien wie beispielsweise der Tatsache, dass sie in regelmäßigem Rhyth-
mus (in der Regel finden die Heimspiele alle 14 Tage statt) mit ihren Kunden in hoher
Frequenz agieren sowie der Tatsache, dass aufgrund der relativ hohen Kundenzahl
die anfallenden Investitionen für die Umsetzung von CRM je Kunde verringert werden
und sich dadurch schneller amortisieren, sehr gut geeignet, umhilfe von CRM-
Maßnahmen einen Mehrwert für sich und ihre Kunden zu schaffen.

Die Strategie des CRM, welche grundsätzlich für die Identifizierung von bestimmten
Stoßrichtungen hinsichtlich Initiierung, Aufbau sowie Intensivierung von Kundenbeziehungen verantwortlich ist, wird stets in Abhängigkeit von der unternehmensinternen
und -externen Situation festgelegt.[542] Damit sie die Funktion eines globalen Rahmens
erfüllen kann, sind folgende Anforderungen einzuhalten:[543]

- Möglichkeit der Nachverfolgung der Umsetzung und Feststellung des
  Zielerreichungsgrades der Strategie im Zeitverlauf anhand im Vorfeld de-
  finierter Ziele (z. B. Erhöhung der Kundenzufriedenheit oder Anzahl der
  Dauerkartenbesitzer).
- Identifikation der zu priorisierenden und der explizit nicht zu bearbeiten-
  den Kundensegmente.
- Analyse der aus der Strategie resultierenden Auswirkungen auf den Mit-
  teleinsatz, die Organisation sowie personelle Veränderungen.

Ausgehend von diesen Anforderungen, können mehrere CRM-Strategien unterschieden werden, welche grundsätzlich in die Typen phasenbezogene Strategien, ge-
schäftsfeldbezogene Strategien[544] und kundengerichtete Strategien unterteilt werden.
Abbildung 40 gibt eine Übersicht über die weitere Unterteilung.

---

[542]   Vgl. Becker, Jochen (1998): Marketing-Konzeption, S. 140; Bruhn, Manfred (2001): Relationship
        Marketing: Das Management von Kundenbeziehungen, S. 113.
[543]   Für die nachfolgende Auflistung vgl. Zeltinger, Julian (2004): Customer Relationship Management in
        Fußballunternehmen, S. 106.
[544]   Im Rahmen der weiteren Untergliederung definiert die Geschäftsfeldstrategie zunächst die strategi-
        schen Geschäftseinheiten von Fußballunternehmen (beispielsweise ‚Kundenbetreuung', ‚Fußball-
        events' etc.). Die Marktfeldstregie legt die strategische Stoßrichtung für jede strategische Geschäfts-
        einheit fest. Ein Marktfeld besteht aus der Kombination eines Produkts/einer Leistung (gegenwärtig
        und zukünftig) mit einem Marktsegment (gegenwärtig und zukünftig), woraus sich vier Strategietypen
        ableiten lassen: Marktdurchdringung (gegenwärtige Produkte/Leistungen auf gegenwärtigem Markt),
        Marktentwicklung (gegenwärtige Produkte/Leistungen auf zukünftigem Markt), Produktentwicklung

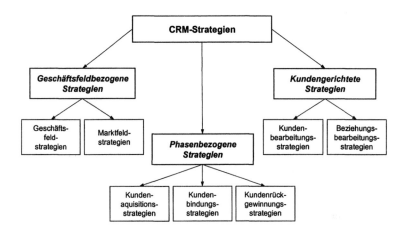

*Abbildung 40: CRM-Strategien in Fußballunternehmen*
*Quelle: Zeltinger (2004), S. 106.*

Im Folgenden sollen nun, basierend auf den soeben gewonnenen Erkenntnissen, einzelne Kundengruppen der Vereine explizit herausgegriffen und einer Analyse dahingehend unterzogen werden, wie CRM-Maßnahmen konkret für diese Gruppe ausgestaltet werden müssen. Dabei soll allerdings nicht auf jede einzelne der in der vorangegangenen Abbildung vorgestellten Strategien Bezug genommen werden. Vielmehr sollen mögliche praktische Umsetzungen aufgezeigt werden, die sich auch als direkte Handlungsempfehlung aus den Erkenntnissen der vorangegangenen Abschnitte ableiten lassen.

---

(zukünftige Produkte/Leistungen auf gegenwärtigem Markt) und Diversifikation (zukünftige Produkte/Leistungen auf zukünftigem Markt).

## 6.2.3.1 Fans/Zuschauer

Aus Sicht der Gruppe der Fans bzw. Zuschauer[545] spielt die Zufriedenheit eine große Rolle.[546] Dementsprechend weisen sie Ähnlichkeiten mit den Kunden klassischer Wirtschaftsunternehmen auf, welche diese durch Kundenzufriedenheits- und Kundenbonusprogramme versuchen, langfristig an sich zu binden bzw. ihrem Unternehmen gegenüber zu loyalisieren, da eine langfristige Kundenbindung im freiwilligen Sinne (auch bekannt als Kundenloyalität[547]) zu einem erhöhten ökonomischen Erfolg führen kann. Auch die Bundesligavereine versuchen bereits, durch Kundenbindungsinstrumente ihre Kunden bzw. Fans langfristig zu loyalisieren. Aufgrund der hohen emotionalen Bindung der Fans und Anhänger an den Verein sind diese eher bereit, vereinsbedingte organisatorische Probleme zu verzeihen als dies bei Kunden kommerzieller Anbieter der Fall ist. Bei Enttäuschung oder Ähnlichem reagiert der Anhänger in der Regel nicht, indem er seinen favorisierten Verein wechselt, wie dies bei Wirtschaftsunternehmen häufig zu beobachten ist, sondern eher mit Desinteresse.[548] Die Kundenbindung sollte somit an dieser Stelle das Ziel verfolgen, stabile Beziehungen zu den Kunden aufzubauen, sodass die Bedeutung des sportlichen Erfolgs und somit das Risiko für die Vereine minimiert werden kann.[549] Die Basisbindung der Zuschauer und Anhänger muss aus Sicht der Vereine allerdings noch erhöht bzw. intensiviert werden. Darüber hinaus gilt es, die bereits stark gebundenen Fans zu monetarisieren, da das

---

[545]   Eine genaue Differenzierung zwischen den beiden Gruppen sowie die Begründung, sie als eine Anspruchsgruppe zu betrachten, finden sich in Kapitel 4.

[546]   Vgl. hierzu die Ausführungen in Abschnitt 4.2.2.4 sowie Abbildung 21: Überblick der Ziele und Beiträge der Stakeholder.

[547]   In diesem Zusammenhang muss zwischen ‚echter' *Kundenloyalität* einerseits und *Kundenbindung* andererseits unterschieden werden. Zwar äußern sich beide in Folgekäufen, die Letztgenannte beruht aber meist auf langfristigen und vom Kunden nicht kündbaren Verträgen oder hohen spezifischen Investitionen, wohingegen die Erstgenante auf echter Kundenzufriedenheit beruht und somit auf freiwilliger Basis erfolgt. Kundenloyalität stellt somit die eigentlich wichtigere Zielgröße dar, welche u.a. durch die Kundenzufriedenheit beeinflusst wird. Vgl. Mattmüller, Roland (2006): Integrativ-Prozessuales Marketing, S. 60f.

        Die so genannten Kundenbindungsinstrumente, welche im Folgenden Erwähnung finden, zielen dementsprechend auf eine Kundenbindung im freiwilligen Sinne und somit eine Kundenloyalisierung ab.

[548]   Vgl. Bertrams, Jens / Bieling, Marc / Eschweiler, Maurice (2004): Kundenbindungsinstrumente im deutschen Profifußball, S. 172; Heere, Bob / Jeffrey, James D. (2007): Sport Teams and Their Communities: Examining the Influence of External Group Identities on Team Identity, S. 323f.; Matsuoka, Hirotaka / Chelladurai, Packianathan / Harada, Munehiko (2003): Direct and Interaction Effects of Team Identification and Satisfaction on Intention to Attend Games, S. 251.

[549]   Die Vereine haben in dem Zusammenhang darüber hinaus den Vorteil, dass viele Fans und Zuschauer häufig schon durch Wohnort bzw. Region emotional an sie gebunden sind, weswegen die Gefahr des Wechsels eines Kunden zu einem anderen Verein gering ist, wodurch die Attraktivität des Konkurrenzangebots keine entscheidende Rolle spielt.

Neukundenpotenzial der Vereine – anders als bei klassischen Unternehmen – aufgrund der ausgeprägten Standortgebundenheit beschränkt ist.[550] Somit ist bei Nicht-Anhängern der Vereine die Kundenbindung zu initiieren und bei bereits bestehenden Fans ist die Kundenbindung zu intensivieren. Dies ist jedoch zumeist nicht nur durch den Einsatz eines einzigen Instruments zur Kundenbindung möglich, sondern es muss eine sinnvolle Kombination verschiedener Maßnahmen vorliegen.[551] In Sinne einer konkreten praktischen Umsetzung könnte beispielsweise die Erlebnisorientierung im Stadion vor Ort verstärkt werden, um so die Verweildauer der Fans bzw. der Zuschauer zu verlängern und auf diesem Weg neue Ertragspotenziale zu erschließen. Mithilfe von Produktdifferenzierung, z.B. durch unterschiedliche Platzierungsarten, kann das Angebot zusätzlich individualisiert werden, ebenso können Value-Added-Services wie Rahmenprogramme oder Kooperationen mit öffentlichen Verkehrsmitteln angeboten werden. Im Rahmen der Kommunikationspolitik sind klassische Kundenbindungsinstrumente wie PR, Online-Marketing und Event-Marketing ebenso zu nennen wie fußballspezifische Instrumente, beispielsweise Probetraining oder ein vereinsspezifischer Kommunikationskanal. Auch im Rahmen der Preispolitik lassen sich Kundenbindungsprogramme ausmachen, welche für Vereine von Relevanz sein können, die quantitative und qualitative Preisdifferenzierung sind hier ebenso zu nennen wie eine zufriedenheitsabhängige Preisgestaltung, ein Preisbundling oder etwa Kundenkarten oder Kundenclubs.[552]

---

[550] Einige wenige Ausnahmen lassen sich in der Bundesliga finden, so haben etwa der FC Bayern München, aber auch Werder Bremen oder Borussia Dortmund viele Anhänger, die nicht der eigentlichen Heimatregion des Vereins zuzuordnen sind.

[551] Vgl. Bertrams, Jens / Bieling, Marc / Eschweiler, Maurice (2004): Kundenbindungsinstrumente im deutschen Profifußball, S. 175; Homburg, Christian / Bruhn, Manfred (2003): Kundenbindungsmanagement S. 20ff.

[552] Vgl. Bertrams, Jens / Bieling, Marc / Eschweiler, Maurice (2004): Kundenbindungsinstrumente im deutschen Profifußball, S. 176-181; Heere, Bob / Jeffrey, James D. (2007): Sport Teams and Their Communities: Examining the Influence of External Group Identities on Team Identity, S. 323f.; Matsuoka, Hirotaka / Chelladurai / Packianathan / Harada, Munehiko (2003): Direct and Interaction Effects of Team Identification and Satisfaction on Intention to Attend Games, S. 251.

Kundenkartenprogramme bzw. Kundenclubs stellen eine mögliche Schnittstelle der Anspruchsgruppen Fans/Zuschauer und Vereinsmitglieder dar, beispielsweise, indem im Rahmen des Mitgliedermarketing ein exklusiver Kundenclub geschaffen wird, dem sowohl Vereinsmitglieder als auch Nicht-Vereinsmitglieder beitreten können.

## 6.2.3.2 Vereinsmitglieder

Vereinsmitglieder eines Fußballvereins fühlen sich ihrem Club stark verbunden, häufig stärker, als dies bei anderen Vereinen oder Clubs, in welchen sie Mitglied sind, der Fall ist. Die Beziehung zu dieser Kundengruppe erfordert dementsprechend von Seiten des Vereins eine intensive Betreuung und Pflege, da die Mitglieder dem Verein nicht zuletzt feste Einnahmen garantieren.[553] Im Gegenzug profitiert diese Gruppe unter anderem von Rabatten, beispielsweise auf Dauerkarten und Fanartikel. Im Vergleich zur Mitgliedschaft in einem Kundenclub geht die Mitgliedschaft in einem Verein allerdings insofern über reine Kundenbindung hinaus, als dass die Mitglieder in der Regel über Stimm- und Mitspracherechte auf den Versammlungen verfügen und somit auch Teil des Vereins sind. Die Mitglieder können somit mittels ihrer Rechte Einfluss auf Entscheidungen ausüben.[554]

Die Mitgliedschaft dient dahingehend als Bindungsinstrument, um die jeweiligen Einnahmen zu erhöhen, auf die das Mitglied wiederum als Kunde Einfluss hat. Durch spezifische Maßnahmen im Rahmen der Mitgliedschaft kann das Vereinsmitglied zum Kauf motiviert oder seine Präferenz für bestimmte Leistungen des Vereins kann gesteigert werden. Obwohl die Vereine bereits verstärkt Instrumente zur Schaffung eines emotionalen Mehrwerts einsetzen, lassen sie nach wie vor viele Potenziale, insbesondere im Bereich des Event-Marketings[555], ungenutzt.[556] Sowohl das Instrument der Mitgliederkarten als auch der Treueaktionen wird als sehr bedeutend eingestuft, in der Praxis aber nur selten umgesetzt.[557] In den USA werden bereits seit einigen Jahren so genannte Permanent Seat Licences vergeben, was bedeutet, dass der Käufer das Recht erwirbt, einen Sitzplatz im Stadion langfristig (10 bis 30 Jahre) zu belegen, wo-

---

[553]   Obgleich die Einnahmen aus den Mitgliedsbeiträgen gering sind, stellt dennoch die Bindung der Mitglieder an den Verein keine entsprechend geringe ökonomische Relevanz dar, da die Mitglieder in anderen Rollen auch als Kunden des Vereins auftreten, beispielsweise durch den Kauf von Tickets oder Fanartikeln. Vgl. Bierwirth, Kathrin / Karlowitsch, Elmar (2004): Maßnahmen zur Bindung von Vereinsmitgliedern, S. 200.

[554]   An dieser Stelle sei etwa die Entscheidung über einen Stadionneubau bzw. -umbau genannt. Man kann in diesem Zusammenhang somit von einer Integration der Mitglieder in den Planungsprozess der Leistungserstellung sprechen. Vgl. Bertrams, Jens / Bieling, Marc / Eschweiler, Maurice (2004): Kundenbindungsinstrumente im deutschen Profifußball, S. 182.

[555]   Beispielhaft zu nennen wären an dieser Stelle Veranstaltungen wie ein Tag der Offenen Tür, Sportfeste, Saisoneröffnungspartys, aber auch Veranstaltungen für bestimmte Zielgruppen.

[556]   Vgl. Bee, Colleen C. / Kahle, Lynn R. (2006): Relationship Marketing in Sports: A Functional Approach, S. 109.

[557]   Vgl Bertrams, Jens / Bieling, Marc / Eschweiler, Maurice (2004): Kundenbindungsinstrumente im deutschen Profifußball, S. 185; Bierwirth, Kathrin / Karlowitsch, Elmar (2004): Maßnahmen zur Bindung von Vereinsmitgliedern, S. 200.

bei der Preis einer Permanent Seat Licence nur den Anspruch auf Reservierung bei Veranstaltungen im Stadion, nicht aber die Kosten für den Eintritt enthält. Auch eine Verknüpfung der Anspruchsgruppen Vereinsmitglieder und Sponsoren erscheint aus Sicht der Vereine sinnvoll, indem Mitgliedern attraktive bzw. exklusive Angebote von Sponsoren oder befreundeten Unternehmen des Vereins gemacht werden können. Diese Kooperation kann zu Zufriedenheit sowohl bei den Mitgliedern, welche von diesem Angebot profitieren wie auch bei den Sponsoren, welche zusätzliche Einnahmequellen generieren, führen.[558] Auch im Bereich der potenziellen Mitglieder, also Personen, die aktuell noch der Anspruchsgruppe Fans/Zuschauer angehören, aber potenziell bereit wären, dem Verein in Form einer Mitgliedschaft beizutreten, gibt es Handlungspotenziale, welche noch nicht vollständig von den Vereinen ausgenutzt werden. So muss im Rahmen der Produktpolitik im Sinne des Mitgliedermarketing versucht werden, (potenzielle) Mitglieder ihrer Vereinsmitgliedschaft gegenüber zu loyalisieren, bestenfalls sogar einen materiellen Anreiz für sie zu schaffen und die wahrgenommene Bindungsbelastung zu senken, indem der Leistung des Mitglieds (finanzieller Mitgliedsbeitrag) eine konkrete Gegenleistung geboten wird.[559] Einige Vereine haben auch schon im Rahmen von besonderen Aktionen versucht, in einem bestimmten Zeitraum ihre Mitgliedszahlen zu erhöhen.[560] Die Bedeutung der sozialen Kontakte wird ebenfalls von nur sehr wenigen Vereinen hervorgehoben. Möglich wären hier Veranstaltungen wie ein Mitgliederfest oder ein Fußballturnier, aber auch beispielsweise eine Kinderbetreuung während der Spiele ist denkbar.[561]

---

[558] Vgl. Bierwirth, Kathrin / Karlowitsch, Elmar (2004): Maßnahmen zur Bindung von Vereinsmitgliedern, S. 217.

[559] Diese Gegenleistung in Form eines so genannten Begrüßungsgeschenks, kann beispielsweise in Form von Merchandisingartikeln wie Trikots etc., aber auch durch vergünstigte Eintrittskarten zu den ersten Spielen als Mitglied oder Ähnlichem ausfallen.

[560] Beispielsweise die ‚Aktion 40.000' der Borussia Dortmund, mit welcher der Verein seine Mitgliederzahl aktiv von 11.000 auf über 40.000 erhöhen will. In die Aktion selber werden sowohl sämtliche Vereinsmitglieder wie auch die Fan-Clubs, Sympathisanten und Freunde ebenso wie die ehrenamtlichen und hauptberuflichen Mitarbeiter integriert. Eine ähnliche Aktion (‚Aktion 5.000+') findet beim FSV Mainz 05 statt. Darüber hinaus sind ebenfalls so genannte Mitglieder werben Mitglieder-Aktionen denkbar. Vgl. Bierwirth, Kathrin / Karlowitsch, Elmar (2004): Maßnahmen zur Bindung von Vereinsmitgliedern, S. 214f.

[561] Vgl. Fisher, Robert F. / Wakefield, Kirk (1998): Factors Leading to Group Identification, S. 31; Langen, Tim, et al. (2005): Mitgliedermarketing in der Fußball-Bundesliga, S. 226ff.

## 6.2.4 Yield Management für optimale Stadionauslastung

Im Bereich des professionellen Fußballs lassen sich ähnliche Marktgegebenheiten beobachten wie im touristischen Bereich, in welchem das Yield Management seinen Ursprung hat: Ein hoher Fixkostenblock sowie ein durch die definierte Anzahl von Sitzen
exakt terminiertes Leistungsangebot. Dementsprechend muss das Konzept des Yield
Management, welches auf der Annahme beruht, dass ein Produkt zu unterschiedlichen Zeitpunkten unterschiedliche Wertigkeiten für potenzielle Kunden besitzt, auch
auf professionelle Fußballvereine übertragbar sein. Kennzeichnend für potenzielle An-
wendungsbereiche des Yield Management sind zwei Aspekte: Zum einen müssen ver-
derbliche Produkte im Sinne einer Nicht-Lagerbarkeit angeboten werden, zum anderen
muss die Nachfrage durch einen vergänglichen Bedarf geprägt sein, was bedeutet,
dass eine zu einem bestimmten Zeitpunkt nicht befriedigte Nachfrage nicht durch
Nachlieferung ausgeglichen werden kann, da der Bedarf dann nicht mehr besteht.
Beide diese Aspekte sind im Rahmen der Leistungserstellung im professionellen Fußball gegeben, sodass die Voraussetzungen für eine Anwendbarkeit des Yield Management vor Ort im Stadion gegeben sind.[562]

Gerade aufgrund der besonderen Bedeutung der Fans bzw. Zuschauer, welche live
vor Ort das Spielgeschehen verfolgen,[563] stellt die Preisdifferenzierung den zentralen
Aspekt des Yield Management für die Vereine dar. Mit ihrer Hilfe können Umsatzver-
luste durch nicht genutzte Kapazitäten ebenso wie Umsatzverdrängungen durch zu
niedrige Preise vermieden werden. So wäre es beispielsweise denkbar, wenige Stunden vor dem Anpfiff die restlichen Tickets stark reduziert auf den Markt zu bringen, um
die Auslastung des Stadions zu erhöhen.[564] Des Weiteren ist es auf diese Art und

---

[562] Vgl. Brinn, Cy (2005): Improving Yield Management, S. 68f.; Corsten, Hans / Stuhlmann, Stephan (2000): Yield Management als spezielle Ausgestaltung des GAP-Modells des Kapazitätsmanage-ment, S. 10f.; Dincher, Roland / Müller-Godeffroy, Heinrich / Wengert, Anton (2004): Einführung in das Dienstleistungsmarketing, S. 96f.; Dörnemann, Jörg (2002): Controlling für Profi-Sport-Organisationen, S. 147; Homburg, Christian / Krohmer, Harley (2003): Marketingmanagement, S. 839; Mattmüller, Roland (2006): Integrativ-Prozessuales Marketing, S. 196; Meffert, Heribert / Bruhn, Manfred (2006): Dienstleistungsmarketing: Grundlagen - Konzepte - Methoden, S. 570f.; Zentes, Jo-achim (1996): Grundbegriffe des Marketing, S. 452f.

[563] Zum einen generieren die Vereine einen nicht zu vernachlässigenden Teil ihrer Umsätze durch den Ticketverkauf, zum anderen ist die Unterstützung der Mannschaft durch die Zuschauer bzw. insbe-sondere durch die Fans für die Spieler/Trainer von großer Bedeutung. Des Weiteren sind die Verei-ne, welche über ein regelmäßig ausverkauftes Stadion verfügen, für Sponsoren und Werbepartner, aber auch für die Medien von großem Interesse.

[564] Geht man davon aus, dass die Grenzkosten pro zusätzlichem Zuschauer an einem solchem Fuß-ballspiel bis zum Erreichen der Kapazitätsgrenze minimal sind, so bedeutet dies, dass Yield Mana-

Weise möglich, zusätzliche Potenziale zu erschließen, indem der günstigere Eintritts-preis als Einstiegspreis deklariert wird, welcher eine Investition zur Erschließung mögli-cher zukünftiger Erlöse,[565] der Generierung anderer Erlösarten (beispielsweise durch Catering oder den Erwerb von Merchandising-Produkten vor Ort) wie der Absicherung vorhandener Erlöse[566] darstellt.[567]

Im Rahmen der vorliegenden Arbeit wurde das Yield Management als Konzept der Preispolitik exemplarisch herausgegriffen und detailliert dargestellt. Im Zusammenhang mit selbiger Preispolitik ergeben sich jedoch noch weitere mögliche Strategien für die Vereine, ihre Stadionauslastung zu verbessern und einen Mehrabsatz zu generieren. Denkbar wären beispielweise konkrete Preisdifferenzierungen. Diese könnten zum ei-nen nach der Produktqualität variieren – danach, ob ein so genanntes ‚Topspiel' gebo-ten wird – oder zum anderen nach Kundengruppen, was in der Praxis durch Kinder- und Seniorentarife bereits ansatzweise erfolgt. Darüber hinaus ist eine nichtlineare Preispolitik denkbar, wonach der Kunde, in diesem Fall der Stadionzuschauer, in Ab-hängigkeit zur gekauften Menge (Rabatte) oder zur Dauer der Geschäftsbeziehung (Bonusprogramme) unterschiedliche Preisnachlässe erfährt. Somit wird für die Zu-schauer ein Anreiz geschaffen, möglichst häufig die Spiele zu besuchen, um so in den Genuss des daraus resultierenden Bonusprogramms zu kommen.[568] Diese Art der Preisdifferenzierung hat sich auf anderen Märkten bereits erfolgreich etabliert. Eine weitere Option stellt das Preisbundling dar. Dabei werden verschiedene Produkte zu einem Bündel zusammengefasst und zu einem Gesamtpreis verkauft, der günstiger ist als die Summe der einzelnen Produktpreise.[569]

---

gement im Zusammenhang mit profesionellen Fußballvereinen vor allem eingesetzt werden sollte, um die Auslastung im Stadion zu erhöhen.

[565] So könnte beispielsweise die Eintrittsschwelle bei potenziellen neuen Zuschauern für den ersten Stadionbesuch gesenkt werden, woraus sich im Anschluss ein besonders loyaler und profitabler Kunde entwickeln kann.

[566] Untersuchungen haben gezeigt, dass tendenziell die Zufriedenheit der Kunden im Stadion (insbe-sondere Firmenkunden) mit der Anzahl der insgesamt im Stadion anwesenden Fans und Zuschauer positiv korreliert.

[567] Vgl. Dörnemann, Jörg (2002): Controlling für Profi-Sport-Organisationen, S. 147-149.

[568] Denkbar wäre etwa, wie bei klassischen Bonusprgrammen der Konsumgüterindustrie, dass ein Zu-schauer, sobald er zehn Spiele in einer Saison besucht hat, ein Gratisticket für das nächste Spiel bekommt.

[569] Im vorliegenden Fall könnte ein solches Bündel etwa aus dem Stadionticket und einem Merchandi-singartikel oder dem Stadionticket und Getränkegutscheinen bestehen.

Für den Anbieter des Preisbündels ergibt sich u.a. der Vorteil, dass er mit einem höheren Mehrab-satz pro Kunde rechnen kann, da der Umfang des Produktbündels in der Regel über den ursprüngli-

Die soeben vorgestellten preispolitischen Maßnahmen, auf deren Existenz an dieser Stelle lediglich hingewiesen werden sollte, ohne sie einer detaillierten Untersuchung zu unterziehen, stellen zusätzliche Strategien dar, um die Stadionauslastung der Vereine zu steigern, aber darüber hinaus auch etwa den Absatz von Merchandisingartikel usw.

### 6.2.5  Zusammenfassende Darstellung der Handlungsempfehlungen

Das dritte Forschungsziel der vorliegenden Arbeit ist es, neben dem Abgleich von Anspruchsgruppenorientierung und wirtschaftlichem Erfolg bei professionellen Sportvereinen, was in Abschnitt 6.1 erfolgte, praktisch-normative Handlungsempfehlungen für eine marktorientierte Gestaltung der Austauschbeziehungen zwischen Vereinen und ihren Anspruchsgruppen abzuleiten. Wie in Kapitel zwei der vorliegenden Arbeit bereits herausgearbeitet wurde, bildet der IPM das Fundament des dieser Arbeit zugrunde liegenden Verständnisses der marktorientierten Unternehmensführung. Folglich lässt sich die Eignung der soeben dargestellten Handlungsempfehlungen Yield Management, Customer Relationship Management, Sponsorship-Scorecard wie auch Balanced Scorecard zur Marktorientierten Unternehmensführung zum einen anhand deren Fähigkeit, den IPM unterstützend zu begleiten, evaluieren. Zum anderen müssen sie geeignet sein, den dem IPM zugrunde liegenden Transaktions- und Integrationsgedanken zu unterstützen. So kann die Vorgehensweise der Balanced Scorecard ebenso wie der Sponsorship-Scorecard durchaus analog zu jener von MATTMÜLLER im Rahmen des Managementkreislaufs geforderten Vorgehensweise[570] angesehen werden. Auf die Definition und Begründung von Organisationszielen bzw. Sponsorenzielen (in der Konzeptionsphase des IPM sowie im Anschluss an die Erarbeitung der Mission im Rahmen der Balanced Scorecard bzw. Sponsorship-Scorecard) folgt eine Operationalisierung der entwickelten strategischen Ziele durch die Quantifizierung und Bestimmung von Vorgaben. Bei der Umsetzung der Ziele in der Durchführungsphase des Managementkreislaufs leistet die BSC / SSC als Methode zur Vermittlung und Implementierung von strategischen Zielen Unterstützungsarbeit. Auch eine Kontrollphase ist vorgesehen. Die Balanced Scorecard / Sponsorship Scorecard kann somit als methodische Unterstützung des IPM betrachtet werden und erfüllt somit die im Rahmen dieser Arbeit gesetzten Anforderungen einer marktorientierten Unterneh-

---

chen Bedarf des Kundenhinausgeht. Darüber hinaus wird die Preissensitivität des Kunden reduziert. Vgl. Mattmüller, Roland (2006): Integrativ-Prozessuales Marketing, S. 196f.

[570] Konzeption, Planung, Durchführung, Kontrolle. Vgl. Mattmüller, Roland (2006): Integrativ-Prozessuales Marketing, S. 58.

mensführung. Auch die Integrationsorientierung, auf welcher in dieser Arbeit der explizite Fokus lag, findet Berücksichtigung insofern, als dass die unterschiedlichen Anspruchsgruppen im Rahmen der BSC in die verschiedenen Perspektiven integriert werden.[571] Insgesamt lässt sich feststellen, dass die Balanced Scorecard dem Integrationsgedanken somit vollständig Rechnung trägt und folglich eine „integrative Sicht"[572] des Unternehmens bzw. im vorliegenden Fall des Vereins liefert. In den vorangegangenen Abschnitten konnten die strategisch ausgerichteten Ansatzpunkte zur Gestaltung dieser Austauschbeziehung in operative Handlungsempfehlungen für die Vereine, wie beispielsweise CRM-Maßnahmen, überführt werden. Auch diese sind somit geeignet, im Rahmen einer marktorientierten Unternehmensführung angewandt zu werden. Darüber hinaus bieten sie den Vereinen die Möglichkeit, die nötigen professionellen Strukturen – wie beispielsweise eine Investor Relations- und Controllingabteilung, welche sie als auf dem Kapitalmarkt tätige Unternehmen benötigen – zu etablieren.[573]

Moderne, ökonomisch fundierte Marketingansätze wie der Integrativ-Prozessuale Marketingansatz nach MATTMÜLLER basieren auf der Feststellung, dass die Notwendigkeit besteht, im Rahmen einer marktorientierten Unternehmensführung alle relevanten Anspruchsgruppen des Unternehmens in den Prozess der Leistungserstellung zu integrieren. Für die Vereine ist es daher unabdingbar, Marketing als Querschnittsfunktion im Unternehmen zu implementieren. Der Integrativ-Prozessuale Marketingansatz kann hier einen wesentlichen Beitrag leisten, da innerhalb dieses Ansatzes traditionelle Marketingaufgaben übernommen, gleichzeitig aber auch die Gedanken einer neuen umfassenderen Führungsphilosophie vermittelt werden können.

---

[571] So enthält das Grundmodell eine Kundenperspektive, die auf das Erzielen und die Verbesserung von Kundentreue und Kundenzufriedenheit, Kundenbeziehungen sowie Produkt- und Serviceeigenschaften abzielt, aber auch auf Image und Reputation, womit die Anspruchsgruppe Gesellschaft ebenfalls abgedeckt wird. Die Leistungstreiber spiegeln die Wettbewerbssituation wider, die Anteilseigner werden in der Finanzperspektive ebenso wie in der Internen Geschäftsprozessperspektive berücksichtigt und die Mitarbeiter werden in der Lern- und Entwicklungsperspektive integriert.

[572] Bruhn, Manfred (1998): Balanced Scorecard: Ein ganzheitliches Konzept der Wertorientierten Unternehmensführung?, S. 162.

[573] Vgl. hierzu die Kritik in Abschnitt 3.2.3.

# 7 Schlussbetrachtung und Ausblick

Den Ausgangspunkt der vorliegenden Arbeit bildete die Charakterisierung des Markts für professionellen Fußball in Deutschland und Europa sowie seine wissenschaftliche Durchdringung aus betriebswirtschaftlicher Perspektive. Anhand einer ausführliche Literaturanalyse konnte deutlich gemacht werden, dass die professionellen Fußballvereine in Deutschland zunehmend als Wirtschaftsunternehmen auf Wirtschaftsmärkten tätig sind und klarer Managementstrukturen benötigen, wenngleich ihnen diese aus dem Bereich der betriebswirtschaftlichen Forschung bislang nicht oder nur wenig vermittelt wurden. Vor diesem Hintergrund erwuchs die Motivation der Schließung dieser Forschungslücke, die sich im Speziellen darauf konzentrieren sollte, das Konzept des Integrierten Marketing, das in der klassischen Betriebswirtschaftslehre bereits breite Anwendung findet, auf seine Anwendbarkeit und tatsächliche Anwendung bei professionellen Vereinen hin zu überprüfen. Dieses Ziel konkretisierte sich in der Beantwortung der nachfolgenden Forschungsfragen:

1 *Erlauben die Marktgegebenheiten eine direkte Übertragbarkeit des Anspruchsgruppenkonzepts auf die Sportvereine oder muss aufgrund der Marktgegebenheiten sowie der Marktbesonderheiten eine Anpassung erfolgen?*

2 *Welche verschiedenen Anspruchsgruppen können für professionelle Fußballvereine identifiziert werden und wie erfolgt die Operationalisierung ihrer Integration?*

3 *Kann Anspruchsgruppenorientierung im professionellen Fußball ökonomischen Erfolg bedingen und welche Handlungsempfehlungen lassen sich aus den Ergebnissen ableiten?*

Bevor diese zentralen Fragestellungen jedoch beantwortet werden konnten, bedufte es der Schaffung eines konzeptionellen und wissenschaftstheoretischen Fundaments. Aufgrund der bewusst gewählten, qualitativen Forschungsanlage und dem Aufbau der empirischen Untersuchung musste sich die Arbeit im Rahmen der Explikationsleistung auf probabilistische Tendenzaussagen beschränken. Für die Argumentationsfolge der vorliegenden Arbeit wurde daher die deduktiv-nomologische Methode nach HEMPEL / OPPENHEIM gewählt, welche eine überprüfbare und nachvollziehbare Qualität der Aussagen absichert, ohne dabei den Anspruch auf repräsentative, allgemein gültige

Aussagen zu erheben. Als nomologischer Hypothesenrahmen wurde der innerhalb der Marketingwissenschaft bewährte Hypothesenrahmen der Explananda nach HUNT gewählt. Der Integrativ-Prozessuale Marketingansatz nach MATTMÜLLER wurde der Untersuchung als explorativer Analyserahmen zugrunde gelegt. Auf diese Weise konnten alle relevanten Gestaltungsoptionen – sowohl im Rahmen von Marketinghauptfunktionen wie auch -teilfunktionen einer Transaktionsbeziehung – herausgestellt und unter Berücksichtigung der zuvor herausgearbeiteten Bedingungen diskutiert werden. Durch die Verknüpfung der herausgearbeiteten Relevanz einer aktiven Stakeholder-Integration mit jeder Art von Transaktionen und den daraus resultierenden marketing-wissenschaftlichen Gestaltungsoptionen konnten bereits an dieser Stelle zentrale Ansatzpunkte für ein aktives Stakeholder-Management herausgearbeitet werden, wie sie in klassischen Wirtschaftsunternehmen bereits Anwendung finden.

Nachdem so das konzeptionelle und wissenschaftstheoretische Fundament der Arbeit gelegt war und die Arbeit darüber hinaus klar als betriebswirtschaftliche und nicht als sportökonomische Arbeit eingeordnet wurde, erfolgte in einem weiteren Schritt eine erste Zuwendung auf professionelle Fußballvereine. Dies geschah insofern, als dass mithilfe eines Überblicks über den Entwicklungsverlauf des deutschen Fußballsports und einer Analyse der Systembesonderheiten des Sport im Vergleich zur Wirtschaft deutlich herausgestellt werden konnte, dass sich der professionelle Sport – im vorliegenden Fall im Sinne eines professionellen Fußballvereins – zwar einem Unternehmen auf klassischen Wirtschaftsmärkten annährt, dass aber nach wie vor grundlegende Unterschiede zwischen beiden bestehen. Die Unterschiede erlauben eine schlichte Übertragung klassischer betriebswirtschaftlicher Methoden und Konzepte in diesem Fall nicht, da sie die Besonderheiten des Marktes nicht entsprechend würdigen, wenngleich sie von ihrer grundsätzlichen Idee durchaus geeignet erscheinen. Demnach muss eine entsprechende Modifizierung der bestehenden Konzepte erfolgen. Die erste formulierte Forschungsfrage wurde somit negativ beantwortet und lieferte so die Grundlage für ein weiteres Vorgehen.

Mit Blick auf die aus diesen Erkenntnissen resultierende Aufgabe war es weiterhin erklärtes Erkenntnisziel im zweiten Hauptteil der Arbeit, das Konzept der Anspruchs-gruppenorientierung auf professionelle Sportvereine zu übertragen. Hierfür wurde in einem ersten Schritt die grundsätzliche Anwendbarkeit der Stakeholder-Theorie auf Fußballvereine überprüft. Aufgrund des positiven Ergebnisses dieser Überprüfung konnten in einem nächsten Schritt mögliche Anspruchsgruppen der Vereine auf Basis

einer Literaturrecherche identifiziert werden. Diese ausschließlich theoriegeleitete Ü-
berprüfung, welche auf den erweiterten Ansatz nach SAVAGE ET AL. übertragen wurde und anhand dieser Positionierung der Stakeholder-Gruppen es erlaubte, strategische Vorgehensweisen für den Umgang mit den einzelnen Stakeholder-Gruppen abzuleiten, wurde anschließend mithilfe einer empirischen Untersuchung auf ihre Anwendbarkeit bzw. auf ein mögliches Vorhandensein in der Praxis überprüft. Die Rücklaufquote der Untersuchung erlaubte es, probabilistische Tendenzaussagen für die
Erste Bundesliga abzuleiten, wodurch die zweite Forschungsfrage der vorliegenden
Arbeit beantwortet und die Grundlage für das weitere Vorgehen geschaffen wurde.

Im Zusammenhang mit der dritten und letzten Forschungsfrage der vorliegenden Arbeit sollten die Bundesligavereine auf einen möglichen Zusammenhang zwischen Anspruchsgruppenorientierung und wirtschaftlichem Erfolg untersucht werden. Als Messgröße des wirtschaftlichen Erfolgs diente der Umsatz der Vereine. Mithilfe dieser Untersuchung wäre es möglich, eine Ursache für den sehr stark divergierenden wirtschaftlichen Erfolg der Vereine der Ersten Bundesliga zu identifizieren, sollte es sich
bewahrheiten, dass diejenigen Vereine, welche wirtschaftlich am erfolgreichsten sind,
ihre unterschiedlichen Anspruchsgruppen auch am intensivsten integrieren. Die Ergebnisse des Abgleichs ließen eine solche Interpretation jedoch nicht zu. Vielmehr
führten die Ergebnisse zu einem Widerspruch dahingehend, dass die wirtschaftlich erfolgreichsten Vereine zwar sehr viel stringenter in Bezug auf ihre Ziele sind und eine
Stakeholder-Orientierung in ihrem Verein auch praktisch umsetzen (somit lässt sich ein
Zusammenhang zwischen Anspruchsgruppenorientierung und wirtschaftlichem Erfolg
nachweisen), gleichzeitig sich diese Umsetzung aber auch für die am wenigsten erfolgreichen Vereine konstatieren lässt, welche somit den Ausreißer der Untersuchung darstellen. Die Frage nach einem möglichen Zusammenhang zwischen Anspruchsgruppenorientierung und ökonomischem Erfolg lässt sich somit schlussendlich nicht beantworten. Vielmehr muss sie dahingehend eingeschränkt werden, als dass sich für
die wirtschaftlich erfolgreichsten Vereine der Liga ein solcher Zusammenhang durchaus nachweisen lässt, bei den weniger erfolgreichen Vereinen hingegen ist das Ergebnis nicht eindeutig messbar.

Nachdem die Anspruchsgruppen der professionellen Fußballvereine identifiziert sowie
eine mögliche Orientierung anhand dieser Anspruchsgruppenorientierung operationalisiert und durch eine Analyse der Zusammenhang zwischen Anspruchsgruppenorientierung und wirtschaftlichem Erfolg überprüft werden konnte, war es im dritten Teil der

vorliegenden Arbeit praktisch-normatives Ziel, im Rahmen der Darstellung konkreter Handlungsempfehlungen zu einer verbesserten Anspruchsgruppenorientierung bei professionellen Fußballvereinen beizutragen. Die Erarbeitung dieser Implikationen ist insbesondere insofern zu begründen, als dass die identifizierten Anspruchsgruppen durch eine aktive Integration seitens der Vereine ihr Potenzial für selbige Vereine voll entfalten und auf diese Weise den Verein selber stärken können. In diesem Zusammenhang wurden sowohl strategische als auch operative Vorgehensweisen aufgezeigt, mit deren Hilfe die Vereine ihr Anspruchsgruppenmanagement sowie ihre Anspruchsgruppenintegration aktiv umsetzen und verbessern können. Der explorative Analyserahmen der vorliegenden Arbeit, der Integrativ-Prozessuale Marketingansatz, diente hierbei als wesentlicher Ansatzpunkt, insofern, als dass alle abgeleiteten Handlungsempfehlungen sowohl ihn als auch die ihm zugrunde liegenden Transaktions- und Integrationsgedanken unterstützend begleiten und dazu dienen, Marketing im Sinne einer marktorientierten Unternehmensführung als Querschnittsfunktion im Verein zu implementieren.

Diese abgeleiteten Handlungsempfehlungen stellen somit einerseits den Handlungsbedarf der Vereine dar, gleichzeitig dienen sie andererseits auch als Ansatzpunkt weiterführenden Forschungsbedarfs: So ist die Identifikation und die Bearbeitung aller Anspruchsgruppen im Rahmen der Gestaltung der Austauschbeziehung zwischen Verein und Anspruchsgruppen als Kernbestandteil eines erfolgreichen Managements unerlässlich. Vor dem Hintergrund des eigentlichen Ziels der vorliegenden Arbeit – eines Integrierten Marketing für professionelle Fußballvereine – konnte diese Darstellung lediglich rudimentär anhand einiger ausgewählter Gruppen erfolgen. Es ist jedoch notwendig, neben der bereits erfolgten Identifikation und Bewertung aller möglicher Anspruchsgruppen die Beziehung zu selbigen individuell zu gestalten sowie auf ihre Dynamik und die gegenseitige Beeinflussung einzugehen und praxisbezogene Anweisungen abzuleiten.

# Verzeichnis des Anhangs

# Anhang

Anhang 1: Übersicht zum Stand der Literatur der Stakeholder-Identifikation

| Autor | Ziel | Dynamisches vs. statisches Modell | Kritik |
|---|---|---|---|
| Savage, Grant T., et al. (1990): Beyond the squeaky wheel: strategies for assessing and managing organizational stakeholders Savage, Grant T., et al. (1991): Strategies for Assessing and Managing Organizational Stakeholders | Verhaltensanalysen und strategische Forderungen | Dynamisch (allerdings lediglich im Hinblick auf die Stellung zur Unternehmung) | Beeinflussung der Stakeholder untereinander wird nicht aufgegriffen, obwohl die Möglichkeit besteht |
| Dyllick, Thomas (1992): Management der Umweltbeziehungen | Betrachtung des Lebenszyklus und der Anliegen der Stakeholder an die Unternehmung | Statisch (Dynamik lässt sich nur bezogen auf das Anliegen beobachten) | Alleinige Betrachtung der Anliegen nicht ausreichend; die dahinter liegenden Ziele der Stakeholder, die zu bestimmten Verhaltensweise führen, werden nicht dargestellt |
| Janisch, Monika (1993): Das strategische Anspruchsgruppenmanagement: Vom Shareholder Value zum Stakeholder Value | Beschreibung der Stakeholder und ihrer Ziele | Dynamisch | Deskriptive Darstellung der Stakeholder-Ziele. Zusammenhänge mit der Unternehmung werden nicht herausgearbeitet |
| Harrison, Jeffrey S. / St. John, Caron H. (1996): Managing and partnering with external stakeholders | Strategien, Taktiken im Umgang mit Stakeholdern | Statisch | Stakeholder-Positionierung wird nicht vorgenommen. Taktiken resultieren aus der Bedingung, dass eine Zusammenarbeit mit allen Stakeholder-Gruppen stattfindet, wodurch diese gleichgestellt werden |

| | | | Die drei entwickelten |
|---|---|---|---|
| Mitchell, Ronald K. / Agle, Bradley R. / Wood, Donna J. (1997): Toward a theory of stakeholder identification and salience Agle, Bradley R. / Mitchell, Ronald K. / Sonnenfeld, Jeffrey A. (1999): Who matters to CEOs? | Verhaltensanalysen | Dynamisch | Kriterien power, urgency, legitimacy und der Untergliederung in acht mögliche Kategorien ist eine doppelte Zuordnung eines Stakeholder nicht möglich. Des Weiteren keine Ableitung strategischer Implikationen |
| Behnam, Michael (1998): Strategische Unternehmensplanung und ethische Reflexion | Strategieableitungen, Berechnung der Eintrittswahrscheinlichkeiten | Dynamisch | Berechnung der Eintrittswahrscheinlichkeiten sehr zeit- und kostenintensiv, keine Strategieableitung |
| Henriques, Irene / Sadorsky, Perry (1999): The Relationship between environmental commitment and managerial perceptions of Stakeholder Importance | Ökologisch-fokussierte Stakeholder-Identifikation | Statisch | Aufteilung in vier Gruppen, Abdeckung vieler potenzieller Stakeholder-Gruppen, jedoch: eingeschränkte Übertragung aufgrund des einseitigen Hintergrunds der Umweltbetrachtung |
| Friedman, Andrew L. / Miles, Samantha (2002): Developing Stakeholder Theory | Kompatibilitätsprüfung der Beziehung zwischen Unternehmen und Stakeholdern | Dynamisch | Kriterium der Inkompatibilität nur kurzfristig als richtig anzusehen, langfristig sind die Ziele der Stakeholder und der Unternehmung gleichgerichtet |
| Maisenbacher, Nadja (2007): Die Verantwortung des Marketing für das Bezugsgruppenkonzept - zum Stand der Integrationsorientierung in Unternehmen | Verhaltensanalysen und strategische Forderungen | Dynamisch | Weiterentwicklung des Modells nach SAVAGE ET AL. in Anlehnung an POLONSKY, Beeinflussung der Stakeholder untereinander wird aufgegriffen, jedoch eingeschränkte Strategieableitung |

*Quelle: Eigene Darstellung, in Anlehnung an Maisenbacher (2007), S. 48f.*

Anhang 2: Fragebogen

# FRAGEBOGEN

## DISSERTATIONSPROJEKT

„Integratives Marketing für professionelle Fußballvereine

–

Eine Analyse der Anspruchsgruppenorientierung in der deutschen
Fußballbundesliga unter Berücksichtigung des Zusammenhangs
zwischen wirtschaftlichem Erfolg und Stakeholder-Integration"

Dipl.-Kffr. Nora Oettgen

Lehrstuhl für Strategisches Marketing

Univ.-Prof. Dr. Roland Mattmüller

**EUROPEAN BUSINESS SCHOOL**

International University

Schloss Reichartshausen

Oestrich-Winkel

**Hinweise zum Fragebogen**

➢ Sämtliche Daten werden ausschließlich zu *Forschungszwecken* verwendet. Die Daten werden selbstverständlich gegenüber Dritten *anonym* behandelt und nur in aggregierter Form im Rahmen der Dissertation veröffentlicht.

➢ Die Vollständigkeit der Antworten ist für uns besonders wichtig. Sollten Sie jedoch einzelne Fragestellungen für sich bzw. Ihren Verein nicht sinnvoll beantworten können, so überspringen Sie diese Fragen bitte. Übersenden Sie uns den Fragebogen auch dann, wenn Sie die Fragen nur teilweise beantwortet haben.

➢ Einige Fragen werden sich direkt auf Ihren Tätigkeitsbereich beziehen. Bitte geben Sie dann – soweit möglich – Ihre Einschätzung des Sachverhalts ab.

➢ Der Fragebogen enthält Fragestellungen zu den folgenden drei Themenfeldern:

A. Allgemeine Fragen zum Verein

B. Stellenwert des Marketing in der Fußballunternehmung

C. Relevanz und Bearbeitung der Stakeholder aus Sicht der Experten

➢ Bitte senden Sie den ausgefüllten Fragebogen per Fax oder postalisch *so schnell wie möglich* an uns zurück, spätestens jedoch bis zum *25. Mai 2007*. Ein frankierter Rückumschlag liegt dem Fragebogen bei.

Dipl.-Kffr. Nora Oettgen
Lehrstuhl für Strategisches Marketing
European Business School (ebs)
Schloß Reichartshausen
65375 Oestrich-Winkel
Tel.: 0 67 23-69 203
Fax: 0 67 23-69 206
Mobil : 0173-66 93 429
E-Mail: nora.oettgen@ebs.de

**Vielen Dank für Ihre Unterstützung!**

## A. Allgemeine Fragen zum Verein

1. In welcher deutschen Liga spielt die Profimannschaft Ihres Vereins in der Saison 2006/07?

    O 1. Bundesliga            O 2. Bundesliga


2. Welche Rechtsform hat die Profi-Abteilung Ihres Vereins? Bitte kreuzen Sie an:

    O Aktiengesellschaft (AG)            O Kommanditgesellschaft (KG)

    O GmbH                              O eingetragener Verein (e.V.)

    O GmbH & Co KGaA             O KgaA

    O Sonstiges: _____


3. Wie viele Mitarbeiter umfasst der Marketingbereich? Bitte nur Vollzeitkräfte angeben.

    Ca. _____ Mitarbeiter


4. Wie definiert sich Erfolg für Ihren Verein?

    _____

    _____


5. In welchem der folgenden Bereiche strebt Ihr Verein primär Erfolg an?

    O Im sportlichen Wettbewerb        O Im wirtschaftlichen Bereich


6. Welches wirtschaftliche Ziel verfolgt Ihr Verein?

    O Gewinnmaximierung            O Umsatzmaximierung

    O Selbstfinanzierung              O Einhaltung des Budgets

## B. Stellenwert des Marketing in der Fußballunternehmung

1. Wie stufen Sie Marketing und sein Tätigkeitsumfeld innerhalb Ihres Vereins (organisatorisch) ein? (Mehrfachnennungen möglich)

O Die Marketingabteilung ist eine in sich geschlossene Abteilung

O Die Marketingabteilung ist als Stabsstelle angesiedelt

O Marketing wird als übergreifende Querschnittsfunktion des Vereins angesehen

O Sonstige: _____

2. Wie intensiv ist die Zusammenarbeit von Marketing und Management Ihres Vereins? Bitte kreuzen Sie an.

Keine Zusammen-arbeit ① ② ③ ④ ⑤ ⑥ Sehr enge Zusammen-arbeit

3. Für wie sinnvoll erachten Sie die beiden Unternehmenshaltungen für Ihren Verein? (Bitte kreuzen Sie an: 1 = sehr sinnvoll; 6 = gar nicht sinnvoll)

**Shareholder-Orientierung** (Konsequente Ausrichtung der Unternehmung am Anteilseigner, insbesondere Verfolgung ökonomischer Ziele)

① ② ③ ④ ⑤ ⑥ ○ Kann ich nicht beurteilen

**Stakeholder-Orientierung** (Konsequente Ausrichtung der Unternehmung an Ansprüchen diverser Bezugsgruppen)

① ② ③ ④ ⑤ ⑥ ○ Kann ich nicht beurteilen

4. Welche der beiden Unternehmenshaltungen ist in Ihrem Verein eher vorherrschend? (Bitte kreuzen Sie an: 1 = komplett vorherrschend; 6 = gar nicht vorherrschend)

**Shareholder-Orientierung**

$\textcircled{1}\textcircled{2}\textcircled{3}\textcircled{4}\textcircled{5}\textcircled{6}$ ◯ Kann ich nicht beurteilen

**Stakeholder-Orientierung**

$\textcircled{1}\textcircled{2}\textcircled{3}\textcircled{4}\textcircled{5}\textcircled{6}$ ◯ Kann ich nicht beurteilen

## C. Relevanz und Bearbeitung der Stakeholder

1. Werden Bezugsgruppen des Vereins (aktuelle und potenzielle) aus Sicht des Marketing identifiziert?

   O Ja (bitte weiter mit Frage 2a)

   O Nein (bitte weiter mit Frage 3)

   O Kann ich nicht beurteilen (Teil C endet hier)

2a. (Frage 1 wurde mit „Ja" beantwortet) Wer sind die aktuellen Bezugsgruppen Ihres Vereins (Bitte kreuzen Sie an, Mehrfachnennungen möglich)

   O Lieferanten                         O Staat

   O DFB/ DFL                            O Konkurrenzvereine

   O Mitarbeiter (ohne Spieler/ Trainer)  O Spieler/ Trainer

   O Vereinsmitglieder                   O Anteilseigner

   O Fans/ Zuschauer                     O Rechtevermarkter/ Medien

   O Sponsoren                           O Strategische Partner

   O Sonstige: _____

2b. Werden diese Bezugsgruppen/ ihre Anliegen in die Management-Prozesse des Vereins integriert?

   O Ja (weiter mit der nächsten Frage)

   O Nein (weiter mit Frage 2d)

   O Kann ich nicht beurteilen (weiter mit Frage 2d)

2c. Wenn ja: Wie?

   O Zufriedenheitsanalysen

   O Direkte Kommunikation mit den einzelnen Gruppen

   O CRM-Maßnahmen

   O Sonstiges: _____

   O Kann ich nicht beurteilen

2d. Welche Probleme ergeben sich Ihrer Meinung nach aus einer Umsetzung der Anspruchsgruppenorientierung in Ihrem Verein?

_____

_____

_____

2e. Bitte bringen Sie die folgenden Anspruchsgruppen in eine Reihenfolge bezüglich ihrer Relevanz für den Verein, wobei die wichtigste Gruppe die Ziffer 1 erhält (es kann auch mehreren Gruppen dieselbe Zahl zugeordnet werden, wenn sie als gleichwertig betrachtet werden).

__ Lieferanten                              __ Staat

__ DFB/ DFL                                 __ Konkurrenzvereine

__ Mitarbeiter (ohne Spieler/ Trainer)      __ Spieler/ Trainer

__ Vereinsmitglieder                        __ Anteilseigner

__ Fans/ Zuschauer                          __ Rechtevermarkter/ Medien

__ Sponsoren                                __ Strategische Partner

__ Sonstige: _____

2f. Welche Gruppen werden Ihrer Meinung nach künftig an Bedeutung gewinnen (Mehrfachnennungen möglich)?

O Lieferanten                               O Staat

O DFB/ DFL                                  O Konkurrenzvereine

O Mitarbeiter (ohne Spieler/ Trainer)       O Spieler/ Trainer

O Vereinsmitglieder                         O Anteilseigner

O Fans/ Zuschauer                           O Rechtevermarkter/ Medien

O Sponsoren                                 O Strategische Partner

O Sonstige: _____

2g. Welche Gruppen werden Ihrer Meinung nach künftig an Bedeutung verlieren (Mehrfachnennungen möglich)?

O Lieferanten                                       O Staat

O DFB/ DFL                                          O Konkurrenzvereine

O Mitarbeiter (ohne Spieler/ Trainer)               O Spieler/ Trainer

O Vereinsmitglieder                                 O Anteilseigner

O Fans/ Zuschauer                                   O Rechtevermarkter/ Medien

O Sponsoren                                         O Strategische Partner

O Sonstige: _____

3. (Frage 1 wurde mit ‚nein' beantwortet) Warum werden die Bezugsgruppen in Ihrem Verein nicht identifiziert bzw. nicht eingebunden (Mehrfachnennungen möglich)

O zu zeitaufwendig

O zu kostenintensiv

O Methoden/ Vorgehensweise sind nicht bekannt

O Methoden/ Vorgehensweisen erwiesen sich als ungeeignet

O Sonstige: _____

## Vielen Dank für die Beantwortung des Fragebogens!

Gerne sende ich Ihnen die Ergebnisse dieser Untersuchung in einer Zusammenfassung zu.

O Ja, bitte senden Sie mir die Ergebnisse an folgende Adresse:

_____

_____

_____

_____

_____

# Literaturverzeichnis

ADAMER, MANFRED (1994): Erfolgsgeheimnis von Markt- und Weltmarktführern - Eine Analyse der Erfolgsfaktoren von erfolgreichen Unternehmen des deutschsprachigen Raumes, München.

AGLE, BRADLEY R. / MITCHELL, RONALD K. / SONNENFELD, JEFFREY A. (1999): Who matters to CEOs? An investigation of stakeholder attributes and salience, corporate performance and CEO values, in: Academy of Management Journal, 42. Jg., Nr. 05/99, S. 507-525.

AHLERS, ERICH (2002): Hier, wo das Herz noch zählt, in: Handelsblatt, 56. Jg., Nr. 152, S. 02.

ALDERSON, WROE / MARTIN, MILES W. (1965): Towards a formal theory of transactions and transvections, in: Journal of Marketing Research (JMR), 02. Jg., Nr. 02/65, S. 117-127.

ALTMANN, JÖRN (2006): Volkswirtschaftslehre, 6., neubearb. Aufl., Stuttgart.

ANDERSON, LYNNE (2003): The sponsorship scorecard, in: B & T Weekly, 53. Jg., Nr. 2455, S. 8-14.

ANHEIMER, HELMUT K. / FREISE, MATTHIAS / THEMUDO, NUNO (2005): Entwicklungslinien der internationalen Zivilgesellschaft, in: BIRKHÖLZER, KARL, et al. (Hrsg.): Dritter Sektor/Drittes System: Theorie, Funktionswandel und zivilgesellschaftliche Perspektiven, Wiesbaden, S. 17-40.

ARMBORST, MATTHIAS (2006): In der Bundesliga wird wieder kräftig Geld ausgegeben, elektronisch veröffentlicht unter http://www.dieneueepoche.com/articles/2006/12/28/75850.html, abgerufen am 08. Februar 2007.

ATTESLANDER, PETER (2003): Methoden der empirischen Sozialforschung, 10. Aufl., Berlin.

BABIN, JENS-UWE (1995): Perspektiven des Sportsponsoring, Frankfurt am Main.

BACKHAUS, KLAUS, ET AL. (2003): Multivariate Analysemethoden: Eine anwendungsorientierte Einführung, 10., neu bearb. und erw. Aufl., Berlin.

BAETGE, JÖRG (1999): Gesellschafterorientierung als Voraussetzung für Kunden- und Marktorientierung, in: BRUHN, MANFRED / STEFFENHAGEN, HARTWIG (Hrsg.): Marktorientierte Unternehmensführung: Reflexionen - Denkanstösse - Perspektiven, 2., aktual. Aufl., Wiesbaden, S. 103-118.

BAGOZZI, RICHARD P. (1975): Marketing as Exchange, in: Journal of Marketing, 39. Jg., Nr. 04/75, S. 32-39.

BALDERJAHN, INGO (2003): Validität, Konzept und Methoden, in: Wirtschaftswissenschaftliches Studium, 32. Jg., Nr. 03/03, S. 130-135.

BAMBERG, GÜNTER / BAUR, FRANZ (1998): Statistik, 10., überarb. Aufl., München.

BARNARD, CHESTER I. (1938): The Functions of the Executive, Cambridge.

BASTING, JOCHEN (2007): Vertrauensgestaltung in politischen Transaktionsbeziehungen – Eine marketingwissenschaftliche Analyse anbieterseitiger Ansatzpunkte der vertrauensorientierten Beziehungsgestaltung zwischen Politiker und Wähler unter besonderer Berücksichtigung ihrer konstitutiven Merkmale, Frankfurt am Main.

BASTING, JOCHEN / OETTGEN, NORA / PFEIL, NADINE (2005): Erfolgsmessung der Werbung im Sport – Eine Analyse der Anwendbarkeit von ausgewählten Verfahren der Werbewirkungsforschung aus dem Konsumgüterbereich, Arbeitspapier Nr. 17, Schloß Reichartshausen.

BEA, FRANZ-XAVER (2000): Entscheidungen des Unternehmens, in: BEA, FRANZ-XAVER / DICHTL, ERWIN / SCHWEITZER, MARCELL (Hrsg.): Allgemeine Betriebswirtschaftslehre, 8., neubearb. und erw. Aufl., S. 303-410.

BECKER, JOCHEN (1998): Marketing-Konzeption: Grundlagen des strategischen und operativen Marketing-Managements, 6., vollst. überarb. und erw. Aufl., München.

BEE, COLLEEN C. / KAHLE, LYNN R. (2006): Relationship Marketing in Sports: A Functional Approach, in: Sport Marketing Quarterly, 15. Jg., Nr. 02/06, S. 102-110.

BEHNAM, MICHAEL (1998): Strategische Unternehmensplanung und ethische Reflexion, Berlin.

BEHRENS, TOBIAS (1986): Die Entstehung der Massenmedien in Deutschland: Ein Vergleich von Film, Hörfunk und Fernsehen und ein Ausblick auf die Neuen Medien, Frankfurt am Main.

BEIßWANGER, ROLF / JOBST, ALEXANDER (2004): Sponsoringkonzept Siemens mobile im Bereich Fußball, in: ZIESCHANG, KLAUS / KLIMMER, CHRISTIAN (Hrsg.): Unternehmensführung im Profifußball: Symbiose von Sport, Wirtschaft und Recht, Berlin, S. 67-86.

BELLON, JÜRGEN, et al. (2005): Nachwuchsarbeit in der Fußball-Bundesliga, in: WEHRHEIM, MICHAEL (Hrsg.): Marketing der Fußballunternehmen: Sportmanagement und professionelle Vermarktung, Berlin, S. 245-287.

BENNER, GERD (1992): Risk Management im professionellen Sport auf der Grundlage von Ansätzen einer Sportbetriebslehre, Köln.

BEREKOVEN, LUDWIG / ECKERT, WERNER / ELLENRIEDER, PETER (2001): Marktforschung. Methodische Grundlagen und praktische Anwendung, 9. Aufl., Wiesbaden.

BERTRAMS, JENS / BIELING, MARC / ESCHWEILER, MAURICE (2004): Kundenbindungsinstrumente im deutschen Profifußball - eine Status-Quo-Analyse der Saison 2002/03, in: BIELING, MARC / ESCHWEILER, MAURICE / HARDENACKE, JENS (Hrsg.): Business-to-Business-Marketing im Profifußball, Wiesbaden, S. 167-198.

BIELING, MARC / ESCHWEILER, MAURICE / HARDENACKE, JENS (2004): Business-to-Business-Marketing im Profifußball - eine Einführung, in: BIELING, MARC / ESCH-

WEILER, MAURICE / HARDENACKE, JENS (Hrsg.): Business-to-Business-Marketing im Profifußball, Wiesbaden, S. 3-24.

BIERWIRTH, KATHRIN / KARLOWITSCH, ELMAR (2004): Maßnahmen zur Bindung von Vereinsmitgliedern - eine betriebswirtschaftliche Analyse am Beispiel von Borussia Dortmund, in: BIELING, MARC / ESCHWEILER, MAURICE / HARDENACKE, JENS (Hrsg.): Business-to-Business-Marketing im Profifußball, Wiesbaden, S. 199-232.

BINNEWIES, HARALD (1983): Sportberichterstattungen in den Tageszeitungen, in: DIGEL, HELMUT (Hrsg.): Sport und Berichterstattung, Hamburg, S. 114-122.

BIRD, PETER J. (1982): The demand for league football, in: Applied Economics, 14. Jg., Nr. 06/82, S. 637-649.

BIRKHÖLZER, KARL (2005): Soziale Unternehmungen wirtschaften anders - eine Einführung, in: BIRKHÖLZER, KARL, et al. (Hrsg.): Dritter Sektor/Drittes System: Theorie, Funktionswandel und zivilgesellschaftliche Perspektiven, Wiesbaden, S. 201-208.

BIRKHÖLZER, KARL, ET AL. (2005): Theorie, Funktionswandel und zivilgesellschaftliche Perspektiven des Dritten Sektors/Dritten Systems - eine Einleitung, in: BIRKHÖLZER, KARL, et al. (Hrsg.): Dritter Sektor/Drittes System: Theorie, Funktionswandel und zivilgesellschaftliche Perspektiven, Wiesbaden, S. 9-16.

BLEICHER, JOAN KRISTIN (1997): Programmprofile kommerzieller Anbieter seit 1984, in: BLEICHER, JOAN KRISTIN (Hrsg.): Programmprofile kommerzieller Anbieter: Analysen zur Entwicklung von Fernsehsendern seit 1984, Opladen, S. 9-40.

BLEICHER, JOAN KRISTIN, ET AL. (1993): Ästhetik, Pragmatik und Geschichte der Bildschirmmedien: Deutsches Fernsehen im Wandel - Perspektiven 1985-1992, Arbeitshefte Bildschirmmedien Nr. 40, Universität-GH-Siegen.

BLÖDORN, MANFRED (1988): Das magische Dreieck: Sport - Fernsehen - Kommerz, in: HOFFMANN-RIEM, WOLFGANG (Hrsg.): Neue Medienstrukturen - neue Sportberichterstattung?, Baden-Baden/Hamburg, S. 100-129.

BÖHLER, HEYMO (2004): Marktforschung, 3., völlig neu bearb. und erw. Aufl., Stuttgart.

BORN, JÜRGEN L. / MOHR, STEFAN / BOHL, MARKUS (2004): Financing The Game - Erfolgsfaktoren, Strategien und Instrumente zur Finanzierung eines Profifußballklubs - dargestellt am Beispiel von Werder Bremen, in: ZIESCHANG, KLAUS / KLIMMER, CHRISTIAN (Hrsg.): Unternehmensführung im Profifußball: Symbiose von Sport, Wirtschaft und Recht, Berlin, S. 199-212.

BORTZ, JÜRGEN / DÖRING, NICOLA (2002): Forschungsmethoden und Evaluation, 3., überarb. Aufl., Berlin.

BOßMANN, BERRIES / SICKENBERGER, ULRIKE (2007): EU stoppt Gehälter-Wahnsinn, in: Sport Bild, o. Jg., Nr. 16/2007, S. 16-17.

BÖTTCHER, SEBASTIAN (2005): Marke Bundesliga: Erfolgsfaktoren für das Fußballsponsoring, Berlin.

BOURIER, GÜNTHER (2005): Beschreibende Statistik, 6., überarb. Aufl., Wiesbaden.

BRANDMAIER, SONJA / SCHIMANY, PETER (1998): Die Kommerzialisierung des Sports: Vermarktungsprozesse im Fuss[!]ball-Profisport, Hamburg.

BRAUN, EDMUND / RADERMACHER, HANS (1978): Wissenschaftstheoretisches Lexikon, Graz.

BRINN, CY (2005): Improving Yield Management, in: Broker Magazine, 07. Jg., Nr. 05/05, S. 68-69.

BRODA, STEPHAN (2006): Marktforschungs-Praxis: Konzepte, Methoden, Erfahrungen, Wiesbaden.

BRORS, P. / MAISCH, M. (2004): Die Bilanz-Akrobaten, in: Handelsblatt, 58. Jg., Nr. 149, S. 8.

BRUHN, MANFRED (1988): Sport-Sponsoring - Strategische Verklammerung in die Unternehmenskommunikation, Bonn.

BRUHN, MANFRED (1998): Balanced Scorecard: Ein ganzheitliches Konzept der Wertorientierten Unternehmensführung?, in: BRUHN, MANFRED / ET AL. (Hrsg.): Wertorientierte Unternehmensführung: Perspektiven und Handlungsfelder für die
Wertsteigerung von Unternehmen, Wiesbaden, S. 145-168.

BRUHN, MANFRED (1998): Sportsponsoring: Systematische Planung und integrativer
Ansatz, 3. durchges. Aufl., Wiesbaden.

BRUHN, MANFRED (2001): Relationship Marketing: Das Management von Kundenbeziehungen, München.

BRUHN, MANFRED (2003): Denk- und Planungsansatz der Integrierten Marketing-
Kommunikation, in: HERMANNS, ARNOLD / RIEDMÜLLER, FLORIAN (Hrsg.): Sponsoring und Events im Sport - Von der Instrumentalbetrachtung zur Kommunikationsplattform, München, S. 23-46.

BRUHN, MANFRED / HOMBURG, CHRISTIAN (2001): Gabler Marketing Lexikon, Wiesbaden.

BRUHN, MANFRED / STAUSS, BERND (2000): Jahrbuch Dienstleistungsmanagement,
Wiesbaden.

BÜCH, MARTIN-PETER (1977): Die Fußball-Bundesliga in ökonomischer Sicht, Saarbrücken.

BÜCH, MARTIN-PETER / FRICK, BERND (1999): Sportökonomie: Erkenntnisinteresse, Fragestellungen und praktische Relevanz, in: Betriebswirtschaftliche Forschung und
Praxis (BFuP), Nr. 02/99, S. 109-123.

BÜCH, MARTIN-PETER / SCHELLHAAß, HORST-MANFRED (1978): Ökonomische Aspekte
der Transferentschädigung im bezahlten Mannschaftssport, in: Jahrbuch für Sozialwissenschaft, S. 255-274.

BUNDESKARTELLAMT (2003): Ausnahmebereiche des Kartellrechts: Stand und Perspektiven der 7. GWB-Novelle. Diskussionspapier, elektronisch veröffentlicht unter

http://www.bundeskartellamt.de/wDeutsch/download/pdf/AKK_03.pdf, abgerufen am 12. März 2007.

BURKSCHAT, MARCO / CRAMER, ERHARD / KAMPS, UDO (2004): Beschreibende Statistik: Grundlegende Methoden, Berlin.

BUSCHE, ARND (2004): Ökonomische Implikationen des Bosman-Urteils, in: HAMMANN, PETER / SCHMIDT, LARS / WELLING, MICHAEL (Hrsg.): Ökonomie des Fußballs: Grundlegungen aus volks- und betriebswirtschaftlicher Perspektive, Wiesbaden, S. 87-104.

BUSSE, CASPAR (2001): Adidas kauft ein Stück Bayern, in: Handelsblatt, 55. Jg., Nr. 181, S. 40.

CAIRNS, J. / JENNET, N. / SLOANE, P. J. (1986): The Economics of Professional Team Sports: A Survey of Theory and Evidence, in: Journal of Economic Studies, 13. Jg., Nr. 01/01, S. 3-80.

CARMICHAEL, FIONA / FORREST, DAVID / SIMMONS, ROBERT (1999): The Labour Market in Association Football: Who gets transferred and for how much?, in: Bulletin of Economic Research, 51. Jg., Nr. 02/99, S. 125-150.

CARROLL, ARCHIE B. (1991): The pyramid of Corporate Social Responsibility: Toward the moral management of organizational stakeholders, in: Business Horizons, 34. Jg., Nr. 04/91, S. 30-48.

CARROLL, ARCHIE B. (1993): Business & society - Ethics and stakeholder management, Cinncinati.

CASTEDELLO, MARC / ELTER, VERA-CARINA (2006): Der Fußballtransfermarkt: Objektivierbare Ermittlung von Marktwerten des Spielervermögens, elektronisch veröffentlicht unter http://www.kpmg.de/library/pdf/060824_Snapshot_Fussballtransfer markt_ Januar_2006.pdf, abgerufen am 16. September 2006.

CAVE, MARTIN / CRANDALL, ROBERT W. (2001): Sports Rights and the Broadcast Industry, in: The Economic Journal, 111. Jg., Nr. 469/01, S. F4-F26.

CHALMERS, ALAN F. (2001): Wege der Wissenschaft: Einführung in die Wissenschafts-theorie, 5., völlig überarb. und erw. Aufl., Berlin.

CHARREAUX, GÉRARD / DESBRIÈRES, PHILIPPE (2001): Corporate Governance: Stake-holder Value versus Shareholder Value, in: Journal of Management and Govern-ance, 05. Jg., Nr. 02/2001, S. 107-128.

CLARKSON, MICHAEL E. (1995): A Stakeholder Framework for Analyzing and Evaluating Corporate Social Performance, in: Academy of Management Review, 20. Jg., Nr. 01/1995, S. 92-117.

COOKE, ANDREW (1994): The Economics of Leisure and Sport, London.

COPELAND, THOMAS E. / KOLLER, TIM / MURRIN, JACK (2002): Unternehmenswert: Me-thoden und Strategien für eine wertorientierte Unternehmensführung, 3., völlig überarb. und erw. Aufl., Frankfurt am Main.

CORSTEN, HANS / STUHLMANN, STEPHAN (2000): Yield Management als spezielle Aus-gestaltung des GAP-Modells des Kapazitätsmanagement, Kaiserslautern.

COTTING, PATRICK (2003): Entwicklung einer Sponsorship Scorecard als strategisches Entscheidungs- und Controllinginstrument, in: HERMANNS, ARNOLD / RIEDMÜLLER, FLORIAN (Hrsg.): Sponsoring und Events im Sport - Von der Instrumentalbetrach-tung zur Kommunikationsplattform, München, S. 93-115.

CYERT, RICHARD M. / MARCH, JAMES G. (1963): A Behavioral Theory of the firm, Engle-wood Cliffs.

CZARNITZKI, DIRK / STADTMANN, GEORG (2002): Uncertainty of outcome versus reputa-tion: Empirical evidence for the First German Football Division, in: Empirical Eco-nomics, 27. Jg., Nr. 01/02, S. 101-112.

DAHEIM, HANSJÜRGEN (1969): Soziologie der Berufe, in: KÖNIG, RENÉ (Hrsg.): Hand-buch der empirischen Sozialforschung, Zweiter Band, Stuttgart, S. 358-407.

DASCHMANN, HANS-ACHIM (1994): Erfolgsfaktoren mittelständischer Unternehmen - Ein Beitrag zur Erfolgsfaktorenforschung, Stuttgart.

DAY, GEORGE S. / MONTGOMERY, DAVID B. (1999): Charting New Directions for Marketing, in: Journal of Marketing, 63. Jg., Nr. Special Issue 1999, S. 3-13.

DEHESSELLES, THOMAS (2002): Vereinsführung: Rechtliche und steuerliche Grundlagen, in: GALLI, ALBERT, et al. (Hrsg.): Sportmanagement: Grundlagen der unternehmerischen Führung im Sport aus Betriebswirtschaftslehre, Steuern und Recht für den Sportmanager, München, S. 5-44.

DELL'OSSO, FILIPPO / SZYMANSKI, STEFAN (1991): Who are the champions? (An analysis of football and architecture), in: Business Strategy Review, 02. Jg., Nr. 02/91, S. 113-130.

DELOITTE (2006): Football Money League, Manchester.

DEUTSCHE FUßBALL LIGA (DFL) (2007): Bundesliga Report 2006, elektronisch veröffentlicht unter http://www.bundesliga.de/media/native/dfl/bundesliga_report_2006.pdf, abgerufen am 12. März 2007.

DICHTL, ERWIN (1998): Neue Herausforderungen für Theorie und Praxis des Marketing, in: Marketing ZFP, 20. Jg., Nr. 01/98, S. 47-54.

DICHTL, ERWIN / ISSING, OTMAR (1994): Vahlens Großes Wirtschaftslexikon, Band 1, München.

DIGEL, HELMUT (1983): Überblick: Der Prozeß[!] der Massenkommunikation im Sport in: DIGEL, HELMUT (Hrsg.): Sport und Berichterstattung, Hamburg, S. 11-43.

DIGEL, HELMUT (1986): Über den Wandel der Werte in Gesellschaft, Freizeit und Sport, in: DEUTSCHER SPORTBUND (Hrsg.): Die Zukunft des Sports, Schorndorf, S. 14-43.

DIGEL, HELMUT / BURK, VERENA (1999): Zur Entwicklung des Fernsehsports in Deutschland, in: Sportwissenschaft, 29. Jg., Nr. 01/99, S. 22-41.

DILLER, HERMANN (1995): Entwicklungspfade des Marketing-Management, in: BAUER, HANS H. / DILLER, HERMANN (Hrsg.): Wege des Marketing, Berlin, S. 3-30.

DINCHER, ROLAND / MÜLLER-GODEFFROY, HEINRICH / WENGERT, ANTON (2004): Einführung in das Dienstleistungsmarketing, Neuhofen/Pf.

DINKEL, MICHAEL (2002): Fanartikelgeschäft im Sport, in: TROSIEN, GERHARD / DINKEL, MICHAEL (Hrsg.): Sport und neue Märkte:Innovation-Expansion-Investition, Butzbach-Griedel, S. 107-119.

DINKEL, MICHAEL (2002): Neues Marketing und Management von Sportvereinen: Entwurf einer Konzeption für erfolgreiches Sportsponsoring, Butzbach-Griedel.

DINKEL, MICHAEL / SIEGERT, ANJA (2002): Beteiligungsmodelle im deutschen Profi-Fußball, in: TROSIEN, GERHARD / DINKEL, MICHAEL (Hrsg.): Sport und neue Märkte: Innovation - Expansion - Investition, Buzbach-Griedel, S. 51-57.

DOBSON, STEPHEN / GERRARD, BILL / HOWE, SIMON (2000): The determination of transfer fees in English nonleague football, in: Applied Economics, 32. Jg., Nr. 09/00, S. 1145-1152.

DOHERTY, ALISON / MURRAY, MARTHA (2007): The Strategic Sponsorship Process in a Non-Profit Sport Organization, in: Sport Marketing Quarterly, 16. Jg., Nr. 01/07, S. 49-59.

DONALDSON, THOMAS / PRESTON, LEE E. (1995): The Stakeholder Theory of the Corporation: Concepts, Evidence, and Implications, in: Academy of Management Review, 20. Jg., Nr. 01/1995, S. 65-91.

DÖRNEMANN, JÖRG (2002): Controlling für Profi-Sport-Organisationen: dargestellt am Beispiel der Deutschen Fußballbundesliga, München.

DÖRNEMANN, JÖRG (2002): Controlling im Profi-Sport: Ausgangssituation, Bedarf und konzeptioneller Überblick, in: GALLI, ALBERT, et al. (Hrsg.): Sportmanagement: Grundlagen der unternehmerischen Führung im Sport aus Betriebswirtschaftslehre, Steuern und Recht für den Sportmanager, München, S. 129-166.

DREES, NORBERT (2003): Bedeutung und Erscheinungsformen des Sportsponsoring, in: HERMANNS, ARNOLD / RIEDMÜLLER, FLORIAN (Hrsg.): Sponsoring und Events im Sport - Von der Instrumentalbetrachtung zur Kommunikationsplattform, München, S. 47-66.

DREWES, MICHAEL (2001): Wettbewerb und finanzieller Ausgleich in professionellen Sportligen: Ein Vergleich unter besonderer Berücksichtigung der deutschen Fuß-ball-Bundesliga, Frankfurt am Main.

DREWES, MICHAEL (2004): Management, competition and efficiency in professional sports leagues, in: Diskussionspapier Arbeitskreis Sportökonomie, Nr. 10/2004, S. 1-22.

DRIVER, CIARAN / THOMPSON, GRAHAME (2002): Corporate Governance and Democracy: The Stakeholder Debate Revisited, in: Journal of Management and Governance, 06. Jg., Nr. 02/2002, S. 111-130.

DYLLICK, THOMAS (1984): Das Anspruchsgruppen-Konzept: Eine Methodik zum Erfassen der Umweltbeziehungen von Unternehmen, in: Management Zeitschrift IO, 53. Jg., Nr. 02/84, S. 74-78.

DYLLICK, THOMAS (1992): Management der Umweltbeziehungen. Öffentliche Auseinandersetzungen als Herausforderungen, Wiesbaden.

EBERLEIN, GERALD (1974): Zum epitheoretischen Programm der Sozialwissenschaften, in: EBERLEIN, GERALD / KROEBER-RIEL, WERNER (Hrsg.): Forschungslogik der Sozialwissenschaften, Düsseldorf, .

EHRKE, MICHAEL / WITTE, LOTHAR (2002): Flasche leer! Die new economy des europäischen Fußballs, Bonn.

EICHHORN, W. (1979): Modelle und Theorien der Wirtschaftswissenschaften, in: RAF-FÉE, HANS / ABEL, BODO (Hrsg.): Wissenschaftstheoretische Grundfragen der Wirtschaftswissenschaften, München, S. 60-104.

ENGELHARDT, WERNER HANS (1998): Das Marketing in der Betriebswirtschaftslehre - Eine paradigmatische Betrachtung, in: BRUHN, MANFRED / STEFFENHAGEN, HARTWIG (Hrsg.): Marktorientierte Unternehmensführung: Reflexionen - Denkanstösse - Perspektiven, 2., aktual. Aufl., Wiesbaden, S. 3-17.

ERDTMANN, STEFAN (1989): Sponsoring und emotionale Erlebniswerte, Wiesbaden.

ERNIG, JÜRGEN (1988): Wie reagiert das Sport-Fernsehprogramm auf die Veränderung der Medienstruktur?, in: HOFFMANN-RIEM, WOLFGANG (Hrsg.): Neue Medienstrukturen - neue Sportberichterstattung?, Baden-Baden/Hamburg, S. 93-99.

ERNING, JOHANNES (2000): Professioneller Fußball in Deutschland: Eine wettbewerbspolitische und unternehmensstrategische Analyse, Essen.

ERNST & YOUNG (2005): Bälle, Tore und Finanzen II: Aktuelle Herausforderungen und Perspektiven im Profifußball, Studie, elektronisch veröffentlicht unter http://www.ey.com/Global/content.nsf/Germany/Presse_-_Pressemitteilungen_20 05_-_Fussballstudie, abgerufen am 09. Oktober 2005.

ERNST & YOUNG (2006): Bälle, Tore und Finanzen III, 3. Aufl., o. O.

EUROPÄISCHE KOMMISSION (2005): Entscheidung der Kommission vom 19.01.2005: Gemeinsame Vermarktung der Medienrechte an der deutschen Bundesliga, elektronisch veröffentlicht unter http://ec.europa.eu/comm/competition/antitrust/cases/decisions/37214/de.pdf, abgerufen am 12. März 2007.

EVAN, WILLIAM M. / FREEMAN, R. EDWARD (1987): A stakeholder theory of the modern corporation: Kantian capitalism, in: BEAUCHAMP, T.L. / BOWIE, N.E. (Hrsg.): Ethical theory and business, Englewood Cliffs, S. 97-106.

EWING, JACK / COHN, LAURA (2004): Can soccer be saved?, in: Business Week, o. Jg., Nr. 3892, S. 46-48.

FÄSSLER, EDUARD (1989): Gesellschaftsorientiertes Marketing: marktorientierte Unternehmenspolitik im Wandel, Zürich.

FELDMANN, SANDRA (2004): Positionierung im Sport, in: BAUMGARTH, CARSTEN (Hrsg.): Marktorientierte Unternehmensführung: Grundkonzepte, Anwendungen und Lehre, Frankfurt am Main, S. 97-122.

FELDMANN, SANDRA (2007): Bewertung von Sportmarken: Messung und Wirkung der Markenstärke von Fußballbundesligavereinen, Frankfurt am Main.

FERGUSON, GERRY, ET AL. (1991): The Pricing of Sport Events - Do Teams Maximize Profit?, in: Journal of Industrial Economics, 39. Jg., Nr. 03/91, S. 297-310.

FIFA (2003): Reglement bezüglich Status und Transfer von Spielern, elektronisch veröffentlicht unter http://www.fifa.com/documents/static/regulations/Status_Transfe DE. pdf, abgerufen am 23. März 2007.

FINSTERBUSCH, STEPHAN (2005): Zwei Spiele, vier Tage, zwei Millionen Euro, in: Frankfurter Allgemeine Zeitung (FAZ), Nr. 175 (30. Juli 2005), S. 18.

FISCHER, HARALD (1984): Anmerkungen zur Erwerbschance im professionalisierten Sport, in: HEINEMANN, KLAUS (Hrsg.): Texte zur Ökonomie des Sports, Schorndorf, S. 196-214.

FISCHER, HARALD (1984): Die wirtschaftliche Lage der 1. Bundesliga im Fußball, in: HEINEMANN, KLAUS (Hrsg.): Texte zur Ökonomie des Sports, Schorndorf, S. 52-71.

FISCHER, HARALD (1986): Sport und Geschäft - Professionalisierung im Sport, Berlin.

FISCHER, THOMAS M. / RÖDL, KARIN / SCHMID, ACHIM (2006): Marktpreisorientierte Bewertung von Humankapital im Profi-Sport - Theoretische Grundlagen und empirische Analyse der deutschen Fußball-Bundesliga, in: Finanz Betrieb, 08. Jg., Nr. 05/06, S. 311-321.

FISHER, ROBERT F. / WAKEFIELD, KIRK (1998): Factors Leading to Group Identification: A Field Study of Winners and Losers, in: Psychology and Marketing, 15. Jg., Nr. 01/98, S. 23-40.

FLORY, MARCUS (1997): Der Fall Bosman: Revolution im Fußball?, Kassel.

FLYNN, MICHAEL A. / GILBERT, RICHARD J. (2001): The Analysis of Professional Sports Leagues as joint ventures, in: The Economic Journal, 111. Jg., Nr. 469/01, S. F27-F46.

FORREST, DAVID / SIMMONS, ROBERT (2002): Outcome uncertainty and attendance demand in sport: the case of English soccer, in: The Statistician, 51. Jg., Nr. 02/02, S. 229-241.

FORREST, DAVID / SIMMONS, ROBERT / FEEHAN, PATRICK (2002): A spatial cross-sectional analysis of the elasticity of demand for soccer, in: Scottish Journal of Political Economy, 49. Jg., Nr. 03/02, S. 336-355.

FORT, RODNEY (2000): European and North American Sports Differences (?), in: Scottish Journal of Political Economy, 47. Jg., Nr. 04/00, S. 431-455.

FORT, RODNEY / QUIRK, JAMES (1995): Cross-subsidization, Incentives, and Outcomes in Professional Team Sports Leagues, in: Journal of Economic Literature, 33. Jg., Nr. 03/95, S. 1265-1299.

FRANCK, EGON (1995): Die ökonomischen Institutionen der Teamsportindustrie - Eine Organisationsbetrachtung, Wiesbaden.

FRANK, CHRISTIAN (2001): Ausgliederung von Lizenzspielabteilungen in der Praxis, in: SIGLOCH, JOCHEN / KLIMMER, CHRISTIAN (Hrsg.): Unternehmen Profifußball: Vom Sportverein zum Kapitalmarktunternehmen, Wiesbaden, S. 93-102.

FREEMAN, R. EDWARD (1984): Strategic Management: A Stakeholder Approach, Boston.

FREEMAN, R. EDWARD (1994): The Politics of Stakeholder Theory: Some Future Directions, in: Business Ethics Quarterly, 04. Jg., Nr. 04/1994, S. 409-421.

FREEMAN, R. EDWARD / REED, DAVID L. (1983): Stockholders and Stakeholders: A New Perspective on Corporate Governance, in: California Management Review, 25. Jg., Nr. 03/1983, S. 88-106.

FREYER, WALTER (2003): Sportmarketing: Handbuch für marktorientiertes Management im Sport, 3., vollst. überarb. Aufl., Dresden.

FRICK, BERND (1997): Kollektivgutproblematik und externe Effekte im professionellen Team-Sport. Diskussionspapier 02/1997, Greifswald.

FRICK, BERND (2004): Die Voraussetzungen sportlichen und wirtschaftlichen Erfolges in der Fußball-Bundesliga, in: BIELING, MARC / ESCHWEILER, MAURICE / HARDENACKE, JENS (Hrsg.): Business-to-Business-Marketing im Profifußball, Wiesbaden, S. 71-94.

FRICK, BERND / LEHMANN, ERIK / WEIGAND, JÜRGEN (1999): Kooperationserfordernisse und Wettbewerbsintensität im professionellen Teamsport: Sind exogene Regelungen überflüssig oder unverzichtbar?, in: ENGELHARD, JOHANN / SINZ, ELMAR (Hrsg.): Kooperation und Wettbewerb: Neue Formen und Gestaltungskonzepte im Zeichen von Globalisierung und Informationstechnologie, Münster, S. 495-523.

FRICK, BERND / WAGNER, GERT (1996): Bosman und die Folgen: Das Fußballurteil des Europäischen Gerichtshofs aus ökonomischer Sicht, in: WiSt, 25. Jg., Nr. 12/96, S. 611-615.

FRIEDMAN, ANDREW L. / MILES, SAMANTHA (2002): Developing Stakeholder Theory, in: Journal of Management Studies, 39. Jg., Nr. 01/99, S. 1-21.

FRITZ, WOLFGANG (1995): Marketing-Management und Unternehmenserfolg: Grundlagen und Ergebnisse einer empirischen Untersuchung, 2., überarb. und erg. Aufl., Stuttgart.

FRITZ, WOLFGANG / OELSNITZ, DIETRICH VON DER (2001): Marketing: Elemente marktorientierter Unternehmensführung, 3., überarb. und erw. Aufl., Stuttgart.

GALLI, ALBERT / WAGNER, MARC / BEIERSDORFER, DIETMAR (2002): Strategische Vereinsführung und Balanced Sorecard, in: GALLI, ALBERT, et al. (Hrsg.): Sportmanagement: Grundlagen der unternehmerischen Führung im Sport aus Betriebswirtschaftslehre, Steuern und Recht für den Sportmanager, München, S. 209-228.

GÄRTNER, MANFRED / POMMEREHNE, WERNER (1978): Der Fußballzuschauer - Ein homo oeconomicus? Eine theoretische und empirische Analyse, in: Jahrbuch für Sozialwissenschaft, S. 255-274.

GÄRTNER, MANFRED / POMMEREHNE, WERNER (1984): Der Fußballzuschauer - ein homo oeconomicus? Eine theoretische und empirische Analyse, in: HEINEMANN, KLAUS (Hrsg.): Texte zur Ökonomie des Sports, Schorndorf, S. 149-169.

GILLIES, JAMES / MORRA, DANIELA (1997): Does Corporate Governance matter?, in: Business Quarterly, 61. Jg., Nr. 03/97, S. 71-78.

GLEICH, RONALD (2001): Das System des Performance Measurement: Theoretisches Grundkonzept, Entwicklungs- und Anwendungsstand, München.

GOMEZ, PETER (1993): Wertmanagement: Vernetzte Strategien für Unternehmen im Wandel, Düsseldorf.

GÖMMEL, RAINER / CAVAR, JAKOV (1999): Macht und Ohnmacht der Millionen, in: Kicker Sportmagazin, Nr. 18/99, S. 12-13.

GOODPASTER, KENNETH E. (1991): Business ethics and stakeholder analysis, in: Business Ethics Quarterly, 01. Jg., Nr. 01/91, S. 53-73.

GOYDER, MARK (2000): Tomorrow's Football Club: An Inclusive Approach to Governance, in: HAMIL, SEAN / ET AL. (Hrsg.): Football in the Digital Age: Whose Game is it Anyway?, Edinburgh/London, S. 107-111.

GROLL, KARL-HEINZ (2003): Kennzahlen für das wertorientierte Management, München/Wien.

GRUBER, MARC (2000): Der Wandel von Erfolgsfaktoren mittelständischer Unternehmen, Wiesbaden.

HAAG, HERBERT (2002): Zum Selbstverständnis der Sportsoziologie und Sportökonomie als Theoriefelder des Sportwissenschaft, in: FRIEDERICI, MARKUS R. / HORCH, HANS-DIETER / SCHUBERT, MANFRED (Hrsg.): Sport, Wirtschaft und Gesellschaft, Schorndorf, S. 131-143.

HAAS, OLIVER (2006): Controlling der Fußballunternehmen: Management und Wirtschaft in Sportvereinen, 2., völlig neu bearb. und erw. Aufl., Berlin.

HACKFORTH, JOSEF (1988): Medienstruktur - Sportberichterstattung - Wirkungen: Einblicke und Ausblicke, in: HOFFMANN-RIEM, WOLFGANG (Hrsg.): Neue Medienstrukturen - neue Sportberichterstattung?, Baden-Baden/Hamburg, S. 51-56.

HAFKEMEYER, LUTZ (2003): Die mediale Vermarktung des Sports: Strategien und Institutionen, Wiesbaden.

HAGGERTY, T / PATON, G (1984): Financial Management of Sport-related Organizations, Champaign/Illinois.

HAHN, JÖRG (2005): Marktgesetze, in: Frankfurter Allgemeine Zeitung (FAZ), Nr. 208 (07. September 2005), S. 33.

HANDELSGESETZBUCH (2006): § 275, Absatz 2, 3.

HANSEN, HANS (1988): Erwartungen des Sports an die Medien, in: HOFFMANN-RIEM, WOLFGANG (Hrsg.): Neue Medienstrukturen - neue Sportberichterstattung?, Baden-Baden/Hamburg, S. 27-31.

HARDENACKE, JENS / HUMMELSBERGER, MARKUS (2004): Paradigmenwechsel im Profifußball - Kennzahlen zum Wandel vom Altruismus zur marktorientierten Unternehmensführung, in: BIELING, MARC / ESCHWEILER, MAURICE / HARDENACKE, JENS (Hrsg.): Business-to-Business-Marketing im Profifußball, Wiesbaden, S. 51-70.

HARDENACKE, JENS / MUHLE, DOMINIK (2004): Kooperationsformen im Profifußball - Eine ökonomische Analyse der DFL und der europäischen G-14, in: BIELING, MARC / ESCHWEILER, MAURICE / HARDENACKE, JENS (Hrsg.): Business-to-Business-Marketing im Profifußball, Wiesbaden, S. 271-304.

HARENBERG, BODO (1964): Die Bundesliga bittet zur Kasse, in: Handelsblatt, 16. Jg., Nr. 159, S. 18.

HARRISON, JEFFREY S. / FREEMAN, R. EDWARD (1999): Stakeholders, Social Responsibility, And Performance: Empirical Evidence And Theoretical Perspectives, in: Academy of Management Journal, 42. Jg., Nr. 05/99, S. 479-485.

HARRISON, JEFFREY S. / ST. JOHN, CARON H. (1996): Managing and partnering with external stakeholders, in: Academy of Management Executive, 10. Jg., Nr. 02/96, S. 46-60.

HASE, MICHAEL / BRANNASCH, ANDREAS (2003): Der Fan als Kunde, in: werben & verkaufen (w&v), 41. Jg., Nr. 31/03, S. 28-29.

HASITSCHKA, WERNER / HRUSCHKA, HARALD (1982): Nonprofit-Marketing, München.

HEERE, BOB / JEFFREY, JAMES D. (2007): Sport Teams and Their Communities: Examining the Influence of External Group Identities on Team Identity, in: Journal of Sport Management, 21. Jg., Nr. 03/07, S. 319-337.

HEERMANN, PETER / SCHIEßL, HARALD HERBERT (2003): Der Idealverein als Konzernspitze, elektronisch veröffentlicht unter http://www.sportrecht.org/Publikationen/ Heermann-Schie%DFl.pdf, abgerufen am 18.09.2006.

HEINEMANN, KLAUS (1984): Probleme einer Ökonomie des Sports, in: HEINEMANN, KLAUS (Hrsg.): Texte zur Ökonomie des Sports, Schorndorf, S. 17-51.

HEINEMANN, KLAUS (1984): Zur Einführung: Probleme zwischen Sport und Wirtschaft, in: HEINEMANN, KLAUS (Hrsg.): Texte zur Ökonomie des Sports, Schorndorf, S. 9-16.

HEINEMANN, KLAUS (1988): Kommerzialisierung, neue Medienstrukturen und Veränderung des Sports, in: HOFFMANN-RIEM, WOLFGANG (Hrsg.): Neue Medienstrukturen - neue Sportberichterstattung?, Baden-Baden, S. 40-47.

HEINEMANN, KLAUS (1995): Einführung in die Ökonomie des Sports - Ein Handbuch, Schorndorf.

HEINEMANN, KLAUS (1998): Einführung in Methoden und Techniken empirischer Forschung im Sport, Schorndorf.

HEINEMANN, KLAUS (1998): Was ist und wozu benötigen wir eine Sportökonomik?, in: Sportwissenschaft, Nr. 3-4/98, S. 265-282.

HEINEMANN, KLAUS (1999): Ökonomie des Sports - eine Standortbestimmung, in: HORCH, HEINZ DIETER (Hrsg.): Professionalisierung im Sportmanagement, Aachen, S. 13-47.

HEINEMANN, KLAUS (2001): Grundprobleme der Sportökonomie, in: HERMANNS, ARNOLD / RIEDMÜLLER, FLORIAN (Hrsg.): Management-Handbuch Sport-Marketing, München, S. 15-32.

HEINEMANN, KLAUS (2002): Ökonomie des Sports - eine Problemskizze, in: HÜBL, LOTHAR / PETERS, HANS HEINRICH / SWIETER, DETLEF (Hrsg.): Ligasport aus ökonomischer Sicht, Aachen, S. 73-103.

HEINZ, CARSTEN (2001): Umwandlung von Lizenzspielabteilungen in Kapitalgesellschaften - eine systematische Darstellung unter besonderer Berücksichtigung des Umwandlungssssteuergesetzes, in: SIGLOCH, JOCHEN / KLIMMER, CHRISTIAN (Hrsg.): Unternehmen Profifußball - Vom Sportverein zum Kapitalmarktunternehmen, Wiesbaden, S. 59-91.

HELMIG, BERND / PURTSCHERT, ROBERT / BECCARELLI, CLAUDIO (2006): Erfolgsfaktoren im Nonprofit-Management, in: HELMIG, BERND / PURTSCHERT, ROBERT (Hrsg.): Nonprofit-Management: Beispiele für Best-Practices im Dritten Sektor, 2., aktual. und erw. Aufl., Wiesbaden, S. 351-360.

HELMIG, BERND / PURTSCHERT, ROBERT / BECCARELLI, CLAUDIO (2006): Nonprofit but Management, in: HELMIG, BERND / PURTSCHERT, ROBERT (Hrsg.): Nonprofit-Management: Beispiele für Best-Practices im Dritten Sektor, 2., aktual. und erw. Aufl., Wiesbaden, S. 1-20.

HEMPEL, CARL G. / OPPENHEIM, PAUL (1948): Studies in the Logic of Explanation, in: Philosophy of Science, 9. Jg., Nr. 02/48, S. 135-175.

HENRIQUES, IRENE / SADORSKY, PERRY (1999): The Relationship between environ-mental commitment and managerial perceptions of Stakeholder Importance, in: Academy of Management Journal, 42. Jg., Nr. 01/99, S. 87-99.

HERMANNS, ARNOLD (1989): Sponsoring - Zukunftsorientiertes Instrument der Markt-kommunikation, in: HERMANNS, ARNOLD (Hrsg.): Sport- und Kultursponsoring, München, S. 1-14.

HERMANNS, ARNOLD (1997): Sponsoring: Grundlagen, Wirkungen, Management, Per-spektiven, 2., völlig überarb. und erw. Aufl., München.

HERMANNS, ARNOLD (2003): Planung des Sportsponsoring, in: HERMANNS, ARNOLD / RIEDMÜLLER, FLORIAN (Hrsg.): Sponsoring und Events im Sport - Von der Instru-mentalbetrachtung zur Kommunikationsplattform, München, S. 67-92.

HERMANNS, ARNOLD / GLOGGER, ANTON (1998): Sportsponsoring: eine Partnerschaft zwischen Wirtschaft und Sport, in: Sportwissenschaft, 28. Jg., Nr. 3-4/98, S. 358-369.

HERMANNS, ARNOLD / GLOGGER, ANTON / WIßMEIER, URBAN KILIAN (1994): Wirkungsfor-schung im Sportsponsoring, in: UFA FILM- UND FERNSEH GMBH (Hrsg.): Sportsponsoring, Wirkungsforschung - Status und Perspektiven, Hamburg, S. 22-112.

HERMANNS, ARNOLD / RIEDMÜLLER, FLORIAN (2001): Die duale Struktur des Sportmark-tes: Aufbau, Inhalte, Marktteilnehmer, in: HERMANNS, ARNOLD / RIEDMÜLLER, FLO-RIAN (Hrsg.): Management-Handbuch Sport-Marketing, München, S. 35-56.

HERMANNS, ARNOLD / RIEDMÜLLER, FLORIAN (2002): Marketing im Sport: Status Quo und Handlungsrahmen, in: GALLI, ALBERT, et al. (Hrsg.): Sportmanagement: Grundlagen der unternehmerischen Führung im Sport aus Betriebswirtschaftslehre, Steuern und Recht für den Sportmanager, München, S. 229-252.

HERRMANN, ANDREAS / HOMBURG, CHRISTIAN (1999): Marktforschung: Ziele, Vorgehensweisen und Methoden, in: HERRMANN, ANDREAS / HOMBURG, CHRISTIAN (Hrsg.): Marktforschung: Methoden, Anwendungen, Praxisbeispiele, Wiesbaden, S. 13-32.

HILDEBRANDT, L. (1984): Kausalanalytische Validierung in der Marketingforschung, in: Marketing ZFP, 06. Jg., Nr. 01/84, S. 41-51.

HILDEBRANDT, L. (2000): Hypothesenbildung und empirische Überprüfung, in: HERRMANN, ANDREAS / HOMBURG, CHRISTIAN (Hrsg.): Marktforschung - Methoden, Anwendungen, Praxisbeispiele, Wiesbaden, S. 35-57.

HILL, CHARLES W. L. / JONES, RAYMOND E. (1992): Stakeholder-agency theory, in: Journal of Management Studies, 29. Jg., Nr. 02/92, S. 131-154.

HILL, WILHELM (1996): Der Shareholder Value und die Stakeholder, in: Die Unternehmung, 50. Jg., Nr. 06/96, S. 411-420.

HIRSCH, BERNHARD (2004): „Wir wollen für die Profiabteilung Strukturen wie eine Kapitalgesellschaft!": Gespräch mit Erich[!] Staudt, Präsident des VfB Stuttgart, in: Zeitschrift für Controlling & Management (ZfCM), 48. Jg., Nr. 06/04, S. 370-371.

HOEHN, THOMAS / SZYMANSKI, STEFAN (1999): The Americanization of European football, in: Economic Policy, 14. Jg., Nr. 28/99, S. 205-240.

HOFFMANN-RIEM, WOLFGANG (1988): Sport - vom Ritual zum Medienspektakel, in: HOFFMANN-RIEM, WOLFGANG (Hrsg.): Neue Medienstrukturen - neue Sportberichterstattung?, Baden-Baden/Hamburg, S. 11-20.

HÖFT, MAIKE, ET AL. (2005): Markteintritt europäischer Fußballvereine in Asien: Chancen, Risiken und Handlungsempfehlungen, in: WEHRHEIM, MICHAEL (Hrsg.): Mar-

keting der Fußballunternehmen: Sportmanagement und professionelle Vermarktung, Berlin, S. 145-198.

HOMBURG, CHRISTIAN / BRUHN, MANFRED (2003): Kundenbindungsmanagement - Eine
Einführung in die theoretischen und praktischen Problemstellungen, in: BRUHN,
MANFRED / HOMBURG, CHRISTIAN (Hrsg.): Handbuch Kundenbindungsmanage-
ment: Grundlagen - Konzepte - Erfahrungen, Wiesbaden, S. 3-37.

HOMBURG, CHRISTIAN / GIERING, ANNETTE (1996): Konzeptualisierung und Operationalisierung komplexer Konstrukte, in: Marketing ZFP, 18. Jg., Nr. 01/96, S. 5-24.

HOMBURG, CHRISTIAN / KROHMER, HARLEY (2003): Marketingmanagement: Strategie -
Instrumente - Umsetzung - Unternehmensführung, Wiesbaden.

HORCH, HANS-DIETER (1999): Meinungsspiegel zum Thema Sportökonomie, in: Betriebswirtschaftliche Forschung und Praxis (BFuP), S. 185-199.

HORCH, HEINZ DIETER (1994): Besonderheiten einer Sport-Ökonomie: Ein neuer bedeutender Zweig der Freizeitökonomie, in: Freizeitpädagogik: Forum für Kultur, Medien und Tourismus, 16. Jg., Nr. 03/94, S. 243-257.

HORCH, HEINZ DIETER (1999): Einleitung: Sportökonomie, Sportmanagement, das Insti-
tut und der Kongress, in: HORCH, HEINZ DIETER (Hrsg.): Professionalisierung im
Sportmanagement, Beiträge des 1. Kölner Sportökonomie-Kongresses, Aachen,
S. 7-12.

HORTLEDER, GERD (1978): Sport in der nachindustriellen Gesellschaft: Eine Einführung
in die Sportsoziologie, Frankfurt am Main.

HORVÁTH, PETER (2002): Controlling, 8., vollst. überarb. Aufl., München.

HORVÁTH, PETER / KAUFMANN, LUTZ (1998): Balanced Scorecard - Ein Werkzeug zur
Umsetzung von Strategien, in: Harvard Business Manager, 20. Jg., Nr. 05/98, S.
39-48.

HORVÁTH, PETER / KAUFMANN, LUTZ (2006): Beschleunigung und Ausgewogenheit im strategischen Managementprozess - Strategieumsetzung mit Balanced Scorecard, in: HAHN, DIETGER / TAYLOR, BERNHARD (Hrsg.): Strategische Unternehmensplanung - strategische Unternehmensführung: Stand und Entwicklungstendenzen, 9., überarb. Aufl., Heidelberg, S. 354-372.

HUBER, FRANK / MATTHES, ISABEL (2007): Sponsoringwirkung auf Einstellung und Kaufabsicht - Theoretische Grundlagen und Ergebnisse einer empirischen Studie, in: Marketing ZFP, 29. Jg., Nr. 02/07, S. 90-104.

HÜBL, LOTHAR / SWIETER, DETLEF (2002): Der Spielermarkt in der Fußball-Bundesliga, in: Sportökonomie - ZfB Ergänzungsheft, Nr. 04/02, S. 105-125.

HÜBL, LOTHAR / SWIETER, DETLEF (2002): Fußball-Bundesliga: Märkte und Produktbesonderheiten, in: HÜBL, LOTHAR / PETERS, HANS HEINRICH / SWIETER, DETLEF (Hrsg.): Ligasport aus ökonomischer Sicht, Aachen, S. 13-71.

HUGHES, STEPHANIE / SHANK, MATT (2005): Defining Scandal in Sports: Media and Corporate Sponsor Perspectives, in: Sport Marketing Quarterly, 14. Jg., Nr. 04/05, S. 207-216.

HUMMELS, HARRY (1998): Organizing Ethics: A Stakeholder Debate, in: Journal of Business Ethics, 17. Jg., Nr. 13/98, S. 1403-1419.

HUNT, SHELBY D. (1983): General Theories and the Fundamental Explananda of Marketing, in: Journal of Marketing, 47. Jg., Nr. 04/83, S. 9-17.

IRION, TOBIAS (2007): Vertrauen in Transaktionsbeziehungen - Marketingwissenschaftliche Grundlegungen und praktische Ansatzpunkte eines strategischen Vertrauensmanagements, Frankfurt am Main.

JANISCH, MONIKA (1993): Das strategische Anspruchsgruppenmanagement: Vom Shareholder Value zum Stakeholder Value, Bern.

JANSCHE, RUDOLF (1998): Shareholder Value oder Stakeholder Value? Globalisierung und unternehmerische Verantwortung, Büdingen.

JONES, GARETH R. / HILL, CHARLES W. L. (1988): Transaction Cost Analysis of Strategy-Structure Choice, in: Strategic Management Journal, 09. Jg., Nr. 02/88, S.
159-172.

JONES, THOMAS M. (1995): Instrumental stakeholder theory: A synthesis of ethics and
economics, in: Academy of Management Review, 20. Jg., Nr. 02/95, S. 404-437.

KALER, JOHN (2003): Differentiating Stakeholder Theories, in: Journal of Business Ethics, 46. Jg., Nr. 01/2003, S. 71-83.

KAMMERER, MARTINA (2005): Controlling von Customer Relationship Management-
Projekten: Informationsgrundlagen zur Steuerung und Bewertung von CRM-
Projekten, Berlin.

KAPLAN, ROBERT S. / NORTON, DAVID P. (1997): Balanced Scorecard: Strategien erfolgreich umsetzen, Stuttgart.

KARLOWITSCH, ELMAR (2005): Konzeption zur Steuerung der Haupteinnahmequellen
von Profi-Sport-Clubs - dargestellt am Beispiel der Fußball-Bundesliga, Münster.

KEBEKUS, FRANK (1991): Alternativen zur Rechtsform des Idealvereins im bundesdeutschen Lizenzfußball, Frankfurt am Main.

KELLER, CHRISTIAN (2005): Corporate Finance im Profifußball - Kriterien für die Inanspruchnahme von Kapitalmarktfinanzierungen durch Fußballunternehmen, in:
Diskussionspapier Arbeitskreis Sportökonomie, Nr. 15/2005, S. 1-35.

KERN, MARKUS / HAAS, OLIVER / DWORAK, ALEXANDER (2002): Finanzierungsmöglichkei-
ten für die Fußball-Bundesliga und andere Profisportligen, in: GALLI, ALBERT, et al.
(Hrsg.): Sportmanagement: Grundlagen der unternehmerischen Führung im
Sport aus Betriebswirtschaftslehre, Steuern und Recht für den Sportmanager,
München, S. 395-448.

KÉSENNE, STEFAN (1995): League Management in Professional Team Sports with Win
Maximizing Klubs, in: European Journal for Sport Management, Nr. 02/95, S. 14-
22.

KÉSENNE, STEFAN (2006): Competitive Balance in Team Sports and the Impact of Revenue Sharing, in: Journal of Sport Management, 20. Jg., Nr. 03/06, S. 39-51.

KIPKER, INGO (2002): Börsengänge englischer Fußballclubs - Implikationen für den sportlichen und wirtschaftlichen Wettbewerb und für die deutsche Bundesliga, in: HORCH, HEINZ-DIETER / HEYDEL, JÖRG / SIERAU, AXEL (Hrsg.): Finanzierung des Sports, Aachen, S. 131-146.

KIPKER, INGO (2002): Die ökonomische Strukturierung von Teamsportwettbewerben, Aachen.

KLAUSEGGER, CLAUDIA (2005): Entwicklungen und Trends im Nonprofit-Marketing, in: HOLZMÜLLER, HARTMUT / SCHUH, ARNOLD (Hrsg.): Innovationen im sektoralen Marketing: Festschrift zum 60. Geburtstag von Fritz Scheuch, Heidelberg, S. 125-141.

KLEIN, MARIE-LUISE (2004): Institutionelle Rahmenbedingungen und Gegenstandsbereiche ökonomischer Forschung zum Fußball in Deutschland, in: HAMMANN, PETER / SCHMIDT, LARS / WELLING, MICHAEL (Hrsg.): Ökonomie des Fußballs: Grundlegungen aus volks- und betriebswirtschaftlicher Perspektive, Wiesbaden, S. 11-24.

KLEIN, MARIE-LUISE (1996): Der Einfluss von Sportgroßveranstaltungen auf die Entwicklung des Freizeit- und Konsumverhaltens sowie das Wirtschaftsleben einer Kommune oder Region, in: ANDERS, GEORG / HARTMANN, WOLFGANG (Hrsg.): Wirtschaftsfaktor Sport, Köln, S. 55-60.

KLEMM, MICHAEL (1997): Sponsoringcontrolling - Effizientes Sponsoring durch Generierung und Implementierung eines Sponsoringcontrollingsystems, Aachen.

KLIMMER, CHRISTIAN (2004): Prüfung der wirtschaftlichen Leistungsfähigkeit im deutschen Lizenzfußball - eine betriebswirtschaftlich fundierte Analyse?, in: HAMMANN, PETER / SCHMIDT, LARS / WELLING, MICHAEL (Hrsg.): Ökonomie des Fußballs: Grundlegungen aus volks- und betriebswirtschaftlicher Perspektive, Wiesbaden, S. 133-161.

KLIMMER, IRIS (2003): Profifußballunternehmen an der Börse - Analyse des Wirkungs-zusammenhangs zwischen sportlichem und wirtschaftlichem Erfolg im Berufs-fußball, Bayreuth.

KOHL, THORSTEN (2001): Ökonomie des Profifußballs, Aachen.

KORTHALS, JAN PETER (2005): Bewertung von Fußballunternehmen: Eine Untersu-chung am Beispiel der deutschen Fußballbundesliga, Wiesbaden.

KOTLER, PHILIP (1972): A Generic Concept of Marketing, in: Journal of Marketing, 36. Jg., Nr. 02/72, S. 46-53.

KRAUSE, OLIVER (2006): Performance Measurement: Eine Stakeholder-Nutzen-orientierte und Geschäftsprozess-basierte Methode, Wiesbaden.

KRUSE, JÖRN / QUITZAU, JÖRN (2003): Fußball-Fernsehrechte: Aspekte der Zentralver-marktung, Diskussionspapier Nr. 18, Hamburg.

KUBAT, RUDOLF (1998): Der Markt für Spitzensport: Eine theoretische und empirische Analyse, Bern.

KUJALA, JOHANNA (2001): Analysing moral issues in stakeholder relations, in: Business Ethics: A European Review, 10. Jg., Nr. 03/01, S. 233-247.

KURSCHEIDT, MARKUS (2004): Stand und Perspektiven ökonomischer Forschung zum Fußball - eine dogmenhistorische Annäherung, in: HAMMANN, PETER / SCHMIDT, LARS / WELLING, MICHAEL (Hrsg.): Ökonomie des Fußballs: Grundlegungen aus volks- und betriebswirtschaftlicher Perspektive, Wiesbaden, S. 25-60.

KURSCHEIDT, MARKUS / KLEIN, MARIE-LUISE / DEITERSEN-WIEBER, ANGELA (2003): A So-cioeconomic Approach to Sports: Lessons from Fitness and Event Markets, in: European Journal of Sport Science, 03. Jg., Nr. 03/03, S. 1-10.

KÜRSTEN, WOLFGANG (2000): Shareholder Value - Grundelemente und Schieflagen ei-ner polit-ökonomischen Diskussion aus finanztheoretischer Sicht, in: Zeitschrift für Betriebswirtschaft (ZfB), 70. Jg., Nr. 03/00, S. 359-381.

LANGEN, TIM, ET AL. (2005): Mitgliedermarketing in der Fußball-Bundesliga, in: WEHR-HEIM, MICHAEL (Hrsg.): Marketing der Fußballunternehmen: Sportmanagement und professionelle Vermarktung, Berlin, S. 199-244.

LANGTRY, BRUCE (1994): Stakeholders and the Moral Responsibilities of Business, in: Business Ethics Quarterly, 04. Jg., Nr. 04/94, S. 431-443.

LARCKER, DAVID F. / RICHARDSON, SCOTT A. / TUNA, IREM (2004): Does Corporate Governance really matter? Research Paper by The Wharton School, University of Pennsylvania, elektronisch veröffentlicht unter http://knowledge.wharton.upenn.edu/papers/1281.pdf, abgerufen am 19. Juli 2007.

LEHMANN, ERIK / WEIGAND, JÜRGEN (1997): Money makes the Ball go round - Fußball als ökonomisches Phänomen, in: ifo Studien, Nr. 43, S. 381-409.

LEHMANN, ERIK / WEIGAND, JÜRGEN (1998): Wieviel Phantasie braucht die Fußballaktie, in: Zeitschrift für Betriebswirtschaft (ZfB), Nr. 02/98 (Ergänzungsheft), S. 101-120.

LEHMANN, ERIK / WEIGAND, JÜRGEN (2002): Mitsprache und Kontrolle im professionellen Fußball: Überlegungen zu einer Corporate Governance, in: Zeitschrift für Betriebswirtschaft (ZfB), Nr. 04/2002 (Ergänzungsheft), S. 43-61.

LEHMANN, ERIK / WEIGAND, JÜRGEN (2002): Sportliche Profis - wirtschaftliche Amateure? Fußballvereine als Wirtschaftsunternehmen, in: HERZOG, MARKWART (Hrsg.): Fußball als Kulturphänomen: Kunst - Kultur - Kommerz, Stuttgart, S. 93-110.

LENZ, OTTO (2000): Der Beitrag des EuGH zur Deregulierung des Sports, in: JAEGER, FRANZ / STIER, WINFRIED (Hrsg.): Sport und Kommerz: Neuere ökonomische Entwicklungen im Sport, insbesondere im Fußball, Zürich, S. 83-103.

LEWIS, G / APPENZELLER, H (1985): Successful Sport Management, Charlottesville.

MADL, ROLAND (1994): Der Sportverein als Unternehmen: Gesellschafts- und steuerrechtliche Gesichtspunkte, Wiesbaden.

MADRIGAL, ROBERT (2001): Social Identity Effects in a Belief-Attitude-Intentions Hierarchy: Implications for Corporate Sponsorship, in: Psychology and Marketing, 18. Jg., Nr. 02/01, S. 145-165.

MAGRATH, A. J. (1986): When Marketing Services 4Ps are not enough, in: Business Horizons, 29. Jg., Nr. 03/86, S. 44-50.

MAIO, ELSIE (2003): Managing Brand in the New Stakeholder Environment, in: Journal of Business Ethics, 44. Jg., Nr. 02/03, S. 235-246.

MAISENBACHER, NADJA (2007): Die Verantwortung des Marketing für das Bezugsgruppenkonzept - zum Stand der Integrationsorientierung in Unternehmen, Frankfurt am Main.

MARCH, JAMES G. / SIMON, HERBERT (1958): Organizations, New York.

MASON, J / PAUL, J (1988): Modern Sports Administration, Englewood Cliffs/New Jersey.

MATSUOKA, HIROTAKA / CHELLADURAI, PACKIANATHAN / HARADA, MUNEHIKO (2003): Direct and Interaction Effects of Team Identification and Satisfaction on Intention to Attend Games, in: Sport Marketing Quarterly, 12. Jg., Nr. 04/03, S. 244-251.

MATTMÜLLER, ROLAND (2001): Marketingstrategien des Handels und staatliche Restriktionen, 3. Aufl., München.

MATTMÜLLER, ROLAND (2006): Integrativ-Prozessuales Marketing: Eine Einführung, 3., aktual. Aufl., Wiesbaden.

MATTMÜLLER, ROLAND / TUNDER, RALPH (1999): Das prozessorientierte Marketingverständnis. Eine neoinstitutionenökonomische Begründung, in: Jahrbuch der Absatz- und Verbrauchsforschung, 45. Jg., Nr. 04/99, S. 435-451.

MATTMÜLLER, ROLAND / TUNDER, RALPH (2004): Strategisches Handelsmarketing, München.

MATTMÜLLER, ROLAND / TUNDER, RALPH (2005): Zur theoretischen Basis der Marketingwissenschaft: Die Verknüpfung der Neuen Institutionenökonomik mit dem Integrativ-Prozessualen Marketingansatz, Arbeitspapier Nr. 5, 4. Aufl., Schloß Reichartshausen.

MATUSIEWICZ, R. (2000): Business Management Issues, in: HAMIL, S., et al. (Hrsg.): Football in the Digital Age: Who's Game is it Anyway?, Edinburgh/London, S. 160-169.

MAUER, RAINER / SCHMALHOFER, ANDREAS (2001): Gestaltung der Kapitalmarktreife von Profifußball-Vereinen, in: SIGLOCH, JOCHEN / KLIMMER, CHRISTIAN (Hrsg.): Unternehmen Profifußball - Vom Sportverein zum Kapitalmarktunternehmen, Wiesbaden, S. 15-58.

MAYER-VORFELDER, GERHARD (2004): "König Fußball" in Deutschland - Wirtschafts- und Kulturgut, in: ZIESCHANG, KLAUS / KLIMMER, CHRISTIAN (Hrsg.): Unternehmensführung im Profifußball: Symbiose von Sport, Wirtschaft und Recht, Berlin, S. 1-18.

MAYRHOFER, WOLFGANG / SCHEUCH, FRITZ (2002): Zwischen Nützlichkeit und Gewinn. Nonprofit Organisationen aus betriebswirtschaftlicher Sicht, in: BADELT, CHRISTOPH (Hrsg.): Handbuch der Nonprofit Organisationen, 3., überarb. und erw. Aufl., Stuttgart, S. 87-105.

MCCARTHY, E. JEROME (1960): Basic Marketing: A Managerial Approach, Homewood.

MEENAGHAN, TONY (2001): Sponsorship and Advertising: A Comparison of Consumer Perceptions, in: Psychology and Marketing, 18. Jg., Nr. 02/01, S. 191-215.

MEFFERT, HERIBERT (1990): Marketing, Berlin.

MEFFERT, HERIBERT (1999): Marketing - Entwicklungstendenzen und Zukunftsperspektiven, in: Die Unternehmung, 53. Jg., Nr. 06/99, S. 409-423.

MEFFERT, HERIBERT / BRUHN, MANFRED (2006): Dienstleistungsmarketing: Grundlagen - Konzepte - Methoden, 5., überarb. und erw. Aufl., Wiesbaden.

MEIER, HENK ERIK (2004): Von Bosman zur Kollektivvereinbarung? Die Regulierung des Arbeitsmarktes für Profifußballer, in: Zeitschrift für Industrielle Beziehungen, Nr. 11/04, S. 320-346.

MELZER, MANFRED / STÄGLIN, REINER (1965): Zur Ökonomie des Fußballs: Eine empirisch-theoretische Analyse der Bundesliga, in: Konjunkturpolitik, 11. Jg., S. 114-137.

MEYER, ANTON (1994): Abschied vom Marketing-Mix- und Ressortdenken? Teil 1, in: Absatzwirtschaft, Nr. 09/94, S. 94-100.

MEYER, ANTON (1994): Abschied vom Marketing-Mix- und Ressortdenken? Teil 2, in: Absatzwirtschaft, Nr. 10/94, S. 102-106.

MEYER, ANTON / MATTMÜLLER, ROLAND (1987): Qualität von Dienstleistungen: Entwurf eines praxisorientierten Qualitätsmodells, in: Marketing ZFP, 09. Jg., Nr. 03/87, S. 187-195.

MEYER, ANTON / MATTMÜLLER, ROLAND (1996): Marketing, in: CORSTEN, HANS / REISS, MICHAEL (Hrsg.): Betriebswirtschaftslehre, 2. Aufl., München, S. 837-932.

MEYER, PAUL W. (1973): Die machbare Wirtschaft: Grundlagen des Marketing, Essen.

MEYER, PAUL W. (1996): Der integrative Marketingansatz und seine Konsequenzen für das Marketing, in: MEYER, PAUL W. (Hrsg.): Integrierte Marketingfunktionen, 4., verbesserte Aufl., Stuttgart, S. 13-30.

MEYN, HERMANN (1996): Massenmedien in der Bundesrepublik Deutschland, überarb. und aktual. Aufl., Berlin.

MIERSCH, STEFAN (2003): Die Bundesliga-Clubs an der Schnittstelle zwischen Vereins- und Gesellschaftsrecht: Rechtsprobleme der Ausgliederung von Lizenzfußballabteilungen, Aachen.

MITCHELL, RONALD K. / AGLE, BRADLEY R. / WOOD, DONNA J. (1997): Toward a theory of stakeholder identification and salience: Defining the principle of who and what really counts, in: Academy of Management Review, 22. Jg., Nr. 04/97, S. 853-886.

MOHR, STEFAN / MERGET, JENS (2004): Die Marke als Meistermacher - Strategische Markenführung im Profisport, in: ZIESCHANG, KLAUS / KLIMMER, CHRISTIAN (Hrsg.): Unternehmensführung im Profifußball: Symbiose von Sport, Wirtschaft und Recht, Berlin, S. 103-122.

MOSLER, KARL / SCHMID, FRIEDRICH (2003): Beschreibende Statistik und Wirtschaftsstatistik, Berlin/Heidelberg.

MÜLLER, CHRISTIAN (2004): Wettbewerbsintegrität als Oberziel des Lizenzierungsverfahrens der Deutschen Fußball Liga GmbH, in: ZIESCHANG, KLAUS / KLIMMER, CHRISTIAN (Hrsg.): Unternehmensführung im Profifußball: Symbiose von Sport, Wirtschaft und Recht, Berlin, S. 19-44.

MÜLLER, MICHAEL (2000): Der deutsche Berufsfußball - vom Idealverein zur Kapitalgesellschaft, Berlin.

MÜLLER, OLIVER (2007): Rauball will die Fußball-Liga als Gegengewicht zum DFB und zur Politik stärker etablieren, in: Welt am Sonntag, Nr. 31 (05. August 2007), S. 18.

MÜLLER, TOBIAS, ET AL. (2005): Ertragsquellen der Fußballbundesligisten: Sponsoring und Stadionvermarktung, in: WEHRHEIM, MICHAEL (Hrsg.): Marketing der Fußballunternehmen: Sportmanagement und professionelle Vermarktung, Berlin, S. 45-102.

MULLIN, B / HARDY, S. / SUTTON, W.A. (1993): Sport Marketing, Champaign/Illinois.

MUSSLER, DIETER (1999): Relationship Marketing im Sport, in: HORCH, HANS-DIETER (Hrsg.): Professionalisierung im Sportmanagement, Aachen, S. 278-286.

NEALE, WALTER C. (1964): The Peculiar Economics of Professional Sports, in: The Quarterly Journal of Economics, 78. Jg., Nr. 01/64, S. 1-14.

NEUMANN, SVEN (2005): Non Profit Organisationen unter Druck, in: Zeitschrift für Personalforschung, 19. Jg., Nr. 04/05, S. 428-432.

NIESCHLAG, ROBERT / DICHTL, ERWIN / HÖRSCHGEN, HANS (2002): Marketing, 19. überarb. und erg. Aufl., Berlin.

NITSCHKE, AXEL (2003): Einnahmen aus der Vermarktung von audio-visuellen Rechten der Unternehmen der Fußball-Bundesliga: Entwicklung und Wachstumsperspektiven, in: BERENS, WOLFGANG / SCHEWE, GERHARD (Hrsg.): Profifußball und Ökonomie, Hamburg, S. 15-44.

NOLL, ROGER G. (2002): The Economics of Promotion and Relegation in Sports Leagues, in: Journal of Sports Economics, 03. Jg., Nr. 02/02, S. 169-203.

o.V. (2000): Im Fußballstadion werden gerne Geschäfte gemacht, in: Frankfurter Allgemeine Zeitung (FAZ), Nr. 20.09.2000, S. 48.

o.V. (2006): Kernkompetenz Fußball, in: Frankfurter Allgemeine Zeitung (FAZ), Nr. 52/06, S. 33.

o.V. (2007): DFL-Bilanz: Bundesliga boomt im WM-Jahr, elektronisch veröffentlicht unter http://www.zeit.de/news/artikel/2007/03/20/96586.xml, abgerufen am 20. März 2007.

OBERMANN, HOLGER (1983): "Wie (be)sprechen und zeigen Sport" - der Sport im Fernsehen, in: DIGEL, HELMUT (Hrsg.): Sport und Berichterstattung, Hamburg, S. 57-73.

OPASCHOWSKI, HORST (1994): Einführung in die Freizeitwissenschaft, 2. Aufl., Opladen.

OPP, KARL-DIETER (2002): Methodologie der Sozialwissenschaften - Einführung in Probleme ihrer Theoriebildung und praktische Anwendung, 5., überarb. Aufl., Wiesbaden.

OUCHI, WILLIAM G. (1980): Markets, Bureaucracies and Clans, in: Administrative Science Quarterly, 25. Jg., Nr. 01/80, S. 129-141.

PARENSEN, ANDREAS (2004): Der Fußballmarkt in Deutschland und seine Bearbeitung durch Agenturen, in: HAMMANN, PETER / SCHMIDT, LARS / WELLING, MICHAEL (Hrsg.): Ökonomie des Fußballs: Grundlegungen aus volks- und betriebswirtschaftlicher Perspektive, Wiesbaden, S. 307-329.

PARKHOUSE, B.L. (1991): The Management of Sport - Its Foundation and Application, St. Louis.

PARLASCA, SUSANNE (1993): Kartelle im Profisport, Ludwigsburg.

PAULI, MARKUS (2002): Kooperationsformen der Stadionfinanzierung im deutschen Profifußball: eine institutionenökonomisch fundierte, modelltheoretische Untersuchung, Tübingen.

PEEL, DAVID A. / THOMAS, DENNIS A. (1992): The Demand for Football: Some Evidence on Outcome Uncertainty, in: Empirical Economics, 17. Jg., Nr. 02/92, S. 323-331.

PEITSMEIER, HENNING (2007): Im Transferrausch, in: Frankfurter Allgemeine Zeitung (FAZ), Nr. 183 (09. August 2007), S. 18.

PETER, J. PAUL (1981): Construct Validity: A Review of Basic Issues and Marketing Practices, in: Journal of Marketing Research, 18. Jg., Nr. 02/81, S. 133-145.

PFANZAGL, JOHANN (1983): Allgemeine Methodenlehre der Statistik I: Elementare Methoden unter besonderer Berücksichtigung der Anwendungen in den Wirtschafts- und Sozialwissenschaften, 6., verb. Aufl., Berlin.

PHILLIPS, ROBERT A. (1997): Stakeholder theory and a principle of fairness, in: Business Ethics Quarterly, 07. Jg., Nr. 01/97, S. 51-66.

PICOT, ARNOLD / DIETL, H / FRANCK, EGON (1997): Organisation: Eine ökonomische Perspektive, Stuttgart.

PLEON GMBH (2006): Sponsoring Trends 2006, Bonn.

POLONSKY, MICHAEL J. (1995): Incorporating the natural environment in corporate strategy: a stakeholder approach, in: Journal of Business Strategies, 12. Jg., Nr. 02/95, S. 151-168.

POLONSKY, MICHAEL J. (1997): Broadening the Stakeholder Strategy Matrix, in: WEBER, J. / REHBEIN, K. (Hrsg.): International Association for Business and Society (IABS) Annual Meeting, Destin, S. 377-382.

POPPER, KARL R. (2002): Logik der Forschung, Nachdruck der 10., verbesserten und vermehrten Aufl., Tübingen.

PORST, ROLF (2000): Praxis der Umfrageforschung: Erhebung und Auswertung sozialwissenschaftlicher Umfragedaten, 2., überarb. Aufl., Wiesbaden.

PÖTTINGER, PETER (1989): Wirtschaftliche und soziale Grundlagen der Professionalisierung im Sport, Wiesbaden.

PREIßLER, PETER (1998): Controlling, 10., bearb. Aufl., München.

PURTSCHERT, ROBERT / HOFSTETTER, CHARLOTTE (2001): Die operative Sponsoring-Planung aus Sicht des Gesponsorten: Ein heuristischer Ansatz, in: TROSIEN, GERHARD / HAASE, HENNING / MUSSLER, DIETER (Hrsg.): Huckepackfinanzierung des Sports: Sportsponsoring unter der Lupe, Schorndorf, S. 45-62.

QUITZAU, JÖRN (2007): Gekaufter Aufstieg, elektronisch veröffentlicht unter http://www.zeit.de/online/2007/09/fussball-oekonomie4, abgerufen am 01. April 2007.

QUITZAU, JÖRN (2007): Ist Erfolg käuflich?, elektronisch veröffentlicht unter http://www.zeit.de/online/2007/08/fussball-oekonomie-zufall, abgerufen am 01. April 2007.

RADEMACHER, LARS (1998): Ästhetik, Pragmatik und Geschichte der Bildschirmmedien: Sport und Mediensport: Zur Inszenierung, Pragmatik und Semantik von Sportereignissen im Fernsehen, Arbeitshefte Bildschirmmedien Nr. 73, Universität-GH-Siegen.

RADOS, DAVID L. (1981): Marketing for Non-Profit Organizations, Boston.

RAFFÉE, HANS (1980): Grundfragen der Marketingwissenschaft, in: WiSt, 09. Jg., Nr. 07/80, S. 317-324.

RAFFÉE, HANS (1993): Gegenstand, Methoden und Konzepte der Betriebswirtschafts-lehre, in: BITZ, MICHAEL (Hrsg.): Vahlens Kompendium der Betriebswirtschaftsleh-re, München, S. 1-46.

RAFFÉE, HANS (1995): Grundprobleme der Betriebswirtschaftslehre, 9. Aufl., München.

RAFFÉE, HANS / SPECHT, GÜNTER (1976): Basiswerturteile der Marketingwissenschaf-ten, in: FISCHER-WINKELMANN, WOLF F. / ROCK, REINHARD (Hrsg.): Markt und Kon-sument: Zur Kritik der Markt- und Marketing-Theorie, München, S. 319-349.

RAHMANN, BERND, et al. (1998): Sozio-ökonomische Analyse der Fußball-Weltmeisterschaft 2006 in Deutschland - Gesellschaftliche Wirkungen, Kosten-Nutzen-Analyse und Finanzierungsmodelle einer Sportgroßveranstaltung, Köln.

RAPPAPORT, ALFRED (1981): Selecting strategies that create shareholder value, in: Har-vard Business Review, 59. Jg., Nr. 03/1981, S. 139-149.

RAPPAPORT, ALFRED (1986): Creating Shareholder Value: The New Standard for Busi-ness Performance, New York / London.

RECKENFELDERBÄUMER, MARTIN (2003): Auswirkungen der Integrativität auf die Quali-tätspolitik von Fußballclubs, in: RECKENFELDERBÄUMER, MARTIN / WELLING, MICHA-EL (Hrsg.): Fußball als Gegenstand der Betriebswirtschaftslehre: Leistungstheore-tische und qualitätspolitische Grundlagen, Lahr, S. 47-87.

REICHSTEIN, BERND / RECKWITZ, LARS P. (2000): Hospitality in Fußballstadien; Funktion, Nutzen, Akzeptanz: Ergebnisse einer qualitativen Befragung zur Bedeutung von Business-Seats, in: STRAHLENDORF, PETER (Hrsg.): Jahrbuch Sponsoring 2000, Hamburg, S. 72-77.

RHODES, MARY LEE / KEOGAN, JUSTIN F. (2005): Strategic Choice in the Non-Profit Sector: Modelling the Dimensions of Strategy, in: Irish Journal of Management, 26. Jg., Nr. 01/05, S. 122-135.

RICHERT, JÜRGEN (2006): Performance Measurement in Supply Chains: Balanced Scorecard in Wertschöpfungsnetzwerken, Wiesbaden.

RIEDMÜLLER, FLORIAN (2003): Sport als inhaltlicher Bezug für die Marketing-Kommunikation, in: HERMANNS, ARNOLD / RIEDMÜLLER, FLORIAN (Hrsg.): Sponsoring und Events im Sport - Von der Instrumentalbetrachtung zur Kommunikationsplattform, München, S. 3-22.

RITCHIE, WILIAM J. / KOLODINSKY, ROBERT W. (2003): Nonprofit Organization Financial Performance Measures, in: Nonprofit Management & Leadership, 13. Jg., Nr. 04/03, S. 367-381.

RITTNER, VOLKER (1988): Sport als ökonomisches Interessenobjekt, in: DIGEL, HELMUT (Hrsg.): Sport im Verein und Verband, Schorndorf, S. 158-187.

ROBINSON, MATTHEW J., ET AL. (2005): Fans vs. Spectators: An analysis of those who attend intercollegiate football games, in: Sports Marketing Quarterly, 14. Jg., Nr. 01/05, S. 43-53.

ROSEN, SHERWIN / SANDERSON, ALLEN (2001): Labour Markets in Professional Sports, in: The Economic Journal, 111. Jg., Nr. 468/01, S. F47-F68.

ROTTENBERG, SIMON (1956): The baseball players' labor market, in: Journal of Political Economy, 64. Jg., S. 242-258.

SAUTER, EUGEN (1997): Der eingetragene Verein, München.

SAVAGE, GRANT T., ET AL. (1990): Beyond the squeaky wheel: strategies for assessing and managing organizational stakeholders, in: Academy of Management Proceedings, o. Jg., Nr. 01/90, S. 149-153.

SAVAGE, GRANT T., ET AL. (1991): Strategies for Assessing and Managing Organizational Stakeholders, in: Academy of Management Executive, 05. Jg., Nr. 02/91, S. 61-71.

SCEALS, A (1985): Sport and Leisure Club Management, Plymouth.

SCHANZ, GÜNTHER (1990): Die Betriebswirtschaftslehre als Gegenstand kritisch-konstruktivistischer Betrachtungen, Stuttgart.

SCHELLHAAß, HORST-MANFRED / ENDERLE, GREGOR (1999): Wirtschaftliche Organisation von Sportligen in der Bundesrepublik Deutschland, Köln.

SCHEUPLEIN, HARALD (1970): Unternehmensstrategie: Ziele, Grundsätze und Hilfsmittel, Wiesbaden.

SCHEWE, GERHARD / LITTKEMANN, JÖRN (1999): Meinungsspiegel zum Thema Sportökonomie, in: Betriebswirtschaftliche Forschung und Praxis (BFuP), S. 183-199.

SCHILHANECK, MICHAEL (2006): Vom Fußballverein zum Fußballunternehmen: Medialisierung, Kommerzialisierung, Professionalisierung, Berlin.

SCHMANDT, CHRISTOPH / OETTGEN, NORA (2005): Sportvereine als Marke – Eine kritische Analyse der Kriterien zum Aufbau und zur Steuerung eines Sportvereins als Marke anhand ausgewählter Beispiele, Arbeitspapier Nr. 16, Schloß Reichartshausen.

SCHMEH, KLAUS (2005): Titel, Tore, Transaktionen - Ein Blick hinter die Kulissen des Fußball-Business, Heidelberg.

SCHMIDT, LARS / WELLING, MICHAEL (2004): Einführender Überblick zur Ökonomie des Fußballs, in: HAMMANN, PETER / SCHMIDT, LARS / WELLING, MICHAEL (Hrsg.): Ökonomie des Fußballs: Grundlegungen aus volks- und betriebswirtschaftlicher Perspektive, Wiesbaden, S. 3-10.

SCHMIDT, MARKUS (2004): Bedeutung des Lizenzierungsverfahrens für Profifußballclubs - dargestellt am Beispiel des VfB Stuttgart 1893 e.V., in: ZIESCHANG, KLAUS /

KLIMMER, CHRISTIAN (Hrsg.): Unternehmensführung im Profifußball: Symbiose von Sport, Wirtschaft und Recht, Berlin, S. 45-60.

SCHNEIDER, DIETER (1983): Marketing als Wissenschaft oder Geburt einer Marketingwissenschaft aus dem Geiste des Unternehmensversagens, in: zfbf, 35. Jg., Nr. 03/83, S. 197-223.

SCHNEIDER, JÜRGEN (2000): Erfolgsfaktoren in der Unternehmensüberwachung - Corporate Governance aktienrechtlicher Aufsichtsorgane im internationalen Vergleich, Berlin.

SCHOTT, GERHARD (1988): Kennzahlen - Instrumente der Unternehmensführung, 5., völlig neubearb. Aufl., Wiesbaden.

SCHRAVEN, DAVID / SEIDLITZ, FRANK (2007): Geld entscheidet die Meisterschaft, in: Welt am Sonntag, Nr. 32 (12. August 2007), S. 24.

SCHRÖDER, ERNST (2003): Modernes Unternehmens-Controlling, 8., überarb. und wesentl. erw. Aufl., Ludwigshafen.

SCHUBERT, MANFRED (2005): Sport-Marketing - einige Überlegungen zu den konstitutiven Grundlagen eines neuen Forschungs- und Aufgabenfeldes, in: BREUER, CHRISTOPH / THIEL, ANSGAR (Hrsg.): Handbuch Sportmanagement, Schorndorf, S. 239-257.

SCHULZE, PETER M. (1998): Beschreibende Statistik, 3., erw. und überarb. Aufl., München.

SCHUMANN, FRANK (2004): Professionalisierungstendenzen im deutschen Fußball aus sportökonomischer Perspektive, Heidelberg.

SCHUPPISSER, STEFAN W. (2002): Stakeholder Management: Beziehungen zwischen Unternehmungen und nicht-marktlichen Stakeholder-Organisationen - Entwicklung und Einflussfaktoren, Bern.

SCHWARZ, PETER, ET AL. (2005): Das Freiburger Management-Modell für Nonprofit-Organisationen (NPO), 5., erg. und aktual. Aufl., Bern et al.

SCHWARZE, JOCHEN (2001): Grundlagen der Statistik I: Beschreibende Verfahren, 9. Aufl., Berlin.

SCHWARZKOPF, DIETRICH (1988): Die Veränderung der Medienlandschaft und die Sportberichterstattung, in: HOFFMANN-RIEM, WOLFGANG (Hrsg.): Neue Medienstrukturen - neue Sportberichterstattung?, Baden-Baden/Hamburg, S. 23-26.

SCHWEITZER, MARCELL (2000): Gegenstand und Methoden der Betriebswirtschaftslehre, in: BEA, FRANZ-XAVER / DICHTL, ERWIN / SCHWEITZER, MARCELL (Hrsg.): Allgemeine Betriebswirtschaftslehre, 8., neubearb. und erw. Aufl., S. 23-80.

SEIDEL, MAXIMILIAN (2005): Political Marketing: Explananda, konstitutive Merkmale und Implikationen für die Gestaltung der Politiker-Wähler-Beziehung, Frankfurt am Main.

SEIFFERT, HELMUT (1994): Methode, in: SEIFFERT, HELMUT / RADNITZKY, GERARD (Hrsg.): Handlexikon zur Wissenschaftstheorie, 2. Aufl., München, S. 215.

SHANK, M.D. (1999): Sports Marketing - A Strategic Perspective, Upper Saddle River (NJ).

SIGLOCH, JOCHEN (1994): Rechnungslegung, in: WESTERMANN, HARRY / ET AL. (Hrsg.): Handbuch der Personengesellschaften, 4. Aufl., Köln.

SIGLOCH, JOCHEN (2001): Sportverein - Idealinstitution oder Unternehmen?, in: SIGLOCH, JOCHEN / KLIMMER, CHRISTIAN (Hrsg.): Unternehmen Profifußball: Vom Sportverein zum Kapitalmarktunternehmen, Wiesbaden, S. 1-14.

SIMSA, RUTH (2001): Management der Nonprofit Organisation - Gesellschaftliche Herausforderungen und organisationale Antworten, Stuttgart.

SIRGY, JOSEPH M. (2002): Measuring Corporate Performance by Building on the Stake-holders Model of Business Ethics, in: Journal of Business Ethics, 35. Jg., Nr. 02/02, S. 143-162.

SKRZIPEK, MARKUS (2005): Shareholder Value versus Stakeholder Value, Wiesbaden.

SLOANE, PETER J. (1971): The Economics of Professional Football: the Football Club as a Utility Maximiser, in: Scottish Journal of Political Economy, 17. Jg., Nr. 02/71, S. 121-146.

SLOANE, PETER J. (1984): Die Ziele des Sportvereins, in: HEINEMANN, KLAUS (Hrsg.): Texte zur Ökonomie des Sports, Schorndorf, S. 126-137.

SOLOMON, ESTHER (2001): The dynamics of corporate change: management's evalua-tion of stakeholder characteristics, in: Human Systems Management, 20. Jg., Nr. 03/01, S. 257-265.

SPECHT, ANDREAS VON (1986): Sponsorship als Marketinginstrument, in: Markenartikel, Nr. 11/86, S. 514-518.

SPECHT, GÜNTER (1974): Marketing Management und Qualität des Lebens, Stuttgart.

SPECKBACHER, GERHARD (1997): Shareholder Value und Stakeholder Ansatz, in: DBW, 57. Jg., Nr. 05/1997, S. 630-639.

STAUDOHAR, P.D. / MANGAN, J.A. (HRSG.) (1991): The Business of Professional Sports, Urbana/Chicago.

STEIN, ARTUR VOM (1988): Massenmedien und Spitzensport: Theoretische Konkretisie-rung und ausgewählte empirische Analyse von Wirkungen der Mediensportreali-tät auf den Spitzensport in der Bundesrepublik Deutschland, Frankfurt am Main.

STÖßLEIN, MARTIN (2006): Anspruchsgruppenkommunikation: Wertorientierte Gestal-tungsmöglichkeiten mit wissensbasierten Stakeholder-Informations-Systemen, Wiesbaden.

STRAUB, WILFRIED (2004): Die Entwicklung der Deutschen Fußball Liga (DFL), in: ZIE-
SCHANG, KLAUS / WORATSCHEK, HERBERT / BEIER, KLAUS (Hrsg.): Sportökonomie 6:
Kooperenz im Sportmanagement, Schorndorf, S. 31-36.

STRAUB, WILFRIED, ET AL. (2002): Das Lizenzierungsverfahren des Ligaverbandes "Die
Liga Fußball-Verband e.V.": Anforderungen an die Rechnungslegung und Prüfung, in: GALLI, ALBERT, et al. (Hrsg.): Sportmanagement: Grundlagen der unternehmerischen Führung im Sport aus Betriebswirtschaftslehre, Steuern und Recht
für den Sportmanager, München, S. 75-96.

STRONG, KELLY C. / RINGER, RICHARD C. / TAYLOR, STEVEN A. (2001): THE Rules of
Stakeholder Satisfaction (Timeliness, Honesty, Empathy), in: Journal of Business
Ethics, 32. Jg., Nr. 02/2001, S. 219-230.

STUHLMANN, STEPHAN (1999): Die Bedeutung des externen Faktors in der Dienstleistungsproduktion, in: CORSTEN, HANS / SCHNEIDER, HERFRIED (Hrsg.): Wettbe-
werbsfaktor Dienstleistung, München, S. 23-58.

SUCIU-SIBIANU, PAUL (2004): Going public - ausgeträumt?, in: ZIESCHANG, KLAUS / KLIM-
MER, CHRISTIAN (Hrsg.): Unternehmensführung im Profifußball: Symbiose von
Sport, Wirtschaft und Recht, Berlin, S. 177-198.

SUDMAN, SEYMOUR / BRADBURN, NORMAN M. (1983): Asking Questions: A practical
guide to questionnaire design, San Francisco.

SÜBMILCH, INGO (2002): Fußballunternehmen erobern die Börse, in: TROSIEN, GERHARD
/ DINKEL, MICHAEL (Hrsg.): Sport und neue Märkte: Innovation - Expansion - Investition, Butzbach-Griedel, S. 58-74.

SÜBMILCH, INGO / ELTER, VERA-CARINA (2004): FC Euro AG: Fußball und Finanzen: A-
nalyse der Finanzsituation in der Fußballbranche - Neue Wege der Finanzierung,
4., neu konzipierte und aktual. Aufl., Düsseldorf.

SUTRICH, O. (1994): Prozessmarketing anstelle des Mix, in: Harvard Business Manager, 16. Jg., Nr. 01/94, S. 118-125.

SUTTON, WILLIAM / MCDONALD, MARK / MILNE, GEORGE (1997): Creating and Fostering Fan Identification in Professional Sports, in: Sport Marketing Quarterly, 06. Jg., Nr. 01/97, S. 15-22.

SVENDSEN, ANN / ET AL. (2001): Measuring the business value of stakeholder relationships, Part one, in: The Centre for Innovation in Management, S. 1-34.

SWIETER, DETLEF (2002): Eine ökonomische Analyse der Fußball-Bundesliga, Berlin.

SWIETER, DETLEF (2006): Sportlicher Erfolg ist käuflich, in: Unimagazin Hannover, 33. Jg., Nr. 01/06, S. 60-63.

SZYMANSKI, STEFAN (2001): Economics of Sport: Introduction, in: The Economic Journal, 111. Jg., Nr. 469/01, S. 1-3.

SZYMANSKI, STEFAN (2001): Income inequality, competitive balance and the attractiveness of team sports: Some evidence and a natural experiment from English soccer, in: The Economic Journal, 111 Jg., Nr. 469, S. 69-84.

SZYMANSKI, STEFAN (2003): The Economic Design of Sporting Contests, in: Journal of Economic Literature, 41. Jg., Nr. 04/03, S. 1137-1187.

SZYMANSKI, STEFAN / KUYPERS, TIM (1999): Winners&Losers - The Business Strategy of Football, London.

SZYMANSKI, STEFAN / ROSS, STEPHEN F. (2000): Open Competition in League Sports, in: Law and Economics Working Papers Series, o. Jg., Nr. September 2000, S. 1-39.

TEWES, MATTHIAS (2003): Der Kundenwert im Marketing: Theoretische Hintergründe und Umsetzungsmöglichkeiten einer wert- und marktorientierten Unternehmensführung, Wiesbaden.

THOMMEN, JEAN-PAUL (1996): Glaubwürdigkeit: Die Grundlage unternehmerischen Denken und Handelns, Zürich.

THYLL, ALFRED (2004): Jahresabschluss und Prüfung nach der Lizenzierungsordnung: Grundlagen und Gegenüberstellung mit den handelsrechtlichen Vorschriften, in: HAMMANN, PETER / SCHMIDT, LARS / WELLING, MICHAEL (Hrsg.): Ökonomie des Fußballs: Grundlegungen aus volks- und betriebswirtschaftlicher Perspektive, Wiesbaden, S. 163-193.

TOMCZAK, TORSTEN (1992): Forschungsmethoden in de Marketingwissenschaft: Ein Plädoyer für den qualitativen Forschungsansatz, in: Marketing ZFP, 14. Jg., Nr. 02/92, S. 77-87.

TRAIL, GALEN T. / ANDERSON, DEAN F. / FINK, JANET S. (2003): Sport Spectator Consumption Behavior, in: Sport Marketing Quarterly, 12. Jg., Nr. 01/03, S. 8-17.

TRAPP, ALAN (2004): The loyalty of football fans - We'll support you evermore?, in: Database Marketing & Customer Strategy Management, 11. Jg., Nr. 03/04, S. 203-215.

TROSIEN, GERHARD (1994): Die Sportbranche: Wachstum - Wettbewerb - Wirtschaftlichkeit, Frankfurt am Main.

TROSIEN, GERHARD (1999): Sportbranche, Markt und Wettbewerb: Aufbruch zu neuen Ufern?, in: TROSIEN, GERHARD (Hrsg.): Die Sportbranche: Wachstum, Wettbewerb, Wirtschaftlichkeit, 2. Aufl., Frankfurt am Main, S. 293-312.

TROSIEN, GERHARD (2004): Die Zweite Privatisierung der Sportbewegung: Formen und Folgen des Wandels von gemeinwohl- zu gewinnorientierten Sportorganisationen, in: Diskussionspapier Arbeitskreis Sportökonomie, Nr. 12/2004, S. 1-5.

TUNDER, RALPH (2000): Der Transaktionswert der Hersteller-Handel-Beziehung: Hintergründe, Konzeptualisierung und Implikationen auf Basis der Neuen Institutionenökonomik, Wiesbaden.

ULRICH, PETER (1980): Plädoyer für unternehmenspolitische Vernunft - Was hat Unternehmenspolitik mit Politik zu tun?, in: Management Zeitschrift IO, 49. Jg., Nr. 01/1980, S. 32-38.

ULRICH, PETER (1999): Was ist "gute" Unternehmensführung? Zur normativen Dimension der Shareholder-Stakeholder-Debatte, in: KUMAR, BRIJ / OSTERLOH, MARGIT / SCHREYÖGG, GEORG (Hrsg.): Unternehmensethik und die Transformation des Wettbewerbs. Shareholder-Value - Globalisierung - Hyperwettbewerb, Stuttgart, S. 27-52.

UTTICH, STEFFEN (2005): Fußballanleihen zum Liebhaberpreis, in: Frankfurter Allgemeine Zeitung (FAZ), Nr. 173 (28. Juli 2005), S. 17.

VÄTH, HEINRICH (1994): Profifußball - Zur Soziologie der Bundesliga, Frankfurt am Main.

VEBLEN, THORSTEIN (1993): Die Theorie der feinen Leute. Eine ökonomische Untersuchung der Institutionen, 9., ungekürzte Aufl., Frankfurt am Main.

VENTER, KARLHEINZ, ET AL. (2005): Sportsponsoring und unternehmerische Entscheidungen, in: WEHRHEIM, MICHAEL (Hrsg.): Marketing der Fußballunternehmen: Sportmanagement und professionelle Vermarktung, Berlin, S. 1-44.

VILAIN, MICHAEL (2006): Finanzierungslehre für Nonprofit-Organisationen: Zwischen Auftrag und ökonomischer Notwendigkeit, Wiesbaden.

VOLKAMER, MEINHARDT (1981): Der Einfluß der Massenmedien auf das Zuschauerverhalten, in: BINNEWIES, HARALD (Hrsg.): Sport und Massenmedien: Eine Dokumentation zweier Tagungen des Arbeitskreises Kirche und Sport Berlin, Hamburg, S. 17-29.

VÖPEL, HENNING (2006): Wirtschaftsfaktor Fußball, Hamburg.

WADDOCK, SANDRA A. / BODWELL, CHARLES / GRAVES, SAMUEL B. (2002): Responsibility: The new Business imperative, in: Academy of Management Executive, 16. Jg., Nr. 02/02, S. 132-148.

WAGNER, HELMUT (1997): Marktorientierte Unternehmensführung versus Orientierung an Mitarbeiterinteressen, Shareholder-Value und Gemeinwohlverpflichtung, in: BRUHN, MANFRED / STEFFENHAGEN, HARTWIG (Hrsg.): Marktorientierte Unterneh-

mensführung: Reflexionen - Denkanstösse - Perspektiven, Wiesbaden, S. 88-
102.

WATERSCHOOT, WALTER VAN (1995): The Marketing Mix, in: BAKER, M. J. (Hrsg.): Com-
panion Encyclopedia of Marketing, London, S. 433-448.

WATERSCHOOT, WALTER VAN / BULTE, CHRISTOPHE VAN DEN (1992): The 4P Classification of the Marketing Mix Revisited, in: Journal of Marketing, 56. Jg., Nr. 04/1992,
S. 83-93.

WEBER, JÜRGEN (2002): Einführung in das Controlling 9., komplett überarb. Aufl., Stuttgart.

WEBER, JÜRGEN / SCHÄFFER, UTZ (1998): Balanced Scorecard - Gedanken zur Einordnung des Konzepts in das bisherige Controlling-Instrumentarium, in: Zeitschrift für
Planung (ZfP), o. Jg., Nr. 09/98, S. 341-365.

WEBER, WOLFGANG, ET AL. (1995): Die wirtschaftliche Bedeutung des Sports, Schorndorf.

WEBSTER, FREDERICK E. JR. (1992): The Changing Role of Marketing in the Corporation, in: Journal of Marketing, 56. Jg., Nr. 04/1992, S. 1-17.

WEHRLE, ALEXANDER / HEINZELMANN, MARKUS (2004): Reporting und strategische
Steuerung im Profifußball, Konzeption und Umsetzung eines Balanced Scorecard basierten Systems beim VfB Stuttgart, in: Controlling, 16. Jg., Nr. 06/04, S.
349-354.

WEILGUNY, MICHAEL (2006): Fußballbundesliga mit Milliardenumsatz, in: Sponsors, 12.
Jg., Nr. 01/06, S. 16.

WELLING, MICHAEL (2003): Das Produkt Fußball? - Eine leistungstheoretische Grundle-
gung zur Idenitifikation von Produktions- und Absatzspezifika, in: RECKENFELDER-
BÄUMER, MARTIN / WELLING, MICHAEL (Hrsg.): Fußball als Gegenstand der Betriebswirtschaftslehre: Leistungstheoretische und qualitätspolitische Grundlagen,
Lahr, S. 5-46.

WELLING, MICHAEL (2004): Absatzmarktbezogene Business-to-Business-Geschäfts-
beziehungen von Fußballklubs, in: BIELING, MARC / ESCHWEILER, MAURICE / HAR-
DENACKE, JENS (Hrsg.): Business-to-Business-Marketing im Profifußball, Wiesbaden, S. 25-50.

WENTGES, PAUL (2000): Eine Stakeholder-orientierte Analyse der Berücksichtigung des
Risikos im Rahmen des Shareholder Value-Konzeptes, in: DBW, 60. Jg., Nr.
02/00, S. 202-204.

WILLMS, KERSTIN (2004): Gestaltung eines integrierten strategischen Zielsystems im internationalen Industriekonzern - unter besonderer Berücksichtigung des Balanced Scorecard-Konzepts, Gießen.

WITT, PETER (2003): Corporate Governance-Systeme im Wettbewerb, Wiesbaden.

WÖHE, GÜNTHER (2002): Einführung in die allgemeine Betriebswirtschaftslehre, 21.
Aufl., München.

WOOD, DONNA J. / JONES, RAYMOND E. (1995): Stakeholder mismatching: A theoretical
problem in empirical research on corporate social performance, in: International
Journal of Organizational Analysis, 03. Jg., Nr. 03/95, S. 229-267.

WORATSCHEK, HERBERT (1998): Sportdienstleistungen aus ökonomischer Sicht, in:
Sportwissenschaft, 28. Jg., Nr. 3-4/98, S. 344-357.

WORATSCHEK, HERBERT (2004): Kooperenz im Sportmanagement - eine Konsequenz
der Wertschöpfungslogistik von Sportwettbewerben und Ligen, in: ZIESCHANG,
KLAUS / WORATSCHEK, HERBERT / BEIER, KLAUS (Hrsg.): Sportökonomie 6: Kooperenz im Sportmanagement, Schorndorf, S. 9-29.

WORATSCHEK, HERBERT / BEIER, KLAUS (2001): Sportmarketing, in: TSCHEULIN, DIETER
K. / HELMIG, BERND (Hrsg.): Branchenspezifisches Marketing: Grundlagen-
Besonderheiten-Gemeinsamkeiten, Wiesbaden, S. 203-235.

WORATSCHEK, HERBERT / SCHAFMEISTER, GUIDO (2004): Einflussfaktoren der TV-
Nachfrage von Sportübertragungen – Wettbewerb, Konsumkapital, Popularität,

Spannungsgrad und Relevanz, in: SCHAUERTE, T. / SCHWIER, J. (Hrsg.): Ökonomie des Sports in den Medien, Köln, S. 61-83.

WORATSCHEK, HERBERT / SCHAFMEISTER, GUIDO / STRÖBEL, TIM (2006): A new paradigm for sport management in the German football market, in: DESBORDES, M.
(Hrsg.): Marketing and Football: An international perspective, Burlington, S. 163-
185.

YANG, CHING-CHOW / YANG, CHIH-WEI / CHENG, LAI-YU (2005): A study of implementing
Balanced Scorecard (BSC) in non-profit organizations: A case study of private
hospital, in: Human Systems Management, 24. Jg., Nr. 04/05, S. 285-300.

YOSHIMORI, MASARU (2005): Does Corporate Governance Matter? Why the Corporate
Performance of Toyota and Canon is Superior to GM and Xenox, in: Corporate
Governance: An Internal Review, 13. Jg., Nr. 03/05, S. 447-457.

ZEITHAML, VALARIE A. / BITNER, M. (1996): Services Marketing, New York et al.

ZELTINGER, JULIAN (2004): Customer Relationship Management in Fußballunternehmen: Erfolgreiche Kundenbeziehungen gestalten, Berlin.

ZELTINGER, JULIAN / HAAS, OLIVER (2002): Customer Relationship Management, in:
GALLI, ALBERT, et al. (Hrsg.): Sportmanagement: Grundlagen der unternehmeri-
schen Führung im Sport aus Betriebswirtschaftslehre, Steuern und Recht für den
Sportmanager, München, S. 449-480.

ZENTES, JOACHIM (1996): Grundbegriffe des Marketing, 4., überarb. und erw. Aufl.,
Stuttgart.

ZIEBS, ALEXANDER (2002): Ist Erfolg käuflich? - Analysen und Überlegungen zur sozio-
ökonomischen Realität des Berufsfußballs, München.

ZIESCHANG, KLAUS / KLIMMER, CHRISTIAN (2004): Vorwort, in: ZIESCHANG, KLAUS / KLIM-
MER, CHRISTIAN (Hrsg.): Unternehmensführung im Profifußball: Symbiose von
Sport, Wirtschaft und Recht, Berlin, S. V-VI.

ZIMMER, ANNETTE / PRILLER, ECKHARD (2005): Der dritte Sektor im aktuellen Diskurs, in: BIRKHÖLZER, KARL, et al. (Hrsg.): Dritter Sektor/Drittes System: Theorie, Funktionswandel und zivilgesellschaftliche Perspektiven, Wiesbaden, S. 49-70.

ZORN, ROLAND (2005): Bei den Profiklubs hält das Kalkül der Kaufleute Einzug, in: Frankfurter Allgemeine Zeitung (FAZ), Nr. 180 (05. August 2005), S. 18.

## Strategisches Marketingmanagement

### Herausgegeben von Roland Mattmüller

www.peterlang.de

Jens Hackenberger

# Professionelle Fußballspieler in der internationalen Rechnungslegung

### Eine ökonomische Anlayse

Frankfurt am Main, Berlin, Bern, Bruxelles, New York, Oxford, Wien, 2008.
XX, 278 S., 17 Abb., 32 Tab.
Betriebswirtschaftliche Studien.
Herausgegeben von Wolfgang Ballwieser und Christoph Kuhner. Bd. 81
ISBN 978-3-631-57553-6 · br. € 51.50*

Professionelle Fußballspieler stellen die bedeutendsten Produktionsfaktoren eines Fußballclubs dar, denn schließlich „steht und fällt" sowohl der gesamte sportliche als auch der wirtschaftliche Erfolg eines Clubs mit der Leistung seiner Fußballspieler. Eine Diskussion über die bilanzielle Abbildung von Profifußballspielern nach den International Financial Reporting Standards (IFRS) hat in der Literatur trotz der Aktualität des Themas bisher nur sehr rudimentär stattgefunden. Insofern liegt das erste wesentliche Ziel dieser Arbeit in der Erarbeitung von Anwendungsleitlinien zur IFRS-konformen Bilanzierung professioneller Fußballspieler. Da speziell die Frage nach der zweckmäßigen bilanziellen Abbildung des Spielervermögens in der informationsorientierten Rechnungslegung bislang noch nicht beantwortet wurde, ist das zweite Ziel eine ökonomische Analyse der IFRS-konformen Bilanzierungsvorschriften für Profifußballspieler vor dem Hintergrund der Zwecke der Rechnungslegung für Fußballclubs. Ausgehend von den Ergebnissen dieser Analyse werden letzten Endes Reformvorschläge für eine bilanzielle Abbildung von Profifußballspielern de lege ferenda entwickelt.

*Aus dem Inhalt*: Grundlagen des Profifußballs · Zwecke der Rechnungslegung für Fußballclubs · Anforderungen an informative Rechnungslegungsvorschriften für Fußballclubs · Bilanzielle Abbildung von Profifußballspielern in Deutschland und England · Bilanzielle Abbildung von Profifußballspielern nach IFRS · u.v.m.

Frankfurt am Main · Berlin · Bern · Bruxelles · New York · Oxford · Wien
Auslieferung: Verlag Peter Lang AG
Moosstr. 1, CH-2542 Pieterlen
Telefax 0041 (0)32/376 17 27

*inklusive der in Deutschland gültigen Mehrwertsteuer
Preisänderungen vorbehalten

**Homepage http://www.peterlang.de**

Peter Lang · Internationaler Verlag der Wissenschaften